움직이지 않는 자신이 곧 다함없는 법문의 바다이고,
곧 비로자나불 자체이며, 곧 보현보살의 법계이고,
곧 화장세계해이고, 곧 대방광불화엄경이다.

균여, 『석화엄교분기원통초』 중

균 여

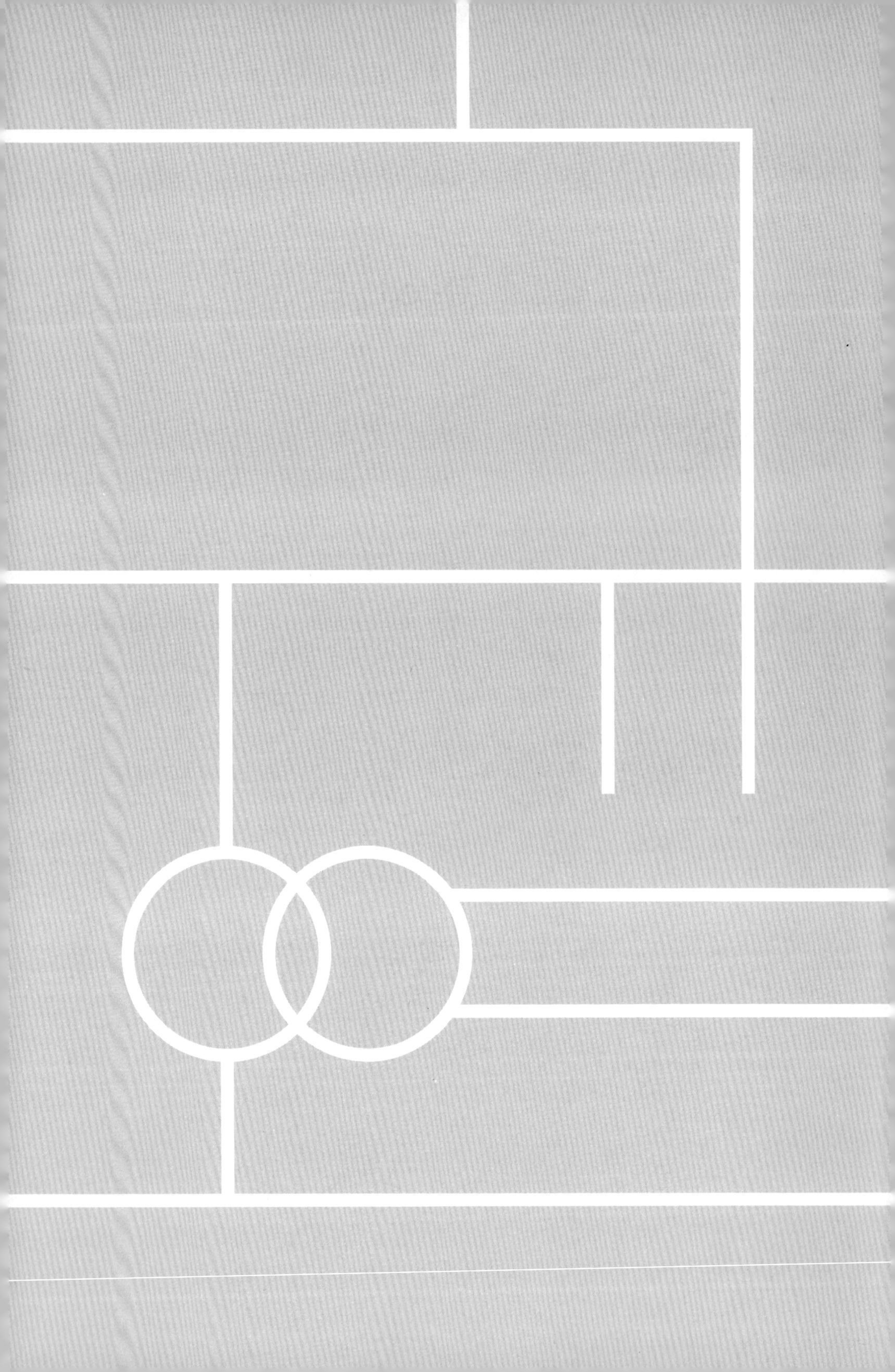

사유의
한국사

균여

박보람 지음

한국학중앙연구원출판부

책머리에

균여(均如, 923~973)는 고려 초기에 활동한 불교 출가 수행자로, 화엄사상을 바탕으로 모든 존재가 함께 고통을 여읜 열반의 길로 나아가기를 서원하고 평생을 노력한 인물이다. 또한 그는 의상(義相, 625~702)이 정초한 한국 화엄사상을 계승하여 고려 초기에 재정립한 화엄학의 거장이기도 하다. 아울러 균여는 화엄의 가르침을 「보현십원가」라는 향가로 지어 일반 대중에게 널리 전하고자 했던 실천적 지식인이었다.

이제까지 균여는 시인으로서, 정치가로서, 또는 신비한 영험의 주인공으로서 다양하게 조명되어 왔다. 그러나 이 책은 균여의 근간을 이루는 정체성이 불교의 출가 수행자임에 주목하여, 자신을 포함한 일체 중생의 이고득락(離苦得樂)을 위해 석가모니 부처의 가르침을 따라 열반의 길을 추구한 수행자로서의 면모가 균여를 이해하는 핵심이라고 보았다. 이러한 입장에 기반하여 이 책은 균여가 일생 동안 추구한 가장 핵심적인 목적, 이를 이루기 위한 주요 방법, 그리고 그것을 뒷받침한 교리적·수행적 기반을 통합적으로 규명하는 것을 목적으로 한다. 다시 말해 균여가 무엇을 위해 살았으며, 그것을 어떻게 이해하고 실천했으며, 그 내용은 무엇이었는가를 총괄적으로 살피고자 하였다.

균여는 화엄사상에 기반하여 '나'라는 존재의 참모습이 무엇이고[境], 그 참모습을 어떻게 보며[行], '나'의 참모습을 본 결과를 삶 속에서 증명하는[證] 길을 추구하였다. 그는 자신의 깨달음과 수행이 한 개인에 머물지 않고 모든 사람의 삶 속에서 실현되기를 원했으며, 이를 위해 교단 운영과 사회적 실천 또한 적극적으로 펼쳤다. 그가 남긴 향가는 문학적 가치와 함께 이러한 서원이 담긴 대중 교화의 언어였고, 왕궁과 민간을 넘나든 활동은 불교가 공동체 전체의 행복을 위해 기능해야 한다는 그의 인식을 반영한다. 균여의 사유는 고려라는 구체적 현실 속에서 불교가 사회 공동체의 통합 원리가 될 수 있음을 보여주는 중요한 사례이다. 이러한 균여의 사유를 되짚어 보는 일은 갈등과 분열을 넘어 화합을 지향해야 할 현대 한국 사회에 시사하는 바가 클 것이다.

'사유의 한국사' 총서는 한국 사상사의 핵심 인물과 개념을 새로운 시각에서 조명함으로써 한국 사유의 깊이와 가능성을 오늘에 되살리고자 한다. 한국의 사유 전통은 단순한 과거의 유산이 아니라, 오늘 우리의 삶을 더 넓고 깊게 만드는 자산이다. 균여는 그 대표적인 사례이며, 불교 교학과 실천의 조화를 통해 삶의 변화를 이끌어내려 한 그의 노력은 오늘날에도 여전히 유효한 영감을 줄 수 있다. 한국 사상의 지속 가능성을 확보하기 위해서는 이처럼 역사 속 사유가 현재를 비추는 거울이 되어야 한다고 생각한다.

이 책은 크게 두 부분으로 구성한다. 제1부 '균여 사상 이해의 기초'에서는 『균여전』을 중심으로 균여의 생애를 살피고 그의 저술을 소개한다. 제2부 '균여 사상의 이해'에서는 불교 논서의 서술 방식인 경(境)·행(行)·증(證)을 '나'에 적용하여 균여의 사상을 파악한다. '나'는 무엇인가, '나'를 어떻게 볼 것인가, '나'를 바로 봄이란 무엇인가라는 물음을 통해 열반과 그에 이르는 길에 관한 균여의 사상을 규명하고, 나아가 균여가 불교의 가르침 자체를 어떻게 이해했는지를 살펴본다. 이를 통해 균여의 사상을 깊이 있게 이해하면서도 독자들이 자신의 삶에 비추어 사유할 수 있도록 구성하였다.

난해한 원고를 꼼꼼히 다듬어 책으로 엮어내느라 수고를 아끼지 않으신 한국학중앙연구원 출판부 여러분께 깊이 감사드린다. 이런 노력에 힘입어 이 책이 고려라는 새로운 시대를 열어젖힌 한 지성인의 치열했던 구도(求道)의 여정을 이해하고, 나아가 한국 사상의 깊이와 넓이를 가늠하는 데 작은 보탬이 되기를 기대한다.

2025년 12월

박 보 람

차 례

2부 균여 사상의 이해

3장 균여 사상 이해의 관점

4장 경(境)_'나'는 무엇인가?

5장 행(行)_'나'를 어떻게 볼 것인가?

1부

균여 사상 이해의 기초

1장

균여는 누구이고 무엇을 하려 했는가

1

균여의 정체성과 생애

1) 균여의 정체성

균여(均如, 923~973)는 고려 초기의 승려, 즉 불교의 출가 수행자이다. 이 책은 지금으로부터 1100여 년 전, 지금과는 여러모로 다른 시대적 배경과 개인적 상황 속에서 활동했던 불교 출가 수행자 균여가 평생을 걸고 추구했던 근본 목적과 이를 달성하기 위해 의거한 주요 방법, 그리고 그 방법의 핵심 내용을 밝히는 것을 목적으로 한다. 달리 표현하면 "균여는 평생에 걸쳐 제일의 우선순위로서 무엇을 하고자 했으며, 이를 어떻게 이루었고, 그것은 결국 무엇이었나?"라는 물음으로 바꿀 수 있다.

균여에 대해서는 이제까지 충분하지는 않지만 그래도 적지 않은 연구가 여러 방면에서 진행되었다. 다만 기존의 연구는 아직 균여 평생에 걸친 제일 우선순위의 목적과 방법과 내용에 대해서 총괄적이고 통합적인 규명에 이르지 못하였으며, 그보다 균여의 생애와 저술, 균여가 남긴 향가, 균여 사상의 몇몇 항목 등에 대한 개별적 연구가 주를 이루고 있다. 화엄 교학의 용어를 빌리자면 이제까지의 연구는 총상(總相)보다는 별상(別相)의 연구였다. 이에 이 책은 균여에 대한 이제까지의 별상적 연구를 참고하면서 총상적 연구, 즉 균여가 궁극적으로 무엇을 하려고 했으며 이를 어떻게, 무슨 내용을 해냈는가의 규명을 중심 과제로 한다.

불교 출가 수행자인 균여의 근본 목적과 주요 방법과 핵심 내용을 규명하는 일은 지금 여기의 우리들이 고려 시대에 활동한 균여의 정체성을 무엇으로 바라보는가 하는 문제와도 관련된다. 균여는 어떤 때에는 누구의 아들로서, 형제로서, 또 다른 때에는 불교의 출가 수행자로서, 교묘한 정치가로서, 신비한 마술사로서, 탁월한 시인으로서, 때에 따라서는 제자로서, 스승으로서 살아갔다. 따라서 그만큼 다양한 정체성으로 파악될 수 있을 것이다. 국어학·국문학 측면의 연구는 자연스럽게 균여를 시인으로서 그릴 것이고 역사학 연구는 균여의 정치적 활동에 주목해 균여를 정치가 또는 정치 이데올로기의 제공자로 보기 십상이다.

그렇다면 균여의 이처럼 다양한 측면 중에서 근간을 이루는 정체성은 무엇일까? 그것은 자신을 포함한 일체 중생의 이고득락(離苦得樂)을 위해 석가모니 부처의 가르침을 따라 열반의 길을 추구한 불교 출가 수행자의 면모가 아닐까 싶다. 따라서 이 책은 이를 중점적으로 규명하기 위해서 균여가 구축한 열반과 그에 이르는 길에 대한 사상을 살펴보려 한다. 여기에는 먼저 한 가지 검토해야 할 사항이 있다. 무엇을 근거로 "균여의 근간을 이루는 정체성"이 불교 출가 수행자이며 균여 평생에 걸친 근본 목적과 주요 방법과 핵심 내용이 열반과 그에 이르는 길에 대한 사상이라고 할 수 있는가?

균여에 대해서 알 수 있는 객관적인 자료는 크게 두 종류로 나눌 수 있다. 첫째는 균여에 관한 전기(傳記) 기록으로 『균여전(均如傳)』이 대표적이다. 둘째는 균여가 남긴 화엄사상에 관한 기록이다. 첫째는 균여 자신이 아닌 후대의 평가를 엿볼 수 있고 둘째는 균여 본인이 주력한 자신의 우선순위를 알려준다는 점에서 차이가 있다. 두 종류의 현존 기록들이 균여에 대해서 알려주는 것은 그가 불교 출가 수행자로서 석가모니 부처의 가르침을 따라서 이를 어떻게 이해하고 삶 속에서 실현할 것이며 동시에 이러한 열반의 길과 행복을 일체 대중이 함께할 수 있을 것인가를 바라고 그 방법을 구체적으로 모색한 삶을 산 인물이라는 것이다. 『균여전』의 균여에 대한 내용과 평가를 보아도 그렇고, 균여가 남긴 저술을 곰곰이 살펴도 그러하며, 그가 저술한 향가를 하나하나 음미해봐도 그 모두는 일체 대중이 함께 열반의 길로 나아가기를 바라는 불교 출가 수행자의 서원(誓願)이 근간을 이룬다.

바라보는 이의 입장에 따라서 그의 삶과 사상을 정치적인 의미, 시인의 삶 등으로 해석할 수도 있을 것이다. 본 연구는 이와 달리 균여의 사상은 열반과 열반의 길에 대한 교리적 해석이며 『균여전』에 보이는 그의 삶은 이를 자신의 삶 속에서 구현하기 위한 구체적인 수행의 여러 문학적, 수사적, 신비적 표현으로 파악한다. 따라서 균여의 정체성을 불교 출가 수행자로 파악하고 이를 기반으로 이 책을 꾸려나갈 것이다.

여기에서 말하는 균여의 정체성과 그의 근본 목적·방법·내용은 어디까지나 기록에 의한 것이다. 따라서 그에 대해 100퍼센트 확신을 가지고 단언할 수는 없다. 왜냐하면 우리는 균여를 어디까지나 현존 문헌 기록에 의해서만 접할 수 있으며 그것이 균여의 실상을 그대로 반영한다고 볼 수는 없기 때문이다. 당연히 기록에 대한 '해석'의 지평은 열려 있고 연구자에 따라 다양한 해석이 존재하는 것은 시비(是非)의 문제가 될 수 없다. 이 연구에서 기록 '해석'이 옳다고 여기는 것은 이 책의 입장일 뿐이다.

다만 이에 대한 앞서의 연구와 이 책의 차이를 굳이 밝히자면 기록에 대한 '해석'의 입장 차이가 아니라 균여를 바라보는, 연구하는 관점, 태도의 차이에서 찾을 수 있지 않을까 한다. 앞서의 연구가 균여의 근간을 이루는 정체성과 근본 목적·방법·내용이 무엇인가에 대해서 그다지 관심을 가지지 않고 균여와 균여의 업적에 대한 개별적인 연구에 주목한 반면, 이 책은 균여의 정체성과 근본 목적·방법·내용이 무엇인가에 대한 입장을 바탕으로 균여와 그의 업적을 총괄적으로 바라보려 한다.

지금까지의 균여 관련 연구는 크게 셋으로 나눌 수 있다. (1) 균여가 지은 향가인 「보현십원가(普賢十願歌)」[1]에 대한 국어학·국문학 분야의 연구, (2) 고려 초기의 정치·사회적 상황 속 균여의 역할과 영향 등을 다룬 역사학 부문의 연구, (3) 균여의 불교 사상을 규명한 불교학 측면의 연구이다. (3)을 다시 두 분야로 구분한다면, 첫 번째는 균여의 불교 사상 그 자체를 다룬 불교 교학(불교 사상) 분야이고 두 번째는 균여의 불교 사상이 형성된 맥락과 후대에 미친 영향이 무엇인지를 고찰한 불교 사상사 분야이다. 이 셋은 균여를 공통 토대로 하는 연구이기에 당연히 서로 중첩되는 부분이 많다. 그중에서도 (2)와 (3), 특히 (3) 중의 두 분야는 간혹 구분이 되지 않을 정도로 밀접한 관계를 맺으면서 진행되어 왔다. 그러므로 이 책의 성격을 앞의 범주에 따라 규정한다면 (3) 불교학 분야에 속할 것이며, 그 가운데 불교 교학(불교 사상) 분야를 중심[內因]으로 하고 불교 사상사 분야를 외연(外緣)으로 한다. 그러므로 (1) 국어학·국문학 분야와 (2) 역사학 분야의 연구는 균여의 불교 사상을 밝히는 데 필요한 범위 내에서만 다룰 것이다.

2) 균여를 어떻게 이해할 것인가

균여의 생애를 이해하기 위해서는 균여가 그 당시 삶을 영위했던 시대 상황을 이해할 필요가 있다. 아마 대부분이 이러한 '주장'을 별다른 이견 없이 받아들일 것이다. 그러나 어떤 인물을 이해하기 위해서 당시 시대 상황을 반드시 이해해야 하는가라는 당위성 내지는 필요성을 진지하게 생각해보면 몇 가지 숙고할 만한 점이 있다.

과거의 어떤 인물을 이해한다는 것은 과연 무엇일까? 이에 대해서 본격적으로 논의하는 것은 이 책의 범위를 넘어서지만, 그럼에도 불구하고 이 책이 균여라는 과거의 인물을 다루는 까닭에 이에 대한 문제의식을 제기하고 또 최소한의 기본적인 고찰만이라도 논의해보고자 한다. 과거, 미래, 현재 삼세의 모든 인물은 영웅과 범인, 성인과 속인 할 것 없이 다 각자 나름대로의 중층적인, 입체적인 현실의 삶을 꾸려간다. 이런 인물을 이해하기 위해서 우리는 어떤 입장을 취해야 할까? 여기에서는 한 가지 전제와 두 가지 관점만을 간략히 논한다.

먼저 과거의 인물을 들여다볼 때 중요한 전제는 현재의 우리는 과거의 어떤 인물을 있는 그대로 이해하는 것 자체가 불가능하다는 인식 내지는 인정이며 이를 인물 이해의 출발점으로 삼아야 한다는 점이다. 물론 이는 반드시 '과거의 어떤 인물'에게만 한정되는 것은 아닐 것이다. 우리가 과거의 어떤 인물에 대해서 공부하고 연구하여 재구성한 이해는 결코 그 어떤 인물의 실상—그러한 것이 만약 있을 수 있다면—을 이야기해주지 않는다. 왜냐하면 과거의 어떤 인물에 대한 현재의 이해는 과거의 인물 전체의 삶의 흔적 중에서도 현재까지 간신히 남은 극히 일부분만을 가지고 과거의 그 인물이 살았던 당시와는 전혀 다른 맥락에 위치한 현재의 어떤 인물이 재구성한 가공품이기 때문이다. 비유하자면 소량의 사과 과즙이 들어간 사과 주스처럼, 말하자면 과거의 흔적 약 10퍼센트 정도에 현재의 요소, 예를 들면 현재 인물의 다양한 의도, 불완전한 연구력, 과도한 상상력 등으로 인한 오해 약 90퍼센트 정도가 뒤섞인 혼합물—그 둘이 서로 융화되어 화합물도 이루지 못한—이라고 한다면 너무 심한 것일까? 물론 그렇다고 이러한 작업 자체가 무의미하고 쓸모없다는 것은 아니다. 과거의 인물에 대한 현재의 연구가 과거 인물의 실상과 일치할 수는 없지만 그렇다고 현재의 우리에게 도움이 되기 위한 필요충분조건이 반드시 과거의 실상일 필요는 없다. 과거의 인물을 연구하거나 과거의 인물에 대한 연구를 접할 때 그것의 태생적인 한계인 불상응을 언제나 염두에 두어야 하는 이유다. 우리는 사과 주스가 곧 사과라고 억지를 부려서는 안 된다.

이어서 두 가지 관점은 통시성(通時性)과 공시성(共時性)[2]이다. 과거의 어떤 인물에 접근할 경우 그 인물이 일생을 통해서 활동한 영역 전체에 대한 고찰이 가능한 한, 현존하는 자료를 최대한 활용하여 균형 있게 행해져야 할 것이다. 이러한 균형 감각은 통시성과 공시성이라는 두 키워드를 통해서 생각해볼 수 있다.

여기에서 통시성이란 한 인물의 행동, 사상 등이 당시 그곳의 시간적, 공간적 배경과 밀접한 관계를 맺고 있지만 그와 동시에 시간적, 공간적 한계를 뛰어넘어 인간과 인간이 만든 사회의 보편성과 상응하는 측면을 가리킨다. 예를 들면 석가모니 부처와 균여와 현재의 '나'가 추구했던, 추구하는 열반 또는 행복에 대한 감정, 사상, 행동 등에는 시대와 지역을 뛰어넘어 공통된 성향 내지는 기반을 찾아볼 수 있으며 이를 통시성이라고 이름 붙일 수 있다. 만약에 이러한 요소가 없다면 현재의 '나'가 석가모니 부처의, 균여의 행복 추구에 관해서 관심을 가질 필요가 없을 것이다. 그들이 행복을 추구했던 시공간적 배경과 지금 여기의 '나'를 둘러싼 배경은 전혀 다르기 때문에 오히려 '나'와 동시대, 동일 공간에서 살아가는 다른 이들의 행복 추구를 살펴보는 것이 더 낫다고 생각할 수 있다. 그러나 인류의 역사를 통틀어 보았을 때 종교를 비롯한 다양한 문화 현상이 계속 이어져 내려오면서 각 시대의 인간들에게 영향을 미치는 것은 시대와 지역과 인종 등에 관계없이, 공통되는 심성 내지는 성향이 있기에 가능하다는 증거라고 생각한다. 따라서 현재의 우리는 과거의 어떤 인물을 바라볼 때 그 인물과 우리가 공통으로 지니는 성향, 통시성이 무엇인지에 주목해야 할 것이다.

한편 공시성이란 통시성의 상대 개념으로 한 인물의 총체를 재구성하는 데 반드시 그 인물이 활동했던 시간적, 공간적 맥락을 고려해야만 한다는 입장을 의미하며 이를 이 책에서는 공시성이라고 표현한다. 즉 특정 시공간에서 존재하며 활동했던 어떤 인물에 접근하기 위해서는 그 터전이자 배경으로서의 시공간적 특수성을 반드시 고려해야 한다는 것이다. 개개인이 인간 공통의 통시성을 바탕으로 하고 있을지라도 그 통시성은 각 개인이 발 디디고 있는 현실의 시공간, 인종 등등 여러 조건에 따라서 다양하게 발현되기 때문에 그 발현되는 상황, 배경의 이해가 그 인물의 재구성에 필수적이라고 할 수 있다. 석가모니 부처와 그의 가르침을 따르는 균여, 그리고 그 둘에 관심을 가지고 있는 현재의 '나'가 비록 공통된 심성(心性)을 가지고 있다고 하더라도 그 세 사람이 각자의 처한 환경에 따라서 행복을 추구하는 데에는 차이가 날 수밖에 없을 것이다.

과거의 어떤 인물에 관심을 가지고 그의 어떤 특정한 측면을 재구성할 때, 앞서 밝힌 불상응의 전제와 통시성과 공시성의 균형이라는 관점에 입각해야만 맹목에서 비롯된 만용에서 벗어나 개별과 보편의 조화가 갖추어진 이해가 기대될 수 있다. 어떻게 보면 당연한 이 이야기를 이렇게 길게 한 이유는 이제부터 풀어나갈 균여 당시의 시대 상황을 어떤 입장에서 이해하고 또 그 이후에 펼쳐 보일 균여의 사상을 무슨 관점에서 바라보아야 하는가에 대한 고민 때문이다.

통시성과 공시성의 조화라는 말이 그럴듯해 보이지만 이를 실제로 구현하는 것은 간단치 않으며, 이에 대한 개개인 저마다의 입장이 다르므로 한 가지로 단정할 수도 없다. 그럼에도 불구하고 이를 장황하게 언급한 것은 이제까지 균여의 사상에 대한 접근이 공시성에 입각하여 통시성을 이해하려는 경향이 주를 이루어 공시성과 통시성의 조화를 이루어내지 못했다고 판단하기 때문이다. 이제까지의 균여 관련 선행 연구를 살펴보면 시대적 배경, 정치·사회적 상황, 당시 불교계의 동향 등을 바탕으로 정해진 틀을 만들어놓고 균여의 사상을 여기에 끼워 맞추려고 했기에 공시성과 통시성의 조화가 무너져버린 경우가 결코 적지 않다. 균여의 사상을 정치사회적인 이데올로기로 이해하려는 입장이 대표적이다.

어떻게 하면 이 두 요소 사이의 조화를 이룰 수 있을까? 시공간에 한정된 시대상이 시공간을 초월하는 보편성에 어떻게 영향을 미치며 거꾸로 보편성이 어떤 형태의 시대상으로 나타나는지는 앞으로 계속 풀어나가야 할 물음이다. 다만 이 책에서 추구하는 방향은 이 둘 사이의 조화를 염두에 두면서 둘 사이의 관계를 끊임없이 점검하려는 의지를 재확인하는 것이다.

3) 균여를 기록한 현존 유일의 전기 자료, 『균여전』

균여의 생애를 알 수 있는 현존 전기 자료는 『균여전』이 거의 유일하다. 이에 먼저 『균여전』 자체에 관해서 알아보고 이를 바탕으로 균여의 삶을 살펴본다.

균여의 삶에 관한 거의 유일한 기록인 『균여전』의 정식 명칭은 『대화엄수좌원통양중대사균여전병서(大華嚴首座圓通兩重大師均如傳幷序)』으로 고려 중기의 관료이자 학자인 혁련정이 균여가 입적(973)하고 약 100년 후에 지은 것이다. 해인사(海印寺) 소장 고려대장경(高麗大藏經) 보유판(補遺板)에 들어 있는 『석화엄교분기원통초(釋華嚴教分記圓通鈔)』 마지막 권(제10권) 끝에 『균여전』의 유일한 현존본이 첨부되어 있으며 이는 동국대학교에서 영인한 『고려대장경(高麗大藏經)』 제47권에 수록되어 있다.[3]

(1) 저자 혁련정

먼저 『균여전』의 저자인 혁련정(赫連挺)[4]에 대해서 살펴보자. 이 인물은 성이 '혁련(赫連)'이고 이름이 '정(挺)'인 것으로 생각된다.[5] '혁련' 씨는 중국 오호십육국 시대 하(夏)를 건국한 흉노 계통의 혁련발발(赫連勃勃, 381~425)이 시조이다. 만약 혁련정의 성이 '혁련'이라면 혁련정은 북방 흉노 계통 이주민의 후손일 가능성이 높다. 다만 그 이후 고려와 조선의 기록에 '혁련'을 성씨로 하는 인물은 좀처럼 보이지 않는다.

혁련정에 관한 기록은 그다지 많지 않다. 우선 『균여전』 서문에 예전 진사(進士)인 혁련정이 1075년 1월에 이 글을 지어 마쳤다고 스스로 밝히고 있다.[6] 또 『고려사』에는 혁련정에 관한 기사가 두 건 실려 있다. 첫째는 1100년(숙종 5) 11월에 혁련정이 요나라에 사신으로 가서 토산물을 선사하였다는 것이고[7] 둘째는 1105년(예종 1) 11월에 혁련정을 장락전학사·판제학원사(長樂殿學士·判諸學院事)로 임명하였다는 것이다.[8] 아울러 역사 기록

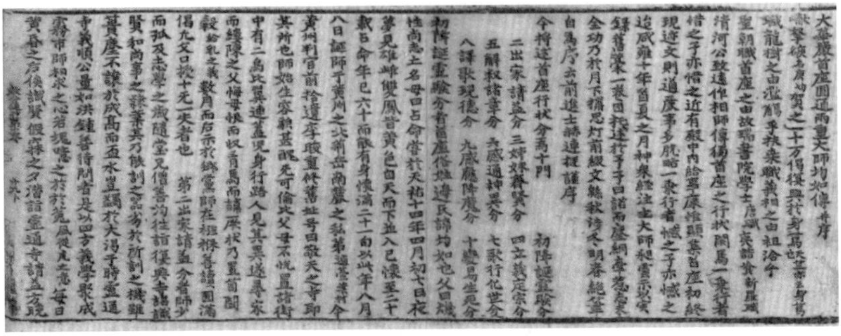

그림 1 | 고려대장경 수록 『균여전』 첫 쪽
동국대학교 불교학술원 불교기록문화유산 아카이브 제공

은 아니지만 고려의 문신인 김구(金坵, 1211~1278)가 지은 『지포집(止浦集)』[9]에 혁련정을 호걸(豪傑)로 지칭하는 문구가 등장한다.

(2) 저술 경위

『균여전』의 저술 경위는 그 서문에서 밝히고 있다. 관련 내용을 인용하면 아래와 같다.

> ① 옛 서서원 학사(당나라 관직) 이철찬(신라 관직) 청하공 최치원이 의상 스님의 전기를 지었으나 유독 수좌의 행장만이 빠졌으므로 일승행자(一乘行者)들이 이를 애석하게 여겼고 나도 이를 애석하게 여겼다. ② 근래에 전중내급사(殿中內給事) 강유현(康惟顯)이 수좌가 드러낸 흔적을 처음부터 끝까지 모았는데 글은 곧 유려하나 사실이 많이 탈락되었으므로 일승행자들이 이를 유감으로 여겼고 나도 유감으로 여겼다. ③ 함옹(咸雍) 10년(1074) 초여름 달에 이르러 신중경주주대사(神衆經注主大師) 창운(昶雲)이 실록 고본 한 권을 보이며 나에게 전기 짓기를 부탁하였다. ④ 나는 좋다고 하였으나 티끌 그물 [같은 세상사]에 끌리고 얽매어 뜻이 전력을 다하지 못하였다. 이에 달빛 아래에서 구상하고 등불 앞에서 글을 엮느라 가을이 깊어지고 겨울이 지나서 그 이듬해 봄

에 붓을 놓고 스스로 서(序)를 짓는다.[10] (원문자는 필자가 추가)

혁련정이 『균여전』을 짓게 된 직접적인 동기는 1074년 초여름 또는 4월[首夏之月]에 창운이 그에게 균여의 전기 짓기를 부탁한 것이다(③). 창운(昶雲, 1031~1104)은 화엄 계통의 승려로서 승통에까지 이르는 등 당시에 대덕으로 존경받았으며 대각국사(大覺國師) 의천(義天, 1055~1101)도 그의 가르침을 받았다고 전해진다.[11] 화엄교 승려[12]인 창운이 균여의 전기를 혁련정에게 의뢰한 사실을 통해서 그가 균여의 법손(法孫)이라고까지 단정할 수는 없지만 의천처럼 균여를 무시 또는 폄하하기보다는 존경하는 마음을 가지고 있었던 것으로 보인다.

직접적인 동기 못지않게 이러한 직접적인 동기를 이끌어낸 간접적인 배경 또한 균여의 말년과 사후의 상황을 추정하는 데 중요한 근거를 제공한다. ①을 보면 균여 입적 후에 거의 100년이 지날 때까지도 균여의 행장이 지어지지 않아서 일승행자, 즉 화엄 승려들과 혁련정이 이를 안타깝게 여기고 있었다고 한다. 고려 시대에 이름 있는 승려가 입적하면 왕의 칙명에 의해서 글솜씨가 뛰어난 문인이 전기나 비문을 짓는 것이 일반적이었다. 그런데 균여 생전의 왕성한 활동과 광종(光宗, 925~975, 재위 949~975) 및 왕실과의 밀접한 관계 그리고 그의 문도들이 번창했다는 『균여전』의 기록을 고려하면 균여 사후에 전기나 비문이 지어지지 않은 것은 균여의 말년 또는 사후의 정치적 상황이 균여에게 우호적이지 않았음을 추정하게 한다. 특히 균여와 동시대에 활동하였으며 같은 화엄 계통의 승려인 탄문(坦文, 900~975)이 균여보다 2년 후에 입적하자 칙명에 의해 곧바로 문인들이 주축이 되어 웅장한 탑비[13]를 조성한 사실은 이러한 추정을 더욱 확고하게 한다.

그렇다고 혁련정의 『균여전』 이전에 균여에 관한 기록이 전혀 없었던 것은 아니다. ②를 보면 강유현[14]이 균여의 생애 전반에 관한 기록을 모은 것이 있었다. 하지만 혁련정이 이를 단지 '모은 것[集]'이라고 하고 균여의 행장이 없다고 아쉬워하는 점을 볼 때 본격적인 전기, 행장이라고 하기에는 형식과 내용 측면에서 모두 불충분했던 것으로 생각된다. 따라서 창운과 같은 일승행자와 혁련정은 여러 사실이 누락된 점 등을 이유로 새로운 전기의 필요성을 느끼고 있었다는 것이다. 이에 창운이 균여에 관한 실록 고본 1권[15]을 혁련정에게 주면서 균여 전기를 짓도록 의뢰한 것이다. 이러한 상황에서 강유현의 기록과 창운이 준 실록 고본 1권과 그 외 여러 자료들, 예를 들어 『균여전』 후반부에 소개되는 고연(高梴)의 감로원(甘露院)에 대한 글 등이 있었기에 혁련정이 『균여전』을 저술할 수 있었을 것이다.

이후의 저술 과정에 대해서는 별다른 기록이 보이지 않는다. 다만 ④에 의하면 1074년 초여름 또는 4월에 창운의 저술 의뢰를 받은 후 여러 세상사로 인해 곧바로 본격적인 저술에 착수하지는 못한 것으로 보인다. 아마도 가을 무렵부터 전력을 다한 것으로 추정되며 이듬해 1075년 1월에 끝마친 것으로 보인다.

(3) 구성

『균여전』은 [수제(首題)], [전서(前序)], [본전(本傳)], '후서(後序)', [미제(尾題)]로 구성되어 있으며 [본전]은 다시 [목차], [본문], [후기(後記)]로 나눌 수 있다.[16] 이 항목들의 명칭 가운데 오직 '後序(후서)'라는 명칭만 『균여전』 자체에 명기되어 있으며 나머지 명칭들은 모두 내용에 따라서 필자가 임의로 붙인 것이다. 이 구조를 도시하면 〈그림 2〉와 같다.

도표를 보면 바로 알 수 있듯이 『균여전』은 매우 체계적인 구조를 갖추고 있다. 절묘한 수미상응(首尾相應)과 중중무진(重重無盡)의 원만수(十)를 특징으로 하는 이러한 구성은 『균여전』에 처음 보이는 독창적인 구조라기보다는 화엄 관련 전기에서는 일반적이라고 평가할 수 있다. 화엄교 승려에 관한 현존하는 전기 중에서 대표적인 작품으로 꼽히는 최치원(崔

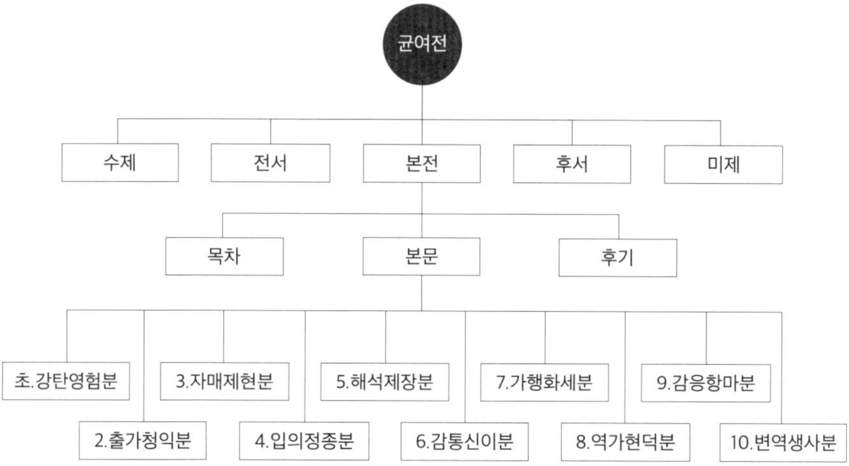

그림 2 | 『균여전』의 구조

致遠, 857~908?)의 『당대천복사고사주번경대덕법장화상전(唐大薦福寺故寺主翻經大德法藏和尙傳)』(이하 『법장화상전』)도 이와 비슷하게 [수제]-[전서]-[본전]-'후서'-[미제]로 구성되어 있으며 [본전]이 10개의 부문으로 나뉘어져 있는 것 또한 동일하다. 이러한 유사성에 바탕해서 혁련정이 『균여전』을 지을 때 최치원의 『법장화상전』을 본뜬 것이라는 주장도 있지만 어디까지나 추측일 뿐이다.[17] 추측의 영역에서 생각해본다면 혁련정이 『균여전』을 구상할 당시에 물론 『법장화상전』도 참고했겠지만 그보다는 『균여전』에서도 언급하고 있으며 균여와 더욱 관계가 깊다고 할 수 있는 의상(義相, 625~702)에 대한 최치원의 『부석존자전(浮石尊者傳)』으로부터 더욱 깊은 영향을 받았을 가능성이 높지 않을까? 다만 『부석존자전』이 현존하지 않기에 이러한 생각은 어디까지나 추측에 머무를 수밖에 없다.

『균여전』의 제목과 관련하여 [수제]는 "大華嚴首座圓通兩重大師均如傳幷序(대화엄수좌원통양중대사균여전병서)"이고 [미제]는 "大華嚴歸法寺主圓通首座均如傳(대화엄귀법사주원통수좌균여전)"으로서 둘이 서로 같지 않다. 이러한 차이가 저자인 혁련정에 의한 것인지 아니면 후대의 편찬 등 유통 과정 중 누군가가 개변(改變)한 것인지 현재로서는 자료의 부족으로 불분명하다. 다만 이러한 불일치가 『균여전』이 많은 영향을 받았을 것으로 추정되는 최치원의 『법장화상전』 현존본에도 똑같이 나타난다는 점은 흥미롭다.[18]

『균여전』의 핵심이라고 할 수 있는 [본전] 중 [본문]은 총 10개 부문으로 이루어져 있다. 『균여전』 [본문]의 10문은 내용상 반드시 10개 부문으로 구성해야 했다기보다는 의도적으로 10개 부문에 맞춘 것으로 보인다. 이는 『화엄경』과 화엄교에서 원만수로서 '10'을 선호하기 때문일 것이다.

10개 부문이 어떤 기준에 의해서 구성된 것인가에 대해서 10문이 균여의 생애를 시대순으로 따라가며 기술한 것이라는 연구가 있다.[19] 그 근거로는 여섯 번째, 감통과 신이[感通神異分]와 아홉 번째, 감응으로 마군을 항복시킴[感應降魔分]이 내용상으로 합쳐도 될 만한데도 불구하고 부문을 나눈 것과 향가 「보현십원가」는 균여의 생애를 직접 서술하는 것이 아니므로 균여 전기의 마지막에 배치해도 될 것을 굳이 여섯 번째와 아홉 번째 사이에 끼워놓은 것을 제시한다.

그러나 10문의 내용을 보면 시대순으로 되어 있다고 보기 힘든 부분이 있다. 10문 가운데 내용상, 그리고 그중에 포함된 연대를 통해서 연대가 분명하거나 추정 가능한 부문은 다음과 같다.

(1) 강탄영험분(降誕靈驗分): 균여가 923년 출생

(2) 출가청익분(出家請益分): 균여가 937년 출가

(6) 감통신이분(感通神異分): 균여가 949, 953, 958년 신통을 보임

(7) 가행화세분(歌行化世分): 균여가 「보현십원가」를 지어 유포

(8) 역가현덕분(譯歌現德分): 최행귀가 967년 「보현십원가」를 한역(漢譯)

(9) 감응항마분(感應降魔分): 개보 연간(968~976) 정수가 균여를 무고

(10) 변역생사분(變易生死分): 균여가 973년 입적

이 중에서 (7)에는 연도가 명시되지 않아서 정확히 언제 균여가 「보현십원가」를 지어 유포했는지는 알 수 없다. 다만 이에 관한 다수의 연구가 균여의 「보현십원가」 저술과 최행귀의 한역이 967년과 같은 해 또는 가까운 시기에 행해졌을 것이라는 추정에 의거하여 이 또한 연대순으로 상정한 것이다. 해당 연구들은 그 근거로 (8)에 포함된 최행귀의 서문에 최행귀가 평소에 균여를 흠모하였고 균여의 「보현십원가」가 이루어지자 곧바로 한역에 착수하였다는 구절을 들고 있다.

반면에 여기에 포함되지 않은 (3) 자매제현분(姉妹齊賢分: 누이와 동생이 모두 현명함), (4) 입의정종분(立義定宗分: 뜻을 세우고 근본을 정함), (5) 해석제장분(解釋諸章分: 여러 글을 해석함)의 세 부문은 그 내용상 순서대로 일어난 일이라고 볼 수가 없다. 그 이유는 다음과 같다.

우선 (3)은 균여가 출가한 지 오래되어 고향집에 돌아가 누이와 만난 일을 전하고 있다. 이때가 언제인지는 밝히지 않고 다만 출가한 지 오래되었다고 할 뿐이다. 따라서 이 일이 언제인지 분명히 알 수는 없지만 (2) 균여의 출가 직후에 일어난 일이라고 볼 수는 없을 것이다. 가령 이 일이 균여가 (6) 감통과 신이를 펼쳐서 광종과 인연을 맺은 후 귀법사의 주지를 맡은 후일 가능성도 배제할 수 없다.

(4)의 경우는 내용상 (6) 감통과 신이 후에 균여가 광종과의 인연으로 당시 불교계의 중앙에 진출하기 전이라고 보기는 힘들다. (4)에 따르면 균여가 당시 남북악으로 갈라진 화엄의 상황을 안타까워하고 이전에 내려오던 화엄의 여러 논의들을 정리한 결과 그의 입장이 표준으로 받아들여져 승과에서 사용되었다고 한다. 이것은 균여가 불교계 중앙에 진출하기 전에는 불가한 일이므로 (4)는 최소한 (6) 이후의 일일 가능성이 높다.

균여의 저술을 소개하는 (5)는 더더욱 (6) 이전이 될 수 없다. 균여 저술 중에서 다른 저술은 언제 이루어졌는지 알 수 없지만 『일승법계도원통기(一乘法界圖圓通記)』는 958년에, 『교분기원통초(敎分記圓通鈔)』는 959년,

960년, 962년에 균여가 제자들에게 강설한 것에 기초한 것임을 책의 발문(跋文)을 통해서 알 수 있다. 따라서 (5)가 (6) 이전이 아님은 분명하다. 그보다 (5)는 균여 저술 전체를 소개하고 있기 때문에 특정 연대에 속한다기보다는 연대와 무관한 부문으로 보아야 할 것이다.

이러한 내용을 종합해볼 때, 10문 전체를 연대순으로 볼 수는 없을 것이다. 큰 틀에서는 연대순으로 구성했지만 연대와는 무관한 균여의 업적과 개인사를 사이에 끼워넣은 형태로 보는 편이 더욱 적절하다고 보인다.

(4) 유통

혁련정이 1075년 1월에 『균여전』을 완성한 이후 『균여전』은 어떤 유통 과정을 거쳐서 오늘에 이르게 되었을까?

『균여전』 완성 이후 처음 보이는 유통 기록은 1251년 천기(天其, ?~1248 이전)의 제자들이 『석화엄교분기원통초』를 판각하면서 『균여전』을 함께 포함한 것이다. 1250년 즈음은 천기의 제자들이 균여의 저술을 중시한 천기의 뜻을 받들어 그가 모아 정리한 균여의 저술들을 판각하던 시기였으며 이때 천기의 제자들이 『균여전』도 함께 판각한 것이고 이것이 그때 판각된 균여의 다른 저술들과 같이 고려대장경에 보관되어 오늘날 현존 유일본으로 전해지게 된 것이다.

이처럼 『균여전』이 천기의 제자들에 의해서 고려대장경에 포함되어 전해지게 되었지만 『균여전』은 균여의 다른 저술들과 마찬가지로 20세기 이전까지는 세간에 그다지 유통되지 않았던 것으로 보인다. 이처럼 세상에서 잊혀졌던 『균여전』의 존재가 학계에 알려지게 된 것은 20세기 초의 일이다. 1921년에 경상도 김천(金泉) 군수였던 아리가 게이타로(有賀啓太郎)가 당시 일제 치하 한반도의 대표적 서원을 조사한 『사십칠사원(四十七祠院)』[20]을 펴내면서 부록으로 『원통양중대사균여전(圓通兩重大師均如傳)』을 활자본으로 출판하였다. 이 활자본은 무엇을 저본으로 했는지 밝히지 않고[21] 오자

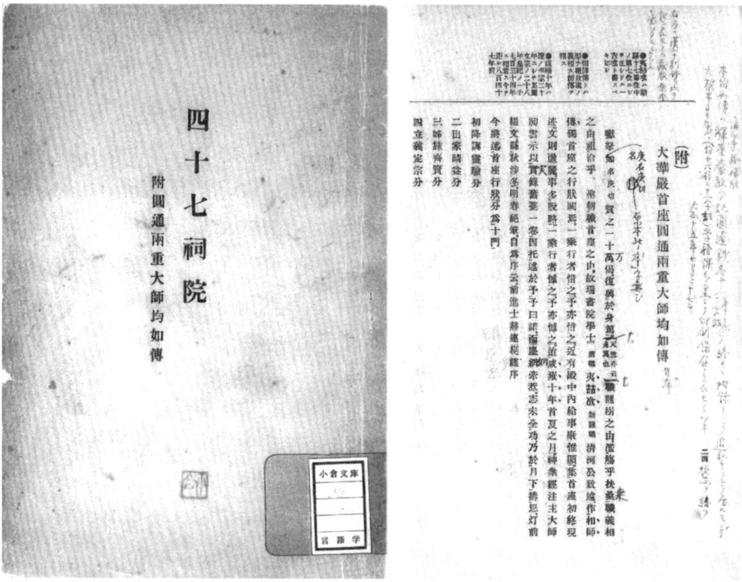

그림 3 | 아리가 게이타로, 『사십칠사원』(朝鮮印刷株式會社, 1921) 수록 『균여전』 표지(왼쪽)와 첫 쪽(오른쪽) 일본 도쿄대학 소장

가 많아서 자료로서의 가치는 비교적 낮지만 『균여전』의 존재 자체를 학계에 알렸다는 점에서는 중요한 역할을 했다고 할 수 있다.

이후 1926년 오오야 도쿠조(大屋德城)가 해인사 장경각(藏經閣)의 보판(補板)을 조사[22]하면서 균여의 저서 4종이 알려졌으며 이에 대한 연구가 진행됨에 따라서 『균여전』 또한 고려대장경 수록본을 이용한 연구가 비로소 시작되게 되었다.[23] 한 예로 그 이후에 최남선이 출간한 『증보 삼국유사(增補 三國遺事)』(民衆書館, 1954)는 부록에 『균여전』을 수록하였는데 여기에는 고려대장경 수록본을 저본으로 활용하였다.

(5) 역주 현황

『균여전』이 근대에 재발굴되어 연구가 시작되면서 그 기초 작업이라고 할 수 있는 『균여전』의 번역 및 역주 작업 또한 함께 진행되었다. 아래에

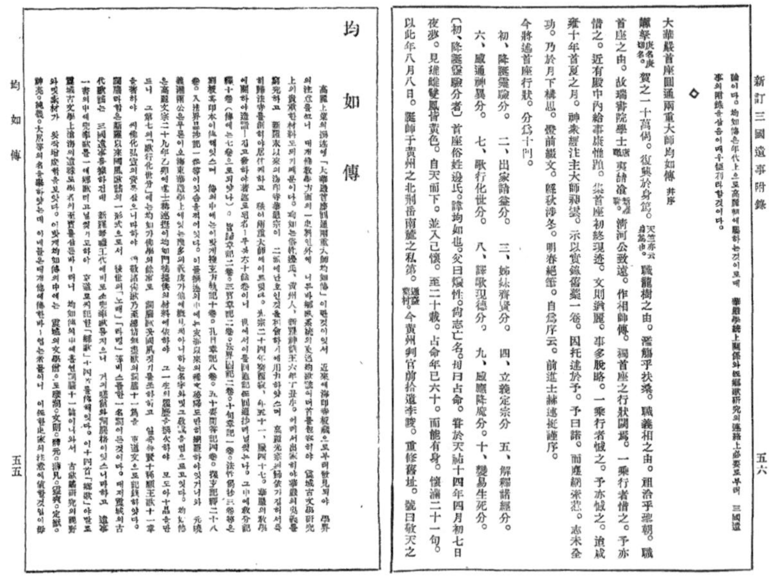

그림 4 | 최남선, 『증보 삼국유사』(民衆書館, 1954) 수록 『균여전』 해제(왼쪽)와 첫 쪽(오른쪽)

서는 대표적인 번역 작업을 소개한다.

① 李丙疇, 「均如傳 譯註」, 『東岳語文論集』 14(東岳語文學會, 1981).

② 金知見 編著, 『均如大師華嚴學全書』 上卷(大韓傳統佛敎硏究院, 1977).

③ 赫連挺 글 짓고, 崔喆·安大會 譯註, 『譯注 均如傳』(새문사, 1986).

④ 한정섭 편저, 『왕오천축국전』(불교대학교재편찬위원회, 1996).

⑤ 一然 著, 李載浩 譯, 『三國遺事』(솔, 1997).

⑥ 해주 역주, 『정선 화엄 I』(대한불교조계종 韓國傳統思想書 刊行委員會, 2010).[24]

① 이병주(李丙疇)의 이 번역은 제목에는 '譯註'로 되어 있지만 실제로는 별다른 주석이 없는 번역이다. 또한 1981년 『동악어문논집(東岳語文論集)』

14호에 게재되었으나 마지막 부분을 보면, 이 번역은 향가 11수 부분은 양주동의 번역을, 그 외 부분은 권상로의 번역을 1965년 5월 1일 이전에 이병주가 종합하고 보완한 것임을 밝히고 있다. 따라서 현존 번역 중에서는 가장 오래된 번역이라고 할 수 있다.

② 김지견(金知見)의 이 책에 수록된 『균여전』의 번역은 불교학자에 의한 첫 번역이다. 이 번역 또한 주석 없이 번역만으로 구성되어 있다. 『균여전』 번역과 함께 「보현십원가」 11수를 [향가 원문]-[고어(古語)]-[역시(譯詩)]-[일역(日譯)]-[『화엄경』의 복원(復元)] 순으로 나열하여 비교 연구를 돕고 있다. 특히 『화엄경』 경문으로 복원하는 부문은 「보현십원가」의 사상적 원류를 이해하는 데 주목할 만한 시도이다.

③ 번역과 그에 관한 주석이 모두 갖추어진 것을 역주(譯註)라고 한다면 국문학자 최철(崔喆)과 안대회(安大會)의 이 번역이 실질적으로 『균여전』에 관한 최초의 역주이다. 그와 동시에 역주 앞에 당시로서는 상당히 자세한 해제를 싣고 있어서 『균여전』 이해에 많은 도움을 준다.

⑥ 해주 등이 역주하고 대한불교조계종 한국전통사상서 간행위원회가 2010년에 펴낸 『정선 화엄 I』에는 『균여전』의 역주가 포함되어 있다. 이 역주는 번역과 함께 자세한 해제를 제공하고 있다. 다만 이 역주는 완역이 아니라 향가와 관련된 '(7) 가행화세분(歌行化世分: 노래를 펼쳐 세상을 교화함)', '(8) 역가현덕분(譯歌現德分: 노래를 번역하여 덕을 드러냄)'은 역주가 누락되어 있다.

2

『균여전』을 통해 살펴본 균여의 삶

이 책은 두 부문으로 나누어 균여의 삶을 살펴본다. 첫째는 『균여전』에서 균여의 삶과 직접적으로 관련된 부분을 인용하여 균여의 삶을 소개한다. 둘째는 『균여전』을 인용하며 소개한 내용의 함의를 검토하고 아울러 이와 관련된 근현대 연구들의 논의와 그 의미를 고찰한다. 이로써 서사를 통해서 균여의 삶을 일대기적으로 조망하는 동시에 그의 삶 곳곳에서 만나게 되는 다양한 사건들의 의미를 심층적으로 들여다보고자 한다.

『균여전』은 앞에서 소개한 바와 같이 서문과 후기를 제외하면 총 10개의 항목으로 나누어 균여의 삶을 서술한다. 즉 1) 태어남의 영험[降誕靈驗], 2) 출가하여 이익을 청함[出家請益], 3) 누이와 동생이 모두 현명함[姉妹齊賢], 4) 뜻을 세우고 근본을 정함[立義定宗], 5) 여러 글을 해석함[解釋諸章], 6) 감통과 신이[感通神異], 7) 노래를 펼쳐 세상을 교화함[歌行化世], 8) 노래를 번역하여 덕을 드러냄[譯歌現德], 9) 감응으로 마군을 항복시킴[感應降魔], 10) 변역생사(變易生死)이다. 아래에서는 각 항목에 따라 균여의 삶을 살펴본다.

1) 태어남의 영험

수좌의 속성은 변(邊)씨이고 휘(諱)는 균여(均如)이다. 아버지는 환성(煥性)이라 하고 뜻이 고상하여 이름을 드러내지 않았다. 어머니는 점명(占命)이라 한다. 일찍이 천우(天祐)[25] 14년(917) 4월 초이렛날 밤에 암수 봉황 한 쌍이 모두 노란 빛깔을 하고 하늘로부터 내려와 함께 품안으로 들어오는 것을 꿈에서 보았다. [천우] 20년(923)에 이르니 점명의 나이가 이미 60살이었는데도 능히 임신하여 7개월을 채우고 그해 8월 8일에 스님을 황주 북쪽에 있는 형악(荊岳) 남쪽 기슭의 자기 집둔대엽 마을이다.에서 낳았다. 지금의 황주 판관이며 전 습유(拾遺)[26]인 이준(李晙)이 옛터를 중수하고 경천사(敬天寺)[27]라고 불렀으니 바로 그곳이다.

스님이 태어나자마자 용모가 너무 추하여 가히 견줄 이가 없었다. 부모가 꺼림칙하여 길 가운데 버렸더니 두 마리의 까마귀가 날개를 가지런히 맞대어 연결하여 아이의 몸을 덮어주었다. 길 가던 사람이 그 기이함을 보고서 집을 찾아가 이 일을 자세히 얘기해주었다. 아버지는 후회하고 어머니는 한탄하며 거두어 길렀으나, 그 모습만은 꺼려하여 이내 상자 속에 놓아두고 젖을 먹인[鬪穀] 투곡은 젖을 먹인다는 뜻 지 여러 달 뒤에야 마을 사람들에게 보여주었다.

스님이 강보에 있을 때 원만게(圓滿偈)를 잘 읽고 대개 아버지가 말로 가르쳐주는 것을 열에 하나도 놓침이 없었다.[28]

(1) 어머니의 태몽

균여의 어머니는 917년 4월에 노란색의 암수 봉황 두 마리가 하늘로부터 품으로 들어오는 태몽을 꾸고 이로부터 약 6년이 지난 923년에 균여를 낳게 된다. 태몽이 917년에 꾼 것이고 꿈 내용에 봉황 암수 두 마리가 함께 등장하는 것을 볼 때 이 태몽은 균여만의 태몽이 아니라 920년에 태어나는 균여의 누이 수명(秀明)과 균여의 출생에 대한 태몽이 합쳐진 것으로 보는 것이 더욱 적절할 것이다.

(2) 균여의 출생 연도

균여는 고려의 태조(太祖)가 되는 왕건(王建, 877~943, 재위 918~943)이 고려를 건국(918)하고 후삼국을 통일하기 위해 전력을 다하던 시기에 해당하는 923년(태조 6, 천우 20)에 황주 북쪽 형악에 위치한 둔대엽촌에서 태어났다. 앞의 인용문을 보면 그해에 태어난 것은 너무나 분명해 보여서 별다른 논의가 필요 없음에도 불구하고 이를 구태여 언급하는 것은 균여와 『균여전』에 관한 선행의 몇몇 초기 연구들이 『균여전』의 해당 부분(앞의 인용문 중 일부)을 잘못 읽고 균여의 생년을 균여의 어머니인 점명이 태몽을 꾼 해인 917년으로 잘못 판단했기 때문이다.[29] 그러나 균여의 생년이 923년인 것은 『균여전』에 의거하는 한 이론(異論)의 여지없이 명백하다.

(3) 아버지의 이름

『균여전』은 균여의 속성이 '변(邊)'씨라고 밝히고 있다.[30] 따라서 아버지의 성도 '변'임을 알 수 있다. 이에 대해서는 별다른 이견이 없지만 아버지의 이름에 대해서는 연구자들 사이에 논란이 있어왔다. 이와 관련된 원문을 먼저 소개한다.

> 父曰煥性尙志亡名.

먼저 '煥'. 『한국불교전서』 수록본에는 '[illegible]'(멸?)로 되어 있지만 그 저본인 고려대장경 수록본에는 '[illegible]'으로 되어 있으며 '煥(환)'의 이체자로 생각된다.

위 문구에 대한 해석의 차이로 인해서 선행 연구에서는 균여의 아버지 이름에 관하여 서로 다른 주장을 내세웠으며 아직 결론이 나지는 않은 상황이다. 기존의 해석들을 소개하면 아래와 같다.

① '煥性': 이름, '亡名' → '立名'

아버지는 煥性으로 뜻을 높이고 이름을 세웠었다.[31]

아버지는 煥性으로 高尙한 뜻과 이름을 세웠다.[32]

② '煥性': 이름, '亡名' → '이름을 숨김'

아버지는 환성(煥性)인데 뜻을 고상하게 가져 이름을 나타내지 않았다.[33]

아버지는 煥性이라 하는데 고상한 뜻을 품고 이름을 숨기며 살았다.[34]

父는 煥性인데 뜻을 고상하게 가져 이름을 나타내지 않았다.[35]

③ '煥性': '성품이 밝음', '亡名' → '이름을 모름'

아버지는 성품이 밝고 뜻이 고상하였으나, 그 이름은 알 수가 없다.[36]

기존 해석은 세 부류로 나눌 수 있다. '환성(煥性)'을 이름으로 보는 점에서는 ①과 ②가 같지만 ①은 『한국불교전서』 수록본과 고려대장경 수록본의 '亡名(망명)'의 '亡(망)'을 '立(입)'의 오독(誤讀)으로 보고, ②는 '亡'을 그대로 인정하여 해석한다는 점에서 차이가 있다. 『균여전』의 유일한 현존본인 고려대장경 수록본에는 '亡'에 해당하는 부분이 ''으로 되어 있다. 이를 판단하기 위해서 고려대장경 수록 『균여전』과 이 글이 포함되어 있는 『석화엄교분기원통초』의 '亡'과 '立'의 글자를 비교해보면 아래와 같다.

立: ,[37] [38] 등

亡: , [39] 등

위 글씨를 보면 '亡名'의 ''은 '立'의 잘못이 아니라 '亡'인 것을 한눈에 알 수 있다. 따라서 ①의 경우 해당 문구의 뒷부분 해석은 받아들이기 어렵다.

②와 ③의 차이는 '환성'을 균여 아버지의 이름으로 볼 것인가, 아니면 균여 아버지의 성품을 표현하는 서술로 볼 것이냐이다. ②의 경우는 아버지의 이름이 '환성'인데 성품이 고상하여 자신의 이름을 세상에 드러내지 않았다는 의미이고, ③은 아버지의 이름을 알 수 없으며 다만 아버지가 밝

은 성품과 고상한 뜻을 지녔다는 해석이다.

현재로서 필자는 두 가지 해석 중에 어느 하나를 배제하고 채택할 만큼의 확실한 근거를 제시하지는 못한다. 다만 뒤의 문구에서 어머니 이름을 밝힐 때 '母曰(모왈)'이라고 하여 앞의 '父曰(부왈)'과 대구를 이루는 점 등을 고려할 때 '환성'이 이름일 가능성이 더욱 높은 것이 아닌가 잠정적으로 추정할 뿐이다.

(4) 원만게의 의미

균여는 갓난아기였을 적에 "원만게(圓滿偈)를 잘 읽고 대개 아버지가 말로 가르쳐주는 것을 열에 하나도 놓침이 없었다"고 한다. 균여가 잘 읽었다는 원만게는 갓난아기인 균여가 직접 글을 읽었다기보다는 아마도 "아버지가 말로 가르쳐주는 것"을 잘 따라 읽었다고 보아야 할 것이다. 여기에서 '원만게'는 『화엄경』의 게송 내지는 『화엄경』 그 자체를 가리킬 것이다. 이 문맥에서 균여의 아버지는 『화엄경』 내지는 화엄교에 식견이 있었던 인물로 그려지고 있다. 물론 이 일화가 사실인지 아닌지 알 수는 없지만 『균여전』 저자의 의도는 아마도 균여가 매우 어렸을 때부터 화엄교와 깊은 인연이 있었다는 점을 강조하고자 했던 것으로 보인다.

2) 출가하여 이익을 청함

스님은 어려서 홀로 되었다. 열다섯 살(937)이 되자 사촌형인 스님 선균(善均)을 따라서 부흥사(復興寺)에 나아가 식현(識賢) 화상을 뵙고 그를 모시며 공부하였다. 그 가르치는 이의 그릇이 가르침을 받는 이의 기틀보다 모자라니 비록 [한] 삼태기의 흙이라도 높이 쌓아 이루는 데 사양하지 않겠지만 [한] 잔의 물이 어찌 큰 갈증을 없앨 수 있겠는가?

그때에 영통사(靈通寺) 의순공(義順公)이 도량이 큰 종과 같아서 묻는 자를 잘 맞이하여 이로써 사방에서 배우려는 사람들이 안개처럼 모여들어 저자를 이루었다. 스님의 구하는 마음이 마치 바람이 범에 대한 것바람이 범을 따른다는 뜻이다.과 같아서, 날마다 땅거미가 내린 뒤 식현 화상이 얼핏 잠에 드는 저녁을 기다려 몰래 영통사에 찾아가 배우기를 청하고 새벽 무렵에 돌아와 스스로 죽을 받들어 공양을 올렸다. 식현 화상은 짐짓 그 뜻을 알았으나 도리상 막을 수 없어서 얼마 후 의순공에게 가는 것을 허락하였다. 스님이 그곳을 떠나 이곳에 오니 일이 원대로 이루어졌다.

그 뒤로부터 가르침의 바다에서 깊이 퍼 올리고[深斞斞의] 음은 구(俱)이니 퍼 올리는 것이다. 뜻이 하늘에서 높이 빛났다. 언젠가 양식이 이레 동안이나 떨어져 끼니를 굶은 적이 열 번을 넘었으나 일찍이 한순간도 싫어서 물러갈 생각을 내어 배움을 게을리한 적이 없었다.[40]

(1) 부흥사와 영통사의 위치

균여는 처음 부흥사의 식현 화상에게 출가한다. 이때의 부흥사는 현존하지 않으며 그 위치를 확실히 파악할 수 없다. 부흥사의 이름을 가진 사찰이 『신증동국여지승람(新增東國輿地勝覽)』 권42 '황해도 우봉현(牛峯縣)' 편에 보이는데, 부흥사는 우봉현(지금의 금천군) 남쪽에 있던 절이지만 지금은 현존하지 않는다. 우봉현은 당시 개경(開京, 개성)의 북동쪽 인근에 위치한 지역으로 균여가 태어난 황주로부터는 남동쪽으로 약 100킬로미터 정도 떨어져 있다. 이 부흥사가 균여가 출가한 부흥사와 동일한 사찰인지는 확실하지 않다. 다만 다음의 사항을 종합하면 균여가 출가한 부흥사가 개경 인근 우봉현에 있었던 부흥사였을 가능성이 높아 보인다.[41]

① 균여가 출가한 부흥사와 의순이 거처하던 영통사는 하룻밤 사이에 오고갈 수 있을 만큼 가까운 거리에 있었다.

② 의순과 균여가 대목황후의 병을 고치는 과정[42]에서 의순이 그 병을 대신

7일 동안 앓다가 위중해지자 이를 균여가 홰나무에 옮기는데 이 홰나무가 균여의 처소 동쪽에 있던 나무였다고 한다. 대목황후가 황주 지역으로 가지 않은 이상 대목황후가 머물던 개경과 가까운 지역, 위중한 병을 앓고 있는 의순이 7일 내에 이동 가능한 지역에 균여의 처소가 있어야 한다.

③ 이상의 내용을 고려하면 부흥사와 영통사는 모두 개경 인근에 위치해야 한다.

만약 이러한 추론이 맞다면 균여는 출가하면서 고향인 황주를 떠나서 아무래도 당시 정치, 문화, 사상의 중심지였을 개경 인근으로 거처를 옮긴 것이 된다.

균여 당시에 개경 인근에 위치했을 영통사에 대해서는 이 전기 이외에 현존 기록은 보이지 않는다. 참고로 1027년(현종 18) 황해도 송도 인근 오관산(五冠山)에 창건되어 고려의 역대 왕들이 자주 행차하고 대각국사 의천이 출가한 영통사와는 창건 연대로 볼 때 다른 절이다.

(2) 균여의 사승관계

균여의 스승인 의순에 관해서는 『균여전』 이외에 기록이 없다. 다만 균여를 '북악(北岳)의 법손'[43]이라고 칭하고 균여가 의순 이외에는 본격적인 가르침을 받은 인물이 없으므로 의순 또한 북악에 속한 인물로 보아야 할 것이다. 여기에서 북악이란 희랑(希朗)의 법을 이은 문도를 일컫는 말이다.

희랑은 신라 말부터 고려 초에 활동했던 인물이다. 이들 사승(師承) 관계에서 명확하지 않은 점은 희랑과 의순의 관계이다. 이에 대해서 좀 더 살펴보자.

먼저 희랑에 관한 기록은 다음과 같다.

① 『균여전』

· 희랑은 신라 말엽에 가야산 해인사에 머물고 있던 화엄의 대가이다.

· 고려 태조, 즉 왕건의 복전(福田)이었다.

· 북악의 시조이다.

② 최치원의 「송희랑대덕(頌希朗大德)」 6수(首)[44]

· 10세기 초 해인사에 은둔하던 최치원은 당시 해인사에서 『화엄경』을 강의하는 희랑을 문수보살로 추앙하였다.

③ 『가야산해인사고적(伽倻山海印寺古籍)』[45]

· "신라 말에 승통 희랑이 이 절(해인사)에 주지하면서 화엄신중삼매(華嚴神衆三昧)를 얻었다. 당시 우리 태조께서 백제 왕자 월광(月光)과 전투를 벌였는데 월광은 미숭산(美崇山)을 차지하고 있으면서 식량은 풍족하고 병사는 강하여 그 대적함이 마치 신병(神兵)과 같았다. 태조는 힘으로 능히 제압할 수가 없어서 해인사에 들어가 희랑을 사사하였다. 대사가 용적대군(勇敵大軍)을 보내 그를 돕게 하자 월광은 금갑(金甲)이 공중에 가득한 것을 보고서 그것이 신병임을 알고 두려워하여 태조께 항복하였다. … 이러한 일들이 길이길이 끊어지지 않도록 천복(天福) 8년(943) 계묘(癸卯) 10월에 판에 새긴다."[46]

④ 『사자산흥녕사지징효대사탑비명(師子山興寧寺址澄曉大師塔碑銘)』의 음기(陰記)[47]

· 신라 말의 선사 징효대사(澄曉大師) 절중(折中, 826~900)의 탑비의 음기에 삼강전(三綱典)의 명위를 나열하는데 가장 처음으로 '원주희랑장로(院主希朗長老)'가 보인다. 이 탑비는 944년에 만들어진 것으로 당시 이 탑비의 불사를 감독한 소임자 중에 '희랑'이 등장하는 것이다. 흥녕사는 구산선문(九山禪門)의 하나인 사자산문의 선종 사찰이지만 당시 교종의 승려가 선종 사찰에서 역할을 맡기도 하였다는 점을 고려하면 이 비문 음기의 '희랑'은 해인사에 주석했던 희랑일 가능성이 높다.

⑤ 유척기(兪拓基, 1691~1762)의 「유가야기(游加耶記)」(『지수재집(知守齋集)』 권15)

· 이 글에는 고려 초 기유(己酉, 949년 추정) 5월에 나라에서 '해인존사원융무애부동상적연기상유조양시조대지존자(海印尊師圓融無碍不動常寂緣起相由照揚始祖大智尊者)'라는 시호를 내린 교지가 그 당시인 18세기까지 해인사에 전해지고 있었다고 한다.[48]

이상의 기록[49]을 종합하면 다음과 같은 사실을 알 수 있다.

· 첫째, 희랑은 신라 말·고려 초 화엄교, 특히 의상계 화엄의 맥을 이은 승려로서 고려 태조가 사사하여 복전이 되고 후삼국 통일에 도움을 주었다.
· 둘째, 희랑이 900년대 초반까지 활동했던 것은 분명해 보인다.[50]
· 셋째, 희랑은 늦어도 949년 이전에는 입적했다.

그러므로 균여가 출가(937)하여 언제 의순 문하에 갔는지는 알 수 없지만 균여가 식현에게 출가한 뒤에 그의 가르침에 만족하지 못했다는 기록을 볼 때 균여와 의순과의 관계는 균여가 출가한 후 얼마 지나지 않아서 시작되었을 가능성이 높아 보인다. 늦어도 949년에는 의순과 사제관계를 맺고 있었음[51]을 고려하면 의순이 희랑의 직제자일 가능성이 높아 보인다.[52] 왜냐하면 희랑과 의순의 활동 연대와 의순 또한 북악 계통임을 고려할 경우 의순이 희랑의 직제자가 아니면 안 되기 때문이다. 따라서 다음과 같은 계통을 추정할 수 있다. 다음에서 '⋯›'은 상대적으로 시기가 떨어진 사승관계, '→'은 스승과 직제자의 사승관계를 나타낸다.

의상(625~702) ⋯› 희랑(~949 이전) → 의순(10세기 초중반?) → 균여(923~973)

3) 누이와 동생이 모두 현명함

스님이 오랫동안 절에 있다 보니 부모가 머물던 고향집이 생각났다. 드디어 돌아가 가족[53]을 만나보고 수명과 지혜를 겨루었다. 첫째인 수명은 스님보다 3년 먼저 태어났는데 이해가 천우 17년(920)이었다. 그녀는 날 때부터 우는 것이 절도가 있더니 장성해서는 총명함이 견줄 이가 없었다.

일찍이 탁발하는 스님이 집에 와서 『법화경(法花經)』을 독송하였는데 그녀는 안에서 이를 듣고 바로 믿음을 내었다. 그래서 자리를 마련하여 스님을 맞이하고 마저 독송하기를 청하니 스님이 8권을 독송하여 마쳤다. 이에 하룻밤 머무르며 경의 뜻을 설명해달라고 부탁하니 무릇 귀로 들은 바를 조금도 놓치는 것이 없었다. 스님은 떠나면서 그녀에게 말하기를 "나는 곧 보리유지(菩提留支)[54] 삼장이고, 너는 덕운비구(德雲比丘)[55]의 화신이다"라고 하였다.

또 스님이 돌아가서 만난 날 수명은 그 익힌 것을 들려달라고 청했다. 스님은 보현·관음 두 선지식의 법문과 『신중경(神衆經)』과 『천수경(千手經)』의 두 경문을 강설하였더니 말로 설한 것을 한 글자도 놓치는 것이 없었다. 스님이 또 초저녁에 화엄육지(華嚴六地)의 뜻 약 500 문답을 외었더니 수명은 엿듣고 바로 깨달았다. 5년 후에 손으로 써보기를 청하자 자기가 깨달은 것을 한 문장 한 구절도 빠뜨리거나 의심스러워하는 것이 없었다.[56]

(1) 『균여전』 중 '수명' 항목의 특이성

이 항목은 균여의 누이에 대해 소개한다. 균여에게 920년에 태어난 세 살 위의 누이가 있었으며 이름은 수명(秀明)[57]이라는 것과 수명이 태어날 때부터 매우 총명하였다는 내용이 주를 이룬다.

균여 전기에서 균여의 누이인 수명에 대해 별도의 항목을 마련한 것은 매우 이례적이고 의아할 정도이다. 즉 균여의 생애나 사상 등을 이해하는 데 그다지 직접적인 관련이 없어 보이는 누이의 총명함에 관한 내용을 균이 독립된 항목에서 서술한 의도를 짐작하기 어렵다. 다른 승려들의 전기와 비교해볼 때에도 상당히 특이한 부분이다.

(2) 탁발 승려 - 보리유지, 수명 - 덕운비구의 관계

탁발하는 승려가 등장하는 부분도 이해하기 까다롭다. 첫째, 화엄교를 오로지했다고 해도 과언이 아닌 균여에 대한 전기에서 그의 누이에게 탁발하는 승려가 전해주는 경전이 『화엄경』이 아닌 『법화경』으로 되어 있다. 이는 당시 『법화경』의 폭넓은 유행을 알려주는 것일 수도 있지만 『균여전』의 전체 맥락에서 볼 때 어딘가 이질적으로 생각된다. 둘째, 탁발하는 승려가 들려주는 『법화경』의 뜻을 잘 이해한다고 해서 수명을 『화엄경』, 「입법계품(入法界品)」에 첫 번째로 등장하는 덕운비구의 화신이라고 했다는 것은 쉽게 수긍이 가지 않는다. 물론 보리유지의 경우 『법화경』에 대한 세친(世親)의 주석서인 『묘법연화경우파제사(妙法蓮華經憂波提舍)』를 한역한 인연이 있기에 그럭저럭 이해할 수 있지만 수명의 경우 『법화경』과 덕운비구 사이의 관계를 잇기 위해서는 무언가 다른 연결 고리가 필요해 보인다.[58]

(3) 균여가 들려주는 경론의 성격

균여가 수명에게 들려주는 경론을 살펴보면 후대가 평가한 균여의 성향을 짐작할 수 있다. 균여는 두 가지 성격의 경론을 수명에게 전한다. 첫째는 『화엄경』, 「입법계품」의 선지식 법문과 『화엄경』, 「십지품(十地品)」 제6지의 뜻에 관한 문답이다. 전자는 『화엄경』 경문이고 후자는 아마도 균여 당시 『화엄경』 경문에 대한 교리적인 논의를 다룬 문답이었을 것이다. 즉 『화엄경』과 그에 대한 전문적인 교리 문답이다. 둘째는 『신중경』과 『천수경』으로서 모두 일반 대중들의 신행(信行) 생활을 위해서 신라 내지는 고려에서 편집된 경전이다. 이 중 『신중경』은 『화엄경』, 「세주묘엄품(世主妙

嚴品)」에 등장하는 신중의 명호를 바탕으로 하여 편찬한 경전이고[59] 『천수경』은 널리 알려진 바와 같이 다라니[眞言]를 중심으로 실제 신행에 특화된 경전이다. 이처럼 균여가 고도로 전문적인 화엄교에 관한 저술을 지으면서 아울러 대중 교화를 위한 방편으로 「보현십원가」를 지어 널리 유통시킴으로써 상구보리 하화중생(上求菩提 下化衆生)을 동시에 추구하는 화엄 행자의 모습이 여기 『균여전』에도 엿보인다.

4) 뜻을 세우고 근본을 정함

스님은 북악의 법손이다. 옛날 신라 말엽에 가야산 해인사에 두 분의 화엄 대가가 계셨다. 첫째는 관혜공(觀惠公)이라고 하니 백제의 우두머리 견훤(甄萱)의 복전이었고, 둘째는 희랑공(希朗公)이라고 하니 우리 태조대왕의 복전이었다. 두 분은 신심을 받아들여 향을 사르며 서원 맺기를 청하였으나 서원이 이미 달라졌으니 마음이 어찌 하나이겠는가! 문도에 내려가 이르러서는 점점 물과 불이 되어 법의 맛에 비유하면 각각 시고 짠맛을 받았으니, 이 폐단을 제거하기 어려움은 유래가 이미 오래되었다. 그때 세상 사람들은 관혜공의 법을 이은 문도를 남악이라 했고, 희랑공의 법을 이은 문도를 북악이라 했다. 스님은 남북의 종취가 모순이며 나뉘어지지 않는다고 매번 탄식하며 많은 갈래를 막아 한 길로 가리켜 돌리고자 했다.

수좌 인유(仁裕)와 더불어 명산을 두루 다니기를 좋아하며 불가(佛家)에 노닐다가 큰 법의 북을 울리고 큰 법의 깃발을 세워 불문의 젊은 스님들을 모두 [그] 바람에 따르도록 했다.

또 화엄의 가르침 가운데 앞선 분들이 30여 가지 뜻을 뽑은 글이 있었으니, 그 명목은 [다음과 같다.] 세 가지 가르침의 위하는 대상[三敎所爲], 동체(同體), 공·유(空有), 다함과 다하지 아니함[盡不盡], 방편과 진실[權實], 화장세계의 설[華藏說], 국토 바다를 이룸[成土海], 힐난을 밝힘[明難], 찬탄과 찬탄하지 않음[歎不歎], 세 가지 생[三生], 체를 섭수함[攝體], 직무를 줌[授職], 육상(六相), 진실에 나아가고 진실을 근본으로 함[就實本實], 미묘한 장애를 끊음[斷障微少], 도솔천자(兜率天子), 다섯 가지의 성불[五種成佛], 해불과 행불[解行佛], 분상(分相), 흘러나옴과 지목함[流目], 마음을 돌이킴[廻心], 육지(六地), 팔회(八會), 백육성(百六城), 정토(淨土), 보리수(菩提樹), 성기(性起), 다섯 과보[五果], 사구(四句), 널리 공양을 닦음[廣修供養], 주(主)와 반(伴)에 대한 장(章) 등이었다.

스님은 [앞의 글들이] 원류로 삼는 것이 곧 달라서 뒤섞여 어긋난 것이 많아 글이 번쇄한 것은 요긴한 것만 뽑고 깎아냈으며, 뜻이 미묘한 것은 상세히 궁구하여 그것을 드러내었다. 모두 부처님의 경과 보살의 논을 인용하여 증거로 삼았으니, 곧 일대의 성스러운 가르침을 모두 헤아려보았다.

나라가 왕륜사(王輪寺)[60]에서 승과(僧科)를 크게 열어 불문의 급제자를 뽑아 취함에 이르러서는 곧 우리 스님이 뜻한 길로 정통을 삼았고, 나머지는 방계로 했으니 무릇 재주와 이름 있는 무리들이 어찌 이 길을 말미암지 아니하였겠는가! 크게는 지위가 왕사, 국사까지 취하였고, 작게는 위계가 대사, 대덕에 이르렀으며, 홀로 몸을 드날리고 홀로 자취를 드러낸 이에 이르러서는 가히 헤아릴 수가 없었다.[61]

이 항목은 신라 말 고려 초 화엄교와 관련된 분파와 이를 통합하려는 균여의 노력, 그리고 균여가 당시에 전해져온 화엄교의 여러 주제에 대한 다양한 주장을 정리하여 나라의 정통으로 인정받게 된 균여의 업적을 소개하는 항목이다. 이 부분과 뒤에 바로 이어지는 5) 여러 글을 해석함[解釋諸章]에서만 균여의 사상적인 입장과 역할, 그리고 저술에 대한 기록을 전하고 있어서 학승(學僧), 즉 교학에 정통한 균여의 모습을 이해하는 데 중요한 부분이다.

(1) 북악과 남악의 분파

『균여전』의 이 부분에 의하면 균여 당시 화엄교에는 북악(北岳)과 남악(南岳)으로 나뉘어진 분파가 있었다고 한다. 이 두 파는 신라 말 해인사에 머물고 있던 화엄교의 대가, 희랑과 관혜로부터 각각 비롯된다. 즉 희랑이 고려 태조의 복전이 되고 관혜가 후백제 견훤(甄萱, 867~936)의 복전이 되면서 화엄교단이 나뉘어진 것으로 기록되어 있다. 이를 보면 북악과 남악 분파의 시초는 정치적인 문제였을 가능성이 큰 것으로 보인다. 다만 이것이 후대에 문도로 이어지면서 교리적인 측면에서도 물과 불처럼 서로 어울릴 수 없을 지경에 이르렀다고 한다.

이 남북악의 분파에 관한 기록은 연구자들에게 특히 중요시되어 남북악 관련해서 그다지 많지 않은 자료에도 불구하고 많은 연구가 진행되어 다양한 주장이 제기되었다. 이 책에서는 남북악 관련 내용을 소개하기 위해서 먼저 현재까지의 관련 연구를 쟁점별로 간략히 소개한 후, 기존 주장에 대한 이 책의 의문 또는 입장을 제시한다.

(2) 북악과 남악의 성격에 관한 선행 연구

남북악 분파에 관한 『균여전』의 기록은 분량도 짧고 내용도 자세하지 않지만 신라 말로부터 고려 초에 이르는 화엄교의 분파, 나아가 당시 불교 교단의 상황 등을 알려주는 희귀한 기록인 까닭에 연구자들에게 큰 관심을 불러일으켰다. 이러한 관심은 상당수의 관련 연구로 이어졌고 남북악의 정체와 성격 등을 둘러싸고 여러 상이한 주장이 제기되어왔다. 상당수의 연구가 다양한 입장을 내세웠기에 몇 가지 기준으로 구분하여 정리한다.

① 남북악 분파의 시기와 원인

[희랑·관혜 이전 사상적 원인+희랑·관혜 당시 정치적 원인] 대 [희랑·관혜 당시 정치적 원인]

남북악으로 분파하게 된 시기와 원인에 대한 입장 차이로서 둘로 나눌 수 있다. 첫째, 남북악의 분파는 희랑·관혜 이전에 이미 사상적 입장 차이로 인해서 실질적으로 발생되어 있었으며 『균여전』이 기록한 남북악의 분파는 이전에 이미 사상적 갈등으로 인해서 내재되어 있던 대립이 희랑·관혜의 정치적 입장 차이에 의해 벌어진 사건으로 표면화된 것일 뿐이라는 주장이다. 두 번째에 해당하는, 뒤이어 소개할 두 편의 연구를 제외하고는 관련 연구 거의 모두가 여기에 속한다. 그러나 이 그룹 내에서도 남악과 북악의 정체와 그들이 지니고 있던 사상의 성격을 무엇으로 볼 것인가에 따라서 다양한 주장이 제기되었다. 이에 대해서는 다음에 항목을 달리하여 소개한다.

둘째, 분파는 신라 말 고려 건국 직전 해인사에 주석하고 있던 희랑과 관혜로 대표되는 두 세력의 정치적 입장 차이로 비로소 발생했으며 그 이전에 사상적 입장 차이를 원인으로 하여 분파가 발생해 있었다는 것은 아니라는 주장이다. 김복순과 사토 아쓰시(佐藤厚)의 연구가 여기에 해당된다.[62] 김복순은 『균여전』의 남북악 분파 관련 기록을 신라 하대 해인사에서 희랑과 관혜 이후에 벌어진 사건에 관한 것으로 해석하고 "이것은 희랑과 관혜 이후의 해인사 내에서의 파벌 다툼일 뿐이지 이제까지 서술해온 북악과 남악이 신라 하대에 서로 대립·반목한 것으로 볼 수는 없다"고 한다. 이 파벌 다툼의 원인으로는 "신라 말엽에 이르러 해인사의 사찰 규모가 비대해지고 태조(왕건)와 견훤을 둘러싼 세력이 해인사 침투로 인해서 해인사 내에서는 태조 지지세력과 견훤 지지세력으로 승려들이 갈라지게 된 것"으로 추정하며 태조와 견훤을 각각 지지하는 두 세력 가운데 "희랑과 관혜가 그 대표적인 승(僧)들"이고 "이 둘의 파벌 성립은 결국 남악과 북악이라는 출신에 따른 칭호를 만들어낸 것 같다"는 것이다. 따라서 이 분파는 왕건과 견훤의 지지세력 사이의 분파로서 화엄교의 사상적, 교학적 분열·대립으로 볼 수 없다는 입장이다. 이 연구는 다른 연구가 남북악의 분열을 신라 말 고려 초 화엄교단 교종의 주요 사건으로 다루는 것과 달리 "하대 화엄종의 내용으로 볼 때 지엽적인 문제로 보인다"고 한다.[63] 이를 정리하면 다음과 같다.

남악 - 관혜

북악 - 희랑

* 희랑과 관혜 이전에 분열 없음. 정치적 이유로 인한 분열

다만 이 연구는 희랑과 관혜 이후 남북악의 분열이 결국 교리적인 입장 대립에까지 이르렀다는 『균여전』의 기록에 대해서 그 입장 차이가 무엇인가에 대해서는 별다른 언급이 없다.

② 남북악의 정체

남북악의 분파가 희랑·관혜의 정치적 대립 이전에 사상적 입장 차이로 인해서 이미 실질적으로 벌어져 있었으며 이것이 다만 희랑·관혜의 정치적 대립으로 인해 표면화된 것이라는 주장은 다시 남악과 북악의 정체가 무엇인가에 따라서 대략 다음의 세 가지로 나뉜다.

가. 의상계 내의 분파

남악과 북악이 사상적으로 의상계 화엄 내의 분파라고 주장하는 것으로서 김두진의 연구가 대표적이다.[64] 이 연구는 『균여전』의 남북악 분열 관련 기록에 주목하여 이를 해명하고자 한 첫 번째 시도이며, 남북악의 분파가 희랑·관혜의 정치적 대립 이전에 이미 사상적 입장 차이에 의해서 벌어진 것으로 이해한 시초이기도 하다. 김두진은 신라 말엽 이전 즉 신라 하대에 이미 사상적 견해 차이로 인해 발생한 남북악의 분열이 당시 화엄교단의 주축을 이루고 있던 의상계 화엄 내부의 분열이라고 주장한다. 즉

"신라 말에 화엄교학으로 북악파와 남악파가 있었으며, 북악의 법손이 균여였다. 이 두 파는 모두 해인사에 기반을 두고 있었던 점으로 보아, 의상계통의 화엄교학에 속하였다"고 하여 남악과 북악이 모두 의상계 화엄 내에서 갈라진 것으로 규정한다.

남북악의 분열이 의상계 내부에서 벌어진 것이라고 할 때, 남북악의 정체가 무엇인가에 대해서는 "현재 남악과 북악의 화엄사상이 어떻게 달랐는지를 정확하게 알기는 어렵다"고 하면서도 남악을 『법계도기총수록(法界圖記叢髓錄)』에 보이는 남악관공(南岳觀空)으로, 북악을 『균여전』에 등장하는 "「선공초삼십여의기(先公鈔三十餘義記)」와 연결되리라 생각한다"고 한다.

우선 남악과 관련해서는 『법계도기총수록』의 '남악관공'을 신라 말 해인사에서 활동한 관혜와 동일 인물로 단정하고 남악관공의 수전법(數錢法)을 남악파의 사상으로 이해한다. 이어서 남악관공, 이 연구에 따르면 곧 관혜가 "그것을 7종의 전(錢) 즉 편계(遍計)·의타(依他)·인연(因緣)·연기(緣起)·성기(性起)·무주(無住)·실상전(實相錢)으로 나누어 설명"하며 "남악파의 화엄교학에 의상의 교학 중 수전법이 특히 강조되었다"고 한다.

북악에 대해서는 「선공초삼십여의기」가 북악의 사상을 나타낸다고 추정한다. 그 근거로서 북악의 후손인 "균여가 「선공초삼십여의기」를 정리하여 그 뜻을 나타내고 있는 점으로 보아" "선공(先公)은 북악파에 속한 인물이었을 것이며 혹은 균여의 스승이었을 가능성"도 있고 "적어도 「선공초삼십여의기」는 북악 희랑의 교학과 전혀 무관계일 수 없"기 때문이라고 한다.

이처럼 추정을 통해 남악을 남악관공으로, 북악을 선공으로 연결한 데에 기반하여 "남악파의 화엄교학에서는 의상의 수전론을 계승한 연기사상이 강조된 반면, 북악파의 화엄교학에서는 융회적(融會的) 성격의 불교가 형성되었다"[65]고 한다. 이에 관하여 이후의 연구에서 김두진은 다음과 같이 서술한다.[66] "남악의 화엄사상이 편계·의타·무주 등 주로 삼성(三性)의 연기에 관한 내용이라면, 선공 즉 북악의 그것은 연기보다는 성기(性起)를 강조하고 삼교소위동체(三教所爲同體)·삼생섭체(三生攝體) 등 원융사상(圓融思想)을 강조한다." 이를 정리하면 아래와 같다.

남악 – 남악관공 – 수전법(연기론) – 연기

북악 – 선공 – 「선공초삽십여의기」(융회사상) – 성기/원융사상

김두진은 북악과 남악의 사상적 입장 차이를 주장하고 남악과 북악을 각각 남악관공과 선공으로 연결하여 의상계 내의 분파로 추정한다. 이에 따르면 남악관공(남악)과 선공(북악)의 사상이 서로 달라야 할 것이다. 이 차이에 대해서 남악관공은 연기설을 특징으로 하며 선공은 융회사상 또는 성기설과 원융사상을 강조한다고 한다. 다만 남악관공의 수전법을 보면 변계와 의타와 연기 외에도 성기와 무주와 실상의 논의가 행해지는데도 불구하고 연기론으로 규정하는 이유에 대해서는 아무런 설명이 없다. 남악관공의 수전법에서 다루는 일곱 동전과 선공의 항목을 전부 비교해보면 항목만으로는 둘 사이의 차이를 끄집어내기가 쉽지 않아 보인다. 또한 이후의 연구[67]가 지적하듯이, 남악관공을 관혜로, 선공을 북악 계통의 인물로 보기 위해서는 좀더 근거가 필요해 보인다.

나. 의상계와 비의상계의 분파

이 주장은 남북악의 분파가 희랑과 관혜 이전에 사상적 입장 차이로 인해서 이미 발생해 있었다는 점에서는 앞의 주장과 같지만 그 분파가 의상계 내부의 사건이 아니라 의상계와 비의상계 사이의 일이라는 주장이다. 여기에는 다시 두 종류가 있다.

㉠ 의상계와 연기계의 분파

북악파를 부석사(浮石寺)의 의상계로, 남악파를 화엄사(華嚴寺)의 연기계로 파악한 것으로서 최병헌의 연구가 대표적이다.[68] 이 연구에 따르면 "남악파·북악파의 대립은 신라 말에 와서 갑자기 발생한 것은 아니"고 희랑과 관혜 이전에 이미 남악과 북악으로 분파가 되어 있었다. 이때 북악은 태백산(太白山)이고 북악파는 태백산의 부석사를 중심으로 활동한 의상계 화엄을 의미하고, 남악은 지리산(智異山)으로서 남악파는 의상계가 아니라 지리산의 화엄사를 창건한 연기(緣起) 조사와 그 후손들의 화엄을 가리킨다고 한다.

최병헌은 경덕왕대 필사된 이른바 『신라백지묵서대방광불화엄경(新羅白紙墨書大方廣佛華嚴經)』을 발원(發願)한 연기가 "바로 화엄사의 창건자임에 틀림없다고 본다." 따라서 이 사경이 발견되기 전까지는 실존 여부가 불분명했던 화엄사의 창건자인 연기가 실존 인물이라고 확정하고 또한 이 연기가 의천의 『신편제종교장총록(新編諸宗教藏總錄)』에서 『화엄경』과 『대승기신론(大乘起信論)』에 대한 저술을 지은 것으로 기록한 연기와 동일 인물인 것으로 파악한다.

이어서 의상계가 비판적이었던 『대승기신론』에 관해 연기가 저술을 한 점, 균여의 저술과 『법계도기총수록』과 같은 의상계 문헌에 연기가 전혀 언급되지 않는 점, 연기가 주로 현재의 전라도 지역과 인연이 깊어서 "신분상으로도 중앙의 진골 출신이었던 의상과는 구분되는" 점을 들어서 의상계의 북악파와 연기계의 남악파는 "화엄종 내에서 그 입장이 원래부터 달랐었으나, 의상계가 주류가 되어 연기계를 압도하면서 그 대립이 겉으로까지는 나타나지 않다가 후삼국시대가 되면서 정치세력의 분열과 함께" "그 대립이 표현화되었던 것"으로 주장한다. 이를 정리하면 다음과 같다.

남악 - 연기계 - 『화엄경』과 함께 『대승기신론』 중시

북악 – 의상계 – 『화엄경』 중시, 『대승기신론』 비판적

이 연구에서 연기로 대표되는 화엄사 중심의 남악계가 의상계와 사상적으로 대립했다는 주요 근거는 연기가 『대승기신론』 관련 저술을 지었다는 것이다. 그러나 이후의 연구[69]가 지적한 바와 같이 의상계에 속하는 인물들도 『대승기신론』 관련 저술을 남기고 있는 것을 고려할 때 『대승기신론』 관련 저술의 유무만으로 의상계와 비의상계를 구분하는 것은 무리라고 생각된다. 또한 남악계가 비의상계이기 위해서는 선행 연구인 김두진의 주장, 즉 남악을 대표하는 관혜가 의상계에 속하는 남악관공이라는 추정이 부정되어야 하지만 이에 대해서는 아무런 언급이 없다.[70]

㉡ 의상계와 법장계의 분파

이 주장은 큰 틀에서 남북악의 분파를 부석사 중심의 의상계와 비의상계인 화엄사 중심의 연기계 사이의 사건으로 보는 점에서는 같다. 그러나 앞의 주장(㉠)은 의상계와 연기계가 정치적 입장이 아니라 사상적 입장으로 인해서 대립이 있었다고 주장하지만 그 사상적 입장 차이가 무엇인지, 특히 연기계의 사상적 입장이 무엇인지에 대해서 의상계와 달리 『대승기신론』을 중시했다는 점만 기론할 뿐 구체적으로 규명하지 않은 한계가 있다. 이에 대해서 이 주장(㉡)은 연기계의 사상적 입장을 법장계로 파악한다는 점에서 ㉠의 주장을 보완한 성격이라고 할 수 있다.

이 주장을 대표하는 연구로는 김상현의 연구가 있다.[71] 김상현은 “900년을 전후한 시기, 즉 9세기 말 10세기 초에는 법장(法藏, 643~712)의 공(功)을 강조하려는 세력과 이를 비판하는 세력 사이에 갈등이 있었다”고 하며 당시 “신라 화엄종 내에는 법장의 공을 강조하고 있던 현준(賢俊)과 최치원 등의 세력과 이를 비판하는 세력이 있어 서로 갈등을 일으키고 있었다”고 진단한다. 그리고 법장을 비판하는 이 세력을 “의상계에 속한 화엄학자

인 것으로 추측"한다. 즉 900년 전후한 시기에 신라 화엄교단 내에 의상계에 속하는 그룹과 법장을 숭상하는 그룹(현준, 최치원 등) 사이에 분열이 있었던 것으로 추정하고 있다.

이어서 『균여전』의 남북악 분열 관련 기록을 설명하면서 "화엄종의 남북악의 분열을 정치적인 이유만으로 이해하기에는 아무래도 석연치 않다"고 하며 북악을 부석사 계통으로, 남악을 화엄사 계통으로 연결시킨 후 이 두 계통의 대립을 의상계와 연기계와의 대립으로 해석하는 주장에는 동의하지만 이 둘이 "무엇 때문에 대립하게 되었는가 하는 근본적인 문제"가 남는다고 한다.

이 문제에 대해서 김상현은 이 두 계통, 즉 부석사 계통(북악)과 화엄사 계통(남악)의 대립을 앞서 추정한 900년 전후한 시기 신라 화엄교단 내의 의상계(북악)와 이른바 법장계(남악)의 대립으로 이해한다. 여기에서 북악을 부석사 계통의 의상계로 보는 것의 근거는 놔두더라도 남악을 화엄사 계통의 연기계로 추정하는 최병헌의 연구에서 나아가 이를 법장계로 파악하여 북악과 남악의 대립을 의상계와 법장계 사이의 일로 보는 근거에 대해서 "법장을 매우 흠모하고 있던 최치원과 현준이 해인사에서 교유했던 정현(定玄)이 남악에 속한 화엄승이었다고 하는 사실은 남악의 교엄교학(敎[=華]嚴敎學)이 법장의 그것과 어떤 관련이 있지는 않았을까 하는 생각이 있다"고 하는 추측만을 제시하는 데 그친다. 이러한 추정에 바탕한 논의 후에 김상현은 맺는말에서 "결국 의상계와 비의상계의 대립인 남·북악의 분열은 넓은 의미의 의상계와 법장계와의 갈등이었다"고 정리한다.[72]

이 연구로부터 7년 후인 1991년에 출판된 김상현의 다른 연구에서는 자신의 이전 주장, 즉 "신라 하대 화엄종 내의 남·북악의 대립이 의상계와 법장계의 갈등이 표면화된 것으로 추측해본 필자의 판단에는 무리가 있었다고 생각한다"고 밝힌다.[73] 나아가 "뿐만 아니라 남·북악 대립의 원인을 후삼국시대 이전으로 소급해보는 일 또한 무리라고 해야 한다"고 주장한다. 왜냐하면 이를 뒷받침할 자료가 현존하지 않기 때문이다. 이는 앞서 최병헌과 김두진의 주장을 부정하는 것으로 "남북악의 갈등은, 희랑과 관혜의 대립으로부터 비롯되어, 그 문도들에 이르러 더욱 심화된 것으로 파악하는 것이 순리일 것 같다"고 한다. 이는 결과적으로 앞서 소개한 김복순 등의 주장, 즉 해인사의 희랑과 관혜 당시 이전에 화엄교단 내 남북악의 분열이 있었던 것은 아니라는 입장과 동일하지만 "남·북악의 대립을 해인사의 물질적인 풍요와 외부로부터의 세력 침투가 만들어낸 파벌이라고 이해하고, 이를 하나의 지엽적인 문제로 파악하는" 김복순의 주장에는 반대의 입장을 밝히고 있다.

이처럼 김상현의 연구(1991년)에서 철회한 주장인 남북악의 분열이 희랑과 관혜 이전에 사상적으로 이미 벌어져 있었으며 그 정체는 의상계(북악)와 법장계(남악)의 대립이라는 주장이 해주의 연구에서 더욱 자세히 논의된다.[74]

해주는 먼저 남북악 분열에 관한 기존의 연구를 검토하여 김복순과 김두진의 설을 채택하지 않고 최병헌-김상현(1984년 연구)의 주장에 동의하여 "남악은 법장계이고 북악은 의상계"라고 규정한다. 해주는 "균여의 저술과 『법계도기총수록』에 수록된 『남악관공기』 및 남악 영관(靈觀)의 화엄사상"을 검토하여 이 둘의 사상적 차이에 대해서 첫째, 북악(의상계)은 성기 사상이 중심이라면 남악(법장계)은 연기 사상을 중시했으며, 둘째, 북악은 수진(竪盡) 법계관이고 남악은 횡진(橫盡) 법계관이라는 화엄 법계관의 차이가 있다고 주장한다.

다만 해주는 "남악 관혜의 설로 보충 설명되고 있는 수십전유와 『남악관공기』의 7중전은 의상과 의상계의 화엄사상임은 분명하다"고 하면서 동시에 남악을 법장계에 해당시키고 있다. 남악을 법장계로 파악하기 위해서는 의상계에 속하는 것으로 인정하는 남악관공이 남북악 분열 맥락에서의 남악과 무관함을 먼저 밝혀야 할 필요가 있어 보인다.

다. 의상계와 의상+법장 수용계의 분파

앞의 두 주장('가'와 '나')은 남북악의 분파를 희랑과 관혜 이전 화엄교단 내의 사상적 입장 차이로 인한 내재적 대립이 희랑과 관혜의 정치적 입장 차로 인해서 표면화되었다는 입장이다. 그러나 '가'는 남북악의 분파를 의상계 내의 사건으로 보는 반면에 '나'는 의상계와 비의상계 사이의 일로 보는 차이가 있다. 또한 '나'는 다시 남악을 연기계로 보는 주장과 연기계로 보면서 그 사상적 입장을 법장계에서 찾는 주장으로 세분할 수 있다.

이에 덧붙여 남북악을 바라보는 또 다른 흐름이 있다. 이 흐름은 희랑과 관혜 이전에 이미 화엄교단 내에 사상적 대립이 있었다는 측면에서 '가', '나'와 같은 입장이면서 남북악의 정체에 대해서는 '가'와 '나'를 종합한 느낌의 주장이다. 즉 북악은 부석사 중심의 순수 의상계로 규정하는 것은 '나'와 같지만 남악의 정체에 대해서 단지 법장계로 보는 것이 아니라 의상의 화엄사상에 법장의 화엄사상을 수용한 계통으로 추정한다.

이 주장은 정병삼과 최연식의 연구에서 확인할 수 있다.[75] 우선 정병삼은 북악에 관해서는 부석사 중심의 의상계로 보는 선행 연구의 입장을 따른다. 남악에 대해서는 『법계도기총수록』에 인용되는 『남악관공기』의 남악관공과 균여의 저술에 소개되는 남악영관을 동일 인물로 판단하고 이를 남악이 지닌 사상의 일단을 알려주는 사례로서 이용하여 이를 검토한 후 "남악과 북악의 차이는 신라 화엄사상의 바탕 위에서 법장 화엄사상을 어느 정도 수용하느냐의 차이였던 것으로 추정"한다. 따라서 부석사 중심의 의상계인 "북악에서는 화엄만을 중시하는 신라 화엄의 독자적인 경향을 강하게 유지하고자 하였"고 남악의 중심인 "화엄사계에서는 화엄과 함께 『기신론』 사상을 동시에 강조하는 융합적 경향을 강하게 드러냈"으며 "그렇기 때문에 화엄사계에서는 부석사계에 비해 보다 포용적인 화엄사상을 지향"했고 "의상과 법장의 두 계통을 동시에 중시하고 있었다"고 한다. 결론적으로 "북악과 남악의 차이는 원효의 융합적 사상이나 법장의 화엄사상을 어느 정도 수용해 들이느냐의 차이였다고 생각"한다는 것이다.

최연식은 "순수하게 의상 사상만을 따르는 계열과 의상 사상 외에 원효와 법장의 사상을 수용한 계열의 차이라는 견해가 설득력 있게 제시되었다"고 정병삼의 연구를 소개한다. 정병삼의 입장에 동의하는 이 연구는 "북악파는 7세기 후반 이래의 의상계의 사상을 유지한 사람들이고, 남악파는 8세기 후반 이후 의상계가 중앙에 진출하면서 기존 경주 지역에서 활발하게 연구되던 원효·법장의 화엄학이 교류하면서 새롭게 나타난 사상 경향을 추구한 사람들이라고 생각"된다고 밝힌다.

(3) 북악과 남악의 분열 관련 『균여전』 기록의 의미

남북악 분파 관련 논의를 하기 위해서 이 사건에 대해서 유일하게 전하고 있는 『균여전』의 관련 기록으로부터 분명하게, 추정을 가능한 한 배제한 사실만을 우선 정리한다. 왜냐하면 남북악 분파에 관한 선행 연구들이 관련 기록이 워낙 적기 때문인지는 몰라도 기록에 의한 사실뿐만 아니라 매우 과감할 정도의 추정에 기반하여 자신의 주장을 세우고 있기 때문에 이를 정리하고 사실 관계를 파악하기 위해서는 무엇보다도 먼저 기록에 의해서 확증할 수 있는, 추정에 의하지 않은 사실을 분명히 할 필요가 있다고 생각하기 때문이다.

남북악에 관한 이러한 『균여전』의 기록에 대해서는 몇 가지 숙고할 점이 있다.

첫째, 후삼국 시대 화엄교단 내 남북악의 분열과 고려 초 균여에 의한 남북악 회통 노력의 기록은 오직 『균여전』에만 수록되어 있고 이에 대한 어떠한 관련 기록도 현존 문헌에서는 찾아볼 수 없다. 예를 들어 『균여전』에서 이러한 남북악의 분열을 회통하려고 노력했다고 전하는 균여의 저술에도, 의천의 저술 등에도 일절 관련 기록을 찾아볼 수 없다. 남북악의 분열이 만약 후삼국 시대, 나아가 일부 연구의 주장처럼 신라 하대 화엄교단 전체와 관련된 사건이라고 보기에는 관련 기록이 너무 부족하다는 느낌이다.

둘째, 남북악 분열의 시기와 관련하여 남북악의 분파 시기가 균여가 활동했던 시기로부터 남북악 분열의 "폐단을 제거하기 어려움은 유래가 이미 오래되었다"고 할 정도로 오래되었는가이다. 희랑과 관혜의 생몰 연대가 불분명하지만 9세기 초반까지는 생존했던 것으로 보이므로 북악과 남악이 후삼국 시기 왕건과 견훤이 희랑과 관혜를 복전으로 삼는 과정에서 비롯되었다면 균여가 활동했던 시기는 그로부터 30여 년 이후이고 문도의 측면에서 보면 균여 당대는 희랑과 관혜의 제2세손 또는 아무리 길어봐야 제3세손 정도에 해당할 것으로 추정된다. 따라서 균여가 맞닥트린 화엄교단의 남북악 분파가 몇백 년간 쌓여온 폐단은 아니게 된다. 그럼에도 불구하고 남북악 분파의 폐단이 오래되었다고 하는 『균여전』의 기록은 의아함을 불러일으킨다.

셋째, 남북악 분열의 의미가 불분명하다. 『균여전』 관련 기록 자체에만 의거하면 남북악의 분열은 후삼국 막바지 해인사에 희랑과 관혜라는 두 화엄종장이 각각 왕건과 견훤의 복전이 되는 등 정치적 입장이 갈리면서 시작되었고 이후 두 화엄종장의 뒤를 이은 문도를 각각 북악과 남악으로 부르게 되었으며 이때부터 사상적으로도 분열하게 되었다는 것이다. 먼저 분열이라고 하면 흔히 본래 하나였던 것이 둘 이상으로 나뉘는 것을 떠올린다. 그렇다면 이 당시 화엄교단이 가령 통일된 교단 조직을 갖추고 있다가 희랑과 관혜의 정치적 입장 차이로 분열한 것인가? 관련 연구에 따르면 이 당시 화엄교는 하나의 '화엄종'이라고 부를 만큼 단일한 조직을 갖추고 있지 못했던 것으로 보인다. 즉 당시에는 분열할 '하나'가 없었을 가능성이 높다. 따라서 『균여전』의 관련 기록이 의미하는 분열이라는 것은 본래 하나였던 화엄종 내지는 화엄교단이 남북악의 둘로 분열된 것이라고 이해하기는 어렵다고 필자는 생각한다.

여하튼 화엄교단의 남북악 분열을 균여는 안타까워하고 이를 통합하고자 하였다. 이러한 균여의 노력은 당시까지 전해져온 주요한 화엄교의에 대한 다양한, 또는 이질적인 이해들을 통합하여 하나의 표준을 세움으로써 구체화되었다. 즉 균여는 화엄교에서 중요한 30가지 내외의 논의 주제에 대해서 새로운 해석 기준을 제시했으며 이는 국가가 왕륜사(王輪寺)에서 승과를 실시할 때 기준이 되었다고 한다.[76]

(4) '有先公鈔三十餘義記'에서 '三十餘義'의 구분

『균여전』은 균여 이전에 화엄교학의 주제에 대해서 30가지 내외의 뜻을 뽑아 논한 바가 있었다고 전한다. 그리고 이어서 이 주제들을 열거하는데 이를 어떻게 나누어서 이해할 것인가에 대해서 논란이 있어왔다. 이 주제들은 전체적으로 볼 때, 화엄교학의 주요 주제에 해당하는 것은 맞지만 세부적으로는 이를 어떻게 끊어서 분류할 것인가는 학자들마다 주장이 다르다. 먼저 대표적인 주장을 소개하면 아래와 같다. 다만 이 부분은 불교 교학 중에서도 화엄교학의 주제를 분류하는 것이기 때문에 기존의 번역과 연구 중에서 불교학자의 견해를 중심으로 소개한다.[77] 괄호 안의 숫자는 항목 수이다.

① 이영수[78]

三教所爲, 同體空有, 盡不盡, 權實, 華藏說, 成土海, 明難, 歎不歎, 三生, 攝體授職, 六相, 就實本實, 斷障,[79] 兜率天子, 五種成佛, 解行佛, 分相, 流目, 迴心, 六地, 八會, 百十城, 淨土, 菩提樹, 性起, 五果, 四句, 廣修供養, 主件章 (29)

② 김지현[80]

三教所爲同體, 空有, 盡不盡權實, 華藏說, 成土海, 明難, 歎不歎, 三生攝體, 授職, 六相, 就實本實, 斷障微少, 兜率天子, 五種成佛, 解行佛, 分相, 流目迴心, 六地, 八會, 百十城, 淨土, 菩提樹, 性起, 五果, 四句, 廣修供養, 主伴章 (27)

③ 가마타 시게오[81]

三教, 所爲, 同體, 空有, 盡不盡, 權實, 華藏, 說成, 土海, 明難, 歎不歎, 三生, 攝體, 授職, 六相, 就實, 本實, 斷障, 微少, 兜率天子, 五種成佛, 解行佛, 分相, 流目, 迴心, 六地, 八會, 百十城, 淨土, 菩提樹, 性起, 五果, 四句, 廣修, 供養, 主伴章 (36)

④ 고익진[82]

三教所爲, 同體, 空有, 盡不盡, 權實, 華藏說, 成土海, 明難, 歎不歎, 三生, 攝體, 授職, 六相, 就實本實, 斷障, 微少, 兜率天子, 五種成佛, 解行, 佛分相, 流目, 迴心, 六地, 八會, 百六[83]淨土, 菩提樹, 性起, 五果四句, 廣修供養, 主伴章 (30)

⑤ 사토 아쓰시[84]

三教, 所爲, 同體, 空有, 盡不盡, 權實, 華藏說成土海, 明難, 歎不歎, 三生攝體, 授職, 六相, 就實本實, 斷障微少, 兜率天子, 五種成佛, 解行佛, 分相, 流目, 迴心, 六地, 八會, 百十城, 淨土, 菩提樹, 性起, 五果, 四句, 廣修供養, 主伴章 (30)

⑥ 최연식[85]

三教所爲, 同體, 空有, 盡不盡, 權實, 華藏說, 成土海, 明難, 歎不歎, 三生攝體, 授職, 六相, 就實本實, 斷障, 微少, 兜率天子, 五種成佛, 解行佛, 分相, 流目, 迴心, 六地, 八會, 百十城, 淨土, 菩提樹, 性起, 五果, 四句, 廣修

供養, 主伴章 (31)

⑦ 해주[86]

三教所爲, 同體空有, 盡不盡, 權實, 華藏說, 成土海, 明難, 歎不歎, 三生, 攝體, 授職, 六相, 就實本實, 斷障微少, 兜率天子, 五種成佛, 解行佛, 分相, 流目, 廻心, 六地, 八會, 百十城, 淨土, 菩提樹, 性起, 五果, 四句, 廣修供養, 主伴 (30)

⑧ 감심흠[87]

三教, 所爲, 同體, 空有, 盡不盡, 權實, 華藏說, 成土海, 明難, 歎不歎, 三生 攝體, 授職, 六相, 就實, 本實, 斷障微少, 兜率天子, 五種成佛, 解行佛, 分相, 流目, 廻心, 六地, 八會, 百十城, 淨土, 菩提樹, 性起, 五果, 四句, 廣修供養, 主伴 (32)

이상의 연구를 보면 30 내외의 항목에 대해서 여러 연구자가 매우 다양한 의견을 주장하고 있는 것을 알 수 있다. 총 8개 연구에서 서로 차이를 보이는 항목을 횟수별로 정리하면 다음과 같다. 괄호 안의 숫자는 연구자의 번호이다. 따라서 각 항목의 숫자를 합하면 8이 된다.

㉠ 三教, 所爲, 同體, 空有(③, ⑤, ⑧); 三教所爲, 同體空有(①, ⑦); 三教所爲, 同體, 空有(④, ⑥); 三教所爲同體, 空有(②)

㉡ 盡不盡, 權實(①, ③~⑧); 盡不盡權實(②)

㉢ 華藏說, 成土海(①, ②, ④, ⑥~⑧); 華藏, 說成, 土海(③); 華藏說成土海(⑤)

㉣ 三生攝體, 授職(②, ⑤, ⑥, ⑧); 三生, 攝體授職(①); 三生, 攝體, 授職(③, ④, ⑦)

㉤ 就實本實(①, ②, ④~⑦); 就實, 本實(③, ⑧)

ⓑ 斷障微少(②, ⑤, ⑦, ⑧); 斷障, 微少(③, ④, ⑥); 斷障(①, *微少 누락)

ⓢ 解行佛, 分相(①~③, ⑤~⑧); 解行, 佛分相(④)

ⓞ 流目, 迴心(①, ③~⑧); 流目迴心(②)

ⓙ 百十城, 淨土(①~③, ⑤~⑧); 百六淨土(④, *城 누락)

ⓒ 五果, 四句(①~③, ⑤~⑧); 五果四句(④)

ⓚ 廣修供養(①, ②, ④~⑧); 廣修, 供養(③)

각 항목의 총 8개 중에서 1개만 다르고 나머지 7개가 같은 경우는 ⓛ, ⓢ, ⓞ, ⓙ, ⓒ, ⓚ이다. 물론 다수가 항상 옳은 것은 아니기 때문에 이것을 기준으로 시비를 논할 수는 없다. 다만 여기에서 필자의 의견을 첨언하면 다음과 같다.

먼저 이 가운데 화엄교학에서 빈번히 독립적으로 논의되는 주제이므로 비교적 개연성 높게 확정할 수 있는 경우이다. 즉 ⓛ 진부진(盡不盡)과 권실(權實), ⓢ 해행불(解行佛)과 분상(分相), ⓞ 유목(流目)과 회심(迴心), ⓒ 오과(五果)와 사구(四句), ⓚ 광수공양(廣修供養)의 예이다. 두 번째는 오자와 누락 등의 실수에 의한 것으로 ⓙ 백십성(百十城), 정토(淨土)의 경우이다. 따라서 ⓛ과 ⓢ~ⓚ은 결정 가능하다고 생각한다.

나머지는 각각의 주제 또는 개념을 현존하는 화엄교학 문헌에서 어떻게 다루는지 살펴보아야 결정 가능한 경우이다. 아직 이에 대해서는 만족할 만한 연구가 진행되지 않았고 연구자들 사이에서도 충분한 합의가 이루어지지 않은 상태이다.

5) 여러 글을 해석함

스님이 세상에 계실 때 불법을 널리 펴고 사람을 이롭게 하는 것을 자신의 임무로 삼았다. 만약 여러 불가(佛家)의 문서에 자세히 알기 쉽지 않은 것이 있으면 반드시 그것을 위하여 주기와 해석을 지었다. 그러므로 『수현방궤기(搜玄方軌記)』[88] 10권, 『공목장기(孔目章記)』[89] 8권, 『오십요문답기(五十要問答記)』[90] 4권, 『탐현기석(探玄記釋)』[91] 28권, 『교분기석(敎分記釋)』[92] 7권, 『지귀장기(旨歸章記)』[93] 2권, 『삼보장기(三寶章記)』[94] 2권, 『법계도기(法界圖記)』[95] 2권, 『십구장기(十句章記)』[96] 1권, 『입법계품초기(入法界品抄記)』[97] 1권이 있어 모두 그 시대에 유통되었다.[98]

(1) 균여 저술의 이유와 목록

균여는 "불법을 널리 펴고 사람을 이롭게 하는 것으로써 자신의 임무로 삼았다." 이를 위해서 균여는 당시 전해져 내려오던 주요한 화엄 관련 문헌 10종에 대해 다음과 같은 해석의 글을 남겼다.

· 지엄(智儼) 저술에 대한 주석서 4종: 『수현방궤기』 10권, 『공목장기』 8권, 『오십요문답기』 4권, 『입법계품초기』 1권
· 의상(義相) 및 의상 제자의 저술에 대한 주석서 2종: 『법계도기』 2권, 『십구장기』 1권
· 법장(法藏) 저술에 대한 주석서 4종: 『탐현기석』 28권, 『교분기석』 7권, 『지귀장기』 2권, 『삼보장기』 2권

(2) 균여 저술의 성격

균여가 지은 저술의 성격을 보면 다음과 같다. 첫째, 저술 모두가 초기 화엄교학을 대표하는 교리서에 대한 주석서이다. 자기의 주장을 펼치는 것을 주로 하는 이른바 '장(章) 형식의 문헌'이나 경전에 대한 주석서가 아예 없다. 둘째, 오직 이른바 초기 화엄 교가(敎家)의 저술에 대해서만 주석을 지었다. 균여는 자신의 저술에서 지엄, 의상, 법장 이외에 매우 다양한 종파, 시기의 문헌들을 인용하지만[99] 주석의 대상으로 삼은 것은 오직 지엄, 의상,

법장, 즉 초기 화엄 교가의 문헌에 한정된다. 이를 통해서도 균여가 『균여전』의 평가와 같이 의상의 전통을 이어받은 화엄학승임을 알 수 있다.[100]

(3) 『입법계품초기』에 대하여

이 책에서는 『입법계품초기』 1권을 일단 지엄의 저술로 전해지지만 현존하지 않는 『입법계품초』에 대한 주석서로 분류한다. 그러나 이에 대해서는 의심해볼 여지가 있다. 왜냐하면 『균여전』에서 균여의 저술을 나열할 때 '지엄 저술에 대한 주석서-법장 저술에 대한 주석서'를 나열한 후에 '의상 저술에 대한 주석서'의 순서를 보인다. 여기에서 '의상 저술에 대한 주석서'가 『법계도기』이고 이어지는 것이 『입법계품초기』와 『십구장기』이다. 이러한 순서가 주석서 원전의 저자에 따른 것이라면 지엄의 『입법계품초』에 대한 주석서인 『입법계품초기』를 뒷부분에 나열하는 것보다 앞의 다른 지엄 저술 주석서들과 함께 배치하는 편이 자연스러울 것이다.

이와 관련하여 한 가지 고려할 사항이 의상 또한 현존하지는 않지만 『입법계품초기』를 지었다는 기록이다. 의천이 편집한 『신편제종교장총록(新編諸宗教藏總錄)』에는 의상의 저술로 『입법계품초기』가 그 당시까지 현존하고 있었다고 전한다.[101] 이 문헌은 지엄이 지은 『입법계품초』에 대한 주석서로 추정된다. 따라서 저술 목록 나열의 순서와 의상에게도 『입법계품초기』라는 제목의 문헌이 있었던 점, 당시 주석 대상의 문헌과 주석서의 제목이 동일한 경우가 종종 있었다는 점 등을 고려하면 여기 『균여전』에 등장하는 『입법계품초기』는 의상의 『입법계품초기』에 대한 주석서일 가능성도 배제할 수 없다고 필자는 생각한다.

6) 감통과 신이

① 건우(乾祐)[102] 2년(949) 4월 그믐날 대성대왕(大成大王)[103]의 대목황후(大

穆皇后)[104]의 옥문(玉門)에 종기가 났으나 이를 의원에게 보일 수가 없으므로 스님의 스승 의순공을 불러 법약으로 그녀를 치료하도록 청했다. 의순공은 능히 그 고통을 대신함으로써 황후를 낫게 했지만 그 병을 대신 앓게 되었다. 병이 7일 동안 더 심해져서 스스로 나을 수 없었다. [균여] 스님이 향로를 받들고 주문을 외우며 기원하니 종기가 저절로 홰나무 서쪽 가지에 옮아가 붙었다. 홰나무는 스님의 처소 동쪽 모퉁이에 있었는데 이 때문에 말라죽었다. 청녕(淸寧)[105] 연간에 이르러서도 그루터기가 여전히 남아 있었다.

② 광순(廣順)[106] 3년(953)에 송나라 사신이 와서 대성대왕을 책봉하려 하였다. 왕이 관리들에게 명하시어 각기 그 직무를 명백히 하게 하였다. 3월에 준비를 갖추고 막 책봉을 받으려 하자 때마침 장마가 그치지 않으므로 책봉의 예를 행함에 지장이 있었다. 서쪽에서 온 사신이 말하기를, "동쪽 나라에 반드시 성인(聖人)인 분이 계실 터인데 어찌 그분으로 하여금 날이 개도록 기원하게 하지 않습니까? 하늘이 만약 개면 나는 성현의 영험이라고 생각하겠습니다"라고 하였다. 광종이 이 말을 듣고 근심에 잠겨 잠자는 것을 폐하고 앉아 있으니, 허공 중에 소리가 있어 외쳐 말하기를, "대왕은 장차 근심하지 마십시오. 내일이면 반드시 해당(海幢, Sāgaradhvaja) 비구[107]의 설법을 들으실 것입니다"라고 하였다. 임금이 즉시 뜰로 나가 위를 바라보았으나 어둑어둑하고 흐릿하여 아무런 흔적도 없었다.

다음 날 아침 성스럽고 어진 스님을 찾아 법석에 맞이하려 하였으나 승려 가운데 뛰어난 대덕들은 모두 사양하며 피하였다. 그때 국사 겸신(謙信)[108]이 아뢰어 스님을 천거하였다. 스님은 그때 젊었으나 나라의 부름을 받아 코끼리같이 걸어서 편안히 사자좌에 올라가 원만한 음성으로 한번 연설하니 우뢰와 번개가 사라지고 잠깐 사이에 구름이 걷히며 바람이 잔잔해지고 하늘이 밝아지며 해가 나타났다.

이때 임금이 극진히 공경하여 아홉 번 절하는 예를 행하고는 스님이 태어난 곳을 물으니 황주 북쪽의 둔대엽촌이 비구의 고향이[라고 하였다.] 임금은 용과 이무기가 태어나는 곳이 큰 연못에서만은 아니며 충신이 어찌 열 가구의 [마을]에는 없겠는가라고 하였다.[109] 얼마 후, 스님을 책봉하여 대덕(大德)으로 삼고 아울러 칙령으로 속가의 권속 10여 인에게 사람마다 밭 25경(頃)과 남녀 노비 각각 5명씩을 하사하여 황주의 성안으로 옮겨 살게 하였다.

③ 현덕(現德)[110] 5년(958) 불일사(佛日寺)[111] 내에 벼락 친 곳이 있어서, 그 변괴를 없애고자 하니 반드시 큰 법력에 의지해야 하므로 스님에게 강연하도록 청하여 밤낮에 걸쳐 약 21일 동안 이어졌다. 그 묻고 대답함에 인(仁)에 있어서는 양보하지 않을 것[112]을 뜻으로 삼았다. 모임 가운데 오현 철달(悟賢徹達)철달은 지금의 승통이다.이 있었는데, 이와 같은 생각을 했다. '강주가 비록 명민하나 아직 후배이고 내가 비록 재주가 없으나 그래도 선배인데, 어찌 문답하는 사이에 겸손과 사양의 예절을 고려하지 않는가!'
이미 불만이 생겨서 막 비방하려고 하자 느닷없이 어떤 거사가 와서 말하기를, "당신은 시기하고 원통해할 필요가 없습니다. 오늘의 강사는 당신의 선조 의상 스님의 일곱 번째 화신입니다. 큰 가르침을 널리 펴기 위한 까닭에 다시 인간 세계에 오신 것뿐입니다"라고 하였다. 오현이 듣고는 놀라 이에 대중에게 전하고 참회하여 말하기를, "내가 잘못을 알았다"라고 하였다.

④ 스님이 내도량(內道場)[113]에 이르니, 밤중에 뻗쳐오르는 빛이 방안에서부터 밖으로 쏜살같이 나가 흡사 무지개가 사라지기 직전 같았다. 임금이 그 빛을 보고 시자에게 가서 그것을 알아보라고 명하였다. 보고하여 말하기를, "스님의 안광입니다"라고 하였다. 임금이 스님의 처소에 행차하여 묻기를, "무슨 법을 닦아서 이와 같이 되었습니까?"라고 하였다. 답하기를, "빈도에게 특별한 수행은 없습니다"라고 하였다. 이때에 불경[을 놓아두는] 탁상 위에 염주 한 꾸러미가 있었는데 저절로 공중에 날아올라 스님을 세 바퀴 돌고 멈추었다. 임금께서 이에 더욱 존경하시니 총애가 고금에 없었다.[114]

(1) 대목황후의 병환과 치료

여기 기사는 균여의 감통과 신이를 다루고 있는 것처럼 보이지만 실제로는 균여가 출가 후 학습기 또는 준비기를 마치고 본격적으로 정치권, 특히 광종과 관계를 맺어 불교계 전면에 등장하는 과정에 대한 이야기를 네 장면으로 나누어 전하고 있다. 왕족 출신은커녕 지방의 유력한 호족 출신도 아닌 균여가 광종으로 대표되는 중앙 권력에 의해서 불교계를 대표하게 되는 인연을 균여가 보이는 감통과 신이를 통해서 설명하고 있다.

첫째는 광종의 왕비인 대목황후가 병에 걸리자 균여의 스승인 의순과 균여가 이를 낫게 함으로써 균여가 처음으로 왕족과 인연을 맺고 중앙 정치권에 등장하는 장면이다. 여기에서 다음의 점이 주목된다. 먼저 시기와 병의 성격이다. 대목황후가 옥문에 병이 걸린 시점은 949년 4월로서 949년 3월에 광종이 즉위한 지 바로 한 달 후이다. 그리고 대목황후의 옥문의 병은 『균여전』에서도 의사에게 보일 수 없다고 했듯이 비밀스러운 부분이므로, 가령 얼마든지 대목황후의 의도대로 꾸밀 수가 있다. 즉 광종이 즉위하자마자 대목황후는 자신의 비밀스러운 병을 핑계로 의순과 균여를 중앙 정치권에 연결시켰다는 해석이 가능하다.

그다음, 대목황후와 직접 연결되는 것은 균여가 아니라 어디까지나 균여의 스승[師之師]인 의순이다. 따라서 이 단계에서는 균여가 직접 대목황후와 연결되는 것도 아니고[115] 더군다나 광종과는 아무런 인연을 맺지 못하는 것 또한 분명하다.

(2) 송나라 사신과 기청법회

둘째는 송나라 사신의 광종 책봉 의례를 위한 기청법회(祈請法會)에서 균여가 법주(法主)가 됨으로써 드디어 균여와 광종이 직접적으로 연결되어 균여가 중앙 정치권과 불교계에 본격적으로 등장하는 장면이다. 이는 광종 즉위(949) 후 약 4년이 지난 953년의 일이다. 여기에 국사 겸신이 균여를 추천한 인물로 등장하지만 이외에는 더 이상 관련 기록을 찾을 수 없다.

광종은 균여의 기청법회로 인하여 책봉 의례를 무사히 마친 후 균여를 극진히 공경하고 대덕(大德)으로 삼았다. 균여의 속가에도 상당한 재물을 하사한다. 즉 953년부터 균여가 광종의 후원을 받아 본격적으로 불교계 전면에 등장하게 된다고 볼 수 있을 것이다. 균여의 나이 만 30세 때의 일이다.

이 기록에서 한 가지 문제점은 953년에 송나라 사신이 와서 광종을 책봉하려 했다는 것이다. 953년은 중국에서 아직 송(宋)이 건국되기 이전으로 당시 중국은 중원의 후주와 북방의 요가 할거하고 있던 시기이다. 또한 『고려사』에는 953년(광종 4)에 후주에서 왕연(王演)과 여계빈(呂繼贇) 등을 보내 광종을 고려 국왕으로 책봉하였다는 기록이 있다.[116] 따라서 『균여전』의 이 기록에서 송의 사신은 후주 사신의 잘못으로 보인다.

(3) 불일사에서의 기양법회와 오현 철달의 참회

셋째는 균여가 953년에 광종의 귀의를 받고 불교계 전면에 부상한 이후의 활약과 이에 따른 불교계 내지는 화엄교단 내부의 알력을 보여주는 장면이다. 균여가 광종과 인연을 맺고 본격적인 활동을 벌이는 상황을 상징적으로 보여주는 사건이 바로 불일사에서 균여가 벌이는 기양법회(祈禳法會)이다. 불일사는 광종이 자신의 어머니 유씨(劉氏)를 기려 창건한 원당(願堂)이다. 광종에게는 의미 깊은 절임을 짐작할 수 있다. 이런 불일사에 958년 벼락이 떨어지는 변괴가 벌어지자 균여에게 청하여 21일간이나 강연을 하게 된 것이다. 이는 광종이 그 당시에 균여에게 큰 관심과 호감을 가지고 깊은 관계를 맺고 있었기에 가능했다고 추정할 수 있다.

한편 이 강연에 참석한 대중이 모두 균여에게 호감을 가지고 있었던 것은 아닌 것으로 보인다. 균여가 광종과 인연을 깊이 할수록 기존의 불교계에서 활동하던 승려 중에서는 균여에 대해 충분히 반감을 가질 수 있었을 것이다. 시기적으로 958년이면 균여가 만 35세 때로서 953년 이래 불교계에 등장한 지 5년 정도 지난 때이다. 후술하는 사건을 보면 이때 균여는 아직 당시 불교계 전체로부터 확고한 지지를 얻지는 못한 것으로 보인다. 왜냐하면 균여의 선배격에 해당하는 오현(悟賢) 승통이 균여의 당시 강연 태도에 대해서 불만을 품었다는 사실로부터 균여를 둘러싼 당시 불교계의 분위기를 유추할 수 있다. 오현은 『균여전』에 실린 이 기사 외에 현존 자료 가운데 관련 기록이 보이지 않지만 본문에 균여가 후배이고 의상이 선조라고 하는 점 등으로 미루어볼 때 의상계 화엄의 승려로 보인다. 따라서 불교계 전체는커녕 같은 의상계 화엄교단의 선배조차 균여를 완전히 지지하지 않았음을 알 수 있다.

그러나 균여는 이러한 불만을 결국 해소함으로써 의상의 일곱 번째 화신으로 인정받아 의상계 화엄교단, 나아가 불교계 전반의 인정을 받기에 이른 것으로 보인다. 이로써 953년 광종의 책봉 의식으로부터 시작된 균여의 중앙 무대 등장은 안정권에 접어들게 되었다고 볼 수 있다.

(4) 균여의 내도량 신이

넷째는 균여가 의상계 화엄교단, 나아가 불교계의 대표로서 견고한 지위를 구축하고 광종으로부터 확고한 총애를 받게 되는 장면이다. 균여와 광종의 관계가 절정에 이른 시기에 관한 일화라고 할 수 있다. 내용은 균여가 내도량에서 행한 신이(神異)로 인해서 광종이 더욱 존경하고 총애가 고금에 없을 정도였다는 것이다.

여기에서 내도량에 주목해보자. 내도량은 고려 시대에 궁궐 안에 있던 법당이다. 그런데 『균여전』은 균여가 내도량에서 신비로운 안광(眼光)을 비추자 광종이 그 빛을 보고 자초지정을 알아본 후 바로 균여의 처소에 행차하여 다시 균여의 신이를 목격함으로써 더욱 균여를 존숭하게 되었다고 전한다. 따라서 이 기록에 의하면 균여의 처소가 내도량에서 멀지 않고,

광종이 바로 행차할 수 있는 궁궐 내부 또는 궁궐과 아주 가까운 곳에 자리하고 있었다는 사실을 알 수 있다. 물론 확언할 수는 없지만 광종이 밤에 바로 행차할 수 있기 위해서는 균여의 처소가 궁궐 내부였을 가능성이 더욱 높은 것으로 생각된다. 이를 통해서 균여가 당시에 궁궐에 처소를 마련했을 정도로 광종과 더없이 밀접한 관계를 맺고 있었음을 알 수 있다.

정리하자면 ① 대목황후의 병과 치료의 인연으로 중앙 무대에 발을 들인 균여는 ② 광종의 책봉 의식에서 행한 기청법회를 통해 광종과 인연을 맺게 되어 ③ 불일사에서 기양법회를 주관하는 등 중앙에서 본격적인 활동에 들어간다. 그러나 이러한 균여의 부상(浮上)으로 당시 의상계 화엄교단 내지는 불교계로부터 불만의 대상이 되기도 하지만 이내 의상의 화신으로 인정받아 불교계의 대표 주자로 발돋움하여 ④ 궁궐에서 머물게 되는 등 광종의 더없는 존경과 총애를 받게 된다.

7) 노래를 펼쳐 세상을 교화함

> 스님의 [불교] 이외의 학문은 사뇌[스님의] 뜻이 노래 가사[詞]에 정교하였기 때문에 '뇌'라고 하였다.에 더욱 법도가 있었다. 보현보살의 열 가지 원왕(願王)에 의거하여 노래 11장을 지으셨으니 그 서문에 이른다.
> "무릇 사뇌란 세상 사람들이 놀고 즐기는 도구이고 원왕이란 보살들이 수행하는 근원이다. 따라서 얕은 곳을 건너야 깊은 곳에 되돌아가고 가까운 곳을 따라야 먼 곳에 이르게 되며, 세상의 길을 빌리지 않으면 하열한 근기를 이끌 도리가 없고 협소한 말에 의지하지 않으면 드넓은 인연을 나타낼 길이 없다. 이제 쉽게 알 수 있는 가까운 일에 의탁하여 생각하기 어려운 심원한 종지를 도리어 깨닫게 하고자 열 가지 큰 서원의 글에 의지하여 열한 개의 거친 노래 구절을 지으니 뭇사람의 눈에 부끄럽기 그지없지만 모든 부처님의 마음에 부합하기를 바란다. 비록 [원왕의] 뜻은 잃어버리고 말은 어긋나서[117] 성현의 오묘

한 취지에 들어맞지 않으면서도 [큰 서원의] 글을 옮겨서 [거친 노래] 구절을 지으니 범부 세속의 선근을 생겨나게 하기 바란다. 비웃고자 독송하는 자라도 곧 독송하는 서원의 인연을 맺을 것이며 헐뜯고자 외우는 자라도 곧 외우는 서원의 이익을 얻을 것이다. 업드려 청합니다. 훗날의 군자들이시여! 비방하거나 찬탄하십시요. 아무래도 좋습니다." …[118]

위의 노래는 사람들의 입으로 퍼져서 때때로 여러 담벼락에 쓰여지기도 했다.『균여전』에는 가사가 실려 있지 않아 지금 이를 수록한다. 사평군(沙平郡)의 나필급간(那必及干)신라 관직이 고질병이 삼 년이나 이어져도 의술로 고칠 수 없었다. 스님이 가서 이를 보고 그 고통을 불쌍히 여겨 이 원왕가를 입으로 전해주고 항상 독송하도록 권하였다. 어느 날 하늘에 소리가 있어 외쳐 말하기를, "그대는 큰 성인의 노래의 힘을 입었으니 아픈 것이 반드시 나으리라" 하더니 저절로 나았다.[119]

(1) 균여 「보현십원가」의 창작과 유포 형태

균여가 『균여전』에 수록된 11수의 향가, 이른바 「보현십원가」를 지은 것은 분명하다. 그러나 이 '지은 것'이 정확히 무엇을 뜻하는가에 대해서는 두 가지 가능성이 있다. 하나는 이 '지은 것'의 행위가 입을 통해서 말로만 지은 것으로 처음에는 글자로 쓰여지지 않았고 다만 사람들의 입을 통해서 노래로 전해졌을 수 있다. 향가란 본래 부르기 위해서 창작되는 것이고 입으로 전승되었다는 여러 기록들을 볼 때 균여도 애초에 말로만 지어 글로 남기지 않았고 이로 인해서 최초의 『균여전』에 「보현십원가」의 노랫말이 실리지 않았으며 후대에 『균여전』이 『석화엄교분기원통초』의 부록으로 판각될 때 비로소 글로 쓰여지게 되었다는 것이다.[120]

다른 하나는 균여가 「보현십원가」를 지을 때에 글, 즉 향찰(鄕札)로 써서 이를 통해 유포했을 가능성이다.[121] 이를 뒷받침할 수 있는 근거로는 균여가 「보현십원가」의 서문을 한문으로 지었다는 『균여전』의 기록이다. 균여가 「보현십원가」를 지을 때 만약 말로만 짓고 글로 쓰지 않았다고 한다면 그런 상황에서 균여가 서문만을 한문으로 써서 유통시켰다는 것은 이해하기 어렵다. 더군다나 균여와 동시대 인물로서 「보현십원가」를 한문으로 번역한 최행귀는 다음과 같이 말한다.

> 8·9행의 한문으로 된 서문은 뜻이 드넓고 문채가 풍성하며 11수의 향가는 노랫말이 맑고 구절이 아름답다. … 그러나 중국 사람이 볼 때에는 서문 이외에는 상세히 하기가 어렵고.[122]

여기에서도 최행귀는 균여가 한문으로 서문을 썼음을 분명히 한다. 더욱 주목할 부분은 중국 사람이 볼 때에는 서문 이외에는 상세히 알기가 어렵다고 한탄하는 부분으로 이런 까닭으로 자신이 11수의 향가를 한문으로 번역하게 되었다는 것이다. 따라서 최행귀가 접한 균여의 「보현십원가」는 한문으로 된 서문과 한문이 아니어서 중국 사람이 상세히 알기 어려운 글자, 즉 향찰로 쓰여진 것이 된다. 물론 최행귀가 보고 한역(漢譯)에 이용한 「보현십원가」는 글로 쓰여진 것이지만 이 글이 균여가 쓴 것이 아니라 균여 이후의 누군가가 기록했을 가능성도 생각해볼 수 있다. 하지만 선행 연구에서도 지적하고 있듯이[123] 최행귀는 서문에서 균여가 「보현십원가」를 완성하자 곧바로 한역에 착수했음을 밝히고 있다. 따라서 최행귀가 접한 균여의 「보현십원가」는 균여가 직접 '글로 쓴' 「보현십원가」였을 가능성이 높다.

이러한 상황을 종합적으로 고려할 때, 균여는 「보현십원가」 한문(서문)과 향찰(향가 11수)로 이루어진 일종의 노래집 형태로 작성하고 이 향가 11수에 가락을 붙여 유포했던 것으로 보인다. 따라서 이후에 일반 대중에 유포되는 과정에서 글로 된 한문(서문) 및 향찰(향가 11수)과 상관없이 사람들 사이에서 노래로서 입을 통해서 전승되는 상황도 당연히 가능하다. 즉

「보현십원가」가 일반 대중에게 노래로 전파되었다는 것이 균여가 처음에 「보현십원가」를 글로 쓰지 않았다는 근거가 되지는 못한다.[124]

(2) 「보현십원가」를 지은 시기

균여는 「보현십원가」를 글로든 말로든 언제 지었을까? 이와 관련하여 많은 선행 연구가 있지만 아직 일치된 결론을 내리지는 못했다.[125] 이는 관련 기록이 부족한 현실에서 당연하다고 하겠다. 이 책에서는 「보현십원가」 저술 시기를 상한선과 하한선만을 추정해보고자 한다. 먼저 하한선은 최행귀의 한역 시기로부터 추산할 수 있다. 「보현십원가」에 대한 최행귀의 한역 서문에는 번역한 날짜가 967년(광종 18)으로 기록되어 있다.[126] 따라서 균여가 「보현십원가」를 지은 시기의 하한선은 967년, 즉 균여가 만 44세 때이다.

문제는 상한선이다. 이와 관련해서는 추측할 수 있는 기록이 거의 없다. 그러나 앞서 언급한 것처럼 『균여전』의 구성이 균여의 일대기를 따라서 연대순으로 구성되었다는 추정을 인정한다면 균여가 「보현십원가」를 지은 시기는 '6) 감통과 신이' 이후가 될 가능성이 높다. '6) 감통과 신이'에서 연도가 밝혀진 사건 중에서 가장 늦은 것은 958년(광종 9), 균여가 만 35세 때이다. 따라서 현존 기록과 또 『균여전』의 구성이 연대순으로 되어 있다는 추정에 근거하면 균여는 「보현십원가」를 만 35세(958)에서 만 44세(967) 사이에 지은 것으로 보인다.

(3) 협주 "『균여전』에는 가사가 실려 있지 않아 지금 이를 수록한다"의 의미

앞의 『균여전』 인용문에는 "『균여전』에는 가사가 실려 있지 않아 지금 이를 수록한다"고 하는 협주(夾註)가 보인다. 이를 통해서 혁련정이 쓴 원래의 『균여전』에는 균여가 지은 「보현십원가」 중에서 한문으로 된 서문만 실려 있었고 향찰로 쓰여진 11수의 향가는 수록되지 않았음을 알 수 있다. 아마도 혁련정이 한문으로 『균여전』을 저술할 당시, 전체가 한문으로 되어 있는 구성상 향찰로 표기할 수밖에 없는 원래의 향가 11수는 싣지 않고 대신에 나중에 최행귀가 한문으로 번역한 향가 11수를 실은 것으로 보인다.

그렇다면 고려대장경의 보유판 중 『석화엄교분기원통초』의 부록으로 현존하는 『균여전』에 수록된 향찰로 쓰여진 향가 11수는 혁련정 이후의 누군가가 보입(補入)한 것이 된다. 누가 그랬을까? 이에 대해서 선행 연구는 혁련정에게 균여의 전기를 짓도록 권유한 창운(昶雲) 또는 창운 주변의 승려로 추정하기도 한다.[127] 물론 이것도 충분히 가능한 추정이지만 그러나 관련 기록이 너무 부족하여 이런 추정조차 쉽지 않은 상황이다. 또는 앞의 추정과 마찬가지로 근거는 없지만 천기의 제자들이 『석화엄교분기원통초』를 각판(刻板)할 당시 『균여전』을 함께 수록하기로 결정하면서 이때 보입했을 가능성도 생각해볼 수 있다. 특히 『균여전』 전체에 산재해 있는 협주의 내용과 맥락 등을 고려했을 때 어느 정도는 개연성이 있지 않을까 한다.

(4) 사평군과 급간

「보현십원가」의 효험을 나타내는 사례로서 사평군의 나필 급간 관련 일화가 소개되어 있다. 그러나 여기에 이해하기 쉽지 않은 문제가 있다. 첫째는 사평군이다. 사평군은 현재 순천에 해당하는 지역이다. 사평군은 백제 때의 명칭으로 삽평군(歃平郡), 감평군(欿平郡), 무평군(武平郡)으로 불리기도 하였다. 신라에 복속된 후에는 승평군(昇平郡)으로 바뀌었고 다시 고려에 들어와서는 승주 → 승평군 → 승주목 → 순천부로 변화한 후 조선에서는 순천부로 유지되었다.[128] 따라서 이 지역은 고려 시대에는 '사평군'으로 불린 적이 없는데도 불구하고 『균여전』에서는 '사평군'이란 지명을 사용하고 있다. 둘째는 급간이다. 『균여전』의 협주가 밝히고 있듯이 급간은 신라의 관직명이다. 그럼에도 불구하고 균여가 「보현십원가」를 알려주는 대상의 관직을 신라 시대의 관직으로 부르고 있는 것이다. 따라서 왜 고려 시대 사람을 백제의 지역명과 신라의 관직명을 써서 부르는 것일까? 균여가 삼국 시대로 가서 이 사람에게 「보현십원가」를 알려주었다는 내용이 아니라면 고려 시대에 중앙 정치 무대에서 관직까지 지내는 혁련정이 왜 백제와 신라 시대의 명칭을 사용했는지는 별다른 추정도 현재로서는 힘들다.

8) 노래를 번역하여 덕을 드러냄

한림학사(翰林學士) 내의승지(內議丞旨) 지제고(知制誥) 청하(淸河) 최행귀(崔行歸)[129]는 스님과 같은 때의 사람으로 [스님을] 우러러 숭상한 지 오래이니 이 노래가 완성됨에 이르자 시(詩)[130]로써 이를 번역하였다. 그 서문에 이른다.

게송은 불타의 공과(功果)를 찬탄한 것으로 경문에 나타나 있고 노래와 시는 보살의 행인(行因)을 찬양한 것으로 논장(論藏)에 수록되어 있다. 그러므로 서쪽으로는 팔수(八水)[131]로부터 동쪽으로는 삼산(三山)[132]에 이르기까지 때때로 보살[開士]이 사이사이 나와서 오묘한 이치를 높이 읊었으며 이따금 철인(哲人)이 우뚝 나타나 진실의 바람을 낭랑히 불렀다. 저 중국 땅[漢地]에는 곧 부공(傅公, 부대사傅大士)이 있어 가씨(賈氏, 가도賈島)와 탕 스님(湯師, 탕혜휴湯惠休)과 함께 강남 지방에서 처음을 이루었고 현수와 징관, 종밀은 관중(關中)에서 수립하였다. 또 교연(皎然)과 무가(無可)의 무리는 아름다운 문채를 다투어 지었고 제이(齊已)와 관휴(貫休)의 무리는 꽃다운 시가(詩歌)를 겨루어 새겼다. 우리의 어진 땅에는 마사(摩詞)가 있어 문칙(文則), 체원과 함께 우아한 곡을 짓기 시작했고 원효(元曉)는 박범(薄凡), 영상(靈爽)과 더불어 현묘한 음의 근본을 마련하였다. 또 정유(定猷)와 신량(神亮)과 같은 현인은 빼어난 시가(詩歌, 玉韻)를 멋들어지게 흩날렸고 순의(純義)와 대거(大居)와 같은 준걸은 아름다운 노래[瓊篇]를 솜씨 있게 지었다. 벽운(碧雲)의 [곡(曲)]으로 엮지 않음이 없어서 맑은 노랫말은 감상할 만하고 그 백설(白雪)의 [곡(曲)]을 전하여서 오묘한 소리가 들을 만하였다.

그러나 [한]시는 당(唐)의 말(=한어)로 지어서 다섯 자, 일곱 자로 갈고 다듬으며 향가는 우리 말[鄕語]로 엮어서 삼구육명(三句六名)으로 깎고 닦는다. 소리를 논하면 삼성(參星, 서쪽에 뜨는 별)과 상성(商星, 동쪽에 뜨는 별)처럼 떨어져서 동과 서를 쉽게 분별할 수 있고 이치에 의거하면 창과 방패처럼 맞서서 강과 약을 분간하기 어렵다. 비록 시문의 뛰어남을 서로 대하여 자랑하지만 뜻의 바다로 함께 돌아가는 것은 족히 인정할 수 있어서 각자 그 [뜻한] 바를 얻으니 어찌 장하지 아니한가?

그러나 한스러운 바는 우리나라의 재주 있는 이와 이름난 분들은 당의 시편[唐什]을 이해하고 읊조리지만 저 땅(=중국)의 빼어난 대학자와 덕이 높은 이들은 우리의 노래를 이해할 수 없는 것이다. 하물며 또 당의 글은 인다라망이 얽혀서 펼쳐진 것과 같아서 우리나라에서도 쉽게 읽혀지지만 향찰은 인도 글[梵書]이 연달아 늘어선 것과 같아서 저 땅은 알기 어렵다. 가령 양나라와 송나라의 구슬같이 [뛰어난 글이] 동쪽으로 흐르는 물에 자주 맡기어졌으나 우리[秦韓]의 비단같이 [훌륭한 글이] 서쪽으로 옮겨가는 별에 따르기를 바라도 그 막힘과 통함에 있어서는 또한 한탄과 번민을 감당해야 한다. 공자(孔子, 魯文宣)께서 이 땅에 살고자 하셨어도 우리나라[鼇頭]에 이르지 못한 것과 한림학사 설총이 이 글(=한문)을 억지로 바꾸어 번거롭게 쥐꼬리[같이 보잘것없는 글]을 이룬 것이 어찌 그 결과가 아니겠는가?

엎드려 생각건대, 우리 수좌께서는 명성이 현완(玄玩)과 같으시어 삼천 [제자]가 계를 받는 스승이 되었으며 자취가 묘광(妙光)에 버금가서 팔십 [번]의 [강]경(講經)을 여는 강주(講主)가 되셨다. [스님이] 화엄에서 으뜸의 지위를 차지하시어 뭇 교가(敎家)가 돌아갈 바를 알게 되었고 [스님이] 큰 나무의 근본 뿌리에서 은혜를 입어 뭇 중생이 이익을 얻었다. 이는 북틀에 걸린 큰 북이 두드림을 기다려 물음이 있으면 모두 답해주고 경대에 달린 보배 거울이 지침도 없이 비추지 않은 어둑함이 없는 것이다. 무릇 배움에 뜻이 있다고 하는 이로서 누가 [스님의 뛰어난] 빛을 보는 데 게으르겠는가? 스님은 이에 그 사람들이 저 부처님을 우러러 의지하도록 권유하였다. 삿된 마군의 패배를 필요로 하여 지혜의 칼을 차게 하고 벗을 이익 되게 하는 방향[南]을 가리켜서 자애의 방을 열도록 허하였다.

말하자면 『정원경(貞元經)』의 별본[133]은 마지막 편인 [보현보살의] 행원으로서 보현보살[長男][134]의 오묘한 세계에 들어가는 현묘한 문이며 선재동자의 향기로운 성(城)을 유력(遊歷)하는 청정한 길이다. 그러므로 청량소주는 [이 별본에 대해서] 한 권[의 『별행소』][135]를 지어서 선양하였고 인도의 수행인은 [이 별본을] 평생의 과제로 지녔다. [이 경이] 중국에 처음 오게 된 것은 오다국(烏荼國)의 성스러운 임금이 손으로 쓴 것으로부터였고 후에 신라에 이른 것은 현도군(玄兎郡, 玄菟郡)의 고승대덕의 피로 쓴 글로 인한 것이었다. 사구게가 귀에 한번만 스쳐가도 죄의 뿌리가 몰록 없어지고 십종 [대원]의 글이 마음에 다시 새겨지면 깨달음의 과보를 능히 생겨나게 한다. 좋은 인연은 매우 두텁고 수승한 복덕은 얼마나 깊은가? 이 원왕 읊는 것을 시인들이 대신하게 하여 남녀가 함께 듣고 발원하여 영원히 수승한 인연을 맺게 하고 나와 님을 아울러 세도하여 공덕을 이루어서 마침내 오묘한 과보에 돌아가지 않을 수 있겠는가?

대저 이와 같은즉 8·9행의 한문으로 된 서문은 뜻이 드넓고 문채가 풍성하며 11수의 향가는 노랫말이 맑고 구절이 아름답다. 그 지어진 것은 '사뇌(詞腦)'라고 부르니 가히 정관(貞觀) 때의 사(詞)를 업신여길 만하고 정묘함은 부(賦) 중의 최고와 같아서 혜제(惠帝)와 명제(明帝) 때의 부(賦)에 비길 만하다. 그러나 중국 사람이 볼 때에는 서문 이외에는 상세히 하기가 어렵고 우리의 선비가 들을 때에는 노래를 취하여 쉽게 외워버리니 모두 반쪽이 이익만 누릴 뿐 각각 온전한 공덕을 빠뜨리고 있다. 이런 까닭에 요서(遼西)와 패수(浿水) 사이에서 읊는 경우는 도리어 법이 줄어드는 것을 안타깝게 여기는 것과 같고 오(吳)와 진(秦) 사이에서 부르는 경우는 누가 같은 글이라고 하겠는가? 하물며 스님의 마음이 속하는 바는 부처님의 경계와 본래 같은지라 비록 반드시 속세를 가까이 하여 얕음을 따라서 깊음에 들어감을 기약하지만 어찌 멀리의 사람이 삿됨을 버리고 올바름으로 돌아옴을 막겠는가?

옛날 김씨의 번역은 곱게 갈린 진주와 온전한 기와와 같아 아름다움을 중국에 퍼뜨렸고 최공의 번역은 밝은 달과 맑은 바람과 같아 해외에 꽃향기를 넘쳐나게 했다. 속세도 오히려 이와 같거늘 [불교의] 진리는 참으로 마땅히 그러하다. 엎드려 생각컨대, 나 행귀는 뜻은 하충(何充)에게 부끄럽고 글은 영운(靈運)에게 창피하다. 엄관(閹官)이 [받은] 부처님의 가호를 아득히 떠올리니 이전의 닦음을 본받지 못하였고 상국(相國)이 [행한] 은밀한 가르침을 돌이켜 생각하니 단지 행적과 공렬[行烈]만 흠모할 뿐이었다. 얼마 전 도반[道友]을 만난 덕에 다행히 현묘한 말씀[玄言][136]을 보게 되었다. 오묘한 노래를 마음껏 따라 부르니 끊어짐이 없는데 아마도 고상한 마음[高情][137]이 기대하는 바가 있는 것 같았다. 하나의 근원이 둘로 갈라진 것으로 시와 노래는 같은 몸 다른 이름일 뿐이라는 것에 의지하여 [노래] 한 수씩 차례대로 각각 번역하여 종이에 사이를 두고 연이어 썼다.

바라는 바는 동서에 두루 하여 장애가 없이 해서(楷書)와 초서(草書)로 아울러 유행하고 승가와 속세에 인연이 있어서 보고 들음이 끊이지 않으며 마음과 마음으로 계속 염송하여 먼저 보현보살에게서 코끼리를 보고 입과 입으로 연이어 읊조려[138] 그 후에 미륵보살에게서 용화세계를 만나는 것이다.

이제 간신히 변변치 못한 서문으로 문득 아름다운 말의 첫머리를 덮어버렸으니 쇳덩이를 바꾸어 금을 이루어주고 벽돌을 던져서 옥을 끄집어내는 것을 피하지 말기를 바란다. 만일 박식한 분을 만난다면 보잘것없는 글을 반드시 바로잡아야 할 것이다. 송 8년 정월 일에 삼가 서문을 쓴다.[139] …

오른쪽의 노래와 시가 이루어지니 그들은 다투어 필사했으며 한 본이 중국[西

國]에 전해졌다. 송나라의 임금과 신하가 이를 보고서 말하기를, "이 사뇌가(詞腦歌)의 주인은 진실로 한 부처님께서 세상에 나오신 것이다"라고 하고 곧 사신을 보내어 대사께 예를 드리도록 하였다. 대사는 용모가 평범하지 않아서 세상 사람들이 공경하고 믿지 아니하였기에 우리 임금과 신하는 저 중국의 사신이 그를 가벼이 여기고 또 사신[客人]이 기대한 바에 따르지 못할까 두려워서 [사신이 대사를] 뵙는 것을 허락하지 않으려고 하였다. 사신은 이 의도를 알아차리고는 은밀한 복장으로 총지원(總持院)[총지]원은 대사께서 항상 머무르시던 곳으로 귀법사에 있다.에 찾아가 역관[象胥]을 먼저 보내서 뵙고자 하는 뜻을 통역하였다. 대사께서 가사[三衣]를 단정히 하시고 [사신을] 맞이하려고 하다가 우리 임금과 신하의 마음을 먼저 살피고서는 홀연히 사라져버렸다. 사신이 이를 듣고서 말하기를, "어디에서 부처님을 뵐 수 있겠는가?"라고 하고서는 이 때문에 눈물 줄기를 여럿 흘렸다.[140]

(1) 송나라 사신의 예방

『균여전』은 최행귀가 한역한 균여의 「보현십원가」가 중국에 전해지자 송나라의 임금과 신하들이 찬탄하여 균여에게 예를 드리러 사신을 보냈다고 전한다. 그러나 현존 『고려사』에는 최행귀가 「보현십원가」를 한역한 967년 이후 광종이 퇴위한 975년까지 송나라의 사신이 내방한 기록을 찾을 수 없다.[141]

(2) 「보현십원가」와 「보현십원가」 한역의 관계

최행귀의 서문과 『균여전』의 기록을 보면 한문으로 된 서문과 향찰로 된 향가 11수로 구성된 균여의 「보현십원가」 가운데 향찰로 된 향가 11수를 단순히 한문으로 번역한 것이라고 생각하기 쉽다. 이때 균여의 향가와 최행귀의 한역 사이의 관계는 어떠할까? 일반적으로 번역이라고 하면 원본과 번역본 사이에 언어의 차이에 따른 변화만을 생각할 수 있지만 최행귀의 한역은 이와 달리 상당히 독자적인 스타일을 취한 것으로 선행 연구들은 파악한다.

선행 연구에 의하면, 최행귀의 한역은 균여의 향가를 단순히 직역한 것이 아니라 균여의 향가와 함께 향가의 원전(原典)이라고 할 수 있는 40권본 『화엄경』의 제40권에 수록된 보현보살의 십종대원(十種大願)의 내용을 최행귀가 독자적으로 재구성하여 한시(漢詩)로 만든 작품이다.[142] 이런 입장을 취한다면 균여의 향가에 대한 최행귀의 한역이라기보다는 최행귀가 균여의 향가와 40권본 『화엄경』 중 보현보살의 십종대원을 함께 참고하여 창작한 독자적인 한시라고도 할 수 있을 것이다. 내용을 보면 최행귀의 한역 또는 한시가 균여의 향가에 비해 『화엄경』의 내용을 더욱 충실하게 반영하고 있는 것으로 보인다.

9) 감응으로 마군을 항복시킴

> 개보(開寶)[143] 연간에 귀법사(歸法寺)[144] 승려 정수(正秀)는 법관에게 나아가 헐뜯어 말하기를, "균여 스님은 딴마음을 먹고 수행하고 있습니다"라고 하였다. 법관은 그 사실을 [위에] 아뢰었다. 광종은 이것을 듣고 노하여 스님을 빨리 불러오게 하고, 들어오면 그를 해하려 하였다. 스님이 대왕의 처소에 와서 황송해하며 땅에 엎드렸다. 임금은 그 모습을 보고서 정직하다고 여겨서 칙령을 바꾸어 의원 두 사람을 시켜 그를 호송하게 하고, 조금 뒤에 승선(承宣)[145] 설광(薛光)을 내려보내 절에 가서 위로하게 하였다.
>
> 이날 밤 임금이 꿈에 신령스런 사람을 보았다. 키가 한 장가량인데, 침전을 누르고 서서 말하기를, "대왕이 천박하게 헐뜯는 일을 믿고 법왕을 능멸하여 욕되게 했으므로 반드시 불상사가 크게 일어날 것입니다"라고 하였다. 꿈을 깨자 땀이 온몸에 흘러 있었다. 옆의 신하를 불러 꿈 이야기를 하였다. 이튿날이 되자 송악산 북쪽 두둑의 소나무가 바람도 없는데 저절로 넘어진 것이 몇천

그루나 되는지 알 수 없었다.

임금은 이 괴변을 듣고 그것을 점쳐보라 명하니 말하기를, "법왕을 욕보인 까닭에 일어난 것입니다"[146]라고 하였다. 임금은 이에 뉘우치고 두려워하여 곧 대궐 안에 재앙을 없애는 도량을 설치하고 법관에게 명령하여 정수를 시장에서 목 베게 하고, 또한 정수의 방을 철거하라 하였다. [정수의] 속가 형도 문서를 함부로 만들어 아우로 하여금 무고하게 했으므로 정수와 같은 날 죽음을 당하였다.

또 영통사의 백운방(白雲房)이 연대가 오래되어 점차 무너지므로, 스님이 이를 수리하였다. 이로 인하여 땅의 신에게 책망을 받아 재앙과 변괴가 날로 일어났다. 스님이 간략히 노래 한 수를 지어 이를 물리치고 그 노래를 벽에 붙였더니, 이 이후로 귀신의 괴변이 바로 없어졌다.[147]

(1) 균여에 대한 광종의 신뢰

950년대에 연이은 신이(神異) 등으로 광종과 관계를 맺고 당시 불교계 중앙에서 확고한 자리를 차지한 균여는 이윽고 귀법사 초대 주지 소임을 맡게 된다. 귀법사는 963년에 광종이 직접 창건한 국찰(國刹)로서 이 절의 주지를 균여에게 맡겼다는 사실은 균여에 대한 광종의 신뢰와 총애가 정점에 도달했음을 알려준다. 그리고 967년에는 최행귀가 균여의 「보현십원가」를 한역하여 고려 국내는 물론 중국에까지 널리 유통한 사실도 알 수 있다.

(2) 정수의 무고와 균여의 은둔

968년부터 976년 사이의 개보 연간에 균여가 초대 주지를 맡은 귀법사에 머물고 있던 정수라는 승려가 균여를 무고하는 일이 벌어진다. 균여의 입적 연도가 973년이므로 정수가 균여를 무고한 것은 968년부터 아무리 늦어도 973년 이전의 일이 된다. 이 무고에 의해 균여는 사형에 처해질 위기에 몰리지만 『균여전』의 기록과 같이 간신히 죽음을 면하게 된다. 이어서 광종의 꿈에 신인(神人)이 나타나고 송악산에 발생한 괴변과 이에 대한 점(占) 등으로 인해 오히려 정수와 그 속가 형이 죽음을 당하게 되는 사건이 벌어진다.

균여는 이 사건에서 비록 죽음을 면하지만 이후로 균여의 행적에 대한 기록이 전혀 없으며 『균여전』에서도 이 기사에 이어 바로 균여의 입적을 다루는 것으로 볼 때 정수의 무고 사건 이후 균여와 정권, 특히 광종과의 관계는 멀어져 다시 회복되지 못한 것으로 보인다. 이와 더불어 불교계 내에서의 위상도 크게 하락했을 것으로 추정 가능하다.

이와 관련하여 『균여전』의 「보현십원가」 한역 관련 기사에서는 최행귀의 한역이 중국 송나라에 전해지자 이를 찬탄한 송나라의 왕이 고려에 사신을 보냈지만 균여의 추한 외모를 이유로 고려의 왕과 신하들이 균여와 송나라 사신의 만남을 꺼려했으며 결국에 만나지 못했다는 내용이 보인다. 물론 앞서 밝힌 것처럼 현존 『고려사』에는 967년 이후에 광종 재위 기간에 송나라 사신이 왔다는 기록은 없지만, 만약 이를 사실로 가정한다면 고려의 왕과 신하들이 균여와 송나라 사신의 만남을 반가워하지 않은 것은 아마도 정수의 무고 이후 균여와 정권과의 관계가 원만하지 않은 탓으로 해석할 수도 있을 것이다.[148]

정수가 균여를 무고한 이유가 무엇인지 현존 기록을 통해서는 알 수 없다. 다만 그 당시 광종 재위 말년에는 광종이 전제왕권(專制王權)을 강화하기 위하여 잠재적으로라도 왕권에 위협이 될 수 있는 세력을 소탕하는 과정에서 참소가 빈번하여 무고한 사람들이 많이 숙청당했다고 한다. 즉 당시 상황은 아무리 광종의 총애를 받고 있던 균여일지라도 역모 등과 관련된 정치적 참소에 의해서 단번에 위기에 빠질 수 있었던 것으로 보인다. 이러한 정치적 상황과 『균여전』의 해당 기사를 연결하여 참소의 원인 또는 배경을 당시 유력한 호족 세력이었던 황주(黃州) 황보씨(皇甫氏)와 균여의 관계로 추정하는 연구들이 있다.[149] 즉 균여와 황보씨가 지역적 기반이 같은 점과 고려 초의 유력 호족들이 대부분 쇠퇴한 상황에서도 여전히 강한 세력을 지니고 있던 황보씨가 전제왕권을 추구하던 광종에게는 결국 숙청해야 할 대상이었던 점을 고려할 때 균여에게 불만을 품고 있던 세력들이 황보씨와의 관계를 근거로 균여의 역모를 참소했을 가능성이 높다는 추정이다.

10) 변역생사

> 개보 6년(973)에 김해부사(金海府使)가 말하기를, "올해 몇 월 며칠에 어떤 이상한 스님이 머리에 종려나무 삿갓을 쓰고 바닷가에 왔습니다. 그 이름과 거처를 물었더니, 자칭 비파시(毗婆尸, Vipaśyin)[150]라 하면서 말하기를, '일찍이 오백 겁 전에 마침 이 나라를 지나가다 인연을 맺었었다. 이제 보니 삼한(후삼국)이 통일되어도 아직 불교가 일어나지 않았으므로 숙세의 인연을 갚기 위해 잠시 송악산 밑에 머물러 여(如) 자로 불법을 널리 펴고 지금 일본으로 가려 한다'라고 하고는, 말을 마치자 곧 숨어버렸습니다"라고 하였다.
> 임금이 이를 기이하게 여겨 그 날짜를 헤아려보도록 명하였더니 스님이 세상을 떠난 날이었다. 변역분의 부문을 마치다.[151]

(1) 균여의 입적과 변역생사

균여의 생애를 설하는 『균여전』 본문의 마지막은 균여의 입적과 관련된 내용을 다룬다. 우선, 이곳의 기록을 통해서 균여의 입적 연도가 973년임을 확정할 수 있다. 내용 중에서는 『균여전』이 이 부분의 제목을 '변역생사(變易生死)'[152]라고 하고 균여를 비파시불과 연결하여 그리고 있다는 점이 주목된다. 『균여전』의 저자인 혁련정, 또는 혁련정이 참고한 균여에 관한 기록들이 923년부터 973년 사이의 균여의 삶을 깨닫지 못한 범부들이 업에 휘말려 생사를 거듭하는 윤회의 삶이 아니라 성인들이 대비(大悲)의 서원에 따라서 미세하게 몸을 바꾸는 생사인 변역생사로 보았고, 이러한 인식과 동일한 맥락에서 균여를 과거칠불 중 한 분인 비파시불의 화신으로 인식했다는 것은 『균여전』 당시 최소한 의상계 화엄에서 균여를 매우 존숭했다는 사실을 알려준다. 이는 앞서 '6) 감통과 신이'에서 균여가 의상의 제7대 화신이라고 한 점과 함께 일연(一然, 1206~1289)이 1280년대 초에 지은 『삼국유사(三國遺事)』에서 의상을 금산보개여래의 화신이라고 하는 기술보다 앞선 이른바 '화신(化身) 신앙'의 선례를 보여준다는 점에서 의미가 있다.

(2) 균여의 일본행

여기의 기록에서는 균여의 입적을 비파시불의 화신이 고려를 떠나서 일본으로 향한 것으로 묘사한다. 여기에서 비파시불의 화신으로 이야기되는 균여가 가려 한다는 '일본'이 현재의 일본을 가리키는 것인지 아닌지는 불분명하다. 물론 일본이 자신의 국호를 '日本'이라고 칭한 것은 7세기부터이므로 시기적으로는 충분히 가능하다. 다만 현존 기록상 균여의 저술 등이 일본에 유통된 흔적은 찾아볼 수 없다.

11) 후기(後記)

> 스님은 세상에 있을 때에 대성대왕과 인연이 두터웠다. 대왕은 큰 서원을 일으켜 송악산 밑에 귀법사를 새로 창건하였다. 절이 완성되자 왕은 조칙으로 스님을 청하여 이 [절에] 주지를 하게 하였다. 스님은 명을 받들어 향불을 사르고는 대중을 거느리고 불법을 널리 폈다. 일찍이 불법을 강하기 전날, 대덕 전업(全業)에게 경의 서문을 기술하게 하였는데, 전업이 열 장가량 기술해서 강당 근처에 가지고 나아가 스님에게 올렸다. 스님은 향로를 받들고 코끼리

같이 걸으면서 한 번 보고 강연하는 것이 마치 오랫동안 익힌 듯하였으니, 그 총명함이 대개 이와 같았다.

슬프다! 교화에는 인연이 있으니, 인연 있음이 다하면 여기에서 죽어 저기에서 태어나는 것이 보살의 일이다. 개보 6년(973) 6월 17일 □시에 귀법사에서 입멸을 보이시니 팔덕산에 장사했다. 산은 귀법사의 동남쪽에 있는데 절에서 백 보가량 떨어져 있으며 울창하고 수려한 곳이 이곳이다. 수명[報年]은 □[153]이고 승납은 □[154]이다. 그의 뛰어난 제자는 담림(曇琳)이라 하고 조□(肇□)라 하는데 모두 한 시대의 고승으로서 지위가 수좌에까지 이르렀으며, 그 아래의 문도들도 참으로 번창하였다. 저 문도들은 지금에 이르기까지 벼나 삼풀처럼 점점 번성하니 혹은 흩어져 외곽에 있기도 하고, 혹은 본방을 지키고 있다.

그 후 문하시랑평장사(門下侍郎平章事)[155] 김연준(金廷俊)이 있어 봉황은 날아가고 둥지만 남은 것을 보고서 주인을 생각함에 공경하여 방을 마침내 수리하니, 이름을 감로원(甘露院)이라 하였다. 옛 급사중(給事中)[156] 고연(高挻)이 이를 위해 글을 썼는데, 그 대략은 이러하다.

"철인(哲人)이 돌아가 하늘에서 노니시니 빛나던 집도 허물어져버렸도다. 보배 누각과 구슬 기둥은 선재(善財)가 사라지니 풀밭으로 되어버렸고, 푸른 산과 흰 구름은 지둔(支遁, 314-366)[157]이 떠나니 그 빛이 쓸쓸하도다." 운운.

(1) 귀법사의 창건과 균여의 초대 주지 부임

귀법사(歸法寺)는 963년(광종 14)에 광종이 대원(大願)을 일으켜 개경 나성(羅城) 근처 송악산 아래에 세운 고려의 대표적인 국찰(國刹)이다. 당시 광종이 적극적으로 지원하여 세운 귀법사의 초대 주지로 균여가 부임했다는 것은 여러모로 의미가 있다. 당시 교종과 선종의 각축, 그리고 교종 내의 여러 그룹 사이의 경쟁 속에서 광종은 화엄 계통, 그중에서도 의상의 후손으로서 화엄의 대가인 균여를 주지로 지목한 것이다.

그러나 귀법사가 963년에 창건되고 균여가 초대 주지로 부임한 이후 968년에서 976년 사이의 개보 연간에 귀법사 승려 정수에 의해서 무고를 당하여 중앙 무대에서 실각한 후 973년에 귀법사에서 입적하였다고 『균여전』은 전한다. 개보 연간 중 정확히 언제 정수에 의해서 무고를 당했는지는 알 수 없지만 균여가 귀법사 주지를 맡은 기간은 그다지 길지 않았을 것으로 추정할 수 있다.

(2) 균여의 제자와 문도

『균여전』의 기록에 의하면 균여의 뛰어난 제자로 담림(曇琳)과 조□(肇□)가 있었으며 지위가 수좌에까지 이르렀다고 한다. 그러나 이 둘에 대한 기록은 이곳을 제외하고는 전혀 찾아볼 수 없다. 또한 이 외에도 균여의 문도가 매우 번창하여 혁련정이 『균여전』을 짓는 1075년경에도 여전히 번성했다고 한다.

그러나 이 기록에는 약간 의심의 여지가 있다. 균여가 화엄의 대표 승려였고 그의 문도들이 기록과 같이 번성했다는 기록을 고려하면 균여 입적 후에 균여의 비문이 만들어지지 않고 행장 또한 정리되지 않았다는 사실을 이해하기 어렵다. 아무리 균여가 정수에 의해 무고를 당하여 중앙 무대에서 퇴출되었다고 하더라도 균여 입적 후에 제자와 문도들이 번성했다면 그들에 의해서 비문과 행장이 이루어졌을 가능성이 높기 때문이다.

3

균여와 관련된 인물

균여의 삶을 이제까지 『균여전』과 관련 기록을 중심으로 선행 연구를 참고하면서 살펴보았다. 불교의 관점에 따른다면 일체 모든 현상은 연기법이므로 균여의 삶 또한 그 자체로 고립된 것이 아니라 수많은 인연 속에 펼쳐진 연기법이라고 할 수 있다. 따라서 균여의 삶을 이해하기 위해서는 균여와 관련된, 균여가 영향을 주고받은 인물들에 대해 최소한의 관심이 필요할 것이다. 이러한 연기관에 기반한 접근을 통할 때 균여의 정체성, 사상, 수행, 포교 등으로 구성된 삶을 단편적인 사실을 침소봉대하여 근거 없는 추정 내지는 단정에 빠지지 않고 맥락에 맞게 전체를 조망한 이해에 도달할 수 있다. 이를 위하여 다음에서는 균여와 관련된 주요 인물들을 균여의 이해를 위한 범위 내에서 간략히 소개하고자 한다.

1) 의상

『균여전』의 기사에서처럼 균여는 의상(義相)의 일곱 번째 화신[義相第七身]으로 여겨졌을 만큼 의상의 적손(嫡孫)으로 후대에 인식되어왔다. 균여 자신에게 그러한 인식이 있었는지는 알 수 없지만 균여의 저술 종류와 그 내용으로 볼 때 균여의 삶과 사상을 이해할 때 의상의 영향을 간과할 수 없다는 점은 분명해 보인다. 이에 여기에서는 의상의 삶과 저술을 간략히 소개하고자 한다.

(1) 의상의 삶

의상의 삶을 알 수 있는 기록[158]은 그 전하는 자료에 따라서 상이한 부분이 없지 않지만, 그동안의 연구 성과[159]를 참조하여 간략히 서술하면 다음과 같다.

의상은 신라 진평왕(眞平王) 47년(625)에 신라의 왕족인 김한신(金韓信)의 아들[160]로 태어나 성덕왕(聖德王) 원년(702) 78세로 입적하였다. 그는 관세(丱歲, 15세 전후)에 경주 황복사(皇福寺)에서 출가하였다. 의상의 한자 표기는 '義湘', '義相', '義想'의 세 종류가 전해진다. 이 책에서는 그 가운데 의상의 제자들이 저술에서 사용한 '義相'을 선택한다. 의상의 주 활동 기간은 신라가 삼국을 통일하고 당(唐)의 침략을 극복하고 나라를 안정시키는 시기(백제 멸망 660년, 고구려 멸망 668년, 나당전쟁 670~676년)와 겹친다. 즉 나라와 백성이 잦은 전쟁으로 인해서 피폐한 삶을 살고 있던 시기가 바로 의상이 활동하던 시기였으며 이는 의상의 사상과 수행 등 삶의 전반에 큰 영향을 끼쳤을 것이다.

출가 이후 원효(元曉, 617~686)와 함께 고구려의 보덕(普德)에게서 『열반경』과 『유마경』을 배우기도 하였다. 25세(650) 때는 당시 당의 현장(玄奘)이 인도로부터 귀국하여 수많은 불교 경론을 번역하고 유통시키면서 이전과는 다른 유식학(唯識學)을 널리 전하고 있다는 소식을 전해 듣고 원효와 당으로 유학을 떠나기로 하고 고구려를 거치는 육로로 시도하였으나 실패하였고, 36세(661)에 재차 시도하여 서해를 통한 해로로 당에 들어가 새로운 화엄학을 연구하며 종남산(終南山) 지상사(至相寺)에 주석하고 있던 지엄(智儼, 602~668)의 제자가 된다.

기록에 따르면 의상이 지엄을 찾아가자 지엄은 특별한 예로 의상을 맞이하였다고 한다. 전날 밤 지엄의 꿈에 해동(海東)에 큰 나무가 자라나서 신주(神州), 즉 중국을 뒤덮었으며, 그 위에 봉황의 둥지가 있어 올라가보니 한 개의 마니보주가 있어서 그 광명이 멀리 비치고 있는 것을 보았다고 한다. 이튿날 의상이 찾아와 이미 화엄의 오묘한 뜻을 깊은 데까지 알고 있자 지엄은 영특한 재질을 만난 것을 기뻐하였다고 전해진다.

의상은 스승인 지엄의 입적 3개월 전인 668년 7월 15일에 『화엄경』의 핵심을 간결하고 명확하게 드러낸 『일승법계도』를 지었다. 지엄은 의상과 함께 후에 중국 화엄종의 대성자(大成者)로 불리는 법장(法藏, 643~712)을 제자로 두었으며, 의상에게는 '의지(義持)', 법장에게는 '문지(文持)'라는 호를 주었다고 한다. 법장이 사형(師兄)인 의상이 귀국한 후에 의상에게 부친 편지 「기해동서(寄海東書)」를 통해서 의상과 법장의 친교가 귀국한 후에도 계속되었음을 알 수 있다. 한편 의상은 『일승법계도』를 저술하고 스승인 지엄이 입적한 후에도 2년여간 더 중국에 머물다가 유학 10년째인 670년에 당 고종(高宗)의 신라 침공을 알리기 위해 신라로 급히 귀국하였다고 한다.

귀국 후 의상은 화엄사상에 바탕하여 제자 교육과 교화 활동을 펼쳐나감으로써 이 땅에 화엄교를 널리 일으켜 후에 해동화엄(海東華嚴)의 초조(初祖)로서 존숭되었다. 의상은 화엄교를 펼칠 곳을 찾아다니다가 676년(문무왕 16) 태백산에 부석사를 창건하여 화엄교의 본찰(本刹)로 삼았다. 『송고승전(宋高僧傳)』에 의하면 후에 부석사가 되는 터에 의상이 찾아갔을 때 이미 권종이부(權宗異部), 즉 방편의 가르침을 믿는 부류의 승려 500여 명이 자리하고 있었다. 이때 신라로 귀국하기 위하여 당에서 출발할 때부터 의상을 항상 수호하던 선묘용(善妙龍)이 이 자리에 화엄 도량을 창건하려는 의상의 뜻을 알고 자신의 몸을 큰 돌로 변화시켜 공중에 떠서 권종이부들을 위협하여 쫓아냄으로써 부석사를 창건할 수 있게 하였다고 전한다. '부석사'라는 이름도 이때의 '떠 있는 돌' 또는 '돌을 띄움'을 뜻하는 '부석(浮石)'에서 유래한 것이다. 부석사와 아울러 나라 곳곳에 화엄십찰(華嚴十刹)[161]로 불리는 사찰을 의상과 의상을 이은 법손들이 건립해감으로써 한국에 화엄승가의 기반이 놓이게 된다.

의상은 화엄사상을 기반으로 일승보살도(一乘菩薩道)를 실천한 화엄행자였다. 이는 다음의 사례를 통해서도 엿볼 수 있다. 의상은 당시의 문무왕(文武王)이 수도 경주에 새로 성(城)을 지으려 한다는 소식을 듣고는 "왕의 정치가 밝으면 비록 풀잎으로 땅에 금을 그어서 성이라고 하여도 백성이 감히 넘지 못하고 재앙을 씻어 복이 될 것이며, 정치에 밝지 못하면 비록 높은 성이 있더라도 화를 면하지 못할 것"이라고 글을 올려 중지시켰다. 또한 문무왕이 의상을 존경하여 전답과 노비를 하사하였으나 불법(佛法)에는 위아래가 평등하며 귀하고 천함이 같다고 하면서 이를 받지 않았다고 한다.

의상은 제자 교육에 특히 중점을 두어서 제자들에게 『화엄경』과 「법성게」를 강의하고 화엄에 바탕한 실천행을 닦도록 교화한 사실이 많이 전해지고 있다. 황복사에서 표훈(表訓)과 진정(眞定) 등의 제자들에게 『일승법계도』를 강의하고, 부석사에서 40일간 일승십지(一乘十地)에 대한 문답을 펼치고, 소백산 추동(錐洞)에서 90일간 『화엄경』을 강의하는 등, 끊임없는 강설과 수행 지도를 통해 수많은 제자들을 배출하였다. 당시 의상의 명성이 신라 전역에 널리 퍼져 수많은 학인들이 구름처럼 모여들었으며 이 가운데 오진(悟眞), 지통(智通), 표훈, 진정, 진장(眞藏), 도융(道融), 양원(良圓), 상원(相源), 능인(能忍), 의적(義寂) 등의 10대 제자는 아성(亞聖)으로서 널리 알려졌다.[162] 10대 제자 중 진정, 상원, 양원, 표훈을 최치원의 『법장화상전』에서는 사영(四英)이라고 하였으며 『송고승전』은 지통, 표훈, 범체(梵體), 도신(道身)을 '당(堂)에 올라 심오함을 본 이들[登堂覩奧者]'라고 하면서 이들을 모두 새[鳥] 중에서 뛰어난 가루라새에 비유하여 칭찬하고 있기도 하다.

(2) 의상의 저술

의상은 화엄행자로서의 실천과 대중 교화 그리고 제자들의 교육을 중시하였기 때문인지는 몰라도 저술은 그다지 많이 남기지 않았다. 현재 의상의 저술로서 알려진 것은 『일승법계도(一乘法界圖)』 1권(현존), 『입법계품초기(入法界品鈔記)』 1권(일실), 『십문간법관(十門看法觀)』(일실), 『아미타경의기(阿彌陀經義記)』 1권(일실), 「백화도량발원문(白華道場發願文)」 1편(현존), 「제반청문(諸般請文)」(일실), 「화엄일승발원문(華嚴一乘發願文)」 1편(현존), 「투사례(投師禮)」(현존)로 총 8부(部)가 알려져 있다. 이 가운데 발원문류를 제외하면 『일승법계도』만 현재 전해진다.

의상이 직접 지은 저술 외에도 제자들이 기록한 의상의 강의와 의상과 제자들 사이의 문답이 『일승법계도』의 주석서류에 다수 인용되어 있어서 의상의 화엄사상을 파악하는 데 도움을 주고 있다. 특히 의상이 추동에서 행한 90일간의 강의를 지통이 받아 적은 『지통기(智通記)』(『지통문답(智通問答)』, 『추동기(錐洞記)』, 『추혈기(錐穴記)』라고도 한다)는 『일승법계도』의 주석서를 모은 『법계도기총수록』과 균여의 저술에 일부분만 인용되어 전해져왔으나, 예로부터 의상의 사제인 법장의 저술로 일본에만 전해져오던 『화엄경문답(華嚴經問答)』이 『지통문답』의 이본(異本)으로 판명되어 의상의 화엄사상을 더욱 풍부한 자료를 통해서 고찰할 수 있게 되었다.

의상의 화엄사상을 알려주는 의상과 제자들의 관련 저술 중에서도 가장 중요한 저술은 『일승법계도』이다. 『일승법계도』가 저술된 이후 의상의 직제자들과 법손들은 대대로 이에 대해서 여러 주석서를 남겼다. 신라 시대에는 『일승법계도』에 대해 다수의 주석서가 저술된 것으로 보이지만 단독 저술로 현존하는 것은 없다. 다만 신라 시대에 이루어진 『일승법계도』 주석서들을 고려 시대에 집성하여 함께 수록한 것이 바로 앞서 언급한 '법계도에 대한 주석의 모든 골수를 기록'했다는 뜻의 이름을 가지는 『법계도기총수록』으로서 현존한다. 고려 시대에는 『법계도기총수록』 집성 이전에 의상의 법손인 균여가 『일승법계도』에 대한 주석서인 『일승법계도원통기』 3권을 남겼으며 이 중에서 상권과 하권이 현존한다. 조선 시대에는 선승인 설잠(雪岑, 1435~1493)이 『일승법계도』 중 「법성게(法性偈)」를 선(禪)의 입장에서 주석한 『대화엄법계도주병서(大華嚴法界圖註幷序)』를 지었다. 조선 후기인 18세기 중후반에 활동한 도봉 유문(道峰有聞) 또한 「법성게」만을 주석한 『법성게과주(法性偈科註)』를 찬술하였다.

이처럼 의상의 주저(主著)인 『일승법계도』가 신라는 물론 고려와 조선시대에 걸쳐서 끊임없이 연구·주석되었으며 이와 동시에 불교의 신행 현장인 전국 사찰에서 신라 이후 지금까지도 「법성게」가 꾸준히 독송되어 의례의 주요한 일부분으로 기능하고 있다. 이러한 사실을 통해서 한국의 화엄승가가 『일승법계도』에서 펼쳐 보인 의상의 화엄사상을 근간으로 세워져 그의 법손들에 의해서 꾸준히 전승되었으며, 바로 이 화엄 전통이 한국 불교의 핵심을 이루고 있다는 사실을 알 수 있다. 또한 『일승법계도』에 담긴 의상의 화엄사상이 한국뿐만 아니라 중국과 일본에 전래되어 유통됨으로써, 동아시아 전체의 화엄사상 발달에 많은 영향을 미친 사실도 『일승법계도』의 간과할 수 없는 중요한 영향 가운데 하나이다.

다음으로 『일승법계도』의 내용과 구성을 살펴보자.

『일승법계도』는 의상이 『화엄경』의 세계이자 일승(一乘)의 세계인 법계(法界)가 자신의 본모습임을 알지 못하는 사람에게 이를 알려주기 위해서 법계를 그림으로 나타내고 이에 대해 의상 스스로 주석을 한 것이다. 법계를 나타내는 그림은 「반시(槃詩)」 또는 「일승법계도합시일인(一乘法界圖合詩一印)」이라고 하며, 7언 30구(총 210자)로 구성된 「법성게」와 시작과 끝이 없이 한 줄로 이어진 도인(圖印)이 합해져 있다. 도인이 그려져 있는 흰 바탕은 의보(依報)인 기세간(器世間)을 의미하며, 붉은 줄로 된 도인은 불·보살의 세계인 지정각세간(智正覺世間)을, 검은 글자의 「법성게」는 중생세간을 가리킨다. 의상은 「반시」를 통해 비유하는 이 세 가지 세간이 바로 원융하여 서로 여의지 않는 융삼세간불(融三世間佛)의 경계임을 밝힘으로써 일승의 법계를 나타내고 있다.

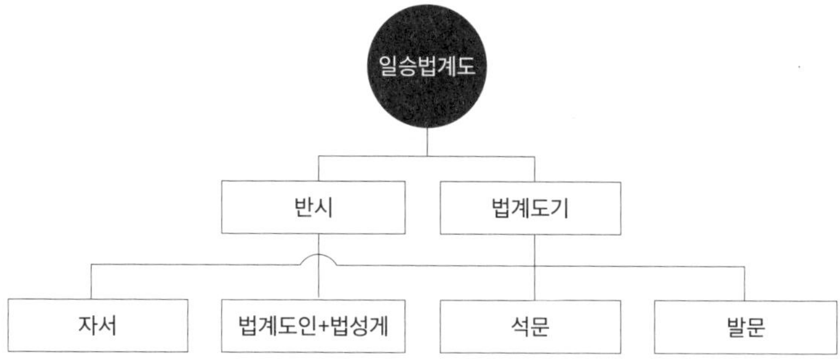

그림 5 | 『일승법계도』의 구조

「반시」에 대한 의상의 주석인 「법계도기(法界圖記)」는 「반시」를 짓는 목적과 「반시」 읽는 법을 밝힌 「자서(自叙)」, 「반시」를 직접 풀이한 「석문(釋文)」, 그리고 글을 마무리하는 「발문(跋文)」으로 구성되어 있다.

구성을 살펴보면 『일승법계도』에는 「반시」를 중심으로 「법계도기」가 배치되어 있는데 현존본에는 「법계도기」 가운데 「자서」가 「반시」 앞에 놓여 있어서 [자서] → [반시] → [석문] → [발문]의 순서를 이루고 있다. 이를 도시하면 〈그림 5〉와 같다.

2) 의상의 법계 인물

의상의 법을 계승한 이른바 의상계 화엄은 한국 화엄의 주류를 이루었으며 한국 불교의 정체성을 확립하는 데 중추적 역할을 했다고 평가받는다. 균여 또한 의상의 법손으로서 의상으로부터 면면히 이어져온 법손들의 화엄사상을 바탕으로 이를 한 단계 발전시켰다. 따라서 균여의 화엄사상을 이해하기 위해서는 균여 이전에 의상의 뒤를 이어 의상의 사상을 전개해나간 의상의 법계에 대해서 살펴볼 필요가 있다. 여기에서는 의상의 제자와 그 법손들을 시기별로 간략히 소개한다.[163]

(1) 의상의 직제자

의상이 소백산 추동에서 『화엄경』을 강의할 때 3,000명이 구름과 같이 모여들었다는 기록이 있을 정도로 의상에게는 많은 제자가 있었던 것으로 보인다. 그중에서도 특히 10대 제자가 유명하였다. 일연의 『삼국유사』, 「의상전교」에는 10대 제자를 아성(亞聖)이라 소개하며 균여 또한 이들을 '열 분의 성인인 제자[十聖弟子]'로 가리켜서 존경의 뜻을 표하고 있다. 다음에서는 이에 대해서 조금 더 자세히 소개한다.[164]

① 표훈(表訓)

표훈은 의상의 제자 중에서 특히 뛰어난 이들을 가리키는 호칭인 『삼국유사』의 '10대 제자'와 『법장화상전』의 '사영'과 『송고승전』의 '당(堂)에 올라 심오함을 본 이들[登堂覩奧者]'에 모두 속하는 유일한 제자로서 그만큼 의상의 제자 중에 첫손에 꼽힐 정도로 뛰어났던 것으로 보인다. 신라 흥륜사(興輪寺) 금당(金堂)에 열 분 성인의 상(像)을 안치할 때 의상의 제자로서는 유일하게 의상과 나란히 모셔질 정도로 추앙받던 인물이다.

표훈은 황복사에서 674년(문무왕 14) 진정 등 10여 제자와 함께 의상으로부터 『일승법계도』를 배울 때의 일화가 『법계도기총수록』에 전한다.[165] 이때 표훈이 의상에게 "움직이지 않는 내 몸이 곧 법신 자체이다"라는 뜻을 어떻게 하면 볼 수 있는지 여쭈었다. 이에 의상은 "모든 연(緣)의 근본은 나이며, 일체법의 근원은 마음이다. 말[語言]은 매우 중요한 근본이며, 진실한 선지식이다"라고 답하며 다만 마음을 잘 쓸 뿐이라고 당부했다. 표훈이 이 사구게(四句偈)를 다섯 가지 관법으로 해석하여 의상에게 바치자 의상이 이를 인가하였다고 한다.

의상에게 인가 받은 표훈의 화엄사상은 『법계도기총수록』에 4회, 균여의 저술에 7회 등이 인용되어 전해진다. 이를 통해서 표훈의 화엄사상이 이후에도 계속 중시되었음을 알 수 있다.

② 진정(眞定)

『삼국유사』, 「진정사효선쌍미(眞定師孝善雙美)」는 진정의 출가 및 의상과의 인연 등에 대해서 다음과 같이 소개하고 있다.[166] 진정은 가난한 병졸 출신으로 어머니를 봉양하기 위하여 출가를 미루고 있었고 이를 알게 된 어머니가 "불법은 만나기 어렵고 인생은 너무나 빠른데 효를 다한 뒤라 하면 또한 늦지 않겠는가? 이것이 오히려 나를 지옥에 떨어뜨리는 불효이다"라고 하며 바로 출가를 재촉하여 진정은 의상에게 출가한다. 3년 후 어머니가 돌아가시자 진정의 어머니를 위해 의상이 소백산 추동에서 3,000여 명의 제자들에게 90일간 『화엄경』을 강의를 하였고 강의가 끝나자 어머니가 진정의 꿈에 나타나 이미 하늘에 태어났다고 하였다.

진정은 표훈과 함께 의상의 『일승법계도』 강의를 들었으며 이때 진정은 의상의 강의를 세 가지 문으로 해석한 삼문석(三門釋)을 지었으며, 태백산 대로방(大蘆房)에서 의상으로부터 열 부처[十佛]에 대해 강의를 들은 바도 있다. 의상의 또 다른 제자인 상원과 진정의 문답, 세 가지 생멸에 대한 진정의 설법 등이 『법계도기총수록』에 전해진다.[167]

③ 지통(智通)

『삼국유사』, 「낭지승운보현수(朗智乘雲普賢樹)」에는 노비였던 지통이 7세에 출가하여 낭지(朗智)를 찾아가는 일화가 나온다.[168] 낭지는 원효가 스승으로 모실 정도로 당시의 고승이었으며 지통은 낭지의 문하에 있다가 후에 의상의 제자가 된 것으로 보인다. 지통은 부석사의 40일 법회,[169] 소백산 추동의 90일 법회, 태백산 대로방 문답 등에서 의상의 강의에 참석하였다. 이 가운데 소백산 추동의 90일 법회에서 행해진 의상의 강의를 기록하여 이른바 『지통기』를 남겼다.

균여의 『석화엄지귀장원통초(釋華嚴旨歸章圓通鈔)』에 의하면 지통은 의상에게 법계도인(法界圖印)을 받을 만큼 뛰어난 제자였다. 지통이 태백산 미

리암(彌理嵒) 굴에서 화엄관법을 닦을 때 하루는 큰 멧돼지가 동굴 입구를 지나가는 것을 보았다. 지통은 평상시대로 나무로 빚어진 불상(佛像)에 정성을 다하여 예배하였다. 불상이 지통에게 이르기를, “동굴을 지나간 멧돼지는 그대의 과거 몸이고 나는 곧 그대의 당래 과보의 부처이다”라고 하였다. 지통은 이 말을 듣고서 바로 과거·미래·현재의 삼세가 한때[三世一際]라는 뜻을 깨달았다. 후에 의상에게 이를 알리자 의상이 법계도인을 주었다는 것이다.[170]

④ 도신(道身)

도신은 『삼국유사』의 10대 제자나 『법장화상전』의 사영에는 속하지 않지만 『송고승전』에서 당에 올라 심오함을 본 이들로 칭송한 의상의 제자이다. 도신의 한자 표기는 '道身'과 함께 '道申'도 사용된다. 도신은 『지통기』와 비슷하게 의상의 강의를 기록한 『도신장(道身章)』을 남겼다. 『도신장』은 『일승문답(一乘問答)』이라고도 하며[171] 균여의 저술에 40여 회, 『법계도기총수록』에 10여 회가 인용되는 것을 볼 때 의상 이후 고려 중기까지 의상계 화엄에서 매우 중시된 것을 알 수 있다.

⑤ 양원(良圓)

균여의 『일승법계도원통기』에는 양원이 지은 것으로 보이는 『양원화상기(良圓和尙記)』가 인용되어 있다. 내용은 『일승법계도』의 핵심 주제어인 법성(法性)과 진성(眞性)의 차이를 설명하는 것으로, 이를 볼 때 『양원화상기』가 의상의 『일승법계도』에 대한 주석서인 것으로 생각해볼 수도 있다. 양원은 최치원의 『법장화상전』에는 의상의 제자로서 '亮元'으로 표기되어 등장하며 이외에도 균여가 인용하는 『도신장』은 양원의 설을 전하고 있다.

⑥ 상원(相源)

상원은 그 이름을 전하는 문헌에 따라서 한자 표기가 '相源'(『삼국유사』), '相圓'(『법장화상전』), '相元'(『법계도기총수록』), '常元'(『석화엄교분기원통초』) 등으로 다양하여 혼란스러운 점이 있지만 동일 인물일 것으로 추정하고 있다.

현존 기록에는 의상과 상원, 상원과 다른 제자, 상원과 상원의 제자 또는 후배 사이의 문답과 대화가 남겨져 있어서 당시 의상을 중심으로 하는 의상계 화엄의 교육과 수행 분위기를 짐작할 수 있다. 『법계도기총수록』에는 상원이 부석사 40일 법회에서 의상에게서 일승의 십지 법문을 듣는 기록[172]과 동문인 진정에게 '머무름 없음[無住]'에 대해 질문하는 기록과 상원의 제자 또는 후배로 추정되는 신림(神琳)에게 '성불'의 뜻에 대해서 의상의 설을 인용하며 답하는 기록이 있다. 또 균여의 『십구장원통기(十句章圓通記)』에는 상원이 의상에게 화엄사상의 중요 논제 중 하나인 '다함과 다하지 않음[盡不盡]'에 대해서 질문했다는 기록,[173] 균여의 『석화엄교분기원통초』에는 상원이 의상에게 '번뇌를 끊음[斷惑]'에 대해서 물었다는 『도신장』을 인용하는 기록[174] 등이 보인다.

(2) 의상의 법손

의상의 직제자 이후에도 의상의 법손은 대를 이어가며 의상의 화엄사상을 계승·발전시켜나간다. 의상 법손의 끊이지 않고 이어진 흐름은 균여에게까지 이어져 균여의 화엄사상 형성에 주요한 근간을 이루게 된다. 이에 다음에서는 의상의 법손을 주요 인물 중심으로 간략히 살펴본다.

① 신림(神琳)

신림은 의상의 제3세 법손 가운데 가장 많은 관련 기록이 보이고, 따라서 당시 가장 두각을 나타냈을 것으로 추정되며 활동 시기는 대략 8세기 중엽쯤이다. 신림이 의상의 직제자인 상원과 문답하는 기록과 신림이 『일승법계도』의 증분(證分)과 연기분(緣起分)에 대해 설법하는 기록[175] 등을 볼 때 신림이 의상계 화엄사상에 정통했음을 알 수 있다. 또한 『십구장원통기』의 전승 기록을 담고 있는 1226년의 발문에는 신림을 부석적손(浮石嫡孫)이라고 표현하고 있다.[176] 이는 고려 중반까지도 신림이 의상의 법손으로 인식되고 있었음을 알려준다. 한편 신림이 의상의 직제자들과는 달리 중국에 유학하여 융순(融順)에게 수학하였다는 기록[177]도 전한다.

신림의 사상은 균여의 저술에 20여 회, 『법계도기총수록』에 10여 회가 인용되며 이는 의상의 법손 가운데에서는 월등히 많은 횟수이다. 그리고 『법계도기총수록』과 균여의 저술에는 신림의 제자로 추정되는 법융(法融), 숭업(崇業), 융수(融秀), 질응(質應), 대운법사군(大雲法師君) 등이 소개된다. 이를 통해서도 신림이 의상계 화엄에서 차지하는 비중을 엿볼 수 있다.

신림이 불국사(佛國寺), 월유사(月瑜寺), 세달사(世達寺) 등에서 머물며 법회를 주관한 기록이 있다.[178] 이 가운데 세달사는 고려 전기에 흥교사(興教寺)로 이름이 바뀌었고 의천은 「흥교사예신림조사영(興教寺禮神琳祖師影)」을 지어서 신림을 존숭하였다.[179]

② 법융(法融)

법융은 800년을 전후로 활동한 의상의 제4세 법손으로서 부석적손인 신림의 제자인 것으로 추정된다. 그 근거로는 균여의 『십구장원통기』에 법융이 신림에게 '다함과 다하지 않음[盡不盡]'에 대해서 질문하자 신림이 칭찬하고 답했다는 기록[180]과 앞서 소개한 바와 같이 『십구장원통기』의 발문에 보이는 법융이 신림에게서 수학한 기록 등을 들 수 있다.

의상의 뒤를 이은 의상계 화엄의 사상을 알 수 있는 현존 자료는 균여의 저술과 『법계도기총수록』이 대표적이다. 『법계도기총수록』에 대해 간략히 설명하면 고려 시대(10세기 후반에서 13세기 중반 이전)에 『일승법계도』

와 이에 대한 신라 시대의 주석서 그리고 관련 자료를 모아 만든 것이다. 『법계도기총수록』의 핵심을 이루는 신라 시대의 주석서는 『대기(大記)』, 『법융대덕기(法融大德記)』, 『진수대덕기(眞秀大德記)』의 3종, 이른바 '3대기(三大記)'이다. 이 가운데 『법융대덕기』의 저자가 바로 법융이다. 이 『법융대덕기』(또는 『법융기』)는 『법계도기총수록』에 총 48회가 인용되어 있다. 법융이 균여의 『십구장원통기』가 주석하는 『십구장』의 저자라는 설이 전해진다. 즉 균여는 『십구장원통기』에서 『십구장』의 저자 관련 이설(異說)을 소개한 후 법융이 『십구장』의 저자라고 논의를 끝맺고 있다.

이처럼 법융의 저술은 신라와 고려 시대에 걸쳐서 의상계 화엄에 큰 영향을 미쳤음을 알 수 있다. 법융에게 수학한 제자로는 범체(梵體), 융불(融咄), 융질(融質) 등이 전한다.

③ 숭업(崇業)

숭업은 법융과 마찬가지로 신림의 제자로서 의상의 제4세 법손에 해당하는 것으로 보인다. 신림이 부석사에서 법장의 대표 저술인 『화엄일승교의분제장(華嚴一乘敎義分齊章)』(속칭 『화엄오교장(華嚴五敎章)』)을 강의할 때 겨우 7세의 나이로 참석했다는 기록[181]이 균여의 『석화엄교분기원통초』에 전한다. 이를 고려하면 숭업의 주요 활동 시기는 9세기 초중반이었을 것으로 보인다. 이는 다음에 소개할, 9세기 중엽에 활동한 범체와 숭업이 대화를 나누었다는 기록[182]을 통해서도 알 수 있다.

숭업은 『관석(觀釋)』이라는 저술을 지은 것으로 보이지만 현존하지 않는다. 다만 숭업의 『관석』 일부가 『법계도기총수록』과 균여의 『십구장원통기』에 인용되어 있다.[183]

④ 범체(梵體)

『송고승전』에서는 범체를 의상의 제자 중에서 '당에 올라 심오함을 본

이들' 가운데 한 명으로 꼽고 있지만 의상의 직제자는 아니고 대략 9세기 중엽에 활동한 의상의 제5세 법손에 해당하는 것으로 보인다. 균여의 『십구장원통기』에 보이는 범체가 법융으로부터 배워 『십구장』 주석을 지었다는 기록으로부터 범체가 법융의 제자였을 가능성도 충분히 생각해볼 수 있다.

⑤ 진수(眞秀)

진수는 『법계도기총수록』의 3대기 중 『진수대덕기』를 지은 의상의 법손으로 추정되지만 진수에 관한 다른 기록은 찾아보기 어렵다. 『진수기』의 내용으로부터 대략 신라 하대에 활동한 것으로 추정한다. 『법계도기총수록』에 『진수기』는 총 24회 언급되어 3대기 중에서는 가장 적은 횟수가 인용되어 있다.

⑥ 『대기』의 저자

『대기(大記)』는 『법계도기총수록』의 3대기 중 하나로서 3대기 중 가장 많은 횟수(총 55회)와 분량이 인용된다. 『법계도기총수록』에서 3대기를 인용할 때 가장 먼저 등장하는 저술이기도 하다. 이처럼 3대기 중에서도 첫손에 꼽힘에도 『대기』의 저자가 누구인지는 아직도 알 수 없다. 『대기』의 내용을 보면 9세기 중엽까지 활동한 의상의 법손들의 설이 인용되고 있기 때문에 그 이후, 즉 9세기 후반에서 신라 하대 사이의 의상의 법손이 지은 것으로 추정할 뿐이다. 책의 이름인 『대기』가 저자의 이름과 관련된 것인지 아닌지도 현재로서는 불분명하다.[184]

3) 균여의 법계 인물

마지막으로 균여의 법계에 대해서 살펴보자. 우선 균여 이전의 법계, 즉 균여의 스승과 균여의 스승이 속한 계통에 대해서 알아본 후 균여 이후의 법계, 다시 말하면 균여의 제자와 균여의 교설을 계승해간 인물들에 대해서 간략히 소개한다.

(1) 균여 이전의 법계

균여는 『균여전』에 의상의 법손으로서 그 가운데 북악에 속하는 것으로 전한다. 이에 따르면 균여는 식현에게 출가했지만 만족하지 못하고 이내 의순에게서 수학한다. 따라서 식현이 의상계인지는 알 수 없지만 의순은 의상계, 그중에서도 북악에 속하는 것으로 보인다. 그리고 북악은 『균여전』에 의하면 희랑으로부터 시작된 것이므로 균여 이전의 법계는 앞서 살펴본 것처럼 다음과 같이 추정할 수 있다.

의상(625~702) ⋯→ 희랑(~949 이전) → 의순(10세기 초중반?) → 균여(923~973)[185]

균여는 의상의 주저(主著)인 『일승법계도』에 대한 주석서를 지었으며, 균여의 저술을 살펴보면 균여는 9세기, 즉 800년대 중후반에 활동했던 의상계 승려들의 문답이나 저술을 다수 인용하며 자신의 교설을 진개해나가고 있음을 알 수 있다. 이는 균여가 의상으로부터 비롯되는 의상계 화엄의 사상과 그 사상을 담당한 인물들에 대해서, 구체적으로는 800년대 후반까지의 의상계 화엄의 상황에 대해서 매우 정통했다는 사실을 알려준다. 이를 통해서도 균여가 의상의 일곱 번째 화신이라고까지 칭송되는 의상계 화엄의 적손임을 확인할 수 있다.

(2) 균여 이후의 법계

균여의 직제자는 『균여전』에 의하면 담림(曇琳)과 조□(肇□)가 있었고 둘 다 수좌에까지 이르렀으며 그 둘의 문도들도 번창하였다고 한다. 담림과 관련하여 『십구장원통기』의 발문에서는 『십구장』에 관한 균여의 강의를 담림이 받아서 기록하였다고 전한다.[186] 이외에 균여의 제자들에 대한 기록은 별로 찾아볼 수 없다.

다만 앞서 언급했듯이 968년에서 973년 사이, 균여 나이 45세 이후 즈음에 정수의 무고로 인해서 균여가 정치와 불교계의 중앙 무대에서 실각한 것으로 추정된다. 이러한 상황을 함께 고려할 때 균여의 제자와 그 문도들이 수좌에 이르고 번창했다는 『균여전』의 해당 기록을 액면 그대로 받아들일 수 있는지 의심스러운 부분도 없지 않아 있다.

균여 이후의 법계를 다루면서 빼놓을 수 없는 인물은 균여의 저술을 찾아내서 보존·유지하고 때로는 한역하여 간행함으로써 오늘날 우리들이 균여의 저술을 볼 수 있도록 만든 이들이다. 이들은 비록 균여와 균여의 제자로부터 이어지는 사자상승(師資相承)의 관계에 있는지 확실하지 않지만 균여의 사상을 중시하고 계승했다는 점에서 균여의 법을 이어받은 법계라고 해도 과하지 않을 것이다.

균여의 저술 중 『일승법계도원통기』의 발문을 보면 균여가 『일승법계도』를 강의한 후 세월을 거치면서 이 강의 내용, 즉 『일승법계도원통기』가 전승된 인연을 전하고 있다. 여기에 보면 금생사(金生寺, 혹은 김생사?) 법진(法璡), 승장사(勝長寺) 현여(玄如) 등을 비롯하여 여러 승려가 『일승법계도원통기』를 필사하고 때로는 방언(方言)으로 된 본을 한역하여 이 책이 없어지지 않도록 유지·보존했음을 알 수 있다. 균여의 다른 책에는 이와 유사한 기록이 보이지 않지만 다른 책들도 『일승법계도원통기』와 비슷한 과정을 거치면서 여러 사람의 노력에 의해서 이어져 내려왔을 것이다.[187]

이러한 인연 속에 전해져온 균여의 저술을 오늘날 우리가 보고 있는 형태로 정리하고 간행한 것은 13세기경에 활동한 화엄교 승려인 천기와 그의 제자들이다. 천기와 그의 제자들에 대해서는 균여 저술의 발문에 보이는 기록 외에는 별다른 기록을 찾을 수 없다. 발문에 따르면 천기가 흥왕사(興王寺), 해인사(海印寺), 개태사(開泰寺), 계룡갑사(鷄龍甲寺) 등에서 주지를 맡거나 머무른 적이 있으며 승통(僧統)의 지위에 있었고 늦어도 1248년 이전에는 입적한 것으로 보인다. 천기와 그의 제자들은 화엄업(華嚴業)의 승려로서 천기는 여러 사찰에서 화엄 관련 강의를 다수 열었고 이때 균여의 저술을 많이 이용했다고 한다.

천기와 그의 제자들은 곳곳에 산재해 있던 균여의 저술을 모으고 정리한 후 때로는 한역하여 대장도감(大藏都監)에서 간행한다. 이와 관련하여 고려재조대장경(高麗再雕大藏經) 간행을 총괄했던 수기(守其) 또한 화엄업에 속했으며 천기와 마찬가지로 개태사의 주지를 역임했다는 접점이 있다. 이러한 접점에 의거하여 천기와 그의 제자들과 수기 사이에 긴밀한 관계가 있었다고 추정을 하기도 한다.[188]

이제까지 소개한 균여의 생애와 관련 사건을 연표로 정리하면 〈표 1〉과 같다.

표 1 | 균여의 생애와 관련 사건

연도	생애	관련 사건
917		균여의 어머니 태몽
920		균여의 누이(수명) 출생
923	출생	
937	부흥사 식현에게 출가 이후 영통사 의순 문하로 옮김	
949	광종 황후의 병을 고친 의순 치료	광종 즉위
953	중국 사신의 광종 책봉식에서 비를 그치게 함 대덕에 임명됨	
958	불일사 변괴를 없애려 강설 『일승법계도』 강의	
959	「오교장」 강의	
960	「소전장」 강의	
962	「의리장」 강의	
963	광종이 창건한 귀법사 초대 주지에 임명됨	
967		최행귀가 보현십원가를 한역
968	개보 연간 귀법사 정수에게 무고 당함	탄문이 귀법사에 주석하고 왕사에 임명됨
~	이후 행적 기록 없음	
973	입적	

2장

균여의 저술

1

균여 저술의 수집과 정리, 그리고 전승의 과정

1) 개요

현재 균여의 저술은 다음과 같이 5종 18권이 현존한다.[1]

- 의상(1종): 『일승법계도원통기(一乘法界圖圓通記)』 2권
- 의상 제자(1종): 『십구장원통기(十句章圓通記)』 2권
- 법장(3종): 『석화엄교분기원통초(釋華嚴敎分記圓通鈔)』 10권, 『석화엄지귀장원통초(釋華嚴旨歸章圓通鈔)』 2권, 『석화엄삼보장원통기(釋華嚴三寶章圓通記)』 2권

한편 『균여전』의 '5) 여러 글을 해석함[解釋諸章分]'에는 다음과 같이 균여의 저술 목록을 소개하고 있는데, 그 목록을 정리하면 다음과 같다.[2]

- 지엄(4종): 『수현방궤기(搜玄方軌記)』 10권, 『공목장기(孔目章記)』 8권, 『오십요문답기(五十要問答記)』 4권, 『입법계품초기(入法界品抄記)』 1권
- 의상(1종): 『법계도기(法界圖記)』 2권
- 의상 제자(1종): 『십구장기(十句章記)』 1권
- 법장(4종): 『탐현기석(探玄記釋)』 28권, 『교분기석(敎分記釋)』 7권, 『지귀장기(旨歸章記)』 2권, 『삼보장기(三寶章記)』 2권

이 기록에 따르면 균여는 10종 65권의 저술을 지었다. 『균여전』의 목록과 현존 저술의 목록을 비교해보면 같은 저술이라도 제목과 권수가 다른 것을 알 수 있다. 현존하는 저술 목록을 『균여전』의 해당 저술 목록과 같이 나열하면 〈표 2〉와 같다.

표 2 | 균여의 현존 저술 목록과 『균여전』 소개 목록 비교

구분	현존 저술 목록	『균여전』 목록
의상(1종)	『일승법계도원통기』 2권	『법계도기』 2권
의상 제자(1종)	『십구장원통기』 2권	『십구장기』 1권
법장(3종)	『석화엄교분기원통초』 10권 『석화엄지귀장원통초』 2권 『석화엄삼보장원통기』 2권	『교분기석』 7권 『지귀장기』 2권 『삼보장기』 2권

균여 저술 목록과 관련하여 몇 가지 사항을 언급해두고자 한다. 첫 번째는 균여 저술의 성격이다. 우선 균여 저술은 현존 여부를 떠나서 모두 지엄과 의상과 법장의 저술에 대한 해설서라는 점이다. 균여의 저술에는 예를 들어 의상의 『일승법계도』나 법장의 『화엄일승교분기』와 같이 자신의 기획 의도에 따라서 자신의 사상을 체계적으로, 독자적으로 서술한 글이 없다. 이러한 특징이 균여 개인의 특성에서 비롯된 것인지 아니면 시대상을 반영한 것인지 현재로서는 알지 못한다. 다만 신라 때 화엄교 승려뿐만 아니라 불교 전 부문의 승려들이 다양하게 자신의 독자적인 체계를 갖춘 글을 남긴 데 비해서 고려 시대에 접어들면 교학 쪽에서는 제관(諦觀)의 『천태사교의(天台四敎儀)』 등 극히 소수의 경우를 제외하고는 이러한 책을 찾아볼 수 없는 사실과 관련이 있을 것으로 생각한다. 즉 고려 시대 이후 전체적으로 교학의 쇠퇴로 인해 교학 관련 저술이 극단적으로 감소했으며 그나마 있는 교학 관련 저술도 모두 기존의 경과 논서들의 주석서라는 점이 신라 때의 저술 경향과 가장 큰 차이라고 할 수 있을 것이다.

다만 균여가 지엄, 의상, 법장 등이 초기 화엄의 주요 사상을 구축한 주요 저작 거의 전부에 대해서 주석을 남겼다는 점은 특별히 언급할 의의가 있다고 생각한다. 균여 이전이나 이후를 막론하고 이와 같이 초기 화엄 주요 저술을 거의 망라하는 주석서를 저술한 예는 한국은 물론이고 중국과 일본에서도 찾아보기 힘들기 때문이다.

두 번째는 제목과 관련된 특징이다. 균여 저술의 제목을 지은 이와 관련하여 나중에 살펴보겠지만 균여의 저술이 애초부터 책으로서 기획되어 지어졌다기보다는 제자들을 대상으로 한 강의를 기록하여 정리한 것이라는 추정을 고려하면 이 저술의 제목은 균여가 직접 붙인 것이 아니라 후대에 정한 것이라고 보는 쪽이 자연스러울 것이다.

제목과 관련된 특징으로 현존 저술과 『균여전』 소개 저술의 제목이 서로 다른 점을 들 수 있다. 책의 제목이 시대에 따라서, 필사나 판각하는 사람에 따라서 조금씩 바뀌는 일은 거의 매번 일어난다. 예를 들어 『균여전』의 『법계도기』는 현존 저술에서 『일승법계도원통기』로, 『교분기석』은 『석화엄교분기원통초』로 되어 있다. 또 『법계도기』 중 '법계도'가 '일승법계도'로 되어 '일승'이 더해지거나 『교분기석』에서 '석'이 '초'로 바뀌는 것은 그다지 희귀하고 의미 있는 변화는 아니다.

여기에서 주목하는 것은 현존 저술 목록의 제목에 모두 보이는 '원통'이다. 『균여전』의 저술 제목에는 전혀 보이지 않던 '원통'이 후에 천기의 제자들에 의해서 목판으로 만들어질 때는 전부 포함된다. 그러면 누가 '원통'을 처음 제목에 포함시켰을까? 이에 대해서 『일승법계도원통기』의 발문에는 반룡사(盤龍社) 비구 일당(日幢)이 그 전에 전해져 내려오던 『일승법계도』에 대한 균여의 강의를 기록한 필사본 2종을 교정하고 재편집하여 『법계도원통기(法界圖圓通記)』라는 제목을 붙였다고 한다. 따라서 『일승법계도원통기』에서 '원통'이라는 용어를 처음으로 사용한 것은 반룡사 비구 일당인 것을 알 수 있다. 그 외 4종 저술의 경우는 관련 기록이 없어서 누가 '원통'을 추가했는지 단정할 수는 없다. 다만 『일승법계도원통기』 외 4종 저술의 발문과 전승 기록 등을 검토하면 이 4종 저술의 전승에 반룡사 비구 일당이 관여하지 않은 것으로 생각된다. 아마도 천기 또는 그의 제자들이 균여의 저술을 모으는 과정에서 반룡사 비구 일당이 '원통'을 추가하여 붙인 『일승법계도원통기』 필사본의 제목을 보고 이를 본받아서 다른 저술에도 '원통'을 추가했을 가능성이 높다.

세 번째는 현존 상황이다. 위의 현존 저술 목록과 『균여전』의 저술 목록을 비교하면 현존 저술은 종류로는 반이 남아 있다. 분량은 권마다 일정하지 않아서 정확하지는 않지만 목록의 10종 65권 중 현존하는 책과 그렇지 않은 책의 권수(14권 대 51권)를 비교하면 대략 4분의 1이 조금 넘는 분량이 남아 있다고 할 수 있다.

현존하는 저술은 『일승법계도원통기』를 제외하면 두 목록 사이에 권수의 차이는 있지만 실제 내용 또는 분량상으로는 크게 빠진 부분 없이 거의 온전히 남아 있다. 다만 『일승법계도원통기』는 두 목록에 모두 2권으로 되어 있어서 변화가 없는 것으로 보이지만 실제로는 『균여전』에 2권으로 기록된 『일승법계도원통기』가 후대에 천기 등이 간행할 때에는 상중하 3권으로 바뀌며 이 가운데 중권은 현재 전해지지 않아서 상하 2권만 현존한다.

2) 전승

네 번째는 균여의 저술이 오늘에까지 전해진 과정이다. 그 과정을 구분하면 다음과 같다.

① 강의와 기록: 균여가 주로 초기 화엄 저술에 대해서 강의하고 청중들과 문답한 것을 청중 가운데 담당자가 방언(方言)으로 기록

② 전승과 한역: 방언 기록본을 후대에 다시 그대로 필사하거나 때로는 한역하여 필사

· 이 과정은 저술에 따라서 반복되거나 아예 생략될 수 있음

③ 수집 및 정리와 간행: 13세기 중후반 천기와 그의 제자들이 균여의 강의 필사본(방언본 또는 한역본)을 수집하여 정리하고 이본이 있는 경우 교정하여 목판본으로 간행

이러한 과정을 거쳐서 현존하는 균여의 저술이 '저술'로서 이루어졌다. 따라서 애초에 균여가 직접 책으로 저술한 것도 아니고 말로 진행된 강의와 문답을 청중이 당시 방언으로 기록하고 이를 다시 후대에 한역한 것이 현존 균여의 저술이므로 근본적으로 이러한 과정 속에서 상대적으로 많은 번역상(방언 → 한문)의 오류와 문헌학적 오염(contamination)이 개입되었을 가능성이 높다는 점을 유념해야 한다.

다섯 번째는 균여 저술 전승의 배경 또는 원인이다. 균여의 저술은 균여의 강의가 기록된 직후 활발하게 유통되지는 못하고 여러 사찰의 창고에 보관만 되거나 간신히 다시 필사만 되다가 13세기 중후반에 이르러서야 비로소 천기 등에 의해서 한역·간행되어 유통되기 시작한 것으로 보인다. 현존 기록[3]에 의하면 균여의 책을 13세기 중후반 새롭게 목판본으로 간행한 까닭은 첫째, 천기와 그의 제자들이 수집한 균여의 강의 기록본이 고려 초기의 방언으로 기록되어 있어서 13세기 당시 사람들이 이해하기 힘들었으며 둘째, 방언으로 기록된 필사본마저도 당시에 구하기가 힘들었기 때문이다. 따라서 천기 등이 방언을 한역하여 이를 상대적으로 대량 제작·유포가 가능한 목판본으로 간행하였다는 것이다.

이와 관련하여 균여 강의의 기록이 이처럼 부침을 겪고서 저술이 되는 근본 배경 또는 실제 원인은 의천의 균여 폄하와 천기 등의 균여 재평가에 따른 것이라는 주장이 있다.[4] 즉 균여의 화엄사상은 11세기 말 의천이 송

나라에 유학 가기 전까지는 화엄종의 대표적 사상 체계로서 평가를 받았지만 의천이 유학 후 귀국한 이후로는 존중보다는 오히려 폄하되었다. 의천은 균여의 사상이 교리적인 내용에 치중하여 실천 수행이라고 할 수 있는 관행(觀行)이 결여되어 있으며, 균여 저술이 말도 되지 않는 것으로서 후배들을 미혹시키니 배울 바가 못 된다고 제자에게 보내는 글에서 비판하기까지 하였다. 이러한 평가로 인한 것인지는 모르지만 의천이 동아시아에서 당시 유통되던 교학 관련 저술의 목록을 집성한 『신편제종교장총록』에는 다른 이의 화엄 관련 저술은 가능한 범위에서 모두 수집했으면서도 의천이 익히 알고 있는 균여의 저술은 하나도 편입시키지 않고 있다. 의천의 균여에 대한 평가가 단적으로 드러나는 사례라고 할 수 있을 것이다.

이처럼 의천이 주도하던 12세기 불교계에서 균여의 저술과 화엄사상은 거의 묻혀져 있었던 것으로 보인다. 그러나 무인정권이 집권하여 기존의 교학 세력이 쇠퇴하자 상대적으로 소외되어 있던 세력이 다시 부상할 수 있는 여건이 마련되었고 13세기 중후반 천기 등에 의한 균여의 재평가 및 균여 저술의 수집·정리와 간행은 이러한 흐름 속에 가능했던 것이라는 주장이다.

마지막으로 균여의 저술로서 『균여전』에는 소개되어 있지 않으나 매우 중요한 저술이 있다. 바로 균여가 대중 교화를 위해 지은 향가(사뇌가)인 「보현십원가(普賢十願歌)」이다. 물론 이 저술은 화엄사상에 관한 교학 관련 문헌은 아니지만 이 또한 엄연한 균여의 저술인 것은 틀림없는 사실이다. 이를 고려한다면 균여의 저술은 총 10종 65권이 아니라 11종 66권이며 현존 저술은 5종 18권이 아니라 6종 19권이 된다.

다음에서는 균여의 현존 저술 6종을 각각의 개요, 전승, 구성과 내용으로 나누어 소개한다.

2
『일승법계도원통기』

1) 개요

『일승법계도원통기(一乘法界圖圓通記)』는 의상의 주저인 『일승법계도』[5]에 대해서 균여가 강의한 내용을 기록하여 전승한 책이다. 『균여전』에는 '법계도기(法界圖記)'라고 되어 있으며 '법계도원통기'라고 약칭하기도 한다. 『균여전』에는 2권으로 되어 있지만 현존본은 원래 3권 구성이었던 것으로 보이며 현재는 상중하 3권 중에 중권이 빠진 채 상하 2권만 전한다. 책 제목 가운데 '일승법계도'는 주석 대상인 의상의 저술을 가리키고 '원통'은 이 책을 교정하고 재편집하여 후대에 전승한 반룡사 비구 일당이 처음 제목에 추가한 용어로서 균여의 법호인 '원통수좌(圓通首座)'를 가리키는 것으로 보인다. 따라서 책 제목의 대략적인 의미는 '『일승법계도』에 대한 원통수좌 [균여의 강의] 기록 또는 책' 정도가 될 것이다.

2) 전승

『일승법계도원통기』에는 현재 남아 있는 균여의 저술이 비롯되는 균여의 강의로부터 이것의 필사, 편집, 간행 등에 이르기까지 여러 단계의 전승 과정을 자세히 알려주는 발문이 남아 있다. 이는 다른 저술의 전승 사정을 유추하는 데에도 큰 도움이 되기 때문에 그 발문을 소개하면 다음과 같다.

① 옛날에 원통수좌 균여 대사께서 마하갑수(摩訶岬藪)의 백운방(白雲房)에 머무셨는데, 광종 무오년(958) 7월에 『법계도』의 글을 설명하셨다. [당시의] 부사(副師)는 영안(靈眼) 법사이고 중부(重副)는 법응(法凝) 법사이며 기록한 사람은 국현(國賢) 법사였다.

② 그 후 신축년[6] 7월 일에 금생사(金生寺)의 주지 법진(法璡) 법사가 그 설명을 기록한 것을 필사하여 [사찰의] 대장(大藏)에 넣었다.

③ 나중에 상주(尙州) 승장사(勝長寺)의 현여(玄如) 법사가 비마라방장(毗摩邏方丈)의 문장(文莊) 스님이 소장하고 있던 본(本)에 의거하여 2권으로 번역하고 '혜보(惠保)'라고 이름 붙였으니 즉 이 책은 아마 흥교사(興敎寺) 학인 혜보가 옮겨서 적었을 뿐일 것이다. 현여 법사는 균여 대사의 자세한 설명을 보지 못하였기 때문에 번역에 착오가 있었다.

④ 임인년[7]에 금생사 주지인 수좌(首座) 인원(印元)이 [사찰의] 옛 장서[古藏] 가운데 법진 법사가 필사한 이 책의 방언본(方言本) 1권을 찾아내어 후학들에게 유통시켰다.

⑤ 반룡사 비구 일당이 두 본을 자세히 비교하여 상·하권으로 만들고 제목을 '법계도원통기'라고 하였다. 그 후 이 책이 전해져서 법의 요체가 되니 학자들이 다투어 찾았지만 단지 필사본만 있고 판본이 없기 때문에 널리 유통되지 못하니 후세에 오래 전해지지 못할까 걱정되었다.

⑥ 지금 본강(本講) 아사리[闍梨]로 흥왕사 교학(敎學)이고 해인사 주지이신 승통천기께서 [화엄]업(業)의 여러 대덕들과 함께 이 책을 자세히 교정하시고 3권으로 나누신 후 임금님의 명령을 받들어 목판에 새겨 널리 유포시키니 복을 받듦에 끝이 없을 것이다.

⑦ 지원(至元) 24년(1287) 정해년 5월 일 전(前) 총랑(總郞) 김훤 용회(金晅用晦)[8]가 발문을 짓고, 금성사(金城寺) 주지 삼중대사(三重大師) 영담(永曇)이 쓴다. 대장도감 개판.[9] (원문자는 필자가 추가)

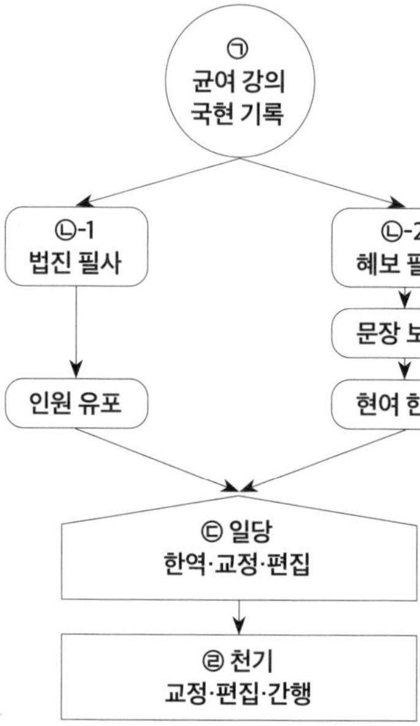

그림 6 | 『일승법계도원통기』의 유통

위 발문을 보면 알 수 있듯이 『일승법계도원통기』는 여러 단계를 거쳐서 현존본과 같은 형태를 이루게 되었다. 이 단계는 ㉠ [강의·기록], ㉡ [필사 → 유포] 또는 [필사 → 한역], ㉢ [한역·교정·편집], ㉣ [교정·편집·간행]의 네 단계로 나눌 수 있다. 각 단계를 좀 더 설명하면 다음과 같다.

㉠ [강의·기록]: 958년에 균여가 『일승법계도』에 대해서 마하갑사 백운방에서 강의하고 이것을 국현 법사가 기록. 이때의 기록은 아마도 방언. (인용문 ①)

㉡-1 [필사 → 유포]: 신축년(1001?)에 금생사 법진이 국현 법사 기록본을 필사하여 대장에 보관하고 후에 이 방언 필사본을 임인년에 금생사 인원이 찾아내어 후학에게 유포. (인용문 ②, ④)

㉡-2 [필사 → 한역]: 흥교사 혜보가 필사한 본(아마도 불완전한 본)을 비마

라방장의 문장이 보관하다 승장사의 현여가 2권으로 한역. 오류가 있는 본. (인용문 ③)

㉢ [한역·교정·편집]: 반룡사 일당이 ㉡-1과 ㉡-2의 두 본을 교정·편집하여 두 권으로 만들고 '법계도원통기'라고 제목을 지음. 이때 법진의 방언 필사본을 한역했을 것으로 추정. (인용문 ⑤)

㉣ [교정·편집·간행]: 13세기 중반에 천기가 일당 편집본을 3권으로 다시 교정·편집하고 목판본으로 간행. 1248년 천기가 입적한 뒤에 1287년에 김훤이 발문을 씀. (인용문 ⑥, ⑦)

이러한 균여 저술 전승의 네 단계는 세부적으로 차이는 있지만 전체적으로는 균여의 현존 저술 모두에 적용된다. 왜냐하면 균여의 현존 저술 모두 균여가 직접 기획하여 글로 저술한 책이 아니라 균여의 강의를 참석자 중의 한 명이 방언으로 기록하고 이를 필사·전승하다가 어느 단계에서 한역·교정·편집하고 마지막으로 천기가 교정·편집한 후 목판본으로 간행하는 절차를 거치기 때문이다. 따라서 이 단계를 균여 저술 전체를 대상으로 일반화하면 다음과 같다.

[강의·방언 기록] → [필사] → [한역] → [교정·편집] → [간행]

다시 『일승법계도원통기』의 전승 과정으로 돌아와서 ㉣ [교정·편집·간행] 단계는 설명이 필요한 부분이 있다. 인용문 ⑥, ⑦을 보면 천기가 일당 편집본을 다시 교정·편집하여 간행하는 부분과 김훤이 발문을 짓고 영담이 쓰는 부분이 있다. 이때 발문을 지은 시기가 1287년인데 천기는 1248년 이전에 입적한다.[10] 일반적으로 발문은 간행할 때 함께 작성되는 경우가 많지만 이 경우에는 발문 작성 시기와 간행 시기가 다르므로 천기가 먼저 목판본으로 간행한 후에 다시 김훤이 재간행하면서 발문을 추가한 것으로

표 3 | 『일승법계도원통기』 현존 필사본 현황

번호	소장처	종류	현존권	저본	생성 연도
①	국립중앙도서관	등사본	상하 양권	상권: 해인사 소장 필사본 하권: 해인사 소장 간본	1943년 12월
②	서울대학교 규장각	필사본	상하 양권	상권: 해인사 소장 간본 하권: 송석하 소장 간본	1944년 3월
③	동국대학교 도서관	필사본	상하 양권	[기록 없음]	[기록 없음]

추정된다.[11]

현재 목판본은 전하지 않고 등사본 1종과 필사본 2종만 현존한다. 이 필사본은 천기가 간행하고 아마도 김훤이 재간행한 목판본을 필사한 것으로 보인다.[12] 현존 필사본의 간단한 현황은 〈표 3〉과 같다.[13]

이 세 본의 공통점은 하권 말미의 간기에 따르면 모두 천기 등이 편집하여 간행했고 아마도 김훤 등이 재간행한 본에서 비롯된 동일 계통의 본이라는 것이다. 즉 이른바 천기 간행본을 1940년대 즈음에 등사하거나 필사한 것이 현존본 3종이다.

① 국립중앙도서관 소장본은 상하권 마지막에 원본은 해인사 소장본이고 1943년 12월에 등사했다는 기록이 있다.[14] 이 본은 상권과 하권의 형태가 다르다. 상권은 10행 20자의 광곽(匡廓)과 판심(版心), 어미(魚尾) 등이 없는 필사본의 형태로서 다른 현존본, 즉 규장각본과 동국대본과 형태가 동일하다. 그러나 하권은 광곽과 판심, 어미 등이 있는 10행 20자의 간본(刊本)의 형태이다. 이를 통해서 천기가 편집한 3권본 목판본이 원래 10자 20행의 형태였음을 알 수 있다. 또한 등사할 때 이용한 저본이 모두 해인사 소장본이라고 한 점도 주목할 만하다. 이에 따른다면 1943년 당시 해인사에는 상권은 필사본이, 하권은 간본이 남아 있었으며 이를 등사한 것이 현존 국립중앙도서관 소장본이다. 그러나 후술하듯이 규장각본은 상권의 저본으로서 해인사 소장 간본이라고 밝히고 있는 점을 고려하면 당시

1943~1944년 즈음에 해인사에는 필사본과 간본 두 종류의 상권이 있었던 것으로 추정되지만 확실한 것은 알 수 없다.

② 규장각본의 경우, 상권 말미에는 해인사 소장 간본에 의거하여 1944년 3월에 사토 타이순(佐藤泰舜, 1890~1975)이 교정하고 이철화(李轍和)가 필사하였다는 기록이 추가되어 있다.[15] 하권 말미의 기록에는 경성(京城), 즉 서울의 송석하(1904~1948)가 소장하고 있던 간본에 의거하여 1944년 3월에 사토 타이순이 교정하고 정계섭(鄭啓燮)이 필사하였다고 한다.[16] 상하권 모두 경성제국대학도서장인(京城帝國大學圖書章印)이 찍혀 있다. 이를 따른다면 규장각본은 모두 천기 간행 간본에서 직접 필사한 것으로서 앞의 국립중앙도서관본과 다른 저본에서 필사한 것이 된다. 또는 1943년에는 해인사에 소장되어 있던 하권 간본이 1944년에 송석하가 소장하게 되었을 수도 있으며 이 경우 국립중앙도서관본과 규장각본은 상권은 저본을 각각 필사본과 간본으로 달리하지만 하권은 둘 다 동일한 간본을 저본으로 하게 되지만 현재로선 확실히 알 수는 없다.

③ 동국대본에는 필사와 관련된 상권과 하권의 필사 또는 등사 관련 기록이 없어서 자세한 사정을 알 수 없다. 동국대학도서장인이 찍혀 있다.[17]

규장각본의 필사 기록을 보면 이 필사본 중 상권은 해인사 소장 간본을, 하권은 송석하 소장 간본을 교정하여 필사한 것이다. 즉 규장각본이 필사된 1944년에 상권은 간본이 해인사에 소장되어 있었고 중하권은 이미 해인사에서 없어졌으며 개인인 송석하도 중권은 제외한 하권만 소장하고 있었던 것을 알 수 있다.

3) 구성과 내용

『일승법계도원통기』는 [제목], [지은이], [본문], [전승 기록]으로 구성된다. [제목]은 상하 각 권에 [권수제]와 [권미제]가 있으며 중권도 마찬가

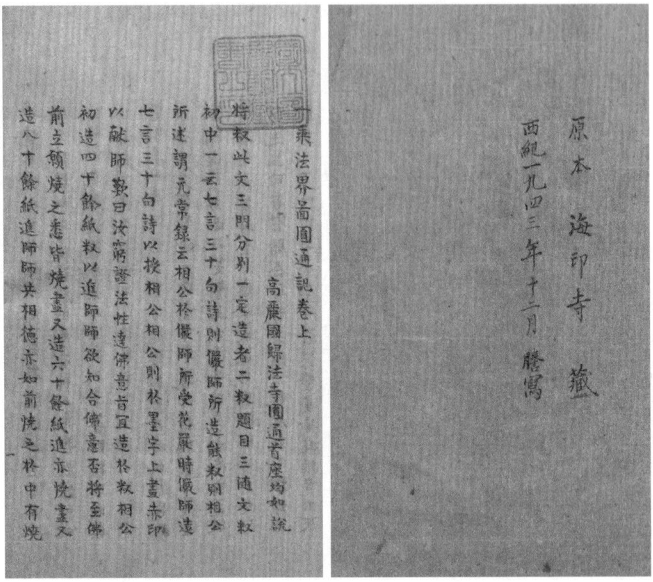
一乘法界圖圓通記卷上
高麗國歸法寺圓通首座均如說
特叙此文三門分別一定造者二叙題目三隨文叙
初中一云七言三十句詩則儼師所造餘叙則相公
所述謂元常錄云相公於儼師所受花嚴時儼師造
七言三十句詩以授相公相公則於墨字上畫赤印
以献師歎曰汝窮證法性達佛意旨宜造於叙相公
初造四十餘紙叙以進師師欲知合佛意否將至佛
前立願燒之悉皆燒盡又造六十餘紙進亦燒盡又
造八十餘紙進師師共相德亦如前燒之於中有燒

原本 海印寺 藏
西紀一九四三年十二月 謄寫

그림 7 | 국립중앙도서관본 상권 첫 쪽(왼쪽)과 마지막 쪽(오른쪽)
국립중앙도서관 제공

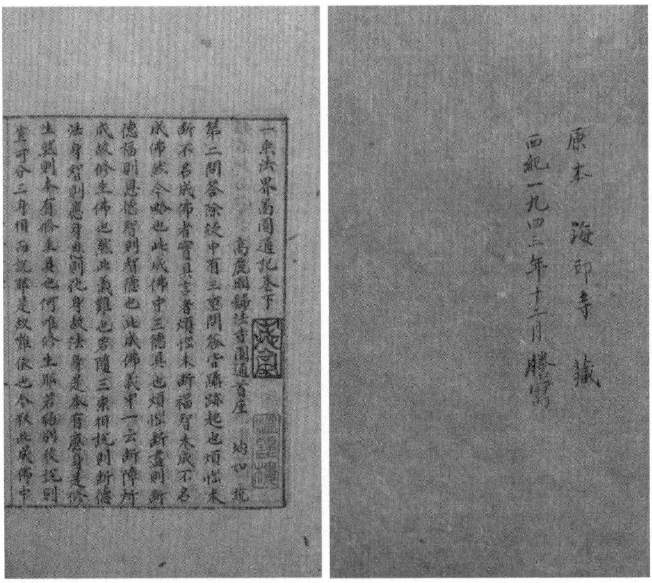
一乘法界圖圓通記卷下
高麗國歸法寺圓通首座均如說
第二問答除疑中有三重問答皆隨跡起也煩惱未
斷不名成佛者實具言者煩惱未斷福智未成不名
成佛然今略也此成佛中三德具也煩惱斷盡則斷
德福則恩德智則智德也此成佛義中一云斷障所
成故修生佛也然此義難也若隨三乘相說則斷德
法身智則應身恩則化身故法身是本有應身是修
生然則本有修生是也何唯修生耶若約別教說則
豈可分三身相而說耶是故難依也今釋此成佛中

原本 海印寺 藏
西紀一九四三年十二月 謄寫

그림 8 | 국립중앙도서관본 하권 첫 쪽(왼쪽)과 마지막 쪽(오른쪽)
국립중앙도서관 제공

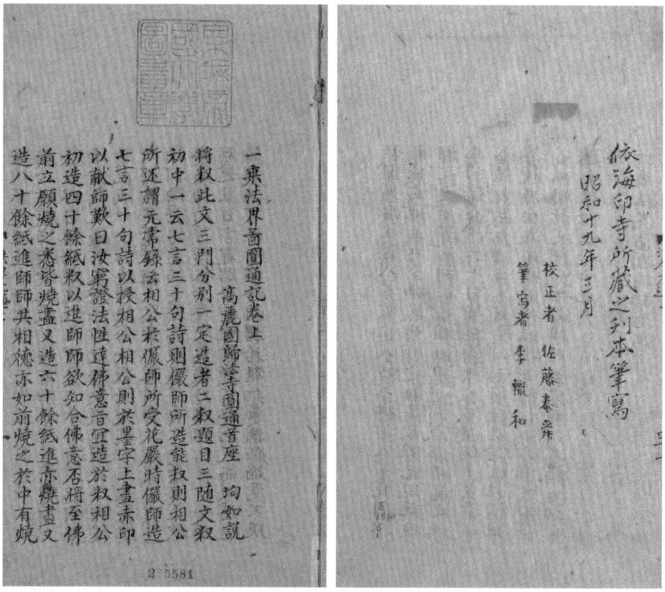
一乘法界圖圓通記卷上　高麗國歸法寺圓通首座　均如說
將釋此文三門分別一定造者二釋題目三隨文釋
初中一云七言三十句詩則儼師所造能釋則相公
所述謂元曉錄法相公於儼師所受花嚴時儼師造
七言三十句詩以授相公相公則於墨字上畫赤印
以獻師歎曰汝窮證法性達佛意言宜造於釋相公
初造四十餘紙釋以進師師欲知合佛意否將至佛
前立願燒之悉皆燒盡又造六十餘紙進亦燒盡又
造八十餘紙進師師共相德亦如前燒之於中有燒

依海印寺所藏之刊本筆寫
昭和十九年三月
校正者 佐藤泰舜
筆寫者 李黻和

그림 9 | 규장각본 상권 첫 쪽(왼쪽)과 마지막 쪽(오른쪽)
규장각 원문검색서비스 제공

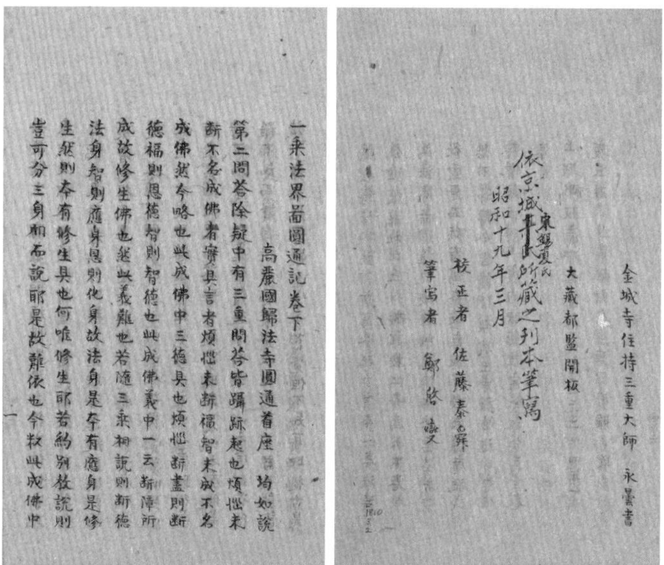
一乘法界圖圓通記卷下　高麗國歸法寺圓通首座　均如說
第二問答除疑中有三重問答皆躡跡起也煩惱未
斷不名成佛者實具言者煩惱未斷福智未成不名
成佛然今略也此成佛中三德具也煩惱斷盡則斷
德福則恩德智則智德也此成佛義中一云斷障所
成故修生佛也從此義離也若隨三乘相說則斷德
法身智則應身恩則化身故法身是本有應身是修
生然則本有修生具也何唯修生耶若約別教說則
豈可分三身相而說耶是故離依也今釋此成佛中

金城寺住持三重大師 永旵書
大藏都監開板
依京城東錫夏氏所藏之刊本筆寫
昭和十九年三月
校正者 佐藤泰舜
筆寫者 鄭啓謨

그림 10 | 규장각본 하권 첫 쪽(왼쪽)과 마지막 쪽(오른쪽)
규장각 원문검색서비스 제공

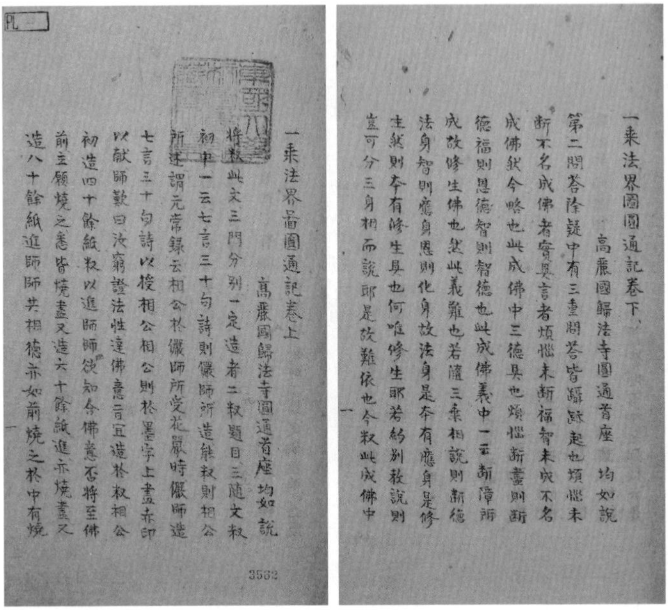

一乘法界圖圓通記卷上
高麗國歸法寺圓通首座 均如說
將釋此文三門分別一定造者二釋題目三隨文釋
初中一云七言三十句詩則儼師所造能釋則相公
所述謂元常錄云相公於儼師所受花嚴時儼師造
七言三十句詩以授相公相公則於墨字上盡赤印
以獻師歎曰汝窮證法性達佛意言宜造於釋相公
初造四十餘紙釋以進師師欲知合佛意否將至佛
前立願燒之悉皆燒盡又造六十餘紙進亦燒盡之
造八十餘紙進師師共相德亦如前燒之於中有燒

一乘法界圖圓通記卷下
高麗國歸法寺圓通首座 均如說
第二問答除疑中有三重問荅皆遣躡跡起也煩惱未
斷不名成佛者實是言者煩惱未斷福智未成不名
成佛然今略也此成佛中三德具也煩惱斷盡則斷
德福則恩德智則智德也此成佛義中一云斷障所
成故修生佛也然此義難也若隨三乘相說則斷德
法身智則應身恩則化身故法身是本有應身是修
生然則本有修生具也何唯修生耶若約別教說則
豈可分三身相而說耶是故難依也今釋此成佛中

그림 11 | 동국대본 상권 첫 쪽(왼쪽)과 하권 첫 쪽(오른쪽)
동국대학교 불교기록문화유산 아카이브 제공

지였을 것으로 추정한다. [전승 기록]은 하권 말미에 부가되어 있다.

[본문]은 다시 과목(科目)과 과목에 따른 주석으로 나뉜다. '과목'은 글을 내용별로 체계적으로 분류하는 불교의 문헌 분석 방식을 가리킨다. 이 책에서는 세 부분으로 과목을 나누어 『일승법계도』를 해석하는데, 세 항목은 ① 지은이를 정함[一定造者], ② 제목을 풀이함[二釋題目], ③ 글을 따라 풀이함[三隨文釋]이다. 이를 상중하권과 연결하여 나타내면 다음과 같다. 이 가운데 현재 중권에 해당하는 ③의 일부가 전하지 않아서 그 내용을 알 수 없다.

지은이에 따라서 이 다섯 부분을 나누면 [제목], [지은이], [전승 기록]은 아마도 천기 또는 천기의 제자들이 간행할 당시에 앞서 반룡사 비구 등의 편집 필사본을 참고하여 정한 것으로 보인다. 나머지 [본문]은 균여의 강의를 필사한 것을 후대에 한역·편집한 것이다.

표 4 | 『일승법계도원통기』의 구성

구성	권
[권수제]	상권
[지은이]	
[본문]	
⓪ 과목	
① 지은이를 정함[一定造者]	
② 제목을 풀이함[二釋題目]	
③ 글을 따라 풀이함[三隨文釋]	
[권미제]	상권
[권수제]	중권[18]
[지은이]	
③ 글을 따라 풀이함[三隨文釋]	
[권미제]	중권
[권수제]	하권
[지은이]	
③ 글을 따라 풀이함[三隨文釋]	
[권미제]	하권
[전승 기록]	하권

① '지은이를 정함'은 『일승법계도』의 지은이를 결정하는 부분이다. 이는 균여 당시에 『일승법계도』의 저자가 누군지에 대해서 논란이 있었음을 의미한다. 『일승법계도』의 발문에 모든 연기법은 주인이 없음을 나타내는 까닭에 지은 사람의 이름이 없다[19]고 밝히고 있듯이 의상은 『일승법계도』를 저술할 때 지은이를 따로 표시하지 않았다. 이로 인해서 예로부터 지은이에 관한 논란이 있었던 것으로 보인다.

균여는 먼저 지은이와 관련하여 당시 대립된 두 가지 설을 소개한다. 하나는 『원상록(元常錄)』의 설로서 『일승법계도』 중 7언 30구의 시는 의상의 스승 지엄이 짓고 나머지, 즉 시에 대한 해석 부분은 의상이 서술했다는 것이다. 또 다른 설은 시에 대한 해석 부분뿐만 아니라 7언 30구의 시까지도 의상이 지었다는 것이다. 의상이 7언 30구의 시를 지었다는 이야기는 최치원이 지은 의상의 전기인 『부석존자전』에도 전하여 알 수 있지만, 해석 중에 “이치에 의거하고 가르침을 따라서 「반시」를 짓는다”고 하였으므로 해석의 대상인 「반시」, 즉 7언 30구의 시를 네모나게 배열한 것도 의상이 지었음이 스스로 명백하다고 균여는 주장한다. 또한 지엄의 행장 중에 7언 30구 관련 저술이 없는 것도 7언 30구를 지엄이 짓지 않은 근거로 균여는 제기한다.

② ‘제목을 풀이함’은 『일승법계도』의 제목을 풀이한다. 제목을 풀이하기 전에 균여는 먼저 『일승법계도』의 정식 제목[正題]을 ‘일승법계도합시일인(一乘法界圖合詩一印)’으로, 뒤에 언급한 ‘오십사각이백일십자(五十四角二百一十字)’는 부수적인 제목[題脚]으로 보았다. 따라서 균여에게 『일승법계도』의 온전히 갖춰진 제목은 ‘일승법계도합시일인오십사각이백일십자’가 되는 셈이다. 이와 관련하여 일본에서 전해오는 『일승법계도』는 제목이 ‘화엄일승법계도(華嚴一乘法界圖)’로 되어 있는 경우가 많으며 일본 전래본을 저본으로 한 『한국불교전서(韓國佛教全書)』 제2권 수록본도 제목이 ‘화엄일승법계도’이다. 그러나 균여가 본 『일승법계도』에는 ‘화엄’이라는 말이 포함되지 않았음을 알 수 있다.

『일승법계도』의 정식 제목인 ‘일승법계도합시일인’의 성격에 대해서 균여 당시에 두 가지 설이 있었던 것으로 보인다. 첫째는 제목 중에서 ‘일승’은 의거하는 바인 근본 가르침이고 ‘법계도’는 해석하는 책의 이름이라는 입장이다. 즉 ‘일승’은 해석되는 쪽[所釋]이고 ‘법계도’는 해석하는 쪽[能釋]이라는 것이다. 둘째는 ‘일승법계도’ 전부가 해석하는 책의 이름이라는 주장이다. 이 두 가지 입장 가운데 균여는 둘째를 지지한다. 즉 ‘일승법계도’ 전부가 해석하는 쪽[能釋]이라는 것이 균여의 입장이다. 그 근거로서 균여는 해석하는 책 제목에 해석되는 대상이 포함될 경우 해석되는 대상의 제목도 포함되어야 하는데, 『일승법계도』에는 해석되는 대상인 『화엄경』의 제목이 없기 때문임을 들고 있다. 또한 『일승법계도』 자체에 “일승법계도합시일인은 『화엄경』과 『십지론』에 의거하여 원교(圓教)의 핵심 내용[宗要]

그림 12 | 『일승법계도』와 『일승법계도원통기』의 구조 일부

을 드러냈다"고 밝혔기 때문에 따라서 『화엄경』과 『십지경론(十地經論)』만 의거하는 바[所依]이자 해석되는 대상[所釋]이라는 것이다.

③ '글을 따라 풀이함'은 『일승법계도』의 본문 내용을 풀이하는 부분으로 가장 많은 분량을 차지한다. 균여는 이 항목을 다시 불교의 전통적인 과목 방식인 서분(序分), 정종분(正宗分), 유통분(流通分)의 셋으로 나눈다. 서분은 『일승법계도』의 자서(自敍)를, 정종분은 「반시」와 이에 대한 의상의 풀이를, 유통분은 『일승법계도』 발문의 마지막을 장식하는 서원(誓願) 부분을 가리킨다. 이를 『일승법계도』의 구조와 함께 나타내면 〈그림 12〉와 같다.

이러한 구조와 내용을 가지는 『일승법계도원통기』의 가치는 무엇일까? 『일승법계도원통기』는 한국 화엄, 나아가 한국 불교의 주축을 이루는 의상의 『일승법계도』에 대한 단독 주석서로서 유일하게 현존하는 저술이다. 이는 화엄사상사적 측면에서 『일승법계도』가 균여 당시에 이르기까지 어떻게 이해되어왔으며 그 사상적 전개와 변용의 면모를 확인할 수 있다는 점에서 대체 불가한 가치를 지니고 있다. 물론 신라 시대 주석서 등을 고려 시대에 모아 편집한 『법계도기총수록』이 있지만 이것은 단독 주석서가 아니라 단독 주석서들의 일부분을 모아서 이룬 것이라 각 주석서, 즉 3대기의 개별 내용을 온전히 파악하기가 불가능하다. 조선 시대에 설잠(雪岑)이 『대화엄법계도주병서(大華嚴法界圖註幷序)』를, 도봉 유문(道峰有聞)이 『법성게과주(法性偈科註)』를 찬술하였지만 이 둘은 모두 『일승법계도』 전체에 대한 것이 아니라 그 일부인 「법성게」만을 대상으로 한 점, 그리고 이들의 주석이 의상계 화엄의 전통에 의한 것이 아니라 선(禪)의 입장에 따른 것이라 물론 그 나름의 의미는 있지만 의상계 화엄의 사상 흐름을 파악하는 데는 도움이 되지 않는다는 점에서 한계가 있다.

균여 사상 내부로 범위를 좁힌다면 『일승법계도원통기』는 균여의 현존 저술 중에서 시기가 가장 앞선 것으로 생각된다.[20] 또한 이 책에 보이는 균여의 사상이 이후의 저술들과 비교할 때 상당히 다른 모습을 보인다는 점에서도 주목할 만하다. 그 대표적인 예로서 이 책의 발문에 보이는 '소목(所目)'과 '하나의 이름[一名]으로 부르는가, 아니면 각자의 이름[自名]으로 부르는가에 대한 논의'를 들 수 있다. 천기 또는 천기의 제자에 의해서 쓰여진 발문에 의하면 이 두 주제가 『일승법계도원통기』와 이후에 쓰여진 『십구장원통기』에서 다르게 논의된다는 것이다. 이 외에도 몇몇 화엄사상의 주요 주제에 대해서 이와 같은 변화를 발견할 수 있다. 이것이 균여 사상의 변화에 의한 것인지 아니면 기록상의 취사선택에 의한 것인지는 알 수 없지만 균여 사상의 스펙트럼 중에서 일단(一端)을 『일승법계도원통기』에서 확인할 수 있다는 점에서 고유의 가치를 맛볼 수 있다.

3
『십구장원통기』

1) 개요

『십구장원통기(十句章圓通記)』는 지엄이 『화엄경』의 핵심을 요약하여 자신의 저술 첫 장에 써놓은 10구(十句)를 의상계 승려가 풀이한 『십구장(十句章)』에 대해서 균여가 거듭 해석한 것을 기록하여 전승한 것이다. 현재 고려대장경 보유판에 수록되어 있는 『십구장원통기』가 유일본으로서 2권본이다.[21] 반면에 『균여전』에는 '십구장기(十句章記) 1권'으로 제목과 권수를 소개하고 있다. 『균여전』 저술 당시에 확인한 『십구장기』는 1권본으로서 균여의 강의를 제자가 방언으로 기록하고 주석 대상인 『십구장』 본문을 포함하지 않은 상태였던 것으로 보인다.

『십구장원통기』 관련해서는 두 가지 문제에 대해서 서로 다른 견해가 제시되었고 둘 다 아직 확실히 결론이 나지는 않은 상황이다. 하나는 지엄이 10구를 써놓은 곳이 어느 저술이냐는 것이고, 다른 하나는 지엄의 10구에 대한 주석인 『십구장』을 누가 지었는가에 대한 것이다.

먼저 지엄이 10구를 써놓은 곳에 대해서 『십구장원통기』의 기록에 의하면 지엄이 『약소(略疏)』 또는 『소요의(疏要意)』 5권의 첫머리에 10구를 기록하였다고 한다.[22] 문제는 이 『약소』 또는 『소요의』를 무엇으로 판단할 것인가이다. 이에 대한 연구는 두 가지로 나뉜다. 하나는 이를 세친의 『십지경론(十地經論)』에 대한 지엄의 주석서인 『십지경론소(十地經論疏)』로 보는 것이고, 다른 하나는 『화엄경』에 대한 지엄의 주석서인 『대방광불화엄

경수현분제통지방궤(大方廣佛華嚴經搜玄分齊通智方軌)』(이하 『수현기』)로 추정하는 것이다.[23]

지엄의 10구를 주석한 『십구장』을 누가 지었는가에 대해서는 예로부터 논란이 있었다. 균여는 『십구장원통기』에서 다음과 같이 『십구장』의 저자에 대해서 설한다.

> ① 이 풀이하는 글(=『십구장』)은 곧 법융대덕이 지은 것이다. ② 혹은 범체대덕이 법융대덕에게 친히 받아서 풀이를 지었다고 하지만 그 글은 보지 못하였다. ③ 어느 본은 신라 세달사 사문 신림의 풀이라고 한다. 그러나 제2구의 풀이하는 글에서 "[법]융이 신림대덕에게 묻기를"이라고 하니 신림대덕이 지은 바가 아니다. ④ 또 융불대덕이 풀이를 지었다[고도 한다.] 그러나 다만 [법]융대덕의 풀이를 인용하여서 자신의 뜻을 따라 나타내었을 뿐 글에 따른 별도의 풀이는 없다.[24] (원문자는 필자가 추가)

이에 따르면 균여 당시에 『십구장』의 저자와 관련해 네 가지 설이 있었다. 첫째는 법융, 둘째는 범체, 셋째는 신림, 넷째는 융불이다. 이들 사이의 관계를 간단히 설명하면, 신림은 의상의 직제자인 상원에게 배운 바 있는 의상의 제3세 법손에 해당하는 대략 8세기 중엽의 인물이다. 법융은 신림의 제자이고 범체와 융불은 모두 법융에게서 배운 바 있는 의상계 승려이다.

이 가운데 균여는 범체의 풀이를 보지 못하였다고 한다. 범체가 지엄의 10구에 대한 풀이를 지었을 수도 있지만 균여는 보지 못하였으며, 따라서 균여의 『십구장원통기』의 주석 대상인 『십구장』은 범체가 지은 것이 아니게 된다. 셋째는 『십구장』 내의 내용에 '신림대덕'이라는 말이 나오므로 신림이 저자가 될 수 없다고 한다. 넷째는 어떤 이들은 융불이 지엄의 10구에 대해서 자신의 풀이를 지은 것이 아니라 단지 범융의 풀이, 즉 『십구장』을 인용했을 뿐이라고 하여 융불 저자설도 부정한다. 따라서 균여는 『십구장』의 저자를 범융으로 판단했음을 알 수 있다.

『십구장원통기』의 말미에는 천기의 제자에 의한 전승 기록이 부가되어 있는데 여기에도 『십구장』의 저자를 알려주는 구절이 있다.

> 신라 승려 법융이 부석적손인 신림화상에게 수업하여 [10구의] 해석을 만들었다. … 본강 화상(=천기)이 … 방언을 친히 제거하고 그 어긋난 곳을 교정하여 [법]융공의 본문을 나란히 필사해서 두 권[通]으로 나누어 후학에게 베풀었다.[25]

이 전승 기록을 작성한 것은 13세기 중엽 천기의 제자이다. 이 인용문에 의하면 법융이 신림에게 배워서 지엄의 10구에 대해서 풀이를 만들었고, 천기가 법융의 『십구장』과 균여의 주석서를 합쳐서 2권본 『십구장원통기』를 만들었다고 한다. 천기와 천기의 제자 또한 『십구장』의 저자를 법융으로 파악하고 있었음을 알 수 있다.

이러한 법융 저자설에 대해서 근현대에 다른 견해가 제시되었다. 만약 법융이 『십구장』의 저자라면 이해하기 어려운 구절이 『십구장』에 포함되어 있기 때문이다.

> 묻는다. [인다라문과] 미세문은 어떻게 다른가?
> [법]융대덕이 답한다. 인다라문은 법의 다함없는 분제를 드러내고 미세문은 법의 극히 수승한 모양을 나타낸다.[26]

이 구절은 10구 중 제6구에 대한 『십구장』의 풀이 중에 나오는 구절이다. 그 내용은 십현문(十玄門)의 하나로서 제6구의 내용인 인다라망경계문과 십현문의 다른 문인 미세상용안립문이 어떻게 다른가에 대한 문답이다. 그런데 답을 하는 인물이 현존본에는 법융대덕으로 되어 있다. 자신이 짓는 글에 자신을 '[법]융대덕[融德]'이라고 하는 것은 납득하기 어려우므로 『십구장』을 법융의 저술로 볼 수 없다는 주장이다.[27]

이에 따라서 법융 저자설을 대체하는 두 가지 주장이 제기되었다. 첫 번째는 『십구장』의 저자가 융불이라는 것이다.[28] 균여 당시에도 융불을 『십구장』의 저자로 보는 견해가 있었지만 균여는 융불이 단지 법융의 풀이를 인용했을 뿐으로 별도의 풀이를 지은 것은 아니라는 입장이었다. 이에 대해서 앞서의 인용문을 주요 근거로 하여 법융 저자설을 부정하고 남은 선택지인 범체, 신림, 융불 중에서 범체와 신림은 균여의 주장을 받아들여 부정하고 융불을 선택한다. 그 근거는 다음과 같다. 제2구에 대한 『십구장』의 풀이 중에는 법융과 신림의 문답을 인용하고 '나의 뜻[私意]'이라고 하여 별도로 자신의 견해를 제시하는 문구가 나온다. 이것이 균여가 당시 『십구장』 저자 관련 여러 설을 소개하는 앞의 인용문 중 ④에서 융불이 법융의 풀이를 인용하여 자신의 뜻을 나타내었다는 설명과 일치하기 때문에 융불이 『십구장』의 저자라는 것이다.

두 번째는 범체가 『십구장』의 저자라는 주장이다.[29] 여기에서는 융불이 저자라는 주장의 근거를 반박한 후 동시에 『십구장』의 내용을 분석하여 『십구장』이 지엄의 10구를 신림이 풀이하고 이를 법융에게 설하였고 이를 법융이 다시 자신의 견해를 가미하여 제자들에게 강의하는 흐름 속에서 형성된 문헌이고 균여가 주석한 대상인 『십구장』은 법융의 강의를 들어 해석을 지었다고 전해지는 범체라는 것이다.

이에 대해서 근래에는 앞의 두 주장을 부정하고 법융이 『십구장』의 저자라는 설이 다시 제기되었다.[30] 이 설은 『십구장』 가운데 '[법]융대덕[融德]'이라는 문구가 등장하여 『십구장』의 법융 저자설을 의심하게 만든 구절의 맥락을 면밀히 재해석한다. 이 문구는 지엄의 10구 중 제6구에 대해서 신림에게 법융이 묻고 답하는 네 개의 연속된 문답 중 제2문답에 등장한다. 이 문답의 맥락을 볼 때 여기의 네 문답은 모두 법융이 묻고 신림이 답하는 것으로서 보아야만 하기 때문에 제2문답에 등장하는 "[법]융대덕이 답한다[融德答]"는 "[신]림대덕이 답한다[琳德答]"의 착오로 보아야만 한다는 것이다. 만약 이 주장대로 현존본의 '융덕답(融德答)'이 필사 또는 간행과 같은 전승 과정에서의 오류에 의해서 '임덕답(琳德答)'이 바뀐 것이라면 법융을 『십구장』의 저자로 보기 어렵게 만드는 원인이 제거된 것이므로 『십구장』의 저자는 법융이라는 주장이다.

2) 전승

『십구장원통기』의 전승 과정은 큰 틀에서 앞서 소개한 『일승법계도원통기』의 전승 과정과 유사하다. 즉 균여가 『십구장』에 대해서 강의를 하고 이를 당시 참가자 중의 한 명이 방언으로 기록하여 남긴 것을 후대에 천기가 한역·교정·편집한 후 간행하여 오늘에 이르게 되는 것이 전승의 전체적인 모습이다. 다만 『십구장원통기』는 다른 균여의 저술과는 달리 균여의 주석 또는 강의 대상이 되는 저술(『십구장』) 그 자체가 주석서이기 때문에 균여의 저술 또는 강의 이전의 전승 과정과도 연결되어 있다. 이 전승 과정은 앞서 소개한 『십구장』의 저자 문제와도 관련이 된다.

이러한 전승 과정에 대해서는 앞서 『십구장』 저자 관련 논의를 위해 간략히 인용한 『십구장원통기』 말미의 전승 기록이 관련 정보를 제공하고 있다. 전승 과정을 자세히 살펴보기 위해서 그 전문을 인용하면 다음과 같다.

> ① 지상 존자는 태어나면서 아는 지혜를 갖춘 이로서 두순 스님을 모시면서 화엄을 배웠다. 꿈에 신이로운 승려가 육상을 깨달으면 일승을 통달한다고 나직이 알려주었다. 이에 3관의 오묘함을 잡아 『십지경론』의 뜻을 총

괄하여 이 10구를 찬술하고는 『약소』의 처음에 표시하니 곧 법의 소용돌이라고 할 만하였다.

② 신라 승려 법융이 부석적손인 신림화상에게 수업하여 [10구의] 해석을 만들었다. 그러나 이치가 깊고 글은 질박하여 그 문(門)을 얻는 이가 드물었다.

③ 우리 조정의 제4대 광종의 때에 원통수좌가 있었으니 균여라 이름하였다. 모든 부처님의 마음을 얻어 일승의 도장을 차고 성스러운 교주와 권속의 가피를 받들어 원교의 종지를 크게 펼쳤다. 『수현기』와 『탐현기』 등과 같은 여러 조사들의 책은 예로부터 해석한 이가 없었는데 [균여 수좌가] 모두 이를 해석하여 혹은 수좌가 직접 스스로 붓을 내려 쓰거나 혹은 문인이 그 들은 바를 기록하여 사람들이 백 성(城)을 다니면서 선지식의 가르침을 만나서 받들기를 기다리지 않게 하였으니 참으로 법성 바다의 나침반이다. 그러나 그 글이 모두 방언으로 된 옛 가르침으로서 가초(歌草)로 필사되어 후세에 이르러 가초의 글이 전해지지 않자 비록 뛰어난 지혜를 갖춘 대근기라도 모두 책을 대하면 망연자실하여 그 [가르침이] 돌아가는 바에 어두우니 끝내는 미묘한 말이 난잡하여 없어지게 하고 오묘한 뜻은 가라앉아 사라지게 한 지가 오래되었다.

④ 본강 화상은 이름이 천기로서 병술년(1226) 봄 계룡산 갑사에 처음으로 머물면서 옛 장서[古藏]를 뒤적이다 이 기(記)를 얻었으니 곧 [균여] 수좌의 문인인 담림이 직접 [균여 수좌의 가르침을] 받들어 기록한 것이다. 본강 화상은 큰 도가 행하기 어려움을 탄식하면서도 구슬 반쪽이라도 잃어버리지 않은 것을 기뻐하며 방언을 친히 제거하고 그 어긋난 곳을 교정하여 [법]융공의 본문을 나란히 필사해서 두 권[通]으로 나누어 후학에게 베풀었다.

⑤ 고려국 수도 강화에서 19년(1250) 경술 월일에 제자들이 기록함.[31] (원문자는 필자가 추가)

위 인용문을 보면 현존본 『십구장원통기』의 전승 과정은 총 5단계로 생각해볼 수 있다.

① 지엄의 10구

이것은 지엄이 『수현기』 또는 『십지경론소』를 저술한 후 그 저술의 핵심을 요약한 10구를 그 저술의 첫 장에 써놓는 단계이다. 해당 저술이 무엇인가에 대한 논의는 앞서 소개한 바와 같다.

② 법융의 『십구장』

이 기록에 따른다면 지엄의 10구에 대해서 의상의 제4세 법손이자 신림의 제자인 법융이 10구에 대해서 신림으로부터 가르침을 받은 후 이에 대해 주석서인 『십구장』을 저술하는 단계이다. 『십구장』의 저자 관련 논의도 앞서 소개한 바와 같다.

③ 균여 강의·담림 방언 기록본

『십구장』에 대해서 균여가 문인들을 대상으로 강의하고 이를 제자 담림이 방언으로 기록하여 남기는 단계이다. 이 기록본은 방언으로 기록된 탓에 후대에 이해하는 자가 드물었다고 한다. 이 기록본에는 당시 주석서가 대부분 그렇듯이 주석 대상인 『십구장』 원문은 포함되어 있지 않았다.

④ 천기가 한역·교정·편집한 『십구장원통기』 필사본

13세기 초중엽 천기가 계룡산 갑사의 옛 문헌들 가운데 균여 강의·담림 방언 기록본을 찾아내어 이를 한역하고 교정한 후 『십구장』 원문과 함께 나란히 편집하여 2권으로 만들어 필사하는 단계이다. 10구와 함께 『십구장』 원문 그리고 균여의 주석이 모두 포함된 현존본의 2권 체제가 완성되는 단계이다.

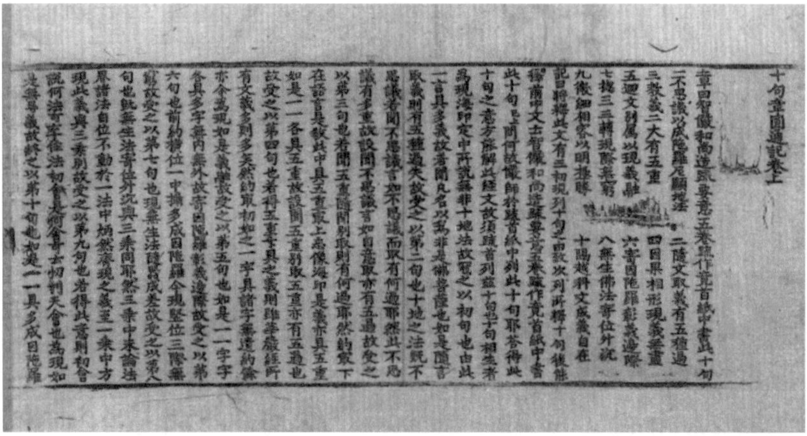

그림 13 | 고려대장경 보유판 수록 『십구장원통기』 상권 첫 쪽
동국대학교 불교기록문화유산 아카이브 제공

⑤ 천기 제자들의 『십구장원통기』 간행본(1250년)

천기의 제자들이 천기 입적 후 1250년에 천기 편집본을 목판본으로 간행하는 단계이다. 이것이 고려대장경 보유판에 들어 있는 현존본이다.

3) 구성과 내용

현존 『십구장원통기』는 크게 [제목]과 [본문]과 [전승 기록]으로 구성되어 있다. [제목]은 각 권에 [권수제]와 [권미제]가 있으며 균여의 다른 저술 현존본에 보이는 지은이가 기록되어 있지 않은 것은 주목할 만하다. [전승 기록]은 하권의 말미에 부가되어 있다.

본문은 세 가지 구성 요소, 즉 ① 지엄의 10구와 ② 이에 대한 주석으로서 본문에서는 '장(章)'으로 표시되는 『십구장』과 ③ 『십구장』에 대한 균여의 주석인 '기(記)'로 이루어져 있다. 이 가운데 지엄의 10구는 다른 구성 요소와 따로 구분되지는 않고 『십구장』에 포함되어 있으며, 『십구장원통기』는 『십구장』인 '장(章)'과 균여의 주석인 '기(記)'의 반복으로 이루어진다. 그러므로 『십구장원통기』의 전체 구성은 먼저 10구를 소개하는 부문과 이어서 10구 각각에 대한 『십구장』의 설명과 균여의 주석이 반복되는 부문으로 나누어 볼 수 있다. 따라서 『십구장원통기』는 두 그룹 내에 11부문으로 구성된다.

누가 지었는가에 따라서 구분하면 아마도 [제목]은 천기가 정하고, [전승 기록]은 천기의 제자들이 작성한 것으로 보인다. 나머지 [본문]은 균여의 강의를 필사한 것을 천기가 한역·편집한 것이다. 이상의 구성을 정리하면 〈표 5〉와 같다.

표 5 | 『십구장원통기』의 구성

[권수제]				상권
[본문]				
	제1문	[장]	10구 소개	
		[기]	10구 소개의 이유 설명	
	제2문	[장]	제1구 해설	
		[기]	제1구에 대한 [장] 해설	
	제3문	[장]	제1구 해설	
		[기]	제1구에 대한 [장] 해설	
[권미제]				상권
[권수제]				하권
[본문]				
	제4문	[장]	제3구 해설	
	|	[기]	제3구에 대한 [장] 해설	
	제11문	[장]	제10구 해설	
		[기]	제10구에 대한 [장] 해설	
[권미제]				
[전승 기록]				하권

내용과 관련하여 『십구장원통기』의 뼈대라고 할 수 있는 지엄의 10구를 소개하면 다음과 같다.

① 불사의(不思議)로써 다라니를 성취하여 지(地)의 법을 나타낸다.

② 글에 따라 뜻을 취하면 다섯 가지 잘못이 있다.

③ 교대(敎大)와 의대(義大)의 둘에는 다섯 가지 거듭[重]이 있다.

④ 인분(因分)과 과분(果分)의 상대하는 모습이 뜻을 나타냄이 다함없다.

⑤ 경문을 돌이켜 따로 소속시킴으로써 뜻의 융섭을 나타낸다.

⑥ 인다라망에 의거하여 뜻의 변제를 드러낸다.

⑦ 3세를 총괄함을 세 번 반복하여 때[際]의 무궁함을 나타낸다.

⑧ 태어남 없는 불법이 지위에 의거하여 올라가고 내려간다.

⑨ 미세하여 서로 받아들임으로써 극도로 수승함을 밝힌다.

⑩ 과문(科文)을 뛰어넘어 이치의 자재(自在)를 이룬다.[32]

이 10구에 대해서 화엄교학, 특히 의상계 화엄에 바탕하여 주석을 한 『십구장』과 이 『십구장』에 대한 균여의 설명이 『십구장원통기』의 내용을 이룬다.

4
『석화엄교분기원통초』

1) 개요

『석화엄교분기원통초(釋華嚴敎分記圓通抄)』(이하 『교분기원통초』)는 법장의 『화엄일승교분기(華嚴一乘敎分記)』에 대해서 균여가 해석한 것을 기록하여 전승한 것이다. 『화엄일승교분기』는 60권 『화엄경』에 대한 법장의 주석서인 『화엄경탐현기(華嚴經探玄記)』와 함께 법장의 대표적인 저술로서 이른바 '입교개종(立敎開宗)의 서(書)', 즉 원교(圓敎)를 세우고 화엄종을 펼친 책으로 평가받는다. 동아시아에서 화엄학 입문서, 나아가 불교 개론서로 많이 읽혔으며 『화엄오교장(華嚴五敎章)』, 『오교장』, 『화엄일승교의분제장(華嚴一乘敎義分齊章)』 등으로도 불린다.

『교분기원통초』는 현재 고려대장경 보유판에 수록되어 있는 본이 유일본으로서 총 10권으로 되어 있다. 제10권 말미에는 앞서 소개한 바와 같이 『균여전』이 부가되어 있다. 『균여전』에서는 법장의 『화엄일승교분기』에 대한 균여의 주석서로서 『교분기석(敎分記釋)』 7권을 소개한다.

2) 전승

『교분기원통초』의 전승 과정은 균여의 다른 저술과 마찬가지로 균여가 법장의 『화엄일승교분기』에 대해서 강의를 하고 이를 당시 참가자 중의 한 명이 방언으로 기록하여 남긴 것을 후대에 천기가 수집하여 정리하고 천기의 제자들이 간행한 것으로 보인다.[33] 현존본 『교분기원통초』의 제10권 말미에는 간행 기록을 알려주는 발문이 없지만 전승 과정을 제한적으로나마 알려주는 기록이 제1권, 제4권, 제6권 끝에 부가되어 있다. 이를 소개하면 다음과 같다.

[제1권]

현덕(現德) 5년 기미(己未)[34] 8월 일에 마하갑수(摩訶岬藪)에서 「오교장(五教章)」을 익힐 때의 「기(記)」이다. 강설한 사람은 백운방(白雲房) 균여 대대덕(大大德)이고, 중부(重副)는 법응(法膺) 법사이며, 기록한 사람은 개태사(開泰寺)의 이원(理原) 법사이다. 개태사의 교장(教藏)에 보관하였다.

현덕 7년 경신(庚申, 960) 여름, 강의할 때에 설해진 「소전장(所詮章)」에 대한 「기」이다. 강설한 사람은 균여 대사[大師僧]이고, 기록한 사람은 혜장(惠藏) 법사이다. 개태사의 교장에 보관하였다.

법수사(法水寺)에 보관되어 있는 중권(中卷)에 대한, 방언(方言)으로 된 풀이를 삭제한 「기」에서는 "오관산(五冠山) 마하갑사(摩訶岬寺)의 사문 균여가 자주 법석[法筵]에 나아가 질박한 풀이를 대략적으로 설했다"고 한다.

준풍(峻豊) 3년 임술(壬戌, 962)에 균여 대덕은 법왕사(法王寺)에서 오랫동안 강설하였다. 대사가 그때 설한 바 「의리장(義理章)」에 대한 「기」이다. 기록한 사람은 혜장(惠藏) 법사이다. 옹희(雍熙) 4년 정해(丁亥, 987) 4월 일에 필사를 마치고 개태사의 교장에 넣었다.

또 책에서는 "준풍 3년 임술에 경도(京都)의 법왕사에서 균여 대대덕이 여름에 강설할 때에 설해진 「하권장(下卷章)」에 대한 「기」이다. 부사(副師)는 심융(心融) 법사이고, 중부사(重副師)는 승표(僧標) 법사이며, 기록한 사람은 승약(僧逭) 법사이다"라고 한다. 중희(重熙) 11년 임오(壬午, 1042) 10월 일에 필사를 마치고 광교사(光教寺)의 교장에 넣었다.

이것은 본강 화상(本講和尚=천기)이 얻은바, 『교분기(教分記)』 중 균여 성사(聖

師)께서 전한 옛 뜻의 여러 본을 표기(標記)한 것이다. 모두 떨어져 나가고 일부만 남아 완전한 본(本)을 얻지 못하였다. 또 기록한 사람의 재주 있음과 없음이 있고, 취하고 버림에 같지 않음이 있었던 까닭에 여러 본에 많은 차별이 있게 되었다. 지금 이것을 기록함은 후학들에게 원래 기원한 것을 갖추어 알게 하려는 것일 뿐이다.[35]

[제4권]

이상의 「소전장」에 대한 해석에 관하여 개태사 고장(古藏) 중의 방언본(方言本)에는 "현덕 7년 경신(960) 여름철에 균여 대사가 설한 것이다. 부사는 심융 법사이고, 기록한 사람은 혜장 법사이다"라고 한다. 가야산(伽倻山) 법수사(法水寺) 옛 장서[古藏]의 방언을 삭제한 본은 "오관산 마하갑사 사문 균여가 자주 법석[法筵]에 나아가 질박한 풀이를 대략적으로 설했다"고 한다. 지금은 법수사본(法水寺本)에 의거하여 유포한다.[36]

[제6권]

강화경(江華京)에서 신해년(辛亥年, 1251) 11월에 씀.[37]

이상의 기록을 살펴보면 거시적으로는 『교분기원통초』 또한 균여의 다른 저술들과 마찬가지로 균여의 강의와 당시 참여자의 기록, 후대의 필사와 한역, 천기와 그의 제자들에 의한 한역·교정·편집·간행을 통해서 오늘에 이르렀음을 알 수 있다. 미시적으로 각 단계를 구체적으로 살펴보면 다른 저술과는 다른 『교분기원통초』만의 특징도 존재한다. 이를 알아보기 위해서 위 인용문에 보이는 강설 장소, 시기, 관련된 인물과 전승 과정 등을 정리하면 〈표 6〉과 같다.

우선 『교분기원통초』의 근간이 되는 균여의 강의가 다른 경우와는 달리 세 차례로 나뉘어 진행된다. 이는 강의의 대상인 법장의 『화엄일승교분기』

표 6 | 『석화엄교분기원통초』 전승 관련 기록

내용	강설 시기	강설 장소	기록	보관 장소	필사 시기	필사 형태
「오교장」	959	마하갑사	이원	개태사	(959?)	(방언본?)
「소전장」	960	(마하갑사)	혜장	개태사	(960?)	(방언본?)
	960	마하갑사?	?	법수사	?	방언 삭제본
「의리장」	962	법왕사	혜장	개태사	987	(방언본?)
	962	법왕사	이원	광교사	1042	?

내용	주체	시기
필사본 수집(·한역·교정·편집?)	천기	(13세기 초중엽)
『화엄일승교분기』(한역·교정·편집?)간행	천기 제자	1251

가 크게 「오교장(五教章)」, 「소전차별장(所詮差別章)」(「소전장」), 「의리분제장(義理分齊章)」(「의리장」)이라고 하는 각각 독립적인 성격의 글로 이루어져 있는 것에 기인한다고 할 수 있다. 각 부분을 간략히 설명하면 「오교장」은 법장의 교판인 오교판(五教判)에 대해서 설명하는 것으로 오교는 소승교(小乘教), 대승시교(大乘始教), 종교(終教), 돈교(頓教), 원교(圓教)이다. 「소전장」은 오교 가운데 화엄교를 가리키는 원교와 나머지 4교가 설하는 교리상의 차이, 즉 소전(所詮)에 대해서 해석하는 것이다. 「의리장」은 원교의 주요한 이론적 기반, 즉 의리(義理)에 대해서 풀이하는 것이다. 후술하겠지만 균여가 본 『화엄일승교분기』는 「오교장」이 상권, 「소전장」이 중권, 「의리장」이 하권에 해당한다.

균여는 『화엄일승교분기』 중에서 「오교장」을 959년 여름 마하갑사에서, 「소전장」을 960년 여름 마하갑사에서, 「의리장」을 962년 여름 법왕사에서 각각 강설하였다. 이 세 강설 가운데 「오교장」 강설은 개태사 보관본 1종이, 「소전장」 강설은 개태사와 법수사 보관본 2종이, 「의리장」 강설은 개태사와 광교사 보관본 2종이 13세기 초중엽까지 전해져서 천기가 수집하였으며 이를 천기의 제자들이 1251년에 간행한 것으로 보인다. 다만 천기가 수집한 필사본은 방언본과 방언을 삭제한 본이 섞여 있었던 상태이므로 이를 현존본 형태로 간행하기 위해서는 한역과 교정·편집 등의 작업이 필요했을 것이지만 이 작업을 천기가 했는지 아니면 천기의 제자들이 간행할 때에 진행하였는지는 관련 기록이 없어서 알 수 없다.

강설의 기록과 필사를 살펴보면 상중하권의 사정이 각각 다른 것으로 추정된다. 이를 이해하기 위해서는 '기록[記]'과 '필사[寫]'가 전승 과정에서 서로 구별되는 별도의 과정임을 알 필요가 있다. 위 기록에서 '기록[記]'은 강설 당시에 받아 적어 기록하는 것이고 '필사[寫]'는 그 기록된 본, 아마도 방언본에서 방언을 삭제하고 필사하거나 아니면 방언본 그대로 필사하는 것을 가리키는 것으로 보인다.

이를 구분하여 기록을 검토하면 상권 「오교장」의 경우에 천기가 수집한 필사본은 오직 1종으로 이원(理原)이 기록한 것으로 되어 있다. 이는 균여가 강설할 당시에 이원이 참석하여 '기록[記]'한 것으로 보이며 이것이 바로 개태사에 보관되어 천기에게까지 전해진 것으로 생각된다. 따라서 이 경우 균여의 다른 저술이 전승되는 사정을 고려하면 방언본일 가능성이 높을 것이다.

「소전장」의 경우는 균여가 마하갑사에서 강설할 당시에 혜장이 방언으로 기록한 것이 개태사에 보관된다. 그리고 이 개태사에 보관된 방언을 바탕으로 후에 방언을 삭제하고 한역한 본이 법수사에 보관되는 것으로 보인다. 따라서 천기는 방언으로 된 개태사 보관본과 방언이 삭제된 법수사 보관본 2종을 수집한 것이다.

「의리장」은 균여가 법왕사에서 강설할 당시에 혜장과 승약이 각각 기록한 것으로 보인다. 이때 혜장과 승약은 방언으로 기록했을 가능성이 높다. 이 가운데 혜장이 기록한 본이 987년에 누군가에 의해서 다시 필사되어 개태사에 보관되며 승약이 기록했던 본은 그보다 늦게 1042년에 새롭게 필사되어 광교사에 보관되다가 후에 천기에게 전해진다.

이와 같은 과정을 거쳐서 천기가 개태사, 법수사, 광교사 세 곳에서 수집한 5종의 필사본은 방언본과 방언을 삭제한 본이 섞여 있는 상태였고 이를 천기 또는 그의 제자들이 현존본의 형태로 한역·교정·편집하고서 천기의 제자들이 1251년에 간행한 것이 현존본 『교분기원통초』이다.

이와 관련하여 한 가지 흥미로운 점은 『균여전』에서 균여의 저술로 소개하는 『교분기석』 7권의 기록이다. 이 기록에 의하면 혁련정이 『균여전』을 저술할 1075년 당시에 확인한 균여의 저술에는 법장의 『화엄일승교분기』에 대한 균여의 주석서로서 『교분기석』 7권이 존재한 것이 된다. 이때의 『교분기석』은 무엇일까? 법장의 『화엄일승교분기』의 세 부분, 즉 「오교장」·「소전장」·「의리장」에 대한 균여의 주석 모두를 모아 편집한 하나의 단독 저술을 가리키는 것인지, 아니면 세 부분 중의 하나에 대한 균여의 주석을 의미하는 것인가? 뒤의 경우가 전혀 불가능하다고 할 수는 없겠지만 '교분기석'이라는 제목을 고려했을 때 셋 가운데 하나에 대한 주석만을 예를 들어 '오교장기(五教章記)' 또는 '오교장석(五教章釋)'이라는 제목 대신에 '교분기석'으로 가리키는 것은 개연성이 낮아 보인다.

만약 앞의 경우라면 혁련정 이전에 앞서 살펴본 것처럼 셋으로 나누어 기록된 균여의 주석을 하나의 저술로 집성하는 작업이 누군가에 의해서 이미 이루어졌으며 이것은 7권본으로 구성되어 있었다는 것이다. 그렇다면 또 이어지는 의문은 이로부터 150여 년 후에 천기가 기반을 마련하고 그의 제자들이 간행한 현존본 『교분기원통초』와 7권본 『교분기석』의 관계는 어떻게 되는가이다. 앞서 살펴본 전승 기록 가운데 "본강 화상(本講和尙=천기)이 얻은바, 『교분기(教分記)』 중 균여 성사(聖師)께서 전한 옛 뜻의 여러 본"과 또 「소전장」에 대한 균여의 주석만을 가리키는 "지금은 법수사본(法水寺本)에 의거하여 유포한다"는 문구에 의하면 13세기 중엽의 천기가 구하고 그의 제자들이 현존본 『교분기원통초』 간행 당시 이용한 것

그림 14 | 고려대장경 보유판 수록『석화엄교분기원통초』제1권 첫 쪽
동국대학교 불교기록문화유산 아카이브 제공

은「오교장」·「소전장」·「의리장」 각각에 대한 균여의 주석을 별도로 기록한 최소 3종류 이상의 필사본이다.

종합하면 현존본『교분기원통초』를 13세기 중엽에 천기와 그의 제자들이 간행한 것과 별도로 1075년 이전에 이미 누군가가 세 부분으로 나뉘어져 별도로 유통되던 균여의 주석을 하나로 모아서『교분기석』7권으로 편집한 것이다. 그리고 천기 등은 편집 등의 작업 당시에 이『교분기석』7권은 참고하지 않았던 것으로 보인다.

3) 구성과 내용

『교분기원통초』는 전체 10권으로 구성되어 있으며 말미에『균여전』이 부가되어 있다. 이를 정리하면 〈표 7〉과 같다.

〈표 7〉을 보면 알 수 있듯이, 현존본『교분기원통초』총 10권 가운데「오교장」에 대한 균여의 해석은 제1권부터 제2권에,「소전장」주석은 제3권부터 제5권에,「의리장」풀이는 제6권부터 제10권에 해당한다. 권수에

표 7 | 『석화엄교분기원통초』의 구성

권	구분	항목	세부
제1권	[권수제]		
	[지은이]		
	[본문]	⓪ 과목	
		① 책을 지은 이의 인연과 행장을 변별함[辨章主因緣行狀]	
		② 책을 지은 인연과 순서를 변별함[辨造文因緣及次第]	
		③ [책의] 종취를 변별함[辨宗趣]	
		④ 책의 이름을 풀이함[釋章名]	
		⑤ 글에 들어가 해석함[入文解釋]	
		[서분]	
		[정종분]	
			이름을 열거함[列名]
			이름에 의거하여 개별로 풀이함[依名別釋]
			제1문 일승을 건립함[建立一乘]
	[권미제]		
	[전승 기록]		
제2권	[권수제]		
	[지은이]		
	[본문]		
			제2문 교의의 이익을 섭수함[教義攝益]
			제3문 고금의 가르침을 세움[古今立教]
			제4문 가르침을 나누고 종지를 펼침[分教開宗]
			제5문 승과 가르침을 펼치고 합침[乘教開合]
			제6문 가르침을 일으킴의 앞뒤[起教前後]
			제7문 그 뜻을 결택함[其意決擇]
			제8문 [가르침의] 시설이 서로 다름[施設相異]
	[권미제]		
제3권	[권수제]		
	[지은이]		
	[본문]		
			제9문 설해진 바의 차별[所詮差別] (一)
	[권미제]		
제4권	[권수제]		
	[지은이]		
	[본문]		
			제9문 설해진 바의 차별[所詮差別] (二)
	[권미제]		
	[전승 기록]		

* [균여전]

서는 「오교장」이 2권, 「소전장」이 3권, 「의리장」이 5권으로 차이가 나지만 실제 분량을 『한국불교전서』 수록본을 기준으로 계산해보면 제1~2권이 58쪽, 제3~5권이 106쪽, 제6~10권이 108쪽으로 「소전장」과 「의리장」이 거의 같은 분량으로 각각 전체 분량의 5분의 2씩이고 「오교장」은 전체 분량의 5분의 1 정도를 차지한다. 전승 기록은 제1권과 제4권과 제6권의 말미에 부가되어 있으며 가장 마지막 권인 제10권 끝에는 전승 기록을 담고 있는 발문이 보이지 않고 그 대신에 『균여전』이 수록되어 있다.

균여는 『화엄일승교분기』를 다섯 부문으로 나누어 주석한다. 첫째는 책을 지은 이의 인연과 행장을 변별함[辨章主因緣行狀], 둘째는 책을 지은 인연과 순서를 변별함[辨造文因緣及次第], 셋째는 [책의] 종취를 변별함[辨宗趣], 넷째는 책의 이름을 풀이함[釋章名], 다섯째는 글에 들어가 해석함[入文解釋]이다.

첫째, '책을 지은 이의 인연과 행장을 변별함'은 『화엄일승교분기』의 작자인 법장의 삶 등에 대해서 소개하는 부분이지만 실제 자세한 내용은 그 당시 법장의 삶에 관한 자료로 많이 유통되었던 것으로 보이는 염조은(閻朝隱)의 비문(碑文), 『대당대천복사고대덕강장법사지비(大唐大薦福寺故大德康藏法師之碑)』와 신라 최치원의 『법장화상전』과 같다고 하며 생략하고 있다.

둘째, '책을 지은 인연과 순서를 변별함'은 법장이 『화엄일승교분기』를 짓게 된 인연과 순서를 밝히는 부분이다. 법장이 저술을 지은 총괄적인 이유는 가깝게는 스승인 지엄의 은혜를 갚기 위해서이고, 멀리는 부처의 은덕에 보답하고 후대의 이익을 위해서라고 설명한다. 개별적인 이유, 즉 『화엄일승교분기』를 지은 것은 『화엄경탐현기』와는 달리 법상(法相)의 사람이 묻는 바에 따라서 설해준 것이 이유라고 밝힌다. 당시 법상의 사람이 『화엄경』과 다른 대승을 모두 '한 맛인 대승[一味大乘]'이라고 판별하자 법장은 가르침을 다섯으로 나누고 종(宗)을 열 가지로 펼쳐서 다섯 번째 원교(圓教)와 열 번째 '원만히 밝아서 덕을 갖춘 종[圓明具德宗]'에 『화엄경』을 해당시켰다. 이에 대해서 법상의 사람이 논박하자 법장이 대답한 것을 책으로 엮은 것이라는 설명이다. 순서에 대해서는 다른 곳에 설한 것과 같다고 하면서 설명을 생략한다.

셋째, '[책의] 종취를 변별함'은 『화엄일승교분기』의 핵심 내용이라고 할 수 있는 종취(宗趣)를 밝히는 부분이다. 균여는 이를 네 단계로 설명한다. 첫째 단계에서는 앞서 법상의 사람의 물음에 답하는 것이 종(宗)이고 이로써 해인(海印)을 펼치는 것이 취(趣)이다. 둘째 단계에서는 이 둘, 즉 앞의 종과 취가 종이고 '성품바다[性海]'를 나타내는 것이 취이다. 셋째 단계에서는 앞에서처럼 이전의 둘이 종이고 후학들이 일승의 교의(敎義)를 이해하게 하는 것이 취이다. 넷째 단계에서는 다섯 가르침을 나누고 열 가지 종을 펼치는 것이 종이고 한 맛으로 둘이 없는 곳에 들어가게 하는 것이 취이다.

넷째, '책의 이름을 풀이함'에서는 이 책의 정식 제목인 '화엄일승교분기(華嚴一乘敎分記)'를 풀이하고 이와 더불어 법장이 이 책을 지은 장소와 지은이의 호칭에 대해서 설명한다. 먼저 '화엄일승교분기'는 의지되는 근본 가르침인 '화엄'과 이를 풀이하는 글의 이름인 '일승교분기'로 구분한 후 '화엄'이 가리키는 『화엄경』의 이름과 '일승교분기'의 의미에 대해서 자세히 풀이한다. 이어서 이 책을 지은 장소인 '서숭복사(西崇福寺)'의 유래에 대해서 법장 당시 무측천(武則天) 또는 측천무후(則天武后)가 자신의 생가(生家)를 대원사(大原寺)라는 사찰로 바꾸고 후에 이를 '위국사(魏國寺)'로, 그리고 다시 '숭복사'로 이름을 바꾼 것이며, '서숭복사'의 '서'는 북쪽과 동쪽의 숭복사가 아니라 서쪽의 숭복사를 나타낸다고 풀이한다. 마지막으로 '사문 법장'에 대해서 총별로 나누어 자세한 설명을 가한다.

다섯째, '글에 들어가 해석함'은 『화엄일승교분기』의 본문을 본격적으로 설명하는 부분이다. 균여가 본 『화엄일승교분기』는 지금 유통되는 본들에는 보이지 않는 서문과 사구게 둘로 이루어진 유통게가 있었기에 이를 합하여 서분(序分)·정종분(正宗分)·유통분(流通分)의 셋으로 나누어 본문을 풀이한다. 이와 관련하여 균여는 서문과 유통게가 없는 본이 초고본인 초본(草本)이고 서문과 유통게가 있는 본이 균여가 주로 이용한 본으로서 연본(鍊本)이라고 설명한다.

정종분의 주요 내용은 『화엄일승교분기』가 화엄일승의 교의를 나누어 설하는 열 부문에 대한 균여의 주석이다. 이를 『화엄일승교분기』의 세 부분과 함께 표시하면 다음과 같다.

「오교장」	제1문 일승을 건립함[建立一乘]
	제2문 교의의 이익을 섭수함[教義攝益]
	제3문 고금의 가르침을 세움[古今立教]
	제4문 가르침을 나누고 종지를 펼침[分教開宗]
	제5문 승과 가르침을 펼치고 합침[乘教開合]
	제6문 가르침을 일으킴의 앞뒤[起教前後]
	제7문 그 뜻을 결택함[其意決擇]
	제8문 [가르침의] 시설이 서로 다름[施設相異]
「소전장」	제9문 설해진 바의 차별[所詮差別]
「의리장」	제10문 의리의 구분[義理分齊]

『화엄일승교분기』의 열 부문의 내용을 간단히 소개하면 다음과 같다.

제1문 '일승을 건립함'은 부처의 모든 가르침을 하나, 즉 일승(一乘)에 포섭한다는 의미이다. 이 일승에는 별교일승(別教一乘)과 동교일승(同教一乘) 두 가지가 있으며 이 둘의 관계와 차이를 설명하는 것이 주 내용이다.

제2문 '교의의 이익을 섭수함'은 삼승(三乘)의 교의, 즉 가르침의 뜻을 밝힌다. 구체적으로 일승 가운데 동교일승과 삼승의 의미는 궁극적인 깨달음으로 이끌기 위한 방편임을 자세히 논구한다.

제3문 '고금의 가르침을 세움'은 법장 시대까지의 여러 교가들 가운데 보리류지(菩提流支), 호법(護法), 광통(光統), 대연(大衍), 호신(護身), 기사(耆闍, 안름安廩), 남악혜사(南岳慧思), 강남법민(江南法慜), 광택법운(光宅法雲), 현장(玄奘) 등 10명의 교상판석(教相判釋), 즉 가르침의 특징을 판단하고 풀이함을 소개하고 그 의미를 설명한다.

제4문 '가르침을 나누고 종지를 펼침'은 제3문의 교상판석을 참고로 법장 자신의 교상판석을 설명하는 것으로 구체적으로 5교 10종으로 구분하고 해석한다. 5교 10종은 다음과 같다.

[5교]

소승교(小乘教), 대승시교(大乘始教), 종교(終教), 돈교(頓教), 원교(圓教)

[10종]

아법구유종(我法俱有宗), 법유아무종(法有我無宗), 법무거래종(法無去來宗), 현통가실종(現通假實宗), 속망진실종(俗妄眞實宗), 제법단명종(諸法但名宗), 일체법개공종(一切法皆空宗), 진덕불공종(眞德不空宗), 상상구절종(相想俱絶宗), 원명구덕종(圓明俱德宗)

제5문 '승과 가르침을 펼치고 합침'은 이제까지 설명한 승(乘)과 가르침[教]를 통합하여 그들의 상호 관계를 밝힌다.

제6문 '가르침을 일으킴의 앞뒤'는 말교(末教), 즉 소승과 삼승, 그리고 본교(本教), 즉 『화엄경』이 일어나는 전후에 대해서 설한다. 제5문에서 가르침 사이의 상호 관계를 밝혔다면 여기서는 그 가르침이 일어나는 전후 관계를 말한다.

제7문 '그 뜻을 결택함'은 가르침의 뜻, 의도를 결정하는 것으로 중생들의 열 가지 근기에 맞추어 처음에는 말교, 즉 소승과 삼승이, 그 이후에는 언어가 불필요한 언어도단의 가르침이 상응함을 설한다. 교리 자체는 오직 하나뿐이지만 그것을 받아들이는 사람의 근기가 다르기 때문에 가르침의 선후 관계나 본교와 말교 등이 정해지게 된다는 것이다.

제8문 '[가르침의] 시설이 서로 다름'은 본교로서 별교일승의 교리를 담은 『화엄경』과 말교의 교리를 설한 다른 경전들의 차이를 밝힌다.

제9문 '설해진 바의 차별', 즉 「소전장」은 일승과 삼승 그리고 5교의 차별을 논한다. 특히 5교를 열 가지의 주제를 통해서 구분한다. 열 가지 주제는 심식(心識), 부처의 종성[明佛種性], 행위의 차별[行位差別], 수행의 시기 구분[修行時分], 수행이 의지하는 몸[修行所依身], 번뇌를 끊음의 구분[斷惑分齊], 이승이 마음을 돌이킴[二乘廻心], 부처 과보의 뜻의 특징[佛果義相], 포섭과 교화의 구분[攝化分齊], 부처 몸의 펼침과 합함[佛身開合]이다.

제10문 '의리의 구분'은 일승의 핵심 교의를 삼성동이의(三性同異義), 연기인문육의(緣起因門六義), 십현연기무애법문의(十玄緣起無礙法門義), 육상원융의(六相圓融義)의 4부문으로 나누어 설명한다.

정종분이 끝나고 이어지는 유통분은 현존본 『화엄일승교분기』에는 없지만 균여가 본 연본에는 있었던 마지막 사구게 두 게송에 대한 균여의 주석을 가리킨다. 현존본에는 없기 때문에 이른바 유통게의 내용을 완전히 파악할 수는 없지만 균여의 주석을 통해서 부분적으로나마 확인할 수 있다. 균여는 유통분의 주석에서 첫 4구는 서원에 대한 것이고 다음의 4구는 회향에 관한 것이라고 풀이한다. 여기서 서원이란 이 원융무애한 보현법계를 보고 들음이 현재뿐만 아니라 미래에도 항상하기를 서원하는 것이다. 회향을 노래하는 마지막 4구에서 첫 1구는 실제 회향이고 다음 1구는 중생 회향이며 마지막 2구는 보리 회향이라고 한다.

5
『석화엄지귀장원통초』

1) 개요

『석화엄지귀장원통초(釋華嚴旨歸章圓通鈔)』(이하 『지귀장원통초』)는 법장의 『화엄경지귀(華嚴經旨歸)』에 대한 균여의 주석을 기록한 것으로, 현재 고려대장경 보유판에 수록되어 있는 2권본 『지귀장원통초』가 유일본이다.[38] 『균여전』에는 『지귀장기(旨歸章記)』 2권으로 기록되어 있다. 『화엄경지귀』는 법장이 60권본 『화엄경』의 핵심 내용[旨歸]을 열 부문으로 나누어 설명한 저술이다.

2) 전승

『지귀장원통초』의 전승 과정은 균여의 다른 저술과 미찬기지로 균여가 법장의 『화엄경지귀』에 대해서 강의를 하고 이를 당시 참가자 중의 한 명이 방언으로 기록하여 남긴 것을 후대에 천기가 찾아 유통시키고 천기의 제자들이 간행한 것으로 추정된다. 현존본 『지귀장원통초』의 마지막에는 간행 기록을 알려주는 발문이 있다. 이를 통해서 현존본 『화엄경지귀』의 성립 과정을 조금이나마 파악할 수 있다.

> 본강 화상(本講和尙)은 흥왕사의 교학 승통인 천기이다. 갑오년(1234)에 처음 개태사에 주석할 때, 옛 장서[古藏]에서 이 책을 찾아냈다. 곧 팔덕산(八德山)

귀법사 원통 수좌 균여가 설한 것으로서 옹희 4년 정해(丁亥, 987) 3월 30일에 필사를 마치고 교장에 넣은 책이다. 본강 화상은 스스로 항상 의지하면서 강의하다가 입적하였다. 제자들이 강화경(江花京) 17년 무신(戊申, 1248)에 동천사(東泉社)에서 여러 대덕들을 청하여 안거(安居)를 맺고서는 방언을 삭제하여 학인에게 베풀었으니, 이는 본강 화상의 뜻이다. 이 인연으로 화상과 법계의 중생이 함께 화엄의 두루 하고 원만한 법게에 들어가기를 바랄 뿐이다.

신해년(1251) 5월 제자 쓰다.[39]

『석화엄교분기원통초』의 전승 기록과는 달리 이 간행 기록에는 균여가 언제 어디서 법장의 『화엄경지귀』에 대해서 강연을 했는가에 대해서는 기록이 없다. 다만 균여가 강의할 당시의 기록을 균여 입적(973) 이후인 987년에 다시 필사하여 이를 개태사에 보관하였다고 기록되어 있을 뿐이다. 『화엄경지귀』에 대한 균여의 강의를 987년에 다시 필사하여 개태사에 보관했다는 기록을 법장의 『화엄일승교분기』 중 「의리장」에 대해서 962년에 법왕사에서 강의를 하고 이를 혜장이 기록한 후에 987년에 다시 이를 필사하여 개태사에 보관했다는 『석화엄교분기원통초』의 기록과 함께 고려하면 아마도 987년에 개태사에서 균여의 강의 기록을 정리하여 다시 필사하는 작업이 있었던 것으로 추정할 수 있다. 기록상으로 최소한 「의리장」과 『화엄경지귀』에 대한 균여의 강의가 987년 개태사에서 함께 다시 필사된 것은 분명하다. 그리고 이 필사본을 정리하여 간행할 당시 방언을 삭제했다는 기록을 감안할 때 이때의 필사본은 방언본이었을 것으로 보인다.

987년에 다시 필사되어 개태사에 보관되어 있던 『화엄경지귀』에 대한 균여의 강의 필사본을 천기가 1234년에 개태사에 머물면서 찾아내어 이를 활용하여 강의를 하면서 다시 유통시키게 된다. 이때 천기는 이 방언 필사본에서 방언을 제거하고 한역하는 작업은 하지 않았던 것으로 보인다. 왜냐하면 천기 입적 후에 천기의 제자들이 1248년 동천사에서 이 필사본에

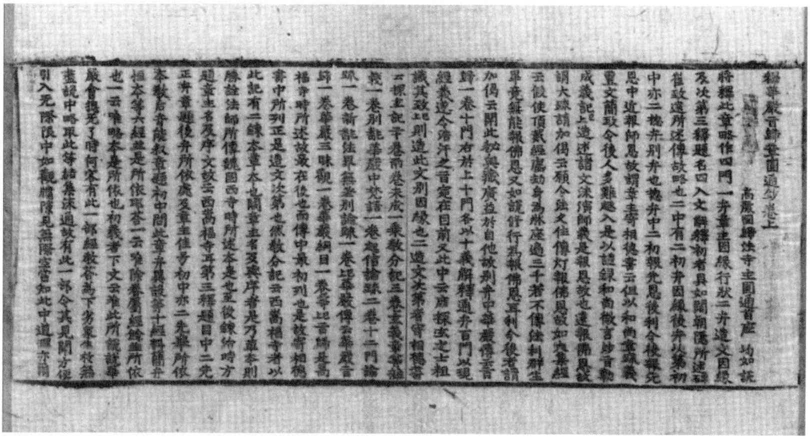

그림 15 | 고려대장경 보유판 수록 『석화엄지귀장원통초』 상권 첫 쪽
동국대학교 불교기록문화유산 아카이브 제공

서 방언을 삭제하고 교정·편집하여 현존본 『지귀장원통초』를 간행했다고 전하기 때문이다.

이 발문에는 소개되지 않지만 천기의 제자들이 이 책을 간행할 당시인 1248년 즈음에 『화엄경지귀』에 대한 균여의 강의를 기록한 필사본이 하나 더 있었다는 기록이 현존본 『지귀장원통초』의 편집자 주석에 보인다.

> 나에게 또 이 책(『화엄경지귀』)을 풀이한 본이 하나 있다. 또한 균여 법사가 설한 것으로 큰 뜻은 이 기록과 다르지 않다.[40]

이 기록을 보면 균여가 『화엄경지귀』에 대해서 강의한 것을 기록한 필사본으로서 천기가 개태사에서 찾아낸 것 외에도 또 하나가 더 있었던 것으로 생각된다. 이 필사본을 천기가 찾아낸 것인지 아니면 천기 입적 후에 제자들이 발견한 것인지는 확실하지 않지만 어쨌든 현존본 『지귀장원통초』는 천기가 찾아낸 개태사본이 기본이 되었고 별도의 필사본은 참고로만 사용된 것으로 추정된다.[41]

3) 구성과 내용

『지귀장원통초』의 구성을 정리하면 〈표 8〉과 같다.

표 8 | 『석화엄지귀장원통초』의 구성

상권 [권수제] ……

[지은이] ……

[본문] ⓪ 과목……

① 장(章)을 지은 이의 인연과 행장을 변별함[辨章主因緣行狀] ……

② 글을 지은 인연과 순서를 변별함[辨造文因緣及次第] ……

③ [장의] 제목을 풀이함[釋題名] ……

④ 글에 들어가 해석함[入文解釋] ……

[서분] ……

[정종분] ……

장의 부문을 열거함[列章門] ……

장에 의거하여 개별로 풀이함[依章別釋] ……

제1 경을 설하는 곳[說經處] ……

제2 경을 설하는 때[說經時] ……

제3 경을 설하는 부처[說經佛] ……

제4 경을 설해주는 중생[說經衆] ……

제5 경을 설하는 방식[說經儀] ……

제6 경의 가르침을 변별함[辨經敎] ……

[권미제] ……

하권 [권수제] ……

[지은이] ……

[본문] 제7 경의 뜻을 나타냄[顯經義] ……

제8 경의 의도를 풀이함[釋經意] ……

제9 경의 이익을 밝힘[明經益] ……

제10 경의 원만함을 보임[示經圓] ……

[권미제] ……

[전승 기록] ……

균여는 법장의 『화엄경지귀』를 네 부문으로 나누어 주석한다. 네 부문의 과목은 ① 장(章)을 지은 이의 인연과 행장을 변별함[辨章主因緣行狀], ② 글을 지은 인연과 순서를 변별함[辨造文因緣及次第], ③ [장의] 제목을 풀이함[釋題名], ④ 글에 들어가 해석함[入文解釋]이다.

첫째, '장을 지은 이의 인연과 행장을 변별함'은 법장의 삶에 대해서 소개하는 부문이지만 『교분기원통초』와 마찬가지로 염조은의 비문, 『대당대천복사고대덕강장법사지비』와 신라 최치원의 『법장화상전』과 같다고 하며 생략한다.

둘째, '글을 지은 인연과 순서를 변별함'은 법장이 『화엄경지귀』를 지은 이유와 법장 저술의 순서를 밝히는 부문이다. 책을 지은 인연 중 총괄적인 이유는 두 가지로서 하나는 스승인 지엄과 부처의 은덕에 보답하기 위해서이고 다른 하나는 후세의 이익을 위해서이다. 저술 순서에 대해서 『화엄경지귀』가 법장이 숭복사에 머무를 때에 지은 것으로 가장 마지막 저술이라고 주장한다.

셋째, '[장의] 제목을 풀이함'은 『화엄경지귀』의 제목과 저술 장소 및 법장의 이름에 대해서 해석한다. '화엄경지귀'는 의지되는 바인 근본 가르침인 '화엄경'과 해석하는 장의 제목인 '지귀'로 나누어 설명한다.

넷째, '글에 들어가 해석함'은 『화엄경지귀』의 본문을 해석하는 부문으로 균여는 이를 다시 서분·정종분·유통분으로 나누고 서분과 정종분을 중심으로 풀이한다. 이 가운데 정종분은 『화엄경지귀』의 10부문에 대한 풀이이다. 10부문을 『화엄경지귀』의 내용을 중심으로 간략히 소개하면 다음과 같다.

첫째, 경을 설하는 곳은 『화엄경』이 설해진 장소를 다음의 열 가지로 나누어 설명한다.

① 인간이 사는 세계인 염부제(閻浮提)

② 사바 세계의 백억 염부제에서 동시에 함께 설하는 주백억(周百億)

③ 온 시방 허공법계에 있는 일체 수미산에서 동시에 설하는 진시방(盡十方)

④ 시방 허공계 중의 낱낱 티끌에 모두 불국토가 있고 그곳 모두에서 이 경을 설하는 변진도(遍塵道)

⑤ 나무 형태 세계 등 다른 종류의 세계에 있는 무수한 세계에서 이 경을 설하는 통이계(通異界)

⑥ 온 허공계의 낱낱 티끌에서 각각 앞과 같이 자신과 같은 종류의 한량없는 국토를 섭수하여 그중에서 또한 이 경을 설하는 해별진(該別塵)

⑦ 이러한 일체 물든 세계 각각 모두 다 오직 연화장장엄세계해로서 낱낱 세계가 모두 법계에 두루 하며 그중에서 이 경을 설하는 귀화장(歸華莊)

⑧ 이 연화장장엄세계해의 낱낱 티끌이 모두 가없는 불국토를 섭수하며 그중에서 이 경을 설하는 중섭찰(重攝刹)

⑨ 저 낱낱 티끌이 이미 이 끝없는 국토를 섭수하며 이 끝없는 국토에 있는 모든 티끌에 다시 국토가 있어서 이렇게 다함없이 반복되어 인다라망처럼 중중무진하며 이 모든 곳에서 이 경을 설하는 유제망(猶帝網)

⑩ 앞의 아홉 장소가 모두 비로자나불이 이 『화엄경』을 설하는 곳으로서 각각 다른 것과 같이 시방의 일체 다른 부처도 각각 『화엄경』을 설하는 곳이 다른 여불동(餘佛同)

둘째, 경을 설하는 때는 『화엄경』이 설해지는 때를 다음의 열 가지로 나누어 설명한다.

① 오직 한 찰나에 앞서 말한 다함없는 곳 모두에서 가없는 이 『화엄경』을 몰록 설하는 오직 한 찰나[唯一念]

② 부처가 처음 성도한 후 두 번째 칠 일 사이에 앞의 장소 모두에서 이 『화엄경』을 설하는 칠 일을 다함[盡七日]

③ 과거·미래·현재에 두루 하여 한량없는 겁 동안 항상 그 세계에 있으면서 이 『화엄경』을 항상 설하는 세 때에 두루 함[遍三際]

④ 일체 가 없는 겁 중 낱낱 겁 속에 한량없는 같은 종류의 겁을 포섭하여 항상 이 『화엄경』을 설하는 같은 종류의 겁을 섭수함[攝同類]

⑤ 낱낱 겁에서 한량없는 다른 종류의 겁을 섭수하여 항상 이 『화엄경』을 설하는 다른 종류의 겁을 섭수함[收異劫]

⑥ 한 찰나에 앞의 한량없는 앞과 뒤의, 같고 다른 겁을 섭수하고 이처럼 찰나 찰나로 과거와 미래를 다하여 이와 같은 겁에 항상 이 『화엄경』을 설하는 찰나에 겁을 섭수함[念攝劫]

⑦ 이 한 찰나에 섭수된 겁에 있는 모든 찰나에 다시 수많은 겁을 섭수하여 찰나 찰나가 다하지 않고 겁겁이 끝이 없어 인다라망이 중중무진인 것과 같은 다시 거듭 섭수함[復重收]

⑧ 나무 모습 세계 등 한량없는 다른 종류의 세계의 시간이 각각 다른데 그 시간에 모두 항상 이 『화엄경』을 설하는 다른 세계의 시간[異界時]

⑨ 저 다른 세계의 시간들을 서로 각각 받아들이고 섭수하여 찰나나 겁 모두 다함이 없는 저것의 상입[彼相入]

⑩ 화장장엄 세계해의 시간에 길고 짧음이 없고 구분이 없듯이 법이 이미 원융하여 법에 의거해 성립되는 시간 또한 따라서 원융하여 이 한량없는 시간에 이 『화엄경』을 항상 설하여 한 번도 쉬지 않는 근본이 지말(枝末)을 섭수함[本收末]

셋째, 경을 설하는 부처는 『화엄경』을 설하는 부처가 앞에서처럼 다함없는 시공에서 『화엄경』을 설하는 뜻을 다음의 열 가지로 나누어 설명한다.

① 부처의 업용이 두루 하여 장애 없음[用周無礙]

② 부처의 낱낱 업용이 일체 업용을 섭수하는, 서로 두루 하여 장애 없음[相遍無礙]

③ 이처럼 가없는 업용을 일으켜도 의도를 내지 않고 항상 삼매에 있는, 적정과 업용이 장애 없음[寂用無礙]

④ 이처럼 일어난 모든 것이 공용(功用)이 없지만 모두 해인삼매(海印三昧)에 의지해 나타나는, 의지해 일어남이 장애 없음[依起無礙]

⑤ 이처럼 응하여 일어난 끝없는 불신(佛身)이 법신과 평등한, 진신(眞身)과 응신(應身)이 장애 없음[眞應無礙]

⑥ 이처럼 법계에 두루한 노사나불의 몸 중 털구멍 등 부분 모두에 노사나불의 몸 전체가 있는, 부분과 원만이 장애 없음[分圓無礙]

⑦ 노사나불의 털구멍 등의 부분에서 예전 보살행으로 받은 몸과 보살행으로 이룬 일 등을 나타내는, 원인과 결과가 장애 없음[因果無礙]

⑧ 이 부처의 몸이 일체 기세간(器世間)을 짓는, 의보와 정보가 장애 없음[依正無礙]

⑨ 이 부처의 몸이 일체 중생세간에 두루 들어가는, 잠입에 장애 없음[潛入無礙]

⑩ 이 부처의 몸이 이법(理法)에 즉하고 사법(事法)에 즉하는 등, 원통하여 장애 없음[圓通無礙]

넷째, 경을 설해주는 중생은 『화엄경』에 등장하는 대중의 부류를 다음의 열 가지로 나누어 설명한다.

① 온 법계의 일체 제불처럼 노사나불의 해인삼매 중에 나타나 노사나불의 설법에 동참하고 증명하는, 과보의 덕을 갖춘 대중[果德衆]

② 보현보살처럼 온 시방 법계에 두루한 노사나불의 설법에 항상 나타나는, 항상 따라다니는 대중[常隨衆]

③ 여러 천신과 천왕처럼 연 따라 중생세간의 몸을 나투어 노사나불의 법회를 장엄하는, 법회를 장엄하는 대중[嚴會衆]

④ 노사나불 처소에서 항상 공양을 올리는, 공양하는 대중[供養衆]

⑤ 부처의 장엄구에서 생겨나는 보살과 여래의 미간에서 일어나는 보살처럼 의보와 정보의 장애 없음과 원인과 결과의 장애 없음을 나타내는, 기이하고 특이한 대중[奇特衆]

⑥ 타방에서 와서 노사나불의 법회를 장엄하는, 영향을 미치는 대중[影響衆]

⑦ '수(首)' 자 돌림 보살이 믿음을 설하여 믿음이 보살행의 머리[首]임을 나타내는 것처럼, 법을 나타내는 중생[表法衆]

⑧『화엄경』 모든 법회의 마지막에 타방에서 같은 이름의 보살이 와서 법을 증명하여 설해진 법이 결정코 구경임을 나타내는, 법을 증명하는 대중[證法衆]

⑨『화엄경』 모든 법회의 천왕과 천녀 등과 같이, 이익을 얻는 대중[所益衆]

⑩ 오백 성문이『화엄경』,「입법계품」에서 장님과 귀머거리와 같은 것이 오히려 일승법계를 나타내는, 법을 나타내는 대중[顯法衆]

다섯째, 경을 설하는 방식[儀式]은『화엄경』에서 온갖 중생을 교화하는 방식을 가리킨다. 통틀어 논하면 음성, 형색, 향기, 맛 등 일체 지어진 바로써 중생을 섭수하며 이 가운데 음성을 기준으로 하면 다음과 같이 열 가지로 설명한다.

① 여래의 어업(語業)인 원만한 음성으로 설함

② 여래의 털구멍에서 소리를 내어 법을 설함

③ 여래의 광명에서 소리를 펼쳐 법을 설함

④ 보살의 구업(口業)으로 법을 설하게 함

⑤ 보살의 모공에서 음성을 내어 법을 설하게 함

⑥ 보살의 광명에서 음성을 내어 법을 설하게 함

⑦ 모든 국토에서 소리를 내어 법을 설하게 함

⑧ 일체 중생 모두가 법을 설하게 함

⑨ 과거·미래·현재의 모든 음성으로 법을 설함

⑩ 일체 법에서 소리를 내어 법을 설함

여섯째, 경의 가르침을 변별함은 한량없는 원교(圓敎)를 열 가지로 다음과 같이 설명한다.

① 나무 형태 세계 등이 이미 다른 세계이므로 그 세계 중생에 걸맞은 가르침을 설하는 이설경(異說經)

② 수미산 세계 부류의 다함없는 곳에서 가없는 음성으로 설하여 결집할 수 없는 동설경(同說經)

③ 『화엄경』, 「입법계품」에서 해운비구가 받아 지는 경전과 같이 품수가 수많은 티끌 수보다 많아 대보살이 다라니의 힘으로만 지닐 수 있는 보안경(普眼經)

④ 결집할 수 있는 경전 중에서는 가장 상본으로 용수보살이 용궁에서 본 세 가지 대불사의해탈경(大不思議解脫經) 중에서 가장 큰 것으로, 열 개의 삼천대천 세계의 티끌 수의 게송, 사천하 티끌 수의 품으로 된 상본경(上本經)

⑤ 용수보살이 용궁에서 본 세 가지 경 중 중간 크기의 경으로 49만 8,800게송, 1,100품으로 된 중본경(中本經)

⑥ 용수보살이 본 세 가지 경 중 가장 작은 경으로 10만 게송으로 되었으며 용수가 인도에 전했다고 하는 하본경(下本經)

⑦ 법장 당시 동아시아에 전해진 3만 6,000게송으로 된 약본경(略本經)

⑧ 노사나불이 설한 화엄이 법계에 두루 하여 주경(主經)이 되고 다른 부처가 설한 화엄이 반경(伴經)이 되는 주반경(主伴經)

⑨ 앞과 같은 다함없고 하나가 곧 일체인 경전을 듣지 못하는 아래 지위의 보살과 성문 제자들을 위해 여래가 방편으로 설하는 삼승교와 같은 권속경(眷屬經)

⑩ 이상의 모든 본이 모두 동일한 다함없는 경전으로 한 법회, 한 품, 한 문장, 한 구절이 일체를 모두 섭수하는 인다라망과 같은 원만경(圓滿經)

일곱째, 경의 뜻을 나타냄은 표시되는 바의 법[所標之法]과 나타나는 바의 이치[所顯理趣]로 나누어 각각 열 가지씩으로 다음과 같이 설명한다.

· 표시되는 바의 법의 드넓고 가없음을 열 가지 상대로 밝힘

① 가르침과 뜻[敎義] ② 이법과 현상[理事] ③ 경계와 지혜[境智] ④ 행과 지위[行位] ⑤ 원인과 결과[因果] ⑥ 의보와 정보[依正] ⑦ 체와 작용[體用] ⑧ 사람과 법[人法] ⑨ 거스름과 수순함[逆順] ⑩ 성인의 응화와 중생의 느낌[應感]

· 나타나는 바의 이치의 장애 없음을 열 가지로 드러냄

① 성품과 모습[性相] ② 넓음과 좁음[廣狹] ③ 하나와 많음[一多] ④ 서로 들이감[相入] ⑤ 서로임[相是] ⑥ 숨음과 드러남[隱顯] ⑦ 미세함[微細] ⑧ 인드라망[帝網] ⑨ 십세(十世) ⑩ 주반(主伴)

여덟째, 경의 의도를 풀이함은 『화엄경』의 모습이 원융함이 비롯된 인연을 열 가지로 다음과 같이 설명한다.

① 모든 법이 고정된 모습이 없음을 밝히기 때문

② 모든 법이 오직 마음이 나타난 것이기 때문

③ 모든 법이 환으로 나타난 일과 같기 때문

④ 모든 법이 꿈과 같기 때문

⑤ 불보살의 수승한 신통력을 나타내기 때문

⑥ 깊은 삼매의 작용으로 크고 작음에 장애 없기 때문

⑦ 이 모두가 해탈의 힘을 나타내기 때문

⑧ 이 모두가 한량없는 선근을 원인으로 하기 때문

⑨ 하나와 많음이 서로 연기하여 서로 말미암아 성립하기 때문

⑩ 현상과 이치가 융통하기 때문

아홉째, 경의 이익을 밝힘은 『화엄경』을 믿고 나아갔을 때의 이익을 열 가지로 다음과 같이 설명한다.

① 『화엄경』을 보고 들을 때의 이익[見聞益]

② 믿음이 가득 차서 부처의 경계에 들어맞아 발심할 때의 이익[發心益]

③ 하나의 보현행을 일으킬 때 일체의 행에 두루 하는 이익[起行益]

④ 믿음의 지위 등 낱낱의 지위가 일체 지위를 섭수하는 이익[攝位益]

⑤ 『화엄경』에 의거하여 하나를 깨달음으로써 일체를 깨달아서 십지에 빠르게 들어가는 이익[速證益]

⑥ 『화엄경』에 의거하여 하나를 끊음으로 일체를 끊는 이익[滅障益]

⑦ 보현행이 이루어지면 가없는 중생을 몰록 이롭게 하는 이익[轉利益]

⑧ 선재동자처럼 『화엄경』에 의거하여 현생의 몸으로 십지 등을 증득(證得)하는 이익[造修益]

⑨ 『화엄경』의 무수한 보살이 다함없는 자재법을 몰록 얻는 것처럼 몰록 얻는 이익[頓得益]

⑩ 『화엄경』에 의거하면 일체 중생이 본래 그 본성에 칭합하여 부처의 과덕에 있어 예로부터 얻어 새로 얻지 않는 이익[稱性益]

열째, 경의 원만함을 보임은 앞의 아홉 부문에서 나타낸 법이 총합하여 하나의 큰 연기법이 되어 원융무애함을 열 가지로 다음과 같이 설명한다.

> ① 장소의 원만함 ② 시간의 원만함 ③ 부처의 원만함 ④ 대중의 원만함 ⑤ 방식의 원만함 ⑥ 가르침의 원만함 ⑦ 뜻의 원만함 ⑧ 의도의 원만함 ⑨ 이익의 원만함 ⑩ 보법의 원만함

정종분이 끝나고 '글에 들어가 해석함'의 마지막에서 균여는 『화엄경지귀』의 마지막 구절인 "이를 일컬어 화엄의 다함없는 법바다는 법계를 끝까지 다하고 허공계를 뛰어넘으니 오직 보현의 지혜라야 비로소 그 바닥을 다한다고 한다"[42]를 유통분으로 삼고 있지만 이에 대해서 별다른 설명은 하지 않은 채 글을 끝맺는다.

6
『화엄경삼보장원통기』

1) 개요

『화엄경삼보장원통기(華嚴經三寶章圓通記)』(이하 『삼보장원통기』)는 법장의 『화엄경명법품내립삼보장(華嚴經明法品內立三寶章)』(이하 『삼보장』)에 대한 균여의 주석을 기록한 것으로 현재 고려대장경 보유판에 수록되어 있는 상하 2권본 『삼보장원통기』가 유일본이다.[43] 『균여전』에는 『삼보장기(三寶章記)』 2권으로 기록되어 있다. 여기에서 『삼보장』은 법장이 화엄교의 주요 주제에 대해서 저술한 장(章) 형식의 문헌으로서 「삼보장(三寶章)」, 「유전장(流轉章)」, 「법계연기장(法界緣起章)」, 「원음장(圓音章)」, 「법신장(法身章)」, 「십세장(十世章)」, 「현의장(玄義章)」의 일곱 문헌을 통틀어 가리킨다. 이 문헌에 대한 다른 이름으로는 '화엄잡장문(華嚴雜章門)',[44] '화엄현의장(華嚴玄義章)'[45] 등이 있다.[46]

2) 전승

『삼보장원통기』의 전승 과정은 균여의 다른 저술과 마찬가지로 균여가 법장의 『삼보장』에 대해서 강의를 하고 이를 당시 참가자 중의 한 명이 방언으로 기록하여 남긴 것을 후대에 천기 또는 천기의 제자들이 다시 찾아서 간행하고 유통시킨 것으로 추정된다. 현존본 『삼보장원통기』의 마지막에는 간행 기록과 관련된 발문이 있다. 이를 통해서 현존본 『삼보장원통기』의 성립 과정을 조금이나마 파악할 수 있다.

> 균여 성사(聖師)는 광종 임금 때 세상에 계셨으니, 그 행화(行化)와 신이와 감통은 학사 혁련정이 서술한 행장록(行狀錄)과 해동승사(海東僧史)와 똑같다. 성사로부터 멀어지면서 법계종(法界宗)의 광대한 뜻이 땅에 떨어졌으니, 오호라, 대도는 행하기가 어렵도다.
>
> 본강 화상천기은 수백여 년 뒤에 태어났지만, 나면서부터 숙세에 심어놓은 것을 알아서 한결같이 의상 문하에서 전한 묘지(妙旨)와 성사가 남긴 글[遺記]에 의지하였다. 5탁(五濁)이 심한 이 말법 시대를 만나서 혼자 힘으로 원종(圓宗)의 옛 뜻을 열어 보였다. 그런 뒤에야 해동의 학인들은 화엄의 뜻이 한 길을 유지한다는 것을 알았다.
>
> 제자는 본강 화상의 강의를 모시면서 한두 가지 대의(大義)를 참여하여 들었다. 이제 균여 스님[如公]의 『삼보장고기(三寶章古記)』에 의거해서 방언[羅言]을 삭제하여 두 권으로 추려내서 학인에게 베푼다. 감히 일을 좋아해서 그런 것이 아니고 다만 앞선 화상의 본원(本願)을 성취하고자 할 따름이다.[47]

먼저 이 발문은 균여가 언제, 어디서 법장의 『삼보장』에 대해 강의했는지에 대한 정보를 제공하지 않으므로 이에 대해서 확정할 수 없다. 이 발문을 통해서는 다음을 알 수 있다. 첫째, 천기가 의상계의 오묘한 뜻과 균여의 글에 의거하여 홀로 화엄종의 본뜻을 그 당시에 펼쳐 보였다. 둘째, 천기가 법장의 『삼보장』 또는 그에 대한 균여의 강의 기록에 대해서 천기의 제자들에게 강의했다. 천기가 강의할 때 이미 균여의 강의 기록을 입수하여 이를 참고하면서 법장의 『삼보장』에 대해서 강의했는지는 불분명하다. 셋째, 천기의 제자들이 법장의 『삼보장』에 대한 균여의 강의 기록(방언본)에서 방언을 삭제하고 교정하여 두 권으로 만들어 유포했다. 따라서 현존본 『삼보장원통기』의 형태를 만든 것은 천기가 아니라 그의 제자들인

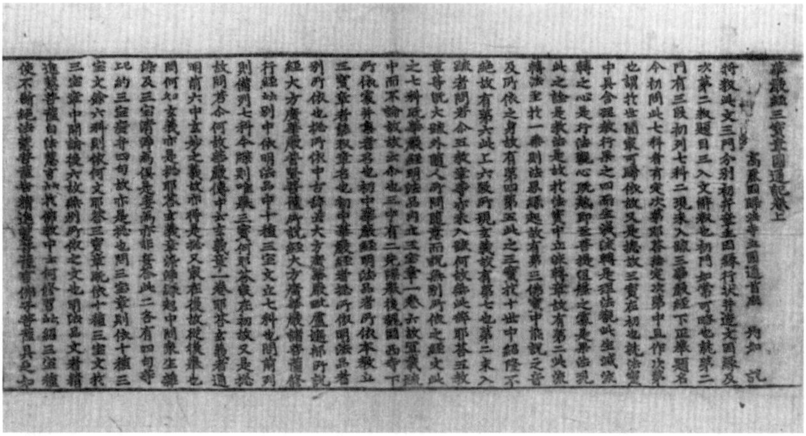

그림 16 | 고려대장경 보유판 수록『화엄경삼보장원통기』상권 첫 쪽
동국대학교 불교기록문화유산 아카이브 제공

것을 알 수 있다. 간행 연도도 천기 사후인 것으로 추정된다.[48]

3) 구성과 내용

『삼보장원통기』의 구성을 나타내면 〈표 9〉와 같다.

『삼보장원통기』의 전반적인 구성은 균여의 다른 저술과 거의 비슷하다. 먼저 글을 풀이하는 과목을 나열하고 이어서 과목의 첫 번째인 장주인 법장의 행장과 글을 지은 인연 그리고 저술 순서는 다른 책, 예를 들어 법장의 저술에 대한 주석인 『교분기원통초』나 『지귀장원통초』와 같으므로 생략한다고 한다.

과목의 두 번째인 제목을 풀이함은 세 부분으로 나뉜다. 첫 번째는 『삼보장』의 일곱 장, 즉 「삼보장」, 「유전장」, 「법계연기장」, 「원음장」, 「법신장」, 「십세장」, 「현의장」이 이러한 순서로 구성된 이유에 대해서 풀이한다. 두 번째는 『삼보장』은 갖추어진 제목, '화엄경명법품내립삼보장(華嚴經明法品內立三寶章)'에서 알 수 있듯이 『화엄경』, 「명법품」에 의거하여 삼보의 뜻

표 9 | 『화엄경삼보장원통기』의 구성

상권 [권수제] ……

[지은이] ……

[본문] ⓪ 과목 ……

① 장을 지은 이의 인연과 행장 및 글을 지은 인연과 순서를 변별함 [辨章主因緣行狀 并造文因緣及次第] ……

② [장의] 제목을 풀이함[釋題目] ……

③ 글에 들어가 해석함[入文解釋] ……

「삼보장」 ……

[장의] 부문을 열고 이름을 나열함[開門列名] ……

[장의] 부문에 의거하여 개별로 풀이함[依門別釋] ……

「유전장」 ……

숫자를 열어 장을 나열함[開數列章] ……

[장의] 부문에 의거하여 개별로 풀이함[依門別釋] ……

「법계연기장」 ……

장의 부문을 열어 나열함[開列章門] ……

개별로 풀이함[別釋] ……

[권미제] ……

하권 [권수제] ……

[지은이] ……

[본문] 「법계연기장」 ……

개별로 풀이함[別釋] ……

「원음장」 ……

장을 열고 이름을 나열함[開門列名] ……

상에 의거하여 개별로 풀이함[依章別釋] ……

「법신장」 ……

이름을 들어서 장을 엶[帖名開章] ……

개별로 풀이함[別釋] ……

「십세장」 ……

*과목 없음 ……

「현의장」 ……

장의 부문을 나열함[列章門] ……

개별로 풀이함[別釋] ……

[권미제] ……

[전승 기록] ……

을 밝힌 것이지만 『화엄경』에 대한 법장의 주석서인 『화엄경탐현기』에는 들어가 있지 않아서 따로 지은 것임을 밝힌다. 세 번째는 『삼보장』의 제목, '화엄경명법품내립삼보장(華嚴經明法品內立三寶章)'을 풀이하는 것으로 '화엄경명법품'을 의지되는 근본 가르침으로 '립삼보장'을 풀이하는 장의 이름으로 구분하여 각각에 대해서 자세히 풀이한다.

과목의 세 번째는 글에 들어가서 해석하는 부분이다. 여기는 일곱 장 각각의 소주제를 나열한 후 이어서 각 소주제를 별도로 풀이하는 형식으로 구성되어 있다. 다만 「십세장」에서는 이처럼 두 부분으로 과목을 나누지 않고 바로 문답을 펼친 후 『삼보장』 본문에 따라서 내용을 풀이하고 있다.

7
「보현십원가」

1) 개요

「보현십원가」는 균여가 40권본 『화엄경』, 즉 『대방광불화엄경입불사의해탈경계보현행원품(大方廣佛華嚴經入不思議解脫境界普賢行願品)』의 마지막 권(제40권)에 나오는 보현보살의 열 가지 대원(大願)을 바탕으로 지은 11수의 향가를 가리킨다. 여기에서 보현보살의 열 가지 대원이란 다음과 같다.

① 예경제불원(禮敬諸佛願): 모든 부처님을 예배하고 공경하고자 하는 원
② 칭찬여래원(稱讚如來願): 여래를 찬탄하고자 하는 원
③ 광수공양원(廣修供養願): 널리 공양을 닦고자 하는 원
④ 참회업장원(懺悔業障願): 업장을 참회하고자 하는 원
⑤ 수희공덕원(隨喜功德願): 남의 공덕을 따라 기뻐하고자 하는 원
⑥ 청전법륜원(請轉法輪願): 법륜 굴려주시기를 청하고자 하는 원
⑦ 청불주세원(請佛住世願): 부처님께 이 세상에 머무시기를 청하고자 하는 원
⑧ 상수불학원(常隨佛學願): 항상 부처님을 따라 배우고자 하는 원
⑨ 항순중생원(恒順衆生願): 항상 중생을 수순하고자 하는 원
⑩ 보개회향원(普皆迴向願): 널리 모두 회향하고자 하는 원

이상의 열 가지 대원은 예로부터 『화엄경』의 수많은 원(願) 중에서도 매우 중시되어 '원왕(願王)', 즉 원 중의 왕이라고 불려왔다. 이 열 가지 원왕

을 균여가 독자적으로 풀이하여 창작한 것이 바로 11수의 향가인 「보현십원가」이다. 이 향가의 방언 기록본과 이 방언본을 최행귀가 한역한 본 두 가지가 혁련정의 『균여전』에 수록되어 오늘에 전한다.[49]

2) 내용

여기에서는 「보현십원가」 11수의 내용에 집중하여 이에 대한 『균여전』 원문과 이에 대한 근현대의 한글역을 소개한다.

※『균여전』 이두본[50]

『균여전』에 실린 이두본 「보현십원가」를 근대에 처음으로 해독한 사람은 일본의 오구라 신페이(小倉進平)[51]이다. 이 연구에 자극을 받아서 1942년에 양주동[52]이 다시 해독 작업을 진행했다. 그리고 이 두 연구를 기반으로 새롭게 해독을 시도한 사람이 김완진[53]이다. 아래에서는 『균여전』의 이두 원문을 싣고 이에 대한 세 해독과 현대어역을 소개한다.

① 예경제불가(禮敬諸佛歌)

心未筆留 慕呂白乎 隱佛體前衣 拜內乎隱身萬隱 法界毛叱所只至去良 塵塵馬洛佛體叱刹亦 刹刹每如邀里白乎隱 法界滿賜隱佛體 九世盡良禮爲白齊 歎曰 身語意業無疲厭 此良夫作沙毛叱等耶

[오구라 신페이]

ᄆᆞ ᄉᆞᆷ의 붇으로 그리ᄉᆞᆲ온 부텨앏애 빌으온 몸ᄋᆞᆫ 法界믿ᄭᆞ지 닐으과라 塵塵마다부텨ㅅ刹이오 刹刹마다마ᄌᆞ리ᄉᆞᆲ온 法界(예)ᄎᆞ샨부텨 九世다ᄋᆞ아절ᄒᆞᄉᆞᆲ제 嘆曰 身語意業疲厭업시 이러히지ᅀᅳ사 믿으드라

[양주동]

ᄆᆞᄉᆞ미 부드루 그리ᄉᆞᆯᄫᆞᆫ 부텨前에

-누온 모ᄆᆞᆫ 法界ᄆᆞᆺᄃᆞ록 니르가라

塵塵마락 부텨ㅅ刹이 刹刹마다 뫼시리ᄉᆞᆯᄫᆞᆫ

法界 ᄎᆞ샨 부텨 九世 다아 禮ᄒᆞᄉᆞᆸ져

아으 身語意業无疲厭 이에 브즐 ᄉᆞᄆᆞᆺ다라

[김완진]

ᄆᆞᄉᆞ미 부드루

그리ᄉᆞᆯᄫᆞᆫ 부텨 알ᄑᆡ

저ᄂᆞ온 모마ᄂᆞᆫ

法界 업ᄃᆞ록 니르거라.

塵塵마락 부텻 刹이역

刹刹마다 모리ᄉᆞᆯᄫᆞᆫ

法界 ᄎᆞ신 부텨

九世 다ᄋᆞ라 절ᄒᆞᄉᆞᆸ져.

아야, 身語意業无疲厭

이렁 ᄆᆞᄅᆞ 지사못ᄃᆞ야.

마음의 붓으로

그리온 부처 앞에

절하는 몸은

法界 없어지도록 이르거라.

티끌마다 부첫 절이며

절마다 뫼셔 놓은

法界 차신 부처

九世 내내 절하옵저.

아아, 身語意業无疲厭

이리 宗旨 지어 있노라

② 칭찬여래가(稱讚如來歌)

今日部伊冬衣 南無佛也 白孫舌良衣 無盡辯才叱海等 一念惡中涌出去良 塵塵虛物叱邀呂白手隱 功德叱身乙對爲白惡只 際于萬隱德海肸 間王冬留讚伊白制 隔句 必只一毛叱德置 毛等盡良白手隱乃兮

[오구라 신페이]

오늘늘이들어 南無佛이라숣을손혀에 無盡辯才ㅅ바룰들 一念여해 솟ᄋ나과라 塵塵虛物을마ᄌ리숣온 (功)德ㅅ몸올對ᄒ숣혀이 ᄌᆞᆺ이먼德바룰 間王들을기리숣제 隔句 반ᄃ기一毛ㅅ德도 모두어다ᄋ아숣온네

[양주동]

오ᄂᆞᆯ 주비ᄃᆞᄅᆡ 南無佛여 ᄉᆞᆲᄫᆞᆫ 혀아ᄋᆡ

無盡辯才ㅅ 바ᄃᆞᆯ 一念악히 솟나가라

塵塵虛物ㅅ 뫼시리숣은 功德ㅅ身을 對ᄒ숣디

ᄌᆞᆺ업는 德바ᄃᆞᆯ홀 西王ᄃᆞᆯ루 기리숣져

아으 비록 一毛ㅅ德두 ‘ᄃᆞᆯ 다아 ᄉᆞᆯᄇᆞ뇌

[김완진]

오ᄂᆞᆯ 주비ᄃᆞᆯ히

南無佛이여 ᄉᆞᆲ올손 혀라히

無盡辯才ㅅ 바ᄃᆞᆯ

一念악히 솟나거라.

塵塵虛物ㅅ 모리ᄉᆞᆲᄇᆞᆫ

功德ㅅ身을 對ᄒᆞᄉᆞᆯᄇᆞᆨ

ᄀᆞᇫ 가만 德海ᄅᆞᆯ

醫王ᄃᆞᆯ로 기리ᄉᆞᆲ져.

아야, 반ᄃᆞᆨ 一毛ㅅ 德도

모ᄃᆞᆯ 다ᄋᆞ라 ᄉᆞᆯᄫᆞᆫ 너여.

오늘 部衆이

南無佛이여 사뢰는 혀에

無盡辯才ㅅ 바다

一念中에 솟아나거라.

塵塵虛物 뫼시온

功德身을 對하와

갓 가마득한 德海를

醫王들로 기리옵저.

아아, 반듯하게 一毛 德도

못다 사뢴 너여.

③ 광수공양가(廣修供養歌)

火條執音馬 佛前燈乙直體良焉多衣 燈炷隱須彌也 燈油隱大海逸留去耶 手焉法界毛叱色只爲彌 手良每如法叱供乙留 法界滿賜仁佛體 佛佛周物叱供爲白制 阿耶 法供沙叱多奈 伊於衣波最勝供也

[오구라 신페이]

火箸를잡음에 부텨앏등잔ᄋᆞᆯ고티ᄂᆞᆫ대 등잔심지ᄂᆞᆫ須彌요 등잔기름은大海일과라 손ᄋᆞᆫ法界믿두록ᄒᆞ며 손애마다法供ᄋᆞ로 法界예ᄎᆞ샤부터 佛佛에 周物을 供ᄒᆞᄉᆞᆲ제 阿耶 法供을사만흐나 이것바最勝供이요

[양주동]

브져 자ᄫᆞ며 佛前燈을 고티란대

燈炷는 須彌여 燈油는 大海 이루가라

소ᄂᆞᆫ 法界ᄆᆞᆺ도록 ᄒᆞ며 소내마다 法ㅅ供ᄋᆞ루

法界 ᄎᆞ샨 부텨 佛佛 ᄃᆞᄆᆞᆺ 供ᄒᆞᅀᆞᆸ져

아으 法供ᅀᅡ 하나 이 어의바 最勝供여

[김완진]

블 줄 자ᄫᆞ마

佛前燈을 고티란ᄃᆡ

燈炷는 須彌여

燈油는 大海 이루거야.

香ᄋᆞᆫ 法界 업ᄃᆞ록 ᄒᆞ며

香아마다 法ㅅ供ᄋᆞ로

法界 ᄎᆞ신 부텨

佛佛 온갖 供 ᄒᆞᅀᆞᆸ져.

아야, 佛供ᅀᅡᆺ 하나

뎌를 니버 最勝供이여.

불줄 잡고

佛前燈을 고치는데

燈炷는 須彌이요

燈油는 大海 이루었네.

香은 法界 없어지기까지 하며

香에마다 法供으로

法界 차신 부처

佛佛 온갖 供 하옵저.

아아, 佛供이야 많지만
저를 體得하여 最勝供이여.

④ 참회업장가(懺悔業障歌)

顚倒逸耶 菩提向焉道乙迷波 造將來臥手隱惡寸隱 法界餘音玉只出隱伊音叱如支 惡寸習落臥乎隱三業 淨戒叱主留卜以支乃遣只 今日部頓部叱懺悔 十方叱佛體閼遣只賜立 落句 衆生界盡我懺盡 來際永良造物捨齊

[오구라 신페이]

걱구러디이어 菩提아는길을'乍ö(ᄒᆞ야) 지슬누온모딘(이)는 法界를남기어나니이다 모딘버릇(에)디누온 三業 淨戒ㅅ님을디어내고 오늘놀頓ㅅ懺悔 十方ㅅ부텨알고샤셔 落句 衆生界를다ᄋᆞ아내懺悔 來際길에造物(을)버리제

[양주동]

顚倒 이라 菩提 아온 기를 이바
지슬누온 모디는 法界 나목 나니잇다
모딘 비홋 디누온 三業 淨戒ㅅ主루 디니누곡
오늘 주비 頓部ㅅ 懺悔·十方ㅅ 부텨 알곡샤서
아으 衆生界盡我懺盡 來際 기리 造物捨져

[김완진]

顚倒 여히야
菩提 아온 길흘 이바
지스려누온 머즈는
法界 나목 나님싸.
머즌 비홋 디누온 三業

淨戒ㅅ主로 디니ᄂᆞ곡
오ᄂᆞᆯ 주비 ᄇᆞᄅᆞᆺ 懺悔
十方ㅅ 부텨 마ᄀᆡ쇼셔.
아야, 衆生界盡我懺盡
來際 오랑 造物 ᄇᆞ리져.
顚倒 여의여
菩提 向한 길을 몰라 헤매어
짓게 되는 惡業은
法界 넘어 나 있다.
惡한 버릇에 떨어지는 三業
淨界[54]의 主로 지니고
오늘 部衆 바로 懺悔
十方 부처 증거하소서.
아아, 衆生界盡我懺盡
來際 길이 造物 버릴지어다.

⑤ 수희공덕가(隨喜功德歌)

迷悟同體叱 緣起叱理良尋只見根 佛伊衆生毛叱所只 吾衣身不喩仁人音有叱下呂 修叱賜乙隱頓部叱吾衣修叱孫丁 得賜伊馬落人米無叱昆 於內人衣善陵等沙 不冬喜好尸置乎理叱過 後句 伊羅擬可行等 嫉姤叱心音至刀來去

[오구라 신페이]

迷悟同體ㅅ 緣起ᄅᆞᆯ다ᄉᆞ려ᄎᆞ저보곤 부텨衆生민ᄭᆞ지 나의몸아닌디인사ᄅᆞᆷ잇이리오 닥샤은頓올나의닥손뎡 어드심예딜사ᄅᆞᆷ이업곤 어ᄂᆡ사ᄅᆞᆷ의善陸돌이사 안들깃부어 두오릿가 後句 이러히비겨녀든 嫉姤ㅅᄆᆞᅀᆞᆷ이닐도을가

[양주동]

迷悟同體ㅅ 緣起ㅅ理ᄅᆞ 차지보곤

부텨 衆生 ᄆᆞᆽᄃᆞ록 내몸 안딘 ᄂᆞᆷ 이시리

닷ᄀᆞ샤른 頓部ㅅ 내 닷골손뎡 어드샤리마락 ᄂᆞ미 업곤

어느 人의 善돌ᅀᅡ 안돌 깃흘 두오릿고

아으 이라 비겨 녀ᄃᆞᆫ 嫉妬ㅅ ᄆᆞ ᅀᆞᆷ 닐도올가

[김완진]

迷悟同體ㅅ

緣起ㅅ理라 차작 보곤

부텨뎌 衆生 업ᄃᆞ록

내ᄋᆡ 모마 안딘 사ᄅᆞᆷ 이샤리.

닷ᄀᆞ시른 ᄇᆞᄅᆞᆺ 내ᄋᆡ 닷골손뎌.

어드시리마락 사ᄅᆞᄆᆡ 업곤

어느 사ᄅᆞᄆᆡ ᄆᆞᄅᆞ돌ᅀᅡ

안돌 깃글 두오릿과.

아야, 뎌라 비겨 녀ᄃᆞᆫ

嫉妬ㅅ ᄆᆞ ᅀᆞᆷ 니를올가.

迷悟同體를

緣起ㅅ理에 찾아 보니

부처 되어 衆生이 없어지기까지

내 몸 아닌 사람 있으리.

닦으심은 바로 내 닦음인저.

얻으실 이마다 사람이 없으니

어느 사람의 善業들이야

기뻐함 아니 두리이까.

아아, 이리 비겨 가면
嫉妬ㅅ 마음이 이르러 올까.

⑥ **청전법륜가(請轉法輪歌)**

彼仍反隱 法界惡之叱佛會阿希 吾焉頓叱進良只 法雨乙乞白乎叱等耶 無明土深以埋多 煩惱熱留煎將來出米 善芽毛冬長乙隱 衆生叱田乙潤只沙音也 後言 菩提叱菓音烏乙反隱 覺月明斤秋察羅波處也

[오구라 신페이]

뎌를지ᄌᆞ얀 法界옛佛會예 나ᄂᆞᆫ頓올들여 法雨를비ᄉᆞᆸ을더라 無明土깁히묻은 煩惱熱을다리(又지지)도록내매 善芽몰으기길은 衆生ㅅ받올불어삼으오 後言 菩提ㅅ열음열니얀 覺月ᄇᆞᆰ은ᄀᆞ술올밧치요

[양주동]

뎌 너븐 法界악잇 佛會아ᄒᆡ
나ᄂᆞᆫ 쏘 나삭 法雨를 비ᄉᆞᆸᄫᆞ다라
無明土 기피 무다 煩惱熱루 다려내매
善芽 ' 돌 길은 衆生ㅅ田을 저지삼여
아으 菩提ㅅ여름 오ᄋᆞᆯᄫᆞᆫ 覺月ᄇᆞᆯ곤 ᄀᆞ술 바티여

[김완진]

뎌 지즐ᄂᆞᆫ
法界아긧 佛會아ᄒᆡ
나ᄂᆞᆫ ᄇᆞᄅᆞᆺ 나삭
法雨를 비ᄉᆞᆸᄫᆞᄃᆞ야.
無明土 기피 무더

煩惱熱로 다려내매

善芽 모ᄃᆞᆯ 기른

衆生ㅅ 바ᄐᆞᆯ 적셔미여.

아야, 菩提ㅅ 여름 오ᄋᆞᆯᄂᆞᆫ

覺月 ᄇᆞᆯ곤 ᄀᆞᄉᆞᆯ 라ᄫᆞᄃᆡ여.

저 잇따르는

法界의 佛會에

나는 바로 나아가

法雨를 빌었느니라.

無明土 깊이 묻어

煩惱熱로 대려 내매

善芽 못 기른

衆生 밭을 적심이여.

아아, 菩提 열매 온전해지는

覺月 밝은 가을 즐겁도다.

⑦ 청불주세가(請佛住世歌)

皆佛體 必于化緣盡動賜隱乃 手乙寶非鳴良爾 世呂中止以友白乎等耶 曉留朝于萬夜未 向屋賜尸朋知良閪尸也 伊知皆矣爲米 道尸迷反群良哀呂舌落句 吾里心音水淸等 佛影不冬應爲賜下呂

[오구라 신페이]

므릇부텨 비록化緣을다ᄋᆞ아움즉이샤나 손ᄋᆞᆯ부'여울니니 누리예머믈게ᄒᆞᄉᆞᆸ오더라 새벽으로아ᄎᆞᆷ밤이 아오샤벋(을)알아일허 이러케ᄒᆞ매 길ᄋᆞᆯ왼무리여스러워쇠 落句 우리ᄆᆞᅀᆞᆷᄋᆞᆯ ᄆᆞᆰ히든 佛影안들應ᄒᆞ샤이리(오)

[양주동]

한 부톄 비루 化緣 ᄆᆞᄎᆞ샤나

소ᄂᆞᆯ 부' 올이 누리ᄒᆡ 머믈우솔ᄫᅳ다라

새배루 아ᄎᆞᆷ 바ᄆᆡ 아ᄋᆞ샬번 아라셰라

이 알긔 ᄃᆞ외매 길이ᄫᅳᆫ 물 슬흘쎠

아으 우리 ᄆᆞ숨믈 몰가ᄃᆞᆫ 佛影 안ᄃᆞᆯ 應ᄒᆞ샤리

[김완진]

모ᄃᆞᆫ 부텨

비록 化緣 다아 뮈시나

소ᄂᆞᆯ 부븨울어곰

누리ᄒᆡ 머믈우솔ᄫᅳᄃᆞ야.

ᄇᆞᆰ논 아ᄎᆞᆷ 가만 바매

아ᄋᆞ실 번 아라 고티리여.

뎌 알ᄀᆡ ᄃᆞᄫᆡ매

길 이ᄇᆞᆫ 물아 셜ᄫᅳ리여.

아야, 우리 ᄆᆞ숨믈 몰가ᄃᆞᆫ

佛影 안ᄃᆞᆯ 應ᄒᆞ샤리.

모든 부처

化緣 끝나 움직이시나

손을 비벼 울려서

세상에 머무르시게 하도다.

밝는 아침 깜깜한 밤에

菩提 향하시는 벗 알아 고침이여.

저 사실 알게 되매

길 몰라 헤매는 무리여 서러우리.

아아, 우리 마음 물 맑으면

佛影 아니 應하시리.

⑧ 상수불학가(常隨佛學歌)

我佛體 皆往焉世呂修將來賜留隱 難行苦行叱願乙 吾焉頓部叱逐好友伊音叱多 身靡只碎良只塵伊去米 命乙施好尸歲史中置 然叱皆好尸卜下里 皆佛體置然叱爲賜隱伊留兮 城上人 佛道向隱心下 他道不冬斜良只行齊

[오구라 신페이]

우리부텨 므릇가ᄂᆞᆫ누리예닥글샬은 難行苦行ㅅ願을 나ᄂᆞᆫ頓ᄋᆞᆯ조차ᅌᅵ다 몸업시부스러뎌듣글이가매 命을줄날애도ᄯᅩ다혀디이리(오) 므릇부텨도ᄯᅩᄒᆞ샨일이네 城上人 佛道아ᄂᆞᆫᄆᆞᄉᆞᆷ이 他道애안들빗겨녀제

[양주동]

우리 부톄 니건 누리 닷ᄀᆞ려샤론

難行苦行ㅅ 願ᄋᆞᆯ 나ᄂᆞᆫ 頓部ㅅ 조추리잇다

모미 ᄇᆞ삭 드트리 가매 命을 施ᄒᆞᆯ ᄉᆞᇫ히두

그랏긔ᄒᆞᆯ ᄇᆡᄒᆞ리 한 부텨두 그랏ᄒᆞ샤니뫼

아으 佛道아ᄋᆞᆫ ᄆᆞᄉᆞᆷ하 년길 안돌 빗격 녀져

[김완진]

우리 부텨

모ᄃᆞᆫ 간 누리 닷ᄀᆞ려시론

難行苦行ㅅ 願을

나ᄂᆞᆫ ᄇᆞᄅᆞ봇 조초 벋뎜ᄯᅡ.

모ᄆᆡ ᄇᆞ삭 드틀뎌 가매

命을 施ᄒᆞᆯ ᄉᆞᅀᅵᄒᆡ도

그럿 모ᄃᆞᆫ ᄒᆞᆯ 디녀리.

모ᄃᆞᆫ 부텨도 그럿 ᄒᆞ시니로여.

아야, 佛道 아ᄋᆞᆫ ᄆᆞ 숨하.

녀느 길 안돌 빗걱 녀져.

우리 부처

모든 옛누리 닦으려 하신

難行苦行을

나는 바로 좇아 벋 지어 있도다.

몸이 부서져 티끌 되어 가매

命을 施할 사이에도

그리 모든 것 하는 일 지니리.

모든 부처도 그리 하시니로세.

아아, 佛道 향한 마음이시어.

딴 길 비껴 가지 않을진저.

⑨ **항순중생가(恒順衆生歌)**

覺樹王焉 迷火隱乙根中沙音賜焉逸良 大悲叱水留潤良只 不冬萎玉內乎留叱等耶 法界居得丘物叱丘物叱 爲乙吾置同生同死 念念相續無間斷 佛體爲尸如敬叱好叱等耶 打心 衆生安爲飛等 佛體頓叱 喜賜以留也

[오구라 신페이]

覺樹王ᄋᆞᆫ 迷火에숨을불휘애사옮샤ᄂᆞᆫ일야 大悲ㅅ믈을부어 안들이우올더라 法界예가득ᄒᆞᆫ丘物ㅅ丘物을 ᄒᆞᆯ나도同生同死 念念相續間斷업시 부텨ᄒᆞᆫ데삼가여더라 打心 衆生이安ᄒᆞᄂᆞ든 부텨頓을깃부샤일야

[양주동]

覺樹王ᄋᆞᆫ 이ᄫᅳ늘 불휘 사ᄆᆞ샤니라

大悲ㅅ믈루 저지역 안ᄃᆞᆯ 이우누올ㅅ다라

法界ᄀᆞ독 구믈구믈 ᄒᆞᆯ 나두 同生同死

念念相續无間斷 부톄 ᄒᆞᆯᄃᆞᆺ 敬ㅅ홋다라

아으 衆生 便安ᄒᆞᄂᆞᄃᆞᆫ 부톄 ᄯᅩ 깃그샤리롸

[김완진]

菩提樹王ᄋᆞᆫ

이ᄫᅳ늘 불휘 사ᄆᆞ시니라.

大悲ㅅ믈로 저적

안ᄃᆞᆯ 이ᄫᅳᄂᆞ오롯ᄃᆞ야.

法界 ᄀᆞ독 구믈ㅅ구믈ㅅ

ᄒᆞ야놀 나도 同生同死

念念相續无間斷

부텨 ᄃᆞ빌다 고맛 홋ᄃᆞ야.

아야, 衆生 便安ᄒᆞ놀ᄃᆞᆫ

부텨 ᄇᆞ롯 깃그시리로여.

菩提樹王은

迷惑을 뿌리 삼으시니라.

大悲 물로 젖어서

이울지 아니하는 것이더라.

法界 가득 구물구물

하거늘 나도 同生同死.

念念相續无間斷

부처 되려 하느냐 恭敬했도다.

아아, 衆生 便安하면

부처 바로 기뻐하시리로다.

⑩ 보개회향가(普皆迴向歌)

皆吾衣修孫 一切善陵頓部叱迴良只 衆生叱海惡中 迷反群無史悟內去齊 佛體叱海等成留焉日尸恨 懺爲如乎仁惡寸業置 法性叱宅阿叱寶良 舊留然叱爲事置耶 病吟 禮爲白孫隱佛體刀 吾衣身伊波人有叱下呂

[오구라 신페이]

므릇나의닥손 一切善陸頓部ᄅᆞᆯ돌녀 衆生ㅅ바ᄅᆞᆯ여해왼물이업시쌔닷게ᄒᆞ야가제 부텨ㅅ바ᄅᆞᆯ도ᄫᆡ운날ᄒᆞᆫ 懺ᄒᆞ다온모딘業도 法性ㅅ宅앳寶라 녜로쏘ᄒᆞᆫ일이더라 病吟 절ᄒᆞᄉᆞᆲ을손부텨도 나의몸인바사ᄅᆞᆷ잇이리(오)

[양주동]

한 내ᄋᆡ 닷골손 一切善 頓部ㅅ 도ᄅᆞ혁

衆生ㅅ 바ᄃᆞᆯ악히 이ᄇᆞᆫ물 업시 알리가져

부텨ㅅ 바ᄃᆞᆯ 이룬 날ᄒᆞᆫ 懺ᄒᆞ다온 모딘 業두

法性ㅅ 지빗 보ᄇᆡ라 녜루 그랏ᄒᆞ샷두라

아으 禮ᄒᆞᄉᆞᆯᄫᆞᆯ손 부텨도 내몸 이바 ᄂᆞᆷ 이시리

[김완진]

모든 내ᄋᆡ 닷골손

一切 ᄆᆞᄅᆞ ᄇᆞᄅᆞᆺ 돌악

衆生ㅅ 바ᄃᆞᆯ아긔

이ᄫᅡᆫ 물 업시 ᄢᅵᄃᆞᄅᆞ거져.

부텻 바ᄃᆞᆯ 이론 나ᄅᆞᆫ

懺ᄒᆞ더온 머즌 業도

法性 지밧 寶라

녀리로 그럿 ᄒᆞ시도야.

아야, 절ᄒᆞᄉᆞᆯᄫᆞᆯ손 부텨도

내ᄋᆡ 모마 뎌버 사ᄅᆞᆷ 이샤리.

모든 나의 닦을손

一切 善業 바로 돌려

衆生 바다 가운데

迷惑한 무리 없이 깨닫게 하려노라.

부처 바다 이룬 날은

懺悔하던 惡한 業도

法性 집의 보배라.

예로 그러하시도다.

아아, 절하옵는 부처도

내 몸 접어 놓고 딴 사람 있으리.

⑪ 총결무진가(總結無盡歌)

生界盡尸等隱 吾衣願盡尸日置仁伊而也 衆生叱邊衣于音毛 際毛冬留願海伊過 此如趣可伊羅行根 向乎仁所留善陵道也 伊波普賢行願 又都佛體叱事伊置耶 阿耶 普賢叱心音阿于波 伊留叱餘音良他事捨齊

[오구라 신페이]

生界를다ᄋᆞᆯ든 나의願다ᄋᆞᆯ날도인이마리여 衆生ㅅᄀᆞᇫ의움에 ᄀᆞᇫ몰을願海이과라 이다이나ᅀᅡ가닐어녀곤 아온바일善陸道이 이바普賢行願 다시또부텨ㅅ일이더라 阿耶 普賢ㅅᄆᆞᅀᆞᆷ애어운바 이를남아달은일을버리제

[양주동]

生界 다ᄋᆞᆯᄃᆞᆫ 내 다ᄋᆞᆯ 날두 이시리여

衆生ㅅ 째우미 ᄀᆞᇫ모ᄃᆞᆯ 願海이고

이다이 가 이라 녀곤 아온ᄃᆡ루 善길이여

이바 普賢行願 쏘 부텨ㅅ 일이두라

아으 普賢ㅅᄆᆞᅀᆞᆷ 아ᄋᆞ방 이룻나마 他事捨져

[김완진]

生界 다ᄋᆞᆯᄃᆞᆫ

내ᄋᆡ 願 다ᄋᆞᆯ 날도 이시리마리여,

衆生 가ᄉᆡ오모

ᄀᆞᇫ 모ᄃᆞ논 願海이고,

이 ᄀᆞᆮ 너겨 뎌라 녀곤

아온ᄃᆡ로 ᄆᆞᄅᆞ 길히여.

뎌바 普賢行願

쏘 부텻 이리도야.

아야 普賢ㅅ ᄆᆞᅀᆞ마 ᄀᆞ방

뎌롯나마 他事 ᄇᆞ리져.

生界 다한다면

내 願 다할 날도 있으리마는,

衆生 更生시키고 있노라니

갓 모르는 願海이고,

이처럼 여겨 저리 行해 가니

向한 곳마다 善業의 길이요,

저바 普賢行願

또 부처 일이도다.

아아, 普賢 마음에 괴어
저 밖의 다른 일 버릴진저.

※『균여전』 한문역본의 한글역[55]

① 예경제불송(禮敬諸佛頌)

마음으로 붓을 심아 부처님 그려
참배하오니 바라옵건대 시방의
낱낱 티끌의 모두 불국토와
거듭거듭 국토국토의 뭇 부처님의 집에 응하여 두루 하여지이다.
보고 들어 스스로 깨달음이 다생에 오래이니
예경 어찌 그만두오리까, 오랜 겁에라도.
몸과 말과 그리고 생각의 업을
모두 싫어함 없이 이를 항상 하오리다.
以心爲筆畵空王 瞻拜唯應遍十方
一一塵塵諸佛國 重重刹刹衆尊堂
見聞自覺多生遠 禮敬寧辭浩劫長
身體語言兼意業 總無疲厭此爲常

② 칭찬여래송(稱讚如來頌)

부처님 세계에 두루 하도록 참마음을 다하여
'나무'를 오로지 부르며 부처님을 찬탄하오니
변론의 바다 혀끝에서 끝없이 생겨나고
말의 샘 두 입술 사이에서 기쁜 듯 용솟음칩니다.
깨달음의 왕 티끌 수 세계 교화함을 칭송하고
의술의 왕 국토에 일으킨 바람 찬송하옵고

한 터럭의 공덕조차 말로 다할 수 없지만
이 마음만은 허공에 다하기를 바라옵니다.
遍於佛界罄丹衷 一唱南無讚梵雄
辯海庶生三寸抄 □[56]泉希涌兩唇中
稱揚覺帝塵沙化 頌詠醫王刹土風
縱未談窮一毛德 此心直待盡虛空

③ 광수공양송(廣修供養頌)

지성으로 부처님전 등불을 밝히고
원하옵나니 이 향로가 법계에 일어나서
향은 오묘한 봉우리에 구름이 피어오르듯 하고
기름은 큰 바다에 물이 맑듯 하여지이다.
중생을 섭수하고 고통을 대신하는 마음 늘 간절하고
만물을 이롭게 하는 수행의 힘 점점 늘어나
다른 공양 이 법공양과 같다면
설령 천만이라도 모두 이기기 어렵습니다.
至誠明照佛前燈 願此香籠法界興
香似妙峯雲靉 油如大海水洪澄
攝生代苦心常切 利物修行力漸增
餘供取齊斯法供 直饒千萬總難勝

④ 참회업장송(懺悔業障頌)

비롯됨 없는 겁의 처음부터
삼독으로 이루어온 죄 얼마나 무거우리까?
만약 이 악한 인연 원래 모습이 있다면
모든 허공계 다하여도 받아들이지 못할 것입니다.

업장을 헤아리며 슬픔을 견디오니
정성을 다할 뿐 어찌 태만하오리까?
이제 원하옵나니 참회하고 청정계를 지녀
속세의 물듦 길이 여의어 푸른 소나무 같아지이다.
自從無始劫初中 三毒成來罪幾重
若此惡緣元有相 盡諸空界不能容
思量業障堪惆悵 罄竭丹誠豈墯慵
今願懺除持淨戒 永離塵染似靑松

⑤ 수희공덕송(隨喜功德頌)

성인과 범인, 참과 거짓을 서로 나누지 말지니
본래 같은 몸으로 보법의 문입니다.
중생 말고 다른 부처의 뜻 본래 없으니
저에게 남과 다르다고 논할 것 어찌 있으오리까?
세 지혜로 쌓아 모은 많은 공덕과
여섯 갈래에서 닦아 이룬 적은 선근,
남이 지었더라도 모두 다 제가 지은 것이 되니
모두 따라 기뻐하고 모두 존경할 바입니다.
聖凡眞妄莫相分 同體元來普法門
生外本無餘佛義 我邊寧有別人論
三明積集多功德 六趣修成少善根
他造盡皆爲自造 總堪隨喜總堪尊

⑥ 청전법륜송(請轉法輪頌)

불타가 도를 이룬 이치 말하기 어려우나
저는 원하옵나니 바른 깨달음의 원인 모두 추구하여지이다.

감로주는 번뇌의 열을 식히고
계의 향은 죄악의 티끌을 훈습하여 없애줍니다.
선지식을 따라 모시고 자애로운 이 계신 곳 우러르니
부처님 법륜 굴리시기를 권청합니다.
법보를 비내려 사바세계를 두루 적신 후에
다시 어느 곳에 미혹한 사람이 있사오리까?
佛陁成道數難陳 我願皆趨正覺因
甘露洒消煩惱熱 戒香熏滅罪愆塵
陪隨善友瞻慈室 勸請能人轉法輪
雨寶遍沾沙界後 更於何處有迷人

⑦ 청불주세송(請佛住世頌)

극히 작은 티끌 수의 성인과 현인
이 덧없는 삶에서 교화의 인연 마치시면
열반을 보여 적멸로 돌아가려 하시니
모래 겁을 지나도록 인천을 이롭게 하시길 청하옵니다.
진리를 말하던 성대한 모임 더욱 그리우며
세속에 걸린 미혹한 중생 실로 가엽습니다.
지혜의 등 장차 꺼지려는 것을 본다면
어찌 온 정성 기울여 더 머물기를 빌지 않으오리까?
極微塵數聖兼賢 於此浮生畢化緣
欲示泥洹歸寂滅 請經沙劫利人天
談眞盛會猶堪戀 滯俗群迷實可憐
若見惠燈將隱沒 盍傾丹懇乞淹延

⑧ **상수불학송(常隨佛學頌)**

이 사바세계에 노사나의 마음에서
물러남 없이 닦아온 흔적 찾을 수 있으니
살가죽은 종이, 뼈는 붓, 피는 먹으로 삼고
나라와 성과 궁전과 동산을 버리어
보리수 아래 세 점을 이루시고
대중이 모인 도량에서 일음을 펼치시니
위와 같은 오묘한 인연 따라 배워
영원히 이 몸을 고통의 강 깊은 곳에서 빼내오리다.

此娑婆界舍那心 不退修來迹可尋
皮紙骨毫兼血墨 國城宮殿及園林
菩提樹下成三點 衆會場中演一音
如上妙因總隨學 永令身出苦河深

⑨ **항순중생송(恒順衆生頌)**

보리수왕이 들판에서 우거짐은
천 가지 만 종류 중생을 이롭게 하고자 함이니
꽃과 열매는 본래 성현의 본체이고
줄기와 뿌리는 원래 범부의 정기입니다.
자비의 물결이 중생의 뿌리 흠뻑 적신다면
깨달음의 길은 마땅히 행업을 좇아 이루어져
항상 수순하고 두루 가르치면 뭇 중생이 기뻐하리니
모든 부처님의 기쁨이 가볍지 않음을 알겠습니다.

樹王偏向野中榮 欲利千般萬種生
花果本爲賢聖體 幹根元是俗凡精
慈波若洽靈根潤 覺路宜從行業成

恒順遍教群品悅 可知諸佛喜非輕

⑩ **보개회향송(普皆廻向頌)**

처음부터 끝까지 이룬 공덕을
중생 일체에게 돌리어서
다 안락을 얻고 고통의 바다를 여의어
모두 이에 죄 씻고 진리의 바람 우러르기를 바라옵니다.
동시에 함께 번뇌의 세계에서 나와
다른 몸도 법성 궁전에 돌아갑니다.
저의 이 지극한 마음으로 회향하는 원은
미래세가 다하도록 마땅히 끝나지 않으오리다.
從初至末所成功 廻與含靈一切中
咸覬得安離苦海 總斯消罪仰眞風
同時共出煩塵域 異體成歸法性宮
我此至心廻向願 盡於來際不應終

⑪ **총결무진송(總結無盡頌)**

중생계가 마침으로 기약을 삼으니
중생계가 끝이 없으므로 뜻이 어찌 변하오리까?
스승의 뜻은 미혹한 이의 꿈을 깨우는 것이 요긴하니
법의 노래가 원왕의 사뇌가 대신할 수 있으오리다.
허망한 경계 제거하려면 암송할 것이고
참 근원으로 돌아가려면 피곤타 싫어하지 말 것이며
계속 이어지는 한마음 끊어짐 없다면
보현의 자비 따라 배울 수 있으오리다.
盡衆生界以爲期 生界無窮志豈移

師意要驚迷子夢 法歌能代願王詞

將除妄境須吟誦 欲返眞源莫厭疲

相續一心無間斷 大堪隨學普賢慈

8

현존 균여 저술의 편찬 순서

이 책에서 균여 '저술'이라고 언급할 때 '저술'의 의미는 두 가지 차원에서 생각해볼 수 있다. 균여의 저술은 균여가 직접 붓을 쥐고 글씨를 써내려 간 것이 아니라 균여가 어느 사찰에서 제자와 대중을 대상으로 당시 불교 교학의 주류였던 화엄의 대표 문헌들을 강의한 것을 그때의 참가자 중 누군가가 방언, 즉 이두로 기록한 것이 첫 단계이다. 이 단계의 현황은 간접적으로나마 『균여전』에 전하는 균여 저술의 목록을 통해서 알 수 있는데 균여가 입적하고 약 100년 후인 1075년에 작성된 『균여전』에는 총 10종 65권의 '저술'이 기록되어 있다. 따라서 『균여전』 당시만 해도 방언 기록본이었을 것으로 추정되는 균여의 '저술' 10종이 현존하고 있었다는 것을 확인할 수 있다.

이후 세월이 흘러 대부분의 경우에 13세기 중엽 천기와 천기의 제자들이 균여의 저술인 방언 기록본 일부를 수집하여 한문 번역·교정·편집한 후에 간행·유포한 것이 균여 저술의 두 번째 단계이다. 이때 천기와 그의 제자들 주도로 간행된 균여의 저술은 고려대장경 보유판에 포함되어 있으며 모두 5종 18권, 여기에 「보현십원가」를 포함하면 6종이 현존한다. 아마도 천기와 그의 제자들 시기에 벌써 균여의 저술, 즉 방언 기록본 가운데 상당수가 『균여전』 기록과 비교하면 절반 정도가 이미 사라져서 천기 등이 수집할 수 없었다는 것을 알 수 있다.

균여의 저술이 이처럼 두 단계를 거쳐서 오늘에 이르는 상황에서 균여 저술의 편찬 순서 또한 두 가지 측면에서 접근 가능할 것이다. 하나는 균

여의 강의 순서이고 또 하나는 간행 순서이다. 여기에서는 균여 저술의 강의 순서를 살펴보고자 한다.[57]

균여의 강의 순서를 결정하는 것이 균여 사상사를 개관하는 이 책에서 어떤 의의를 가지는가? 단순히 사실 관계를 확인하는 것 이상으로 강의 순서 결정이 의미하는 바가 있는가? 이와 관련하여 균여의 현존 저술을 검토하면 화엄교학의 어떤 주제에 대한 균여의 입장이 저술에 따라서 달라지는 경우를 발견할 수 있다. 이는 균여의 사상이 강의 시기에 따라서 변화했음을 알려주는 것으로 균여의 사상 또한 하나의 연기법으로서 시절인연에 따라서 변화하는 흐름 속에 있음을 염두에 두어야 함을 말해준다. 그 대표적인 사례가 앞서 『일승법계도원통기』를 소개하면서 언급한 '소목(所目)' 등에 관한 균여 설명의 변화이다. 『일승법계도원통기』에 보이는 소목에 대한 균여의 설명이 아마도 후에 이루어졌을 것으로 생각되는 『십구장원통기』에서는 다른 사상적 관점에서 풀이된다. 이를 통해서 균여의 사상이 시기에 따라서 변화했음을 알 수 있다. 따라서 균여의 사상을 편향되지 않고 원만하게 이해하기 위해서는, 코끼리의 다리만을 만지고 코끼리가 절구통과 비슷하다고 판단하지 않으려면 균여 저술 전반에 대한 이해가 필요하며 그 첫 순서가 바로 균여 저술 순서의 파악이다.

현존하는 균여의 저술의 시기, 즉 강의 시기를 기록에 의거하여 명확하게 알 수 있는 것은 『일승법계도원통기』와 『교분기원통초』의 두 종류뿐이다. 즉 『일승법계도원통기』의 간행 기록에 의하면 균여가 마하갑사에서 958년 7월에 『일승법계도』 강의를 하였다고 하며, 『교분기원통초』의 기록은 균여가 마하갑사 등에서 959년, 960년, 962년에 『화엄일승교분기』의 세 부분을 나누어 강의했다고 전한다. 이외의 현존하는 3종의 저술은 기록으로는 강의 시기를 확정할 수 없다. 한편 이와 관련하여 『균여전』에서 소개하는 균여 저술의 나열 순서는 균여의 강의 순서가 아님은 분명하다. 왜냐하면 『균여전』의 저술 소개 부분에서 958년에 강의가 이루어진 『법계

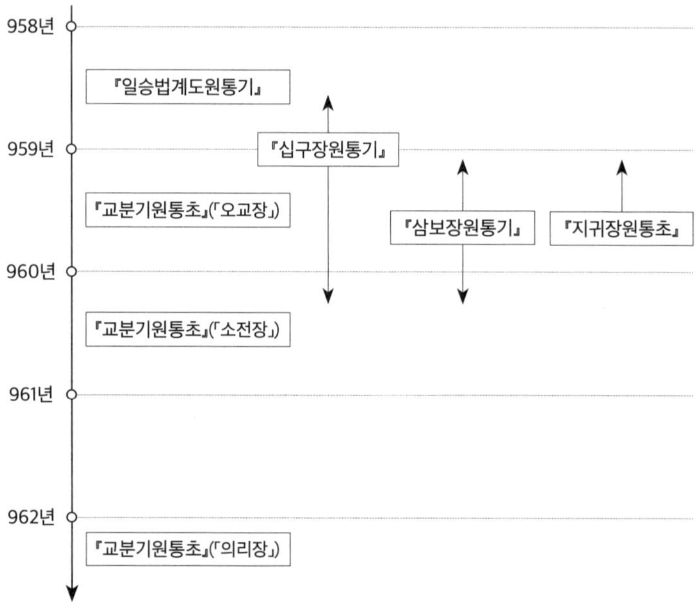

그림 17 | 균여 저술 5종의 강의 순서(추정)

도기』(『일승법계도원통기』)가 그보다 이후에 강의가 진행된 『교분기석』(『교분기원통초』)보다 나중에 등장하기 때문이다.

이와 같이 현존하는 균여 저술 5종 전부의 강의 시기는 분명하게 파악할 수는 없다. 그러나 균여 저술을 자세히 검토하면 저술 각각의 사상적 입장 차이, 인용 관계 등의 단서들을 활용하여 간접적으로 강의 순서를 추정할 수 있다. 〈그림 17〉에서는 이러한 방법에 따른 강의 순서만을 간략히 소개한다.[58]

강의 시기 그림에 대해서 설명하면, 화살표 위의 저술은 강의 시기가 기록에 의해서 분명한 경우이고 화살표 아래는 관련 기록이 없지만 저술 내용을 통해서 추정한 경우이다. 화살표 아래에서 『십구장원통기』는 『일승법계도원통기』보다는 늦지만 『교분기원통초』(「소전장」), 즉 960년 여름보다는 빠른 것으로 생각된다. 『삼보장원통기』는 『십구장원통기』 이후에서 『교분기원통초』(「소전장」), 즉 960년 여름 사이로 보인다. 『지귀장원통초』는 『십구장원통기』보다 느리다는 것만 추정 가능하고 균여 입적 이전의 하한선은 알 수 없다. 참고로 「보현십원가」의 저술 하한선은 최행귀가 이를 한역한 967년이다. 최행귀가 「보현십원가」를 균여가 저술한 이후 얼마 지나지 않은 시일 내에 한역했을 것이라는 추정을 받아들인다면 967년 이전 가까운 시기에 저술했을 것으로 볼 수도 있다.

2부

균여 사상의 이해

3장

균여 사상 이해의 관점

1
균여 사상 이해를 위한 전제

1) 균여 이해의 출발점

균여가 평생을 통틀어 가장 근본적으로 추구했던 목적은 무엇이며, 그 목적을 달성하기 위한 방법은 무엇이고, 그 방법의 내용은 무엇인가? 이에 답하기 위해서는 균여라는 한 인물의 정체성에 대한 고민이 필요하다. 왜냐하면 균여가 어떤 정체성을 지닌 인물로 바라보는가에 따라서 이에 대한 답이 제각각 달라질 것이기 때문이다.

균여에 관한 이전의 연구와 논의를 살펴보면 균여 논의의 시발점으로서 균여의 정체성에 대한 고민과 고찰이 대부분 부족하거나 아예 결여되어 있다는 인상을 지울 수 없다. 균여 관련 기록의 특정 부분을 정치 관계와 연결시켜 해석하거나 균여 사상의 일부분을 사상사의 입장에서 시대적 요청에 따른 대응으로 풀이하는 연구들이 대다수이다. 물론 이러한 논의는 균여의 삶과 사상을 구성하는 전체 중에서 부분에 대한 정확한 묘사를 추구한다는 점에서 그 나름대로 충분한 가치가 있다. 그러나 균여가 결국 누구이고 무엇을 하려고 했는가라는 전체 모습을 묻는 물음에 대한 답으로서는 별상(別相)에 치우친 감이 없지 않아 있다.

이 책에서 추구하고자 하는 방법론은 먼저 균여의 총상(總相)으로서의 정체성을 파악하고 이를 기반으로 하여 균여의 사상을 체계적으로 이해하고자 하는 데에 이전 연구의 방법론과 차이가 있다고 할 수 있다. 즉 이 책은 별상의 연구에서 총상의 논의로 나아가고자 한다는 데에 그 특징이 있다.

그렇다면 이 책이 파악한 균여의 정체성은 무엇인가? 균여에 관해 알 수 있는 현존 기록, 즉 『균여전』과 균여가 남긴 저술을 검토한 결과, 필자는 균여의 삶을 구성하는 여러 측면 중에서 불교 출가 수행자로서의 면모가 균여의 정체성을 이루는 근간이라는 결론에 도달했다. 물론 보는 이에 따라서 이러한 결론은 달라질 수 있을 것이며 이는 균여에 관해 이 책과 다른 입장의 책을 필요로 하게 될 것이고 결국 우리는 균여에 관한 좀더 다면적이고 풍부한 모습을 얻게 될 것이다.

"균여는 불교 출가 수행자이다" 또는 "균여는 승려이다"라고 균여의 정체성을 파악했다면 이제서야 우리는 앞서의 물음, "균여가 평생을 통틀어 가장 근본적으로 추구했던 목적은 무엇이며, 그 목적을 달성하기 위한 방법과 그 내용은 무엇인가?"에 대해서 답할 수 있는 출발점에 선 셈이다. 불교 출가 수행자인 승려로서 균여가 평생 추구했던 목적은 당연히 모든 번뇌가 꺼진, 일체 고통을 여읜 열반일 것이다. 그리고 그 목적을 이루기 위해서 균여가 선택한 방법은 석가모니 부처가 제시한 방법으로서, 불교 내에 이를 가리키는 말이 여럿 있지만 이 책에서는 이를 '나'의 참모습을 올바로 파악함이라고 나타내고자 한다. 불교 내 전통에 따라서 보이는 '여실지견(如實知見)', '실상(實相)', '주인공(主人公)', '본래면목(本來面目)', '본지풍광(本地風光)' 등의 다양한 표현이 모두 '나'의 참모습[을 올바로 파악함]을 의미한다. 그렇다면 마지막으로 균여가 파악한 '나'의 참모습은 무엇인가? 불교 출가 수행자로서 균여는 '나'의 참모습, '나'의 올바른 모습을 석가모니 부처가 제시한 무아(無我)인 연기(緣起)로 바라본다.

'나'가 무아인 연기라는 내용으로 '나'의 참모습을 파악하는 방법을 통해서 열반의 목적을 추구한 불교 출가 수행자로서 균여를 바라보는 이 책은 이를 불교의 전통적인 논의 형식이라고 할 수 있는 경(境)·행(行)·증(證)의 체계로 풀어나가고자 한다.

2) 불교의 목적과 방법과 내용

불교 출가 수행자인 승려로서 균여가 일생을 걸고 추구했던 목적은 무엇이고 어떠한 방법을 통해 이를 달성하려고 했으며 그 내용은 무엇인가? 이를 살펴보기 위해서 먼저 균여가 믿고 따랐던 석가모니 부처의 목적과 방법과 내용, 즉 불교 일반의 목적과 방법과 내용에 대해서 생각해볼 필요가 있다. 왜냐하면 이 책은 균여의 여러 가능한 정체성 중에서 불교 출가 수행자가 균여의 근간을 이루는 정체성이라고 판단하기 때문이다. 따라서 균여가 평생을 통해 이루려고 한 바를 파악하기 위해서는 불교 또는 석가모니 부처의 목적과 방법과 내용에 대해서 살펴봐야 한다.

석가모니 부처가 평생을 걸쳐서 이루려고 했던 것은 무엇인가? 이는 석가모니 부처가 고타마 싯다르타일 때, 무엇을 위해서 집을 떠나 구도의 길을 떠나게 되었는가를 살펴봄으로써 알 수 있다.

> ① 내가 출가한 것은 병듦이 없고, 늙음이 없고, 죽음이 없고, 근심 걱정 번뇌가 없고, 더러움이 없고, 가장 안온한 행복의 삶을 얻기 위해서였다.

고타마 싯다르타의 출가 이유 또는 출가 선언이라고도 알려져 있는 위 구절은 『중아함경(中阿含經)』 제56권 『라마경(羅摩經)』의 구절이라고 하지만 실제 문구를 앞뒤 관련되는 구절과 함께 인용하면 다음과 같다.

> ② 나도 예전에 위[上] 없는 올바로 다한 깨달음을 깨닫지 못했을 때 또한 이렇게 생각했다. "'나'란 스스로 실로 병드는 법인데 까닭 없이 병드는 법을 구한다. '나'란 스스로 실로 늙는 법이고 죽는 법이며 근심 걱정하는 법이고 더러운 법인데 까닭 없이 늙는 법·죽는 법·근심 걱정하는 법·더러운 법을 구한다. 나는 지금 차라리 병이 없는 위없이 안온한 열반을 구하고 늙음도

없고 죽음도 없으며 근심 걱정도 없고 더러움도 없는 위 없이 안온한 열반을 구해야 할 것이다."[1]

두 인용문의 문구는 조금 다르지만 내용은 거의 동일하다. 석가모니 부처가 고타마 싯다르타 태자일 때에 출가한 목적은 단지 하나, 안온한 열반을 구하기 위한 것이다. 이때의 열반은 병이 없고 늙음이 없고 근심 걱정도 없고 더러움도 없는 것으로 묘사되며 모든 고통을 여인 상태를 가리킨다. 이를 달리 표현하면 모든 번뇌의 불을 꺼서 일체의 속박과 그로 인한 고통으로부터 벗어나는 것, 즉 이고득락이라고 할 수 있다. 이것은 그대로 불교의 궁극적인 목표이기도 하다. 석가모니 부처의 관점에서, 불교의 입장에서 지금, 여기 '나'의 삶은 여러 종류의 고통이 사나운 물살[瀑流] 처럼 끊임없이 흐르는 것이기에 지금, 여기의 '나'가 목표로 해야 할 궁극의 행복은 어떤 감각적 쾌락으로 고통을 무마시키는 것이 아니라 고통 그 자체를 여의는 것이다.

고통 그 자체를 여의는 방법은 무엇일까? 고통을 완전히 없애기 위해서는 임시로 고통을 무마하는 진통제를 투여하는 대증(對症) 요법이 아니라 고통이 발생하는 근본 원인을 찾아 제거하는 원인 요법이 필요할 것이다. 불교 또한 고통에 대한 처방으로 임시방편의 대증 요법이 아닌 근본 해결책인 원인 요법을 추구한다. 석가모니 부처는, 불교는 사람들이 '나'를 참답게 올바로 알지 못하고 그로 인해서 가짜 '나'에 집착하는 것을 모든 고통의 근본 원인으로 파악한다. 따라서 참된 '나'를 알지 못하고 거짓 '나'에 집착하는 것에서 벗어난다면, 즉 '나'의 참모습을 여실히 보기만 한다면[如實知見] 모든 고통으로부터 벗어난다는 것이 바로 불교의 처방이다. 고통의 직접적인 원인인 집착에서 벗어나기 위해서 근본적 원인인 무명을 해결하는 것이 고통을 여의는 근본적인 방법이 된다.

그렇다면 '나'를 온전히, 여실히, 올바로 관찰한 내용은 무엇인가? 대부분의 사람들은 뭔지는 몰라도 일단 어떤 '나'가 있다고 생각하며 살아간다. 여기서 중요한 것은 그게 무엇인지가 아니라 그 무엇이 '있다'는 것이다. 그 무엇인지는 모르지만 존재하는 '나'가 이 책을 읽고, 밥을 먹고, 잠을 잔다고 믿는다. 그 '나'는 책을 읽지 않든 읽든, 밥을 먹지 않든 먹든, 잠을 자지 않든 자든, 아무 것도 하지 않든 하든, 어떠한 행위 또는 현상이 없든 있든, 행위 또는 현상과 관계없이 항상 존재한다고 생각한다. 석가모니 부처가 깨달은 '나'의 참모습은 바로 이러한 '나', 어떤 행위 또는 현상과 관계없이 항상 존재하는 그런 '나'가 없다는 것이다[無我]. 어떤 고정불변하는 실체로서의 '나'가 있어서 그 '나'가 책을 읽고, 밥을 먹고, 잠을 자는 것이 아니다. 그렇다고 불교가 지금, 여기에서 책을 읽고 밥을 먹고 잠을 자는 '나'가 없다고 주장하는 것은 아니다. 다만 그러한 행위 또는 현상의 배후에 어떤 고정불변하는 실체로서의 '나' 같은 것은 없다는 것이다. 오직 책을 읽는 현상, 밥을 먹는 현상, 잠을 자는 현상들이 조건지어져 발생하여 계속 이어질 뿐으로 이러한 현상의 연속을 '나'라고 착각 또는 가정한다. 그리고 이러한 현상들은 창조자나 제일 원리 등이 생성하는 것이 아니라 인과에 의해 조건지어져 형성되는 연기법(緣起法)이다.

이것이 물론 여러모로 오해의 소지도 많지만 이후의 논의를 위해서 간략히 요약한 석가모니 부처 이래의 불교가 추구하고자 했던 목적과 방법과 내용이다. 다시 정리하면 불교는 행복 즉 이고득락이라는 목표를 위해서 '나'의 참된 모습을 여실히 보는 방법을 추구하고, 불교에 의하는 한 '나'의 참된 모습, 내용은 바로 무아·연기라고 할 수 있다.

3) 균여의 목적과 방법과 내용

석가모니 부처의 가르침에 따라서 자신의 행복을, 이고득락을 추구하는 이들을 불교도라고 한다. 불교도는 앞서 이야기한 불교의 목표와 방법과 내용을 공유한다. 물론 자신의 행복을 위해 반드시 불교도가 되어 석가모니 부처의 방법과 내용을 따라 추구할 필요는 없을 것이다. 행복을 위한, 이고득락을 위한 석가모니 부처의 진찰과 처방이 '나'에게 가장 효과적이고 가장 적절하다고 판단될 때, 그 때에만 불교의 가르침에 따라서 나아가면 될 것이다. 그것이 아니라고 생각한다면 다른 방법을 찾으면 된다. 다만 자신의 판단에 따른 결과 또한 자신이 책임져야 할 자업자득, 인과응보임은 물론이다.

석가모니 부처의 가르침, 즉 불교의 목표와 방법과 내용을 믿고 따르는 불교도들 사이에는 아무런 이견이 존재하지 않았을까? 불교도들은 물론 불교의 목표인 이고득락, 방법인 '나'의 여실지견, 그 내용인 무아인 연기에 대해서 동의한다. 그러나 그것이 구체적으로 어떤 의미이고 그것을 어떻게 실현할 것인가에 대해서 모두 입장이 동일했던 것은 아니다. 만약 동일했다면 역사적으로 불교 내에는 석가모니 부처의 바람처럼 단일한 승가가 계속 이어져 서로 다른 학파, 부파, 종파 등의 그룹이 존재하지 않았을 터이다. 하지만 실제로는 불교 내에 수많은 그룹이 존재했고 이들은 때로는 서로 반목하고 또 때로는 서로 영향을 주고받으며 불교의 다양한 사상과 수행 체계를 전개해나갔다.

석가모니 부처 이후, 석가모니 부처의 가르침을 믿고 따르는 불교라는 사회 현상 내에 존재했던, 존재하는, 존재할 다양한 그룹은 그들이 모두 동일하게 밑바탕으로 하는 불교의 목표와 방법과 내용이라는 세 항목에 대한 구체적인 이해의 차이로부터 생겨난 것이다. 고통이란, 그것의 여읨이란 무엇이고, '나'를 여실히 본다는 것은, 무아와 연기란 무엇이고 이를 어떻게 삶에서 구현할 것인가와 같은 교리와 수행의 입장 차이가 불교 내 다양한 그룹을 일으키는 주요 원인이다.

이러한 불교 내 여러 그룹 가운데 그 이전의 전통 그룹을 비판하고 일종의 혁신 운동으로 일어난 대승이 있었다. 그 대승 내에도 불교의 목표와 방법과 내용에 대해서 서로 다른 입장을 가지는 여러 그룹이 존재하였고 그 가운데 『화엄경』으로 대표되는 화엄부 경전을 찬술한 그룹이 있었다. 또 이 『화엄경』을 풀이하고 실천한 여러 그룹 가운데에는 동아시아에서 형성된 화엄교학[2]이 존재하였다.

균여는 이처럼 '불교→대승→화엄부 경전→화엄교학'을 바탕으로 하면서도 독자적인 해석 체계를 마련하였으며 이를 탐구하는 것이 바로 이 책의 주제라 할 수 있다.

정리하면 화엄교학 내지 균여의 화엄사상은 불교 내 다른 그룹의 사상과 마찬가지로 여러 불교 그룹 중의 하나이다. 따라서 불교 내의 여러 그룹과 공유하는 공통점을 가지고 있다. 동시에 화엄교학 내지 균여는 그 가르침을 이해하고 삶에서 구현하는 문제에 대해서는 다른 그룹과 구별되는 독자적인 이해와 수행법을 내세우고 있다. 불교 내 다른 그룹으로 환원될 수 없는 자신만의 고유한 이론·실천 체계를 지닌 것이다.

균여의 화엄사상은 불교 보편의 목표, 방법, 내용을 얘기하고 있되 고통을 여읨과 '나'를 여실히 본다는 것, 무아·연기 등에 대해서 다른 불교에서는 볼 수 없는 특수한 입장을 동시에 갖고 있다. 균여의 화엄사상을 볼 때는 이러한 보편과 특수의 양면을 함께 고려해야 한다. 다시 한번 강조하자면 균여의 화엄사상은 불교의 여러 사상 중 하나이다. 따라서 아무리 복잡하고 이해하기 힘든 내용을 이야기하더라도 결국에는 '나'의 행복에 관한 것임을 염두에 둔다면 균여의 복잡다단한 사상을 탐험하는 데 유용한 길잡이가 될 수 있을 것이다.

2

균여의 사상을 이해하기 위한 노력들

균여의 사상을 이해한다는 것은 무엇일까? 여기에서는 본격적으로 그 여정을 떠나기에 앞서서 이제까지의 균여 사상에 대한 연구는 어떤 점에 주목하여 이루어졌는지 사전 준비 차원에서 확인해보도록 하자.

1) 균여의 성상융회 사상에 대한 다양한 견해

균여 연구의 기초를 마련하고 균여의 사상을 이해하여 그 성격을 규명하려고 한 최초의 유의미한 연구는 김지견이 진행한 일련의 연구이다.[3] 특히 『균여대사화엄학전서(均如大師華嚴學全書)』는 균여의 현존 저술 5종(「보현십원가」를 포함하면 6종)을 모두 모으고 여기에 인용된 문헌들의 출처를 밝혀서 후속 연구를 밑받침하는 기초 연구라는 점에서 의의가 크다.

이러한 김지견의 기초 연구에 힘입어 균여의 사상에 관한 후속 연구가 이어져 나온다. 김두진, 이종익, 최병헌 등의 연구가 비슷한 시기에 진행되었다.[4]

김두진은 1977년의 연구에서 균여 사상의 특징을 네 가지로 정리한다. 첫째는 법계사상(法界思想), 둘째는 법계연기사상(法界緣起思想), 셋째는 성상융회(性相融會)의 사상, 넷째는 외화·내증(外化內證)의 사상이다. 이 네 가지 특징 가운데 첫째의 법계사상과 둘째의 법계연기사상이 균여 사상의 특징이 되는 이유로 김두진은 회통, 융회를 들고 있다. 즉 법계와 법계연기 사상은 셋째의 핵심 논리인 융회를 특징으로 한다는 주장으로써 김두진이 성상융회의 사상을 균여 사상의 핵심으로 이해하고 있음을 알 수 있다. 이는 김두진의 후속 연구에서 성상융회가 균여 사상의 주요 특징으로 계속 거론되고, 그의 연구를 종합한 저서인 『균여화엄사상연구(均如華嚴思想研究)』의 부제가 '성상융회 사상'이라는 점을 통해서도 확인된다.[5]

김두진이 균여 사상의 핵심으로 주장하는 성상융회 사상에서 '성상융회'라는 개념은 가마타 시게오(鎌田茂雄)가 법장 사상의 특징을 '성상융회'로 표현한 것에서 비롯된다.[6] 그는 법장의 성상융회에 대하여 다음과 같이 주장한다.

> ① 법장은, 현장·자은학파(玄奘·慈恩學派)가 융성한 시대를 이미 지나, 오히려 법상학파를 자기의 체계 안으로 융회해야 할 과제를 떠맡았기 때문에 유식을 채용하면서도 그것을 초월할 원리를 필요로 했다. 그래서 공관(空觀)의 입장과 유식의 입장의 종합, 이른바 성상융회를 이루려고 하였다. 법장은 이와 같은 과제를 달성하기 위해 기신론(起信論)의 진여불변(眞如不變)과 수연(隨緣)의 생각 방식을 도입하였다. 그렇기 때문에 법장의 공관은 기신론과 유식을 매개로 해서 독자의 전개를 성취하였다.[7]

가마타가 말하는 법장의 성상융회는 법장 당시의 사상적 배경에 따른 필요에 의해서 요청된 것이다. 구체적으로는 법장은 유식, 즉 법상학을 자신의 체계, 화엄교학에 녹여서 포함시키기 위해서 공관과 유식의 융회를 기본으로 하는 성상융회를 추구하였다. 이 과정에서 법장은 여래장 사상을 대표하는 『대승기신론』의 진여관(眞如觀), 즉 사물의 본성인 진여는 변하지 않으면서 연을 따른다는 불변수연론(不變隨緣論)을 핵심 원리로 활용한다. 이에 따르면 성상융회를 특징으로 하는 법장의 화엄교학은 공관의 중관사상과 유식사상을 여래장사상을 가지고 융합한 사상이라고 할 수 있다. 법장 사상의 특징을 이와 같은 내용의 성상융회로 파악하는 것이 온당한 평가인지에 대한 판단은 논외로 하고 어찌 되었든 가마타의 이러한 관점은 이후의 법장과 그 관련 연구에 일정 부분 영향을 미쳤고 그 실례가 바로 김두진의 연구이다.

김두진은 가마타가 법장의 사상을 성상융회 사상으로 파악한 것을 응용하여 균여의 사상을 성상융회로 특징짓는다. 그러나 김두진은 균여의 성상융회 사상이 가마타가 파악한 법장의 성상융회 사상과는 다르다고 주장한다. 김두진에 의하면 법장의 성상융회 사상은 중관학파에 속하는 화엄종이 여래장 사상에 입각하여 유식학파의 법상종을 융회하는 것이라면 균여의 성상융회 사상은 화엄교학의 세계관이라고도 할 수 있는 "'이사무애(理事無碍)' 사상과 밀착되어 그 논리를 전개시킨 점에서 법장의 그것과는 다른 특성이 찾아질 수 있다"[8]고 한다. 김두진은 균여의 성상융회 사상의 핵심 아이디어가 '성(性)'을 '이(理)'로, '상(相)'을 '사(事)'로 연결하여 파악하는 데에 있다고 한다. 이처럼 '성'='이', '상'='사'로 성상을 이해하면 화엄교학의 주요한 세계관인 이사무애가 곧바로 성상융회 사상의 다른 표현에 지나지 않게 된다. 김두진은 성상융회 즉 이사무애를 통해서 균여가 사사무애와 이이무애로 나아가게 되지만 이사무애를 통하지 않고서는 사사무애와 이이무애가 불가하다고 하여 이사무애의 중요성을 강조한다.[9]

이와 더불어 김두진은 균여의 성상융회 사상이 "선종 사상까지 포용하고 있어, 뒷날 지눌의 사상에 지대한 영향을 주었다"[10]고 하여 균여의 성상융회 사상이 교선일치(教禪一致)의 성격이 있다고 주장한다. 지눌은 그의 저서 『화엄론절요(華嚴論節要)』와 『원돈성불론(圓頓成佛論)』 등에서 원돈성불 사상을 설한다. 이 원돈성불 사상이 "예로부터 부처를 이루었다"는 의상의 구래성불의(舊來成佛義)로부터 비롯된 것이고 균여는 이 구래성불의를 강조하여 '구래중도'설을 펼쳐서 지눌의 원돈성불 사상에 영향을 미쳤다는 것이다. 균여는 구래중도설을 강조하는 과정에서 신수(神秀)와 법장의 설을 비교하면서 논술하지만 이 둘을 의상의 구래중도설을 통해 회통한다

고 한다.[11]

김두진은 이처럼 균여의 성상융회 사상이 이사무애를 이해하고 표현하는 균여 독자의 방식이라고 설명하면서 균여가 성상융회 사상을 주창한 것은 단지 종파 사이의 대립이나 사상 사이의 대립 또는 이법과 현상 사이의 대립을 해소하려는 것에 그치는 것이 아니라 균여 당시 "광종대 전제정치를 위한 이데올로기라는 면이 더 강하게 나타났다"[12]고 주장하며 한발 더 나아간다. 김두진은 균여의 "'성상융회' 사상이 진공(眞空)을 주체로 모든 사상(事相)을 융합하려는 강력한 통합 사상이므로 자연 광종의 전제정치와 밀접하게 관련되었을 것"[13]이라고 추정하여 성상융회를 특징으로 하는 균여의 화엄사상이 당시 고려 광종의 전제정치의 이데올로기로 작용했다는 해석을 내놓는다.

최병헌은 고려 시대 화엄학의 변천을 개관하는 연구에서 김두진이 균여의 사상에 교선일치적 성격이 있다고 주장한 것에 대해서 다음과 같은 논지를 전개한다.

> ② 그의 저서 가운데 북종선(北宗禪)의 신수(神秀)의 저서인 『묘리원성관(妙理圓成觀)』이 인용되고 있다고 하여 균여가 선교일치사상을 내세웠던 것으로 보는 견해가 나오고 있다. 그러나 그 실제 내용은 전연 다른 것이었다. 신수의 저서 가운데 화엄학 관계의 것으로 가장 중요한 것이 『화엄경소(華嚴經疏)』 30권과 함께 『묘리원성관』 3권이었던 것이다. 원래 북종선은 화엄종에서 남종선으로 넘어가는 과도기적 성격을 가진 것이었고, 더욱이 신수 자신이 화엄학에 조예가 깊은 사람이었다. 균여의 화엄학의 주안점은 지엄과 법장 등 중국의 초기 화엄학에서 문제가 되었던 성상의 융회였지, 징관과 종밀대의 후기 화엄학에서 문제된 선교일치는 아니었던 것이다.[14] …

결론적으로 말하면 균여의 화엄학은 중국 초기의 화엄학, 즉 지엄과 법장의 그것을 그대로 받아들이고 있었으며, 따라서 그의 화엄학의 주안점은 성상융회였던 것이며, 또한 그 화엄학의 현상원융론 현상절대론은 광종대 전제왕권을 수립하기 위한 정치개혁을 추진하고 있었을 때에 그것을 긍정하는 정신적 기반을 마련하여 주는 역할을 한 것이었다고 본다.[15]

최병헌은 균여의 성상융회 사상 중에 교선일치적 성격이 있다는 김두진의 주장을 부정하고 균여의 성상융회 사상은 징관, 종밀이 아니라 지엄, 법장의 성상융회를 그대로 받아들인 것이라고 주장한다. 한편 균여의 이러한 현상원융론, 현상절대론이 광종의 왕권 강화를 위한 이데올로기 역할을 했을 것이라고 추정하여 균여의 사상과 정치와의 관계에서는 김두진의 이해와 유사한 면을 보인다.[16]

최병헌은 김두진과 동일하게 균여의 사상을 '성상융회'라는 말로 특징짓지만, 내용을 보면 최병헌은 균여의 성상융회가 김두진의 주장처럼 이사무애와 관련된 것이 아니라 지엄과 법장의 성상융회와 같다고 한다. 따라서 이사무애를 매개로 구래불(舊來佛) 사상을 거쳐 교선일치까지 나아가는 김두진과 달리 균여의 사상에는 교선일치의 내용이 없다고 주장한다. 그러나 성상융회의 마지막 항목인 광종의 정치 이데올로기에 관해서는 김두진과 마찬가지로 균여의 성상융회가 역할을 했을 것으로 추정한다.

이처럼 가마타의 연구에 영향을 받아서 균여의 사상을 성상융회로 파악한 김두진과 최병헌의 연구는 이 '성상융회'를 화엄종 법계연기 내의 이사무애의 관계로 볼 것인가(김두진), 아니면 법장의 사상과 동일하게 화엄종과 법상종 사이의 융회로 볼 것인가(최병헌)에 따라서 갈라진다고 볼 수 있다. 이사무애로 보는 김두진은 이에 기반하여 교선일치까지 주장하게 된다. 그러나 둘 다 이러한 균여의 성상융회가 광종의 정치 이데올로기로서 역할을 했다고 추정한다는 점에서는 유사하다.

균여의 성상융회 사상이 고려 광종의 전제왕권 강화의 이데올로기 역할을 했다는 김두진의 주장에 대해서 최연식은 "균여의 사상을 역사적 맥락에서 이해하려는 것으로 사상의 사회적 기능을 밝히려 했다는 점에서 의의가 있"으며 "그의 사상을 고립된 개인의 사상이 아니라 시대 상황을 반영한 사상으로 파악하려 한 점에서 고려 초기의 정치·사상계 동향을 이해하는 데 많은 기여를 하였다"고 일정 부분 인정하지만 "종교사상을 곧바로 전제왕권 체제 수립을 위한 정치적 이데올로기로 파악하는 데에는 적지 않은 무리가 있다고 생각된다"며 이에 대해 비판적인 입장을 보인다. 그 근거로는 "현존하는 균여의 저술 내용 중에는 직접적으로 전제왕권을 정당화한다고 볼 수 있는 서술이 발견되지 않으며, 성상융회 사상이 전제왕권의 이데올로기라는 이해의 전제가 된 왕실과 화엄종, 대호족과 선종, 군소호족과 법상종의 친연관계도 현재의 자료로는 증명하기 힘들기 때문"임을 거론한다. 따라서 균여의 불교사상을 광종의 정책을 위한 이데올로기로 규정하는 것은 "불교사상 자체의 고유한 논리를 무시하고 현실의 문제에 그대로 대입시킨 자의적인 해석이 될 가능성이 많"으며 "균여 화엄사상의 성상융회적 성격은 불교사상 특히 화엄사상의 변화와 관련하여 이해되어야 하는 것이지 그것 자체가 곧바로 정치사상 혹은 사회사상의 성격을 갖는 것은 아니다"라고 주장한다.[17]

한편 최연식은 균여의 성상융회 사상에 교선일치적 경향이 있는가와 관련해서 균여의 성상융회 사상은 "지엄과 법장 등의 초기 화엄교학의 기본성격인 성상융회의 문제에 초점을 맞추고 있는 것으로서, 후기 화엄교학에서 문제가 되는 교선일치의 문제에까지 관심을 갖지는 못하였다고 평가"하는 최병헌의 연구 등을 인용하여 논의를 전개하고 있는 것을 볼 때 기본적으로 최병헌과 마찬가지로 균여의 성상융회 사상에 교선일치적 경향이 있다는 주장을 부정하는 것으로 보인다.

앞선 최연식의 논의는 균여의 성상융회 사상이 광종의 정치 이데올로기 역할을 했다는 주장과 교선일치적 경향이 있다는 주장을 부정하고 있지만 균여의 화엄사상을 성상융회로 특징짓는 데에는 별다른 이견 없이 동의하는 것으로 보인다. 이는 "현재까지의 연구 결과로 균여의 화엄사상이 초기 화엄교학의 사상적 틀인 성상융회적 성격을 하고 있다는 것이 밝혀졌"지만 "하지만 균여의 화엄사상이 성상융회적 성격을 갖는 사상적 배경에 대해서 구체적으로 설명되고 있지 못"하다는 등의 언급을 통해서도 알 수 있다. 즉 최연식의 해당 연구 또한 균여의 화엄사상을 김두진과 최병헌의 선행 연구와 마찬가지로 성상융회의 사상으로 규정하는 것으로 보인다. 물론 '성상융회'라 하더라도 김두진과 최병헌·최연식의 성상융회가 서로 다른 의미를 갖는 것은 앞서 설명한 바와 같다.

이러한 입장에 대해서 김천학은 김두진의 해당 연구를 "주로 정치적 상황과 시대사상과의 관련(성상융회)에 중점을 둔다"고 소개하면서 정치적 관련설과 관련하여 "균여의 화엄사상을 왕권을 옹호하는 사상으로 이해하였지만 이는 사상 자체에 대한 엄밀한 분석이라고 하기 어렵다. 이에 대해서는 최연식(1999)의 앞 논문이 충분한 반론이 된다고 생각되어 생략한다" 고 밝힌다.[18] 균여의 화엄사상이 광종의 정치 이데올로기 역할을 했다는 김두진의 주장에 대해서 김천학은 최연식과 마찬가지로 부정적인 입장임을 알 수 있다.

한편 이제까지 김두진, 최병헌, 최연식의 선행 연구가 모두 동일하게 균여의 화엄사상을 성상융회의 사상으로 규정하는 것과 관련하여 김천학은 다른 입장을 보인다. 그는 김지견의 관련 연구[19]가 "균여의 화엄학만을 유독 성상융회라고 부르는 것은 적절하지 못하다고 이미 지적"하였다고 소개한다. 또한 균여의 화엄사상을 성상융회 사상으로 파악하는 시초 또는 배경이 되었다고 할 수 있는 이른바 법장의 성상융회설 또한 이미 요시즈 요시히데(吉津宜英)[20]에 의해서 반론이 제기되었다고 밝힌다. 결론적으로 김천학은 "균여의 화엄사상을 성상융회로 규정하는 것은 많은 문제를 안고 있다. 이는 균여가 유식에 대해 배척 일변도로 대응하였다는 의미는 아니다. 어차피 화엄의 입장에서는 그것이 교리이든 종파이든 성상이 무분별하기 때문이다"라고 하여 균여의 화엄사상을 성상융회로 규정하는 주장을 비판하고 있다.

2) 균여의 대표 사상에 대한 이견, 성기 사상

균여의 화엄사상을 성상융회 사상으로 특징짓는 연구와 달리 균여의 화엄사상이 성기(性起) 사상에 입각하고 있음을 주장하는 전해주의 연구가 있다.[21] 의상의 화엄사상을 법계연기가 아닌 성기 사상으로 규정하고 그 특징을 밝히는 데 주요 목적이 있는 이 연구는 의상의 뒤를 이은 한국 화엄의 흐름을 성기 사상의 관점에서 파악하고 있으며 균여의 화엄사상 또한 성기 사상의 관점에서 규명하고 있다.[22]

이 연구는 목차에서도 볼 수 있듯이 균여의 저술인 『일승법계도원통기』를 성기관의 입장에서 바라본다. 구체적으로는 『일승법계도원통기』의 사상을 원교와 법계관, 그리고 중도와 구래불의 사상으로 나누어 살펴보고 이들 모두가 의상 이래 의상계 화엄사상의 핵심이라고 할 수 있는 성기 사상의 관점에서 파악될 수 있다고 주장한다. 이러한 주장은 앞서 균여의 사상을 성상융회 사상으로 규정한 두 연구와 비교할 때, 균여의 주요 관심이 화엄종의 입장에서 법상종의 융회나 법계연기 내의 이법과 사법의 무애에 중점을 둔 것이 아니라 이사무애의 법계연기를 넘어서서 여래출현의 성기 사상에 균여 사상의 핵심이 있다는 주장이다.

이러한 입장에 따르면 균여는 비록 이사무애의 입장에서 일념에 부처를 이루는 일념성불(一念成佛), 원만히 몰록 부처를 이루는 원돈성불(圓頓成佛), 하나의 번뇌를 끊으면 일체의 번뇌를 끊는 일단일체단(一斷一切斷) 등을 설하기는 하지만 그것은 예로부터 깨달음이고 본래로 부처인, 다시 말해서 예로부터 부처인 구래불이자 예로부터 중도인 구래중도(舊來中道)인 것을 되찾는 데 불과하고 따로 새롭게 부처를 이루고 수행을 통해서 부처를 이룬다는 신성불(新成佛), 수성불(修成佛)을 내세우지 않는다. 균여 사상의 핵심은 이사무애의 법계연기를 넘어서 의상 사상의 핵심인 증분법성의 성기 사상을 계승하고 있다는 주장이다. 따라서 이러한 입장에서 균여의 성기 사상은 보조 지눌의 선사상에 영향을 미쳤다고 주장한다.

전해주의 이러한 연구는 화엄종과 법상종의 융회, 이사무애의 융회라는 기존의 입장과 달리 성기 사상으로서 균여의 사상을 바라봄으로써 우리가 균여 사상의 핵심을 무엇으로 볼 것인가라는 질문에 대해서 이전과 다른 선택지를 제공하고 있다. 기존의 연구가 균여의 사상을 성상융회로 규정함으로써 융회의 대상이 그 무엇이 되었든 간에 융회의 대상이 필요한, 대립을 전제로 한 사상으로 파악한 반면, 전해주의 입장은 균여의 사상을 그러한 대립을 전제로 하지 않는 절대(絶對)의 사상으로 바라보았다는 데 특징이 있다.

4장

경(境)_
'나'는 무엇인가?

균여가 불교 출가 수행자, 즉 승려로서 평생을 걸고 이루려고 했던 목적이 모든 고통을 여읨, 또는 이고득락이라고 했을 때, 그 방법은 '나'의 올바른 인식, 즉 여실지견이며, 여실히 인식된 '나'의 참모습은 무아인 연기라고 할 수 있다. 이는 석가모니 부처 이래 불교 내 모든 그룹이 함께하는 공통점이면서 동시에 이에 대한 서로 다른 고유의 해석이 불교 내 모든 그룹이 존재하게 되는 출발점이기도 하다.

이 장에서는 균여가 바라본 '나'의 내용이 무엇인가에 대해서 살펴본다. 이는 불교의 세 항목 가운데 내용에 상응한다고 할 수 있으며 그 내용으로서 석가모니 부처는 '나'의 참모습을 무아인 연기로 설명했다. 이에 관하여 균여는 어떠한 입장을 견지했는가 살펴보는 것이 이 장의 주요 관심사이다.

'나'의 참모습인 무아·연기에 대하여 보편성과 특수성의 두 측면에서 균여의 입장을 살펴보기 위해서는 먼저 균여의 사상이 뿌리내리고 있고 또 꽃을 피워 열매를 맺은 터전인 화엄교학의 입장을 먼저 파악해야 할 것이다. 그러한 바탕 위에서 균여의 입장을 온전히 이해할 수 있을 것이기 때문이다. 화엄교학에서 '나'의 참모습인 무아·연기에 대한 입장 내지 사상은 여러 측면에서 논의할 수 있지만 이 책에서는 이 가운데 가장 대표적인 사상이라고 할 수 있는 법계연기(法界緣起)와 여래성기(如來性起) 두 측면에 주목하여 화엄교학이 바라보는 '나'의 참모습을 살펴볼 것이다. 법계연기는 화엄교학의 대표적인 연기설이며 여래성기는 화엄교학이 법계연기를 바탕으로 '나'의 참모습을 묘사한 교설이라고 할 수 있다. 이에 대해서 이 두 교설을 화엄교학의 주요 사상으로 개발하고 안착시킨 초기 화엄교학의 주요 인물인 지엄, 의상, 법장의 사상을 중심으로 개관한 후에 이를 균여가 어떻게 독창적으로 변용하였는지를 알아본다.

1
초기 화엄교학 이전의 '나' 이해

불교에서 '나'와 '나'를 둘러싼 모든 것이 연기한 현상이므로 균여의, 초기 화엄교학의 법계연기·여래성기설도 현상의 하나로서 연기법이다. 따라서 이를 온전히 이해하기 위해서는 여래의 지혜가 필요하겠지만 여래가 아닌 범부가 이를 따라가기 위한 여정은 초기 화엄교학의 법계연기·여래성기설이 등장하는 전후 맥락을 따져보는 것에서부터 시작될 것이다. 즉 초기 화엄교학은 연기에 대한 이전의 이해, 설명, 교설이 어떤 점에서 만족스럽지 못했기에 그 이전과는 다른 독자의 법계연기·여래성기설을 고안하게 된 것일까? 물론 이를 완벽히 논의하기 위해서는 석가모니 부처의 연기설, 나아가 베다의 '나'의 이해, 더 나아가 인류의 '나'의 이해의 경향 등에 대해서도 들여다보아야 하겠지만 이 책에서는 대승 내의 교설에 대해서만 검토해보고자 한다.

1) 반야·중관 사상과 유가행파의 '나' 이해

대승불교가 일어난 상황은 아직도 명확하게 이해할 수 없지만 어찌 되었든 분명한 것은 대승불교를 일으킨 사람들이 대승불교에 의해서 '소승'이라고 폄하된 기존 불교에 대해 여러 면에서 만족하지 못하였고 동의할 수 없었다는 점이다. 만족과 동의가 불가했던 부분은 여러 측면이겠지만 석가모니 부처의 가르침에 대한 입장도 주요한 부분이었다. 즉 '나'와 '나'를 포함한 이 세계 전체의 참모습인 무아·연기를 어떻게 이해하느냐에 대한 불일치였다.

'소승'이라 폄칭된 기존 불교 가운데 대표 부파인 설일체유부(說一切有部)를 예로 들어서 부파의 '나' 이해를 간략히 확인해보자. 설일체유부는 말 그대로 일체가 있다고 주장하는 부파(部派)이다. 이 부파는 '나'에 대한 불교의 공통된 이해인 무아·연기를 실체론적인 입장에서 해석하여 자신들의 독자적인 무아·연기설을 이루었고 이는 당시 여러 부파와 이후 대승불교에도 큰 영향을 미쳤다.

석가모니 부처가 '나'와 세계의 참모습을 무아·연기로 이해한 것에 대해서 설일체유부는 '나'와 세계와 관련된 존재를 실유(實有, dravyasat)와 가유(假有, prajñaptisat)로 나누어서 해석한다. 석가모니 부처는 '나'에 대해서 아트만과 같은 고정불변의 실체는 없으며[무아] 다만 색(色)·수(受)·상(想)·행(行)·식(識)의 오온(五蘊)이 조건지어져 일어난 현상[연기]을 임시로, 관습적으로 '나'라고 상정한 것일 뿐이라는 무아·연기설로써 '나'를 이해한다. 설일체유부는 석가모니 부처의 무아·연기설을 이해하면서 색·수·상·행·식의 오온을 더는 분석 불가능한, 모든 존재의 궁극적 원인인, 실체로서의 존재인 실유로 분석한다. 그러므로 세속의 사람들이 일상에서 '나'라고 부르고 생각하는 것은 세속유(世俗有)이자 가유이며 이것에 아트만과 같은 실체는 없다는 의미에서 무아이지만 이 '나'를 구성하는 복수의 실체인 실유는 궁극적인 의미에서 실제로 존재하는 승의유(勝義有)로서 이를 '법(dharma)'이라고 불렀다. 법은 더 이상 분석되지 않으며, 각각의 법을 각각의 법이게끔 하는 자성(自性, svabhāva)을 지닌다. 이러한 복수의 법들이 여러 조건에 따라서 조합되어 일어나는 것을 설일체유부는 연기로 이해하였다. 이에 대한 유명한 비유가 마차의 비유이다. 마차 그 자체는 실체가 없는[무아] 가유, 세속유이며 여러 조건에 따라서 이 마차를 이루는[연기] 다양한 부속품이 실유, 승의유이며 법이 된다. '나'와 세계에 대한 설일체유부의 이러한 이해를 동아시아 불교에서는 '나'의 무아, 공함은 인정하지만 실유, 승의유인 법의 실체성을 긍정한다는 의미에서 '아공법유(我空法有)'라고 평가했다.

석가모니 부처의 '나'의 무아·연기설에 대한 설일체유부의 이러한 실체론적 이해에 대해서 석가모니 부처의 무아·연기설의 올바른 이해가 아니라고 비판하며 일어난 대승불교의 첫 타자가 공(空) 사상을 중심으로 하는 반야부 경전이었으며 이를 바탕으로 독자의 사상 체계를 수립하여 인도불교의 양대 축으로 발전한 것이 중관학파이다. 반야(般若)·중관(中觀) 사상이 주장하는 '나'에 대한 무아·연기설의 올바른 이해는 앞서 언급한 설일체유부의 아공법유에 대비하여 '아공법공(我空法空)'이라고 간단히 말할 수 있다. 즉 설일체유부가 '나'의 공함과 '나'를 이루는 법의 실체성을 주장하는 것에 대해서 중관 사상은 '나'는 물론이고 '나'를 이루는 실체라고 주장하는 법, 실유, 승의유 또한 다변화된 언어 개념[戱論, prapañca]일 뿐이라며 '나'와 함께 법의 실체성을 적극 부정한다. 그것을 일컬어 "일체법이 공하다[一切皆空]"라고 한다. 다만 여기에서 주의할 점은 중관 사상이 '나'를 포함한 일체법이 공함을 말할 때 예를 들어 '나'가 없다는 것을 의미한다기보다는 '나'라는 현상을 '있다'-'없다', '실체'-'비실체', '하나'-'다수'와 같은 개념으로 포착하려는 우리의 습성을 부정하려는 데 목적이 있다는 것이다.

이처럼 부파 불교, 대표적으로 설일체유부의 '나'와 세계의 이해를 실체론적 이해로서 평가하고 석가모니 부처의 무아·연기설의 잘못된 이해라고 비판한 중관 사상에 대해서 비판을 가하며 또 다른 방향으로 전개해나간 대승불교의 흐름이 바로 유가행파(瑜伽行派, yogācāra)이다.

유가행파의 '나'와 세계의 이해는 물론 석가모니 부처의 무아·연기설에 기반하고 있으며 이는 3성설(三性說), 유식설(唯識說), 8식설(八識說)로 특징지을 수 있다. 3성설은 『반야경』의 공 사상을 변용하여 재해석한 교설이고, 유식설은 공 사상과 함께 대승불교의 공통분모라 할 수 있는 유심(唯

心) 사상을 유가행파가 이해한 방식이며, 8식설은 기존 6식설에 알라야식(阿賴耶識, ālayavijñāna)과 말나식(末那識, manas)을 더한 식 이론이다. 즉 유가행파는 이 세 가지 이론을 통해서 '나'와 세계를 이해하고 이를 통해서 이고득락, 즉 열반을 추구하고자 하였다.

유가행파는 중관 사상의 공 이해를 모든 것의 존재를 부정하는 허무주의, 즉 잘못 이해된 공이라는 의미의 악취공(惡取空)이라고 비판하고 자신들의 공 이해인 3성설을 올바로 이해된 공이라는 의미에서 선취공(善取空)이라고 주장한다. 이들에 의하면 중관의 공 이해는 어떤 현상과 그 현상을 언어 개념으로 포착한 망상 둘 다를 없다고 보기 때문에 잘못 이해된 공, 즉 악취공이다. 유가행파의 입장에서 언어에 의해 개념화되어 실체로 집착된 '나'는 망상으로서 없는 것이지만 그러한 망상이 일어나게 된 기반, 터전이라고 할 수 있는 현상으로서의 '나'는 존재해야만 한다. 그런데도 중관 사상은 이 둘을 부정하기 때문에 악취공인 것이다. 유가행파는 여기에서 나아가 그러한 현상이 실제로 어떠한 언어 개념과도 본질적으로 대응하지 않음을 의미하는 공성(空性, śūnyatā) 또한 그 실체성을 인정한다. 따라서 유가행파에게 '나'와 관련되어 언어 개념으로 포착된 '나'는 망상으로서 존재하지 않지만 그 망상의 원인인 현상의 '나'와 그 현상의 본성이라 할 수 있는 공성은 긍정되어야만 한다. 유가행파는 여기에서 언어 개념으로 포착된 망상을 '변계소집성(遍計所執性, parikalpita-svabhāva)', 현상 그 자체는 '의타기성(依他起性, paratantra-svabhāva)', 원만히 성취된 현상의 공성은 '원성실성(圓成實性, pariniṣpanna-svabhāva)'이라고 부른다.

그러므로 유가행파의 입장에서 언어 개념에 의해서 구축된 그 어떠한 가공물(架空物)을 무너뜨리면 드러나는 그 터전과 그 터전의 온전한 속성이 '나'와 '나'의 올바른 모습이라고 할 수 있다. 마치 유가행파의 유명한 비유인, 어두운 밤에 삼[麻]으로 꼰 새끼줄을 뱀으로 잘못 본 사태와 같이.

이때 유가행파가 긍정하는 현상의 '나'는 어떤 존재인가? 유가행파의 또 다른 주요 교설인 유식설에 의하면 망상이 일어나는 터전으로서의 현상은 인식된 현상으로서 인식 밖에 실재하는 것이 아니다. 이때의 현상은 오직 식(識)에 드러난 표식(標識), 표상(表象)일 뿐이다. 그래서 유식(唯識, vijñaptimātra)인 것이다. 따라서 '나'를 포함한 세계의 모든 현상은 외부에 실재하는 것이 아니다. 오직 식이 드러난 것[唯識所顯]이고 오직 식이 변한 바[唯識所變]이다.

그렇다면 다시 이때 유가행파가 '나'를 포함한 모든 현상의 근거로 삼는 식이란 무엇인가? '나'를 포함한 세계가 모두 오직 표식이자 표상일 뿐이라면 이러한 표식, 표상으로 나타나고 변화하는 식은 무엇인가? 이에 대한 유가행파의 답이 바로 8식설이다. 유가행파가 최종적으로 확립한 8식설은 그 이전의 불교에서 구축한 6식설, 즉 안식(眼識, 시각)·이식(耳識, 청각)·비식(鼻識, 후각)·설식(舌識, 미각)·신식(身識, 촉각)·의식(意識)에 말나식과 알라야식을 새로 도입한 것이다. 기존의 6식설이 표층의식으로 일상적으로 관찰 가능하고 표면적으로 활동하는 인식 활동이라면 말나식과 알라야식은 심층의식으로 관찰하기 쉽지 않고 잠재적으로 활동하는 인식 활동이다.

사람에게 나타나는 현상, 그리고 그 현상을 일으키는 행위는 모두 8식에서 이루어진다. 따라서 '나'에게 일어나는 '나'라는 현상 또한 8식으로 설명 가능하다. '나'의 일상적인 행위는 표층의식인 6식에서 벌어지며 그러한 6식의 행위는 '나'임을 끊임없이 확인하는 말나식에 기반하고 있다. '나'임을 끊임없이 확인하는 자아의식인 말나식은 알라야식을 대상으로 '나', 즉 자아라고 집착하여 온갖 번뇌를 일으키는 첫 단추를 꿰맨다. 알라야식은 이러한 표층의식의 결과를 저장하고 그 저장된 결과는 인연에 따라서 다시 표층의식으로 일어나며 이러한 과정을 반복하는 것이 중생의 윤회이다. 이때 알라야식이 표층의식의 결과를 저장하는 것을 종자, 즉 씨앗으로 비유하여 표현한다.

여기에서 말나식은 자아의식이므로 기본적으로 집착하는 식이다. 따라서 이 말나식은 집착을 기반으로 표층의식을 번뇌로 물들이기에 염오의(染汚意)라고도 한다. 표층의식의 결과[업보]를 종자에 저장하는 기능을 담당하고 말나식의 '나'에 대한 잘못된 집착의 대상이 되는 알라야식은 중생이 파악하는 '나'를 포함한 세상은 오직 식이 나타나고 변화한 표식, 표상일 뿐이라는 유식설과 결합한다. 그 결과 중생이 파악하는 '나'를 포함한 세상은 오직 알라야식이 저장한 표층의식의 결과가 나타난 표식, 표상일 뿐인 것으로 이해된다. 따라서 알라야식의 종자로부터 염오된 일체 세계가 나타난다. 즉 알라야식이 모든 염오된 현상 세계가 발생하는 원인이 되는 것이다.

정리하면 유가행파에게 중생이 인식하는 그런 자아로서의 '나'는 단지 말나식이 알라야식에 집착하여 만들어낸 변계소집성, 즉 망상일 뿐이다[무아]. 지금, 여기에서 '나'라는 개념화의 근거가 되는 현상은 존재하는 것으로서 알라야식으로부터 비롯된 것이다[연기].

2) 여래장 사상의 '나' 이해

이제까지의 불교, 특히 설일체유부나 유가행파가 '나'와 '나'를 포함한 세상을 파악하는 방식은 대체로 현상의 '나'에 대해서 부정적인 시각에 근거한다. 이 세상은 알라야식의 종자로부터 비롯된 염오의 세상으로서 현상의 '나'는 말나식이 알라야식을 대상으로 집착한 망상일 뿐이다. 인도 불교 사상에서 중관학파와 유가행파처럼 학파를 형성하지는 못했지만 강한 영향력을 미친 여래장(如來藏) 사상은 이와는 조금 방향이 다른 '나'의 이해를 갖고 있다. 물론 이러한 이해가 전혀 다른 맥락에서 기인한 것으로 보이기는 하지만 어찌 되었든 여래장 사상은 '나'에 대해서 염오의 뜻과 함께 청정의 의미를 강조한다는 점에 특징이 있다.

최근의 연구들에 의하면 인도의 여래장 사상은 대승 『대반열반경(大般涅槃經)』에서 비롯되어 『여래장경(如來藏經)』, 『승만경(勝鬘經)』, 『부증불감경(不增不減經)』 등을 거쳐서 『구경일승보성론(究竟一乘寶性論)』에서 최종적으로 집성되었다고 한다.[1] 대승 『대반열반경』은 열반한 여래가 내 안에 또는 여기에 있다는 여래상주(如來常住)와 일체 모든 범부 중생에게 여래와 똑같은 불성이 내재해 있다는 일체중생실유불성(一切衆生悉有佛性)의 사상을 축으로 하여 여래장 사상을 개창한 것으로 평가된다.

『구경일승보성론』에 기반하여 여래장 사상을 아주 간략하게 정리하면, 일체 중생, 예를 들어 '나'는 여래의 성품[여래성(如來性), 불성(佛性)]을 본성으로 하여 그 마음이 본래 여래의 마음과 다르지 않다. 그러나 비롯됨이 없는 때로부터 자신의 본성이 아닌, 불청객과 같은 번뇌[객진번뇌(客塵煩惱)]에 뒤덮여서 고통으로부터 벗어난 여래로서 살아가지 못한다. 여래가 연꽃 안에 싸여 있거나 보배가 땅속에 묻혀 있는 것처럼. 즉 본래적으로는 여래와 '나'는 다름이 없지만 현상적으로는 중생인 '나'와 부처가 엄연히 다르다는 입장이다.

여래장 사상에서 바라보는 무아·연기의 '나'는 어떠할까? 여러 측면에서 이야기할 수 있겠지만 여래장 사상과 서로 많은 영향을 주고받은 유가행파와 비교해보자. 유가행파는 알라야식을 대상으로 하여 말나식에서 '나'임에 집착함으로써 자아의식을 확보하고 이를 통해서 천변만화하는 표층의식인 6식의 현상이 벌어진다고 한다. 따라서 중생이 파악하는 '나'는 집착된 '나'이며 알라야식의 종자로부터 일어나는 이 세상 또한 염오된 세상이다. 즉 중생이 파악하는 '나'와 이 세계는 모두 염오된 현상이다. 따라서 유가행파는 이러한 오염된 현상의 원인이라고 할 수 있는 8식을 각각 지혜로 바꾸어[轉識得智] 최종적으로 알라야식까지 지혜로 전환했을 때 부처를 이루어 모든 고통을 여읜다고 한다.

이처럼 '나'와 '나'를 포함한 세계가 식이 전변한 것으로서 그 전부를 염오된 현상으로 파악하는 유가행파와 비교할 때 여래장 사상은 '나'와 세계를 바라보는 입장이 조금 다르다. '나'는 중생이 알라야식을 집착하여 만들어낸 망상이고 세계는 알라야식의 종자로부터 일어난 물들은 현상인 유가행파의 입장과 달리 여래장 사상은 '나'에게 갈무리되어 있는, 또는 '나'의 본성인 여래장으로부터 이 세계가 벌어진다. 여래장은 본래적으로 청정하지만 현실적으로 객진번뇌에 덮여 있다는―실제로는 그렇지 않지만 중생이 그렇게 살아가는―상황으로부터 청정한 세계와 염오의 세계가 일어난다. 이를 동아시아의 대표적인 여래장 사상 논서인 『대승기신론(大乘起信論)』에서는 '심진여문(心眞如門)'과 '심생멸문(心生滅門)'으로 이름 붙인다.

'나'와 이 세계는 청정한 부문과 염오의 부문이 혼재되어 있는 현상이다. 물론 본래, 실제로는 그렇지 않다고 하더라도 중생의 현실에서는 엄연히 이것이 현실이다. 그러므로 여래장 사상이 지금, 여기에 발 디디고 서 있는 중생이 해야 할 일은 깨닫고자 하는 마음을 일으켜서 '나'가 바로 여래와 조금도 다름이 없음을, 달리 말하면 여래장을 감싸고 있다고 착각하는 번뇌가 공함을[空如來藏], 여래장에 한량없는 공덕이 가득함을[不空如來藏] 올바로 믿는 것일 뿐이다.

2

초기 화엄교학의 '나' 이해

중생과 여래의 본래적 동일성과 현실적 차별성을 기반으로 '나'와 이 세계를 바라보는 여래장 사상은 유가행파의 동아시아 버전인 섭론종(攝論宗)의 사상과 함께 6세기경 동아시아 불교에서 '나'를 이해하는 주요한 틀이 되었다. 대표적으로 『십지경』에 대한 세친(世親)의 주석서인 『십지경론』이 한역되자 이를 중심으로 형성된 그룹인 지론종(地論宗)은 6세기경에 이르러 여래장 사상을 근간으로 '나'를 이해하는 체계를 확립하였다.

'나'와 여래의 본래적 동일성과 현실적 차별성을 주장하는 여래장 사상을 바탕으로 사상 체계를 수립하여 당시 동아시아 불교계에 유력한 그룹이 된 지론종으로부터 이 책의 주요 관심사인 화엄교학이 일어난다. 초기에 화엄교학을 일으킨 것은 지론종 계통으로 출가하여 수학한 지엄과 그의 두 제자인 의상과 법장이다. 이들의 사상을 이 책에서는 '초기 화엄교학'이라고 일컫는다.

그들은 당시 여래장 사상의 '나' 이해가 어떤 면에서 만족스럽지 못했기에 굳이 이전에 없던 이해 방식을 만들어 새로운 불교 종파를 형성해나간 것일까? 여래장 사상에 기반한 '나'의 이해가 지론종, 나아가 당시 불교계에 널리 퍼져 있던 상황에서 그들은 왜 여래장 사상의 '나' 이해를 석가모니 부처의 진정한 의도가 아니라고 주장하며 그들만의 새로운 이해를 펼쳐나간 것일까? 필자는 이에 대한 끊임없는 의심이 화엄교학 그리고 화엄교학에 속한 균여의 사상을 파악하려는 우리의 여행에서 헤매지 않고 올바른 길로 나아갈 수 있도록 안내할 나침반 역할을 해줄 것이라고 생각한다.

지엄, 의상, 법장의 초기 화엄교학이 당시 여래장 사상을 중심으로 하는 '나' 이해의 어떤 면을 석가모니 부처의 본뜻에 부합하는 것으로 납득하지 못했는지에 대해서는 여러 측면에서, 학자마다 다른 입장을 제시할 수 있을 것이다. 이러한 예상되는 불일치에도 불구하고 한 가지 확실한 것은, 초기 화엄교학의 주창자들이 여래장 사상을 자신들이 세우고자 한, 후대에 화엄종(華嚴宗)이라고 불리우는 사상·수행 체계와는 다르며, 석가모니 부처의 본뜻을 원만하게 드러내지 못한 것으로 파악했다는 점이다. 이는 초기 화엄교학의 교판(教判)[2]과 연기설에 대한 입장 등을 통해서 알 수 있다.

1) '여래출현' 또는 '여래성기'에 대한 다른 이해

이러한 여래장 사상의 불완전함 또는 한계를 지적하면서 등장한 초기 화엄교학은 자신들의 '나'에 대한 이해가 석가모니 부처의 본뜻을 원만하게 드러냈으며[圓教] 다른 불교 내 그룹들과는 완전히 다르다[別教]고 주장하였다. 초기 화엄교학은 '나'를 포함한 일체 현상이 어떤 이법(理法)이나 본성, 원리로부터 비롯되어 일어난 것이 아니며 따라서 그러한 이법, 본성에 기대어 장애가 없는 것이 아니라고 주장한다. 한편 현상이 이법으로부터 일어난다는 이해는 석가모니 부처의 본뜻을 원만히 드러낸 것이 아니라 방편으로 나타낸 삼승(三乘)의 교설이라고 규정한다. 왜냐하면 초기 화엄교학의 입장에서는 현상의 배후에, 기저에 그것이 아트만이든 알라야식이든 여래장이든 불성이든 무언가를 상정한다면 그것은 석가모니 부처의 '나' 이해의 핵심인 무아·연기와 위배된다고 판단한 것이다. 따라서 이러한 맥락에서 초기 화엄교학은 여래장 또는 불성이 '나'의 본성이며 여래장으로부터 '나'를 포함한 세계가, 그것이 청정의 세계이든 염오의 세계이든, 비롯된다는 여래장 사상을 삼승의 교설로 치부한다.

여래장 사상의 '나' 이해를 삼승설로 규정한 초기 화엄교학의 '나' 이해는 여래장 사상과 대비하여 '여래출현(如來出現)' 또는 '여래성기(如來性起)'라는 말로 나타낼 수 있다. 이 말은 『대방광불화엄경(大方廣佛華嚴經)』의 품명인 '보왕여래성기품(寶王如來性起品)'과 이의 다른 번역인 '여래출현품(如來出現品)'에서 유래한다.[3] 초기 화엄교학이 이 말을 통해 주장하려는 '나' 이해는 일체 현상[事法]이 그대로 여래출현으로서 출현한 현상이 바로 여래이고 일어난 현상이 곧 여래성이어서 현상과 현상이 어떤 원리를 상정하지 않고서 그 자체로 걸림 없는 중중무진한 덕을 발휘한다는 것이다. 따라서 지금, 여기의 '나'는 알라야식으로부터 비롯된 염오된 현상이 아니며, 본래 여래와 다르지 않지만 번뇌에 속박되어 여래로 살지 못하는 중생이 아니라 바로 여래 그 자체이다. 즉 중생과 여래 사이의 본래적 동일성과 현상적 차별성을 모두 인정하는 여래장 사상과는 달리 초기 화엄교학은 어찌 보면 극단적으로 여래와 중생 사이의 현상적 차별성을 극구 부정하려는 데에 그 특징이 있다고 할 수 있다. 여래출현과 여래장을 비교하여 말하자면 여래장과 여래출현의 두 입장 모두 '나'의 참모습을 청정한 여래의 마음으로 파악하지만 지금, 여기의 '나'를 번뇌에 속박되어 있는 가능태로서의 여래[여래장]로 보는지, 아니면 조금의 모자람도 없는 현실태로서의 여래[여래출현]로 보는지에 결정적인 차이가 있다.

다만 앞에서 마치 초기 화엄교학의 여래출현, 여래성기설이 단일한 것처럼 단정적으로 소개하였지만 여기에는 조심해야 할 부분이 있다. 초기 화엄교학이라고 해도 지엄, 의상, 법장이 똑같은 여래출현, 여래성기를 주장한 것이 아니라 각자 여래성기, 여래출현이라는 표제어 아래 각자 다른 여래성기, 여래출현 사상을 이루었기 때문에 초기 화엄교학 내에도 여래성기설의 내용에 차이가 존재한다. 그리고 이보다 더 큰 차이가 생겨나는 원인은 지엄, 의상, 법장의 여래성기, 여래출현설을 이후의 화엄가, 예를 들어 징관과 종밀, 나아가 근현대의 화엄학 연구자들이 이해하는 바가 제각각이기 때문이다. 여래출현, 여래성기라는 표제어에 대해서 앞서 소개한 내용을 모든 화엄학자가 동의하는 것은 아니다. 그러므로 '여래출현', '여래성기'라는 것은 느슨하게 비슷하면서도 구체적으로는 다른 내용을 담고 있는, 초기 화엄교학의 특징을 나타내는, 사전의 표제어처럼 이해해야 할 것이다. 그럼에도 불구하고 불교라는 사전에서 초기 화엄교학의 특징을 알아보기 위해서 가장 먼저 찾아보아야 할 표제어는 비록 그 내용이 사전마다 다를지라도 '여래출현', '여래성기'임은 분명하다.

다음에서는 이러한 초기 화엄교학의 '나' 이해가 구체적으로 어떻게 이루어졌는지를 간략히 살펴보도록 하자.

2) 지엄의 '나' 이해

초기 화엄교학의 기반을 마련한 것으로 평가되는 지엄은 석가모니 부처 이래 '나'를 포함한 일체 현상을 이해하는 불교 내 정설인 연기설을 자신만의 법계연기설(法界緣起說)로 풀이한다. 물론 '법계연기'라는 말 자체는 지엄의 창작이 아니다. 지론종에서부터 사용되던 용어와 교리이지만[4] 지엄은 그 내용을 변용하여 자신만의 법계연기설을 창안함으로써 화엄교학의 기틀을 마련한다. 지엄은 그의 첫 주요 저술로서 60권본 『화엄경』에 대한 주석서인 『수현기』에서 법계연기를 설명하며 이를 청정한 부문의 정연기(淨緣起)와 물들은 부문의 염연기(染緣起)로 나누고 정연기 중 닦음을 여읜 실상(實相)의 측면이 『화엄경』 중 「보왕여래성기품」에 해당한다고 풀이한다.[5]

지엄의 법계연기설에서 먼저 한 가지 짚고 가야 할 점은 지엄의 법계연기 체계 내에서 여래장 사상이 어떠한 위상을 차지하고 있는가이다. 지엄은 정연기와 염연기로 이루어진 그의 법계연기 체계 내에서 여래장 사상을 주로 염연기의 해명에 활용하고 있다. 즉 "대체로 지엄이 법계연기설을 구축할 때 여래장설을 핵심으로 하는 정영사 혜원(淨影寺 慧遠, 523~592)의 영향을 받는 동시에 그것을 초월하려는 입장이었다고 평가한다. 즉 지엄은 법계연기설에서 여래장설을 수용하면서도 혜원이 이를 정연기와 염연기 양쪽 측면에서 모두 활용하였던 것과는 달리 여래장설을 염연기에만 한정하고 정연기에서는 여래장설을 벗어나 성기설에 기반한 연기설을 확립하면서 화엄교의 독자성을 추구하였다"[6]고 할 수 있다.

지엄의 이러한 여래장 이해는 여래장이 해탈도의 근거, 즉 정연기의 근거라는 여래장 사상 본연의 취지에서 상당히 변형된 입장이다. 이처럼 지엄의 법계연기설 체계에서 여래장 사상이 정연기가 아니라 염연기의 해명에 주된 교리로 활용되고 정연기는 여래성기설이 담당하게 된다. 따라서 지엄에게 '나'의 본모습, 즉 닦음을 여읜 실상은 여래장 사상이 아니라 「보왕여래성기품」에 기반을 둔 여래성기설에 해당하게 된다.

한편 지엄은 그의 가장 만년의 저술인 『화엄경내장문등잡공목(華嚴經內章門等雜孔目)』에서 성기 사상을 집약하여 하나의 장(章)으로 삼아 이를 독립적으로 설명한다.[7] 이에 따르면 성기는 일승 법계연기의 궁극 또는 경계[8]로서 본래 구경이므로 닦아 지음을 여읜 상태이다. 즉 '나'를 번뇌에 뒤덮인 여래장으로서 닦음을 통해 본래 불성을 되찾아야 하는 존재로 보는 것이 아니라 '나'의 실상이 본래 닦음을 여읜 여래성기, 여래출현임을 강조한다. 물론 이는 '나'뿐만 아니라 법계의 모든 현상도 마찬가지여서 온 법계가 중중무진으로 상즉상입하는 한량없는 덕을 지닌 여래출현의 세계가 바로 지금, 여기 '나'가 살고 있는 세계임을 역설한다고 볼 수 있다.

3) 의상의 '나' 이해

지엄의 제자로 그의 화엄사상을 이어받아서 자신의 독자적 화엄사상을 구축한 의상은 여래성기에 입각한 '나'의 이해를 더욱 발전시킨다. 성기사상에 입각한 '나'의 이해는 의상 사상의 핵심이므로 이제까지 '내 오 척 되는 몸[吾五尺身]', '자체의 부처에게 절함[拜自體佛]', '예로부터 부처[舊來佛]', '융삼세간불(融三世間佛)' 등 의상계 화엄의 특징적인 교설을 통해서 자세하게 논의돼왔다. 여기에서는 이 가운데 '내 오 척 되는 몸'과 '융삼세간불'의 두 주제만을 간략히 소개함으로써 의상계 화엄의 여래성기에 바탕한 '나' 이해를 간단하게 살펴본다. 이 두 가지를 포함하여 의상의 성기 사상을 알려주는 대표적인 주제에 대한 좀 더 자세한 내용은 균여의 사상을 살펴볼 때 해당 부분에서 함께 다루고자 한다.

의상은 어떤 추상적인 개념이 아니라 바로 지금, 여기에 현존하는 '내 오 척 되는 몸'을 통해서 '나'의 참모습을 설명한다. 이러한 구절 가운데 두 가지만 인용하면 다음과 같다.

① [『화엄경』에] 이른바 "무착불이니 세간에 편안히 머물러 바른 깨달음을 이루기 때문이다"란 [다음과 같다.] 오늘 내 오 척 되는 몸을 '세간'이라고 이름하며, 이 몸이 허공법계에 두루 가득 차서 이르지 않는 곳이 없기 때문에 '바른 깨달음'이라고 한다. 세간에 편안히 머무르기 때문에 열반에 대한 집착을 여의고, 바른 깨달음을 이루기 때문에 생사에 대한 집착을 여읜다. 만약 실제를 기준으로 하여 말하면 세 가지 세간이 원만히 밝고 자재하기 때문에 '무착불'이라고 한다.[9]

② 표훈과 진정 등 십여 대덕이 [의상] 화상이 계신 곳에서 이 도인을 배울 때, "움직이지 않는 내 몸이 곧 법신 자체인 뜻을 어떻게 볼 수 있습니까?"라고 여쭈었다. 이에 화상이 곧 사구게로써 답하여 이르셨다.

"모든 연(緣)의 근본은 나이며, 일체법의 근원은 마음이며,

말[語言]은 매우 중요한 근본이니, 진실한 선지식이다."

이어 이르기를, "그대들은 마땅히 마음을 잘 써야 한다"라고 하셨다.[10]

인용문 ①은 『대방광불화엄경』, 「이세간품(離世間品)」에 보이는 십불(十佛)을 의상이 그의 제자들에게 설명하는 가운데 십불 중 첫 번째인 무착불(無著佛)에 관련된 부분이다. 여기에서 의상은 내 오 척 되는 몸이 온 법계에 두루 하여 곧 바른 깨달음이라고 한다. 즉 내 오 척 되는 몸을 바른 깨달음과 등치시키고 있다. 또한 내 오 척 되는 몸이 세간이라고 하며 실제를 기준으로 하면, 실제로는 세간인 이 몸이 바로 무착불이라고 단언한다. 여기에서 의상은 여래장 사상에 보이는 것과 같은 여래와 중생 사이의 현상적 차별을 인정하지 않는다. 이를 위하여 의상은 의도적으로 범부 중생에게 가장 가까운 예라고 할 수 있는 '나'의 오 척 되는 현실의 몸을 가져와서 이 오 척 되는 현실의 몸이 그대로 온 법계에 두루 한 무착불임을 분명히 한다. 따라서 내가 본래 여래와 동일한 성품을 지녔지만 어찌어찌해서 번뇌에 뒤덮여 중생의 살림살이를 반복하고 있으니 부처가 되기 위해 발심하여 수행해야 한다는 그러한 내용을 담고 있지 않다. 즉 의상이 말하고자 하는 바는 '나'의 오 척 되는 몸이 무착불이 되기 위해서 힘써야 한다는 것이 아니라 '나'의 오 척 되는 몸은 이미 무착불이니 지금, 여기에서 무착불로서 살아가자는 것이다.

이러한 의상의 의도는 인용문 ②를 통해서도 살필 수 있다. 이 인용문은 의상의 주저인 『일승법계도』에 대한 주석서들을 모아놓은 『법계도기총수록』에서 의상과 제자들의 문답을 맥락 없이 짤막하게 인용한 부분이다. 여기에서 의상의 제자들은 의상에게 움직이지 않는 내 몸이 법신 그 자체인 뜻을 어떻게 하면 볼 수 있냐고 묻는다. 이는 곧 이 물음 이전에 의상이 제자들에게 움직이지 않는 내 몸이 법신 그 자체라고 설하였기 때문에 생겨난 물음일 것이다. 움직이지 않는 내 몸 그대로가 법신 그 자체라는 의상의 말을 믿을 수 없었던 제자들이 이 말을 다시 설명해달라고 질문하는 상황이다. 대부분의 사람들이 그럴 것이다. 지금, 여기에 번뇌에 뒤덮여 하루하루를 고통 속에 살아가고 있다고 생각하는 중생들로서는 지금, 여기의

'나'가 그대로 법신 그 자체라는 말은 곧이곧대로 믿기가 쉽지 않다. 이에 대해서 의상은 사구게로 답하고 마지막에 "마땅히 마음을 잘 써야 한다"고 대답을 마무리한다.

의상의 입장에서 '나'의 오 척 되는 몸 그대로가 법신 그 자체, 즉 여래출현이다. 만약에 이것을 충분히 납득할 수 있다면 지금, 여기의 '나'의 오 척 되는 몸이 해야 할 바는 법신 그 자체, 여래가 해야 할 바를 하는 것이다. 의상은 이를 "마음을 잘 써야 한다"고 마무리한 것으로 보인다. 법신 그 자체인 '나'가 해야 할 바는 그 여래의 마음을 잘 쓰는 것이지 그 마음을 물들은 마음 또는 번뇌에 뒤덮인 마음으로 착각하여 마음을 지혜로 바꾸려거나 마음에서 번뇌를 닦아내고자 마음을 조작할 일이 아니다. 그냥 쓰면 될 일이지 고쳐 쓸 일이 아니다.

이처럼 '나'를 여래출현으로 파악하는 의상의 입장은 융삼세간불설(融三世間佛說)에서도 드러난다. 의상을 포함한 화엄교학은 법계를 지정각세간(智正覺世間)과 중생세간(衆生世間)과 기세간(器世間)의 세 가지 세간으로 나눈다. 이때 지정각세간은 불보살과 같은 깨달은 존재를, 중생세간은 범부중생과 같은 깨닫지 못한 존재를, 기세간은 지정각세간과 중생세간이 의지하는 바를 가리킨다. 의상은 법계가 세 가지 세간으로 이루어졌다고 하면서도 이 세 가지 세간이 실제로는 서로 구분될 수 없는, 굳이 말하자면 부처님의 경계가 중생의 경계이고 시간과 공간 등의 경계라고 주장한다. 따라서 평소에 우리는 깨닫지 못한 중생, 깨달으면 부처, 그리고 우리는 사람, 저것은 시간이나 공간이라고 구분하지만 실제로는 차별 없는 하나의 실상이라는 것이다. 이를 화엄교학에서는 세 가지 세간을 융섭한 하나의 실상이라는 의미에서 '융삼세간불'이라고 표현한다. 물론 이는 '융삼세간보살', '융삼세간중생', '융삼세간책상'이라고 불러도 같은 하나의 실상을 지칭한 것일 뿐이다.

이러한 입장은 의상의 주저인 『일승법계도』의 「반시(槃詩)」를 통해서도

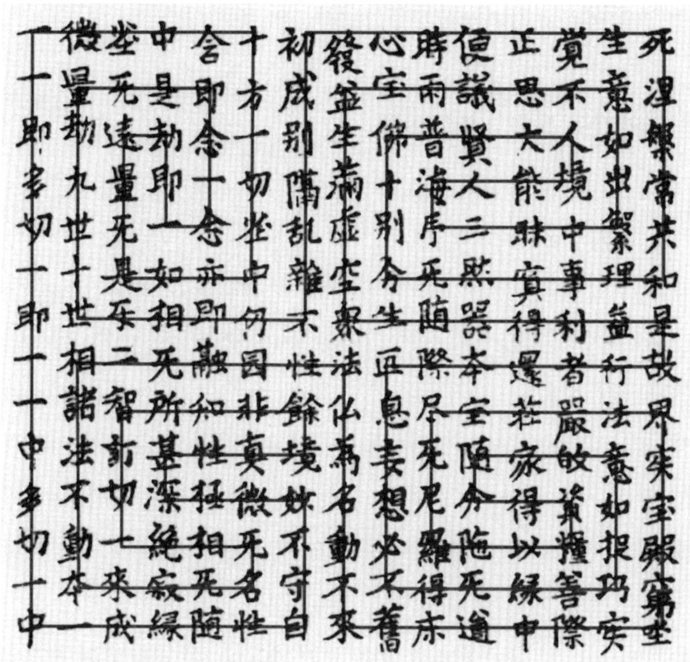

그림 18 | 『일승법계도』, 「반시」

알 수 있다. 「반시」에서 붉은 줄[도인(圖印)]은 지정각세간을 상징하고 검은 글자[법성게]는 중생세간을 가리키며 흰색의 바탕 종이는 기세간을 의미한다. 따라서 반시는 이 세 가지 세간으로 이루어지는 법계이다. 여기에서 붉은 줄과 검은 글자와 흰 종이가 만나는 한 점, 예를 들어서 가장 가운데에 있는 '법(法)' 자가 있는 곳을 생각해보자. 이곳을 손가락으로 짚어보자. 그 손가락은 붉은 줄을 짚은 것인가, 검은 글자를 가리킨 것인가, 아니면 흰 바탕 종이를 누른 것인가? 손가락이 짚은 것은 사실 붉은 줄도 아니고 검은 글자도 흰 종이도 아니지만 동시에 붉은 줄이면서 검은 글자이고 흰 종이라고 할 수 있다. 이와 마찬가지로 이 법계의 실상은 중생세간에 일단 속하는 '나'와 지정각세간인 여래와 기세간인 시공간 등은 나눌 수 없는, 구별할 수 없는 융삼세간불의 경계이다. 따라서 '나'는 그대로 여래출현이면서 곧 시공간 등이라는 것이 바로 융삼세간불의 뜻이다.

4) 4종 법계연기를 통한 '나'의 이해

화엄교학은 지금, 여기에 실존하는 '나'의 참모습인 여래출현의 세계를 설명하는 다양한 방식을 고안하였다. 그 가운데에서 가장 대표적인 것이 법계연기설로서 화엄교학은 이를 여래출현설과 짝지어서 이 세계, 법계를 설명하는 틀로 활용하였다. 법계연기설은 앞서 소개한 것처럼 화엄교학 내에서는 지엄이 지론종의 법계연기설을 변용하여 지엄 고유의 법계연기설을 창안한 것이 시초이다. 이후 지엄의 법계연기설은 화엄교학 내에서 여러 단계를 거쳐 변화한다. 화엄교학의 주요 인물들은 저마다의 법계연기설을 세웠지만 그중 가장 널리 알려진 것은 징관(澄觀, 738~839)과 종밀(宗密, 780~841)에 의해서 확립된 4종 법계연기설이다. 이 4종 법계연기설은 이후 균여를 비롯하여 동아시아 전역의 화엄교학에 큰 영향을 미쳤다. 여기에서는 4종 법계설을 간략히 소개하고자 한다.

> ③ 법계란 청량 [징관 스님의] 『신경소(新經疏)』에서 온통 오직 하나의 참된 법계[一眞法界]일 뿐이라고 한다. 즉 모든 현상을 다 갖춘 [이 법계는] 곧 한마음[一心]이다. 그런데 [이 한]마음이 모든 현상을 융섭하여 곧 네 종류의 법계를 이룬다. 첫째는 사법계(事法界)이다. [여기서] '계'는 구분[分]의 뜻으로 [모든 현상이] 낱낱이 달라서 [각자의] 영역이 있기 때문이다. 둘째는 이법계(理法界)이다. [여기서] '계'는 성품[性]의 뜻으로 다함없는 현상이 동일한 성품이기 때문이다. 셋째는 이사무애법계(理事無碍法界)이다. 성품과 구분의 뜻을 갖추어 성품과 구분에 걸림이 없기 때문이다. 넷째는 사사무애법계(事事無碍法界)이다. [각자의] 영역을 지닌 일체의 현상이 낱낱이 성품처럼 융통하여 중중무진하기 때문이다.[11]

'법계'란 '나'를 포함한 이 세상의 모든 현상이다. 화엄교학의 4종 법계 연기설에서는 이 모든 현상이 하나의 참된 법계[일진법계]이자 곧 한마음[일심]일 뿐이라고 주장한다. 여기에서 법계가 오직 하나의 참된 법계, 즉 일진법계(一眞法界)라는 것은 무슨 의미인가? 여래장 사상과 대비하여 본다면 여기의 일진법계는 오직 단일한 참된 법계로서 여래장 사상에서 이야기하는 진망이 화합하여 불일불이한 세계가 아니다. 또한 이 한마음, 일심은 화엄교학의 맥락에서 여래장 사상의 미음인 여래장자성청정심(如來藏自性清淨心)이 아니라 여래의 마음[여래성기구덕심(如來性起具德心)]을 가리킨다. 이때 여래장자성청정심은 앞서 수차례 설명한 것처럼 본래 여래성과 동일하여 자성이 청정하지만 현상적으로는 번뇌에 얽혀 출현하지 못한 이른바 재전법신(在纏法身)의 마음이다. 이에 비하여 화엄교학의 여래성기구덕심은 한량없는 여래의 공덕을 갖추고 출현한 여래의 마음이다.

4종 법계설은 이러한 법계를 관찰 또는 설명하기 위하여 현상[事]과 이법[理]을 임시로 구별한 후 이를 다시 사사무애법계로 통합하여 여래성기, 여래출현의 실상을 드러낸다.

첫째, 사법계는 이 세계를 차별 있는 세계로 보는 것이다. 낱낱 사물은 저마다의 인연에 따라서 일어난 것이므로 각각 자신의 영역과 한계를 지니고 서로 구별된다. 즉 차별의 세계이다.

둘째, 이법계는 이 세계의 다양한 현상이 실제로는 동일한 성품, 원리, 진리라고 파악하는 것이다. 이때의 동일한 성품은 궁극적 이법으로서 한마음이며 진여로도, 공(空)으로도 부를 수 있다. 즉 평등의 세계이다.

셋째, 이사무애법계는 차별의 세계와 평등의 세계가 서로 다른 세계가 아니라 걸림 없는 상호 관계[상즉상입(相卽相入)] 속에 있다고 본다. 즉 다양한 현상과 하나의 이법이 온전히 무분별한 세계이다. 여기에는 화엄교학 내에 두 가지 이해 방식이 있다. 하나는 이법과 현상의 층위를 설정한 상태에서 그 둘의 걸림 없음을 주장하는 입장이다. 이것은 예로부터 『대승기신론』의 물과 파도의 비유,[12] 『화엄금사자장(華嚴金師子章)』[13]의 금과 금으로 된 사자상의 비유를 통해서 설명되었다. 이는 화엄교학 내에서 여래출현의 입장보다는 여래장 사상에 기반한 이해 방식이라고 할 수 있다. 지엄 등에 의한 초기 화엄교학이 기존의 여래장 사상에 바탕을 둔 '나'의 이해에 반기를 들고 이루어졌다고 하였지만 이후 여래장에 기반한 '나'의 이해가 화엄교학 내에 다시 유행하게 된다. 이에 대해서는 나중에 균여의 사상을 다루면서 조금 더 자세히 설명한다.

다른 하나는 이법과 현상 사이에 어떠한 층위의 차이 없이 저절로 그 둘이 걸림 없다는 입장이다. 물과 파도의 비유에서 물이 본체인 이법이고 파도가 그것의 현현인 현상이므로 걸림 없다는 주장을 화엄종의 일승설이 아니라 삼승의 설이라고 비판하는 부류이다. 이 둘의 입장 차이는 넷째, 사사무애법계에도 이어지며 이는 화엄교학 내부에 여래장적 이해와 여래성기적 이해가 공존하는 데서 비롯된 입장 차이라고 할 수 있다. 이 경계에 대해서 이 책과 이 책의 원고를 쓰는 컴퓨터를 예로 든다면 그 둘의 본성이 한마음 또는 여래성 또는 공(空)과 더불어 조금의 장애가 없어서 이 책에서, 컴퓨터에서 그 본성인 여래성을 따로 찾는 것이 아니라 이 책이, 컴퓨터가 그대로 여래성인 것이다.

넷째, 사사무애법계는 차별의 세계로 보이는 현상과 현상이 서로 걸림 없는 상호 관계 속에 있다고 보는 것이다. 즉 이 세계의 모든 현상이 무분별한 세계로서 그 자체가 참된 온전한 세계이며 여래출현일 뿐이다. 이것이 화엄교학이 바라보는 이 세계의 참모습이다.

여기에도 두 가지 입장이 있다. 하나는 앞의 여래장적 이해 방식에 연결된 것으로 무수한 현상과 그 현상의 본체인 이법이 걸림 없기에, 즉 이사무애이므로 무수한 현상들도 서로 걸림 없는 관계에 있다는 것이다. 이를테면, 동쪽에서 불어오는 파도와 서쪽에서 불어오는 파도, 금목걸이와 금귀걸이가 서로 걸림 없는 상호관계에 있는데, 파도는 모두 물을 본체로 하고 있기 때문이고, 금목걸이와 금귀걸이는 둘 다 금으로부터 나온 것이기 때문이다. 여래출현으로 풀이하면 이는 모든 현상을 이법인 여래가 출현한 것으로 보는 것이다.

다른 하나는 물이기 때문에, 금이기 때문에 파도와 금장신구가 걸림없다는 것은 삼승설로서 일승의 화엄종 설이 아니라는 입장이다. 동쪽의 파도가 아니면 서쪽의 파도가 없고 금목걸이가 자성의 금목걸이가 아니기 때문에 금목걸이가 바로 금귀걸이어서 서로 걸림 없기에 여기에 어떠한 이법이나 본체를 상정할 필요가 없다는 것이다. 여래출현으로 말하면 현상으로 나타난 출현이 곧바로 여래로서, 출현 외의 어떤 원리나 이법으로서의 여래에 근거하지 않는다.

읽는 이의 책과 필자의 컴퓨터는 그 자체로 걸림이 없어서 읽는 이가 책을 읽어야 필자의 컴퓨터에 글씨가 나타나며 필자의 컴퓨터가 곧 읽는 이의 책과 조금도 다를 바 없다는 세계관이다. 다만 여기에서 무엇이 화엄교학의 '다를 바'이고 '없다'는 것인가는 유념해야 한다. 화엄교학의 입장에서 책과 컴퓨터와 읽는 이와 필자, 나아가 법계의 모든 현상은 모든 개념을 떠나서 분별이 없으며[無分別] 시공간 등 어떠한 것에도 고정되어 있지 않아 머무르지 않기[不住] 때문에 다를 바 없고 걸림이 없는 것으로 어떤 원리나 자성에 근거하여 두 현상이 같다거나 걸림이 없다고 하는 것은 아니기 때문이다. 삼승의 개념을 바탕으로 일승의 실제를 이해할 수는 없다.

이제까지 지엄, 의상 등 초기 화엄교학의 여래출현에 바탕을 둔 '나' 이해와 초기 화엄교학 이후에 확립된 4종 법계연기를 통한 세계의 이해를 간략히 소개하였다. 다음에서는 이처럼 균여 이전에 성립된 화엄교학의 '나'와 '나'를 포함한 세계의 이해를 균여가 어떻게 변용하여 자신만의 독특한 화엄교학으로 전개해나갔는지 살펴보도록 하자.

3
균여의 '나' 이해

불교 출가 수행자이자 불교 내 화엄교학자로서 의상의 일곱 번째 화신이라고 평가되는 균여는 지금, 여기의 '나'를 어떻게 이해했을까? 균여는 불교에 출가하여 수행한 승려이자 화엄교학을 탐구한 학자이며, 나아가 의상계 화엄학자로서의 정체성을 지니고 당시를 살아간 사람이다. 따라서 우리가 균여의 '나' 이해를 살펴보고자 할 때에는 멀리는 불교로부터 화엄사상을 거쳐 가깝게는 의상계 화엄에 이르는 사상사적 맥락을 바탕으로 이어지는 보편성과 당시의 여러 불교 사상과 종합하여 자신의 사상으로 변용함으로써 생겨난 균여만의 독특한 특수성도 함께 고려해야만 한다. 이것이 우리가 균여의 '나' 이해를 파악하고자 할 때 취해야 할 방향 또는 방법이라고 할 수 있다.

자료의 측면에서 우리에게 균여의 '나' 이해를 알려줄 수 있는 것은 균여의 저술뿐이다. 그런데 균여 저술의 경우는 조금 독특한 사정이 있다. 앞서 살펴본 것처럼 균여는 자신의 화엄사상을 자신의 기획하에 체계적으로 저술한 적이 없다. 더욱 정확하게 표현하자면 균여는 현존 기록상 어떤 저술도 한 적이 없다. 다만 균여 이전의 화엄교가, 즉 지엄과 의상과 법장 등의 저술을 사람들에게 강연한 것을 당시 참가자가 기록한 것이 여러 과정을 거쳐서 현재까지 전해지고 있는 것이다. 즉 균여 자신이 "나의 '나' 이해는 이런 것이요"라고 직접 알려주는 자료는 없다. 따라서 균여의 강연 기록 전체를 톺아보면서 우리 스스로 균여의 '나' 이해의 체계를 만들어가야 한다. 이는 당연히 균여의 본래 의도가 왜곡될 가능성이 높은 작업이지만 그럼에도 피할 수 없는 작업이다. 어차피 '관찰'과 '파악'은 왜곡을 통한 노출이 그 본성이다. 이러한 여건에서 최선의 전략은 이러한 한계를 항상 염두에 두고 다른 왜곡에 열려 있는 마음을 지니는 것이라고 생각한다.

균여가 '나'의 참모습을 어떻게 이해했는지 알아보기 위해서는 왜곡이라는 이 작업의 본성을 항상 염두에 둔 채 그의 저술 전체를 통해서 총체적으로 파악해야 할 것이다. 그러나 '나'에 대해서 의상 이래 의상계 화엄에서 설하는 독특한 주세, 교리, 예를 들어 앞서 언급한 주제 중 '내 오 척 되는 몸', '융삼세간불'에 관한 균여의 해석과 관점을 중심으로 살펴보는 것 또한 균여의 '나' 이해를 간명하게 단적으로 드러낼 수 있다는 점에서 하나의 대안이 될 수 있다. 일종의 샘플링을 통해서 전체를 파악하는 것은 일반화의 오류 등 위험성이 없지 않아 있지만, 조그마한 구멍을 통해서 본 허공 또한 허공이며, 솥의 국 맛은 한 숟가락으로 충분히 알 수 있다는 말처럼 일즉다 다즉일(一卽多 多卽一)의 화엄 교리에 의거한다면 본질적인 것은 샘플링 조사와 전수조사의 옳고 그름보다는 조사의 올바름일 것이다. 이에 이 책에서는 샘플링 조사의 방법을 채택하여 균여의 '나' 이해를 앞의 세 가지 주제를 대상으로 살펴보고자 한다.

1) '내 오 척 되는 몸'의 '나' 이해

의상은 자신의 독특한 '나' 이해를 몇 가지 독창적인 교설을 통해서 나타냈다. 이후 의상의 사상을 받아들여 한국에 화엄사상을 전개한 사람들(의상계 화엄)은 이러한 교설들에 대해서 자신의 이해를 덧붙이면서 더욱 풍부한 사상으로 변용해나갔으며 이는 균여도 마찬가지였다. 여기에서는 '나' 이해에 관련된 의상계 화엄의 독특한 교설에 대해서 균여가 어떠한 입장과 관점을 지녔는지 알아봄으로써 균여의 '나' 이해를 살펴본다.

먼저 '내 오 척 되는 몸'이다. 의상은 십불 중 무착불을 설명하면서 '나'

의 오 척 되는 몸 그대로가 무착불 그 자체, 즉 여래출현이라고 주장한다. 이에 대해서 균여는 어떠한 관점을 가지고 있을까? 여기서는 '내 오 척 되는 몸'에 대한 균여의 설을 몇 가지 인용하고 그 의미에 대해서 알아보자.

> ① "세 번째, 십현연기무애법문의." … 우선 자신의 몸을 기준으로 열 가지 [보]법[十法]과 열 가지 문[十門]을 논하면 [다음과 같다.] 첫째, 내 오 척 되는 몸의 드러난 것이 중생들로 하여금 이해하게 함이 가르침[教]이고 [그 가르침이] 곧 설해지는 뜻[義]이다. 둘째, 내 오 척 되는 몸의 오근과 사대 등이 분명히 차별됨이 현상[事]이고 [오근과 사대 등이] 곧 법성과 같음이 이치[理]이다. … 이와 같이 내 몸이 본래, 원만하거나 부분적이거나, 열 가지 대구의 보법을 다 갖춤이 동시구족상응문(同時具足相應門)이고 곧 이 내 몸의 움직이지 않는 오 척이 시방 삼세에 두루 하여 이르지 않는 곳이 없음을 광협자재무애문(廣狹自在無碍門)이라고 이름한다. 등등. 따라서 내 몸이 [십현연기]문과 [열 가지 보]법을 갖추었다. 이런 까닭에 이 관(觀)을 지으면 움직이지 않는 자기의 몸이 곧 다함없는 법문의 바다이고 곧 자체의 비로자나불이고 곧 보현법계이고 곧 화장세계해(花藏世界海)이고 곧 『대방광불화엄경』이다.[14]

위 인용문은 법장의 『화엄일승교분기』, 「의리분제장」의 네 가지 교설 중 세 번째인 '십현연기무애법문의'에 대한 균여의 설명 중 일부이다. 법장은 『화엄일승교분기』의 해당 부분에서 십현연기문을 하나의 연꽃을 예로 들어 설명한다. 균여는 법장의 연꽃을 통한 십현연기문 설명을 주석한 후에 본인이 자신의 독자적인 예를 거듭 들어 십현연기문을 설명하는데, 이때 그 예가 바로 '내 오 척 되는 몸'이다.[15]

물론 법장이 예로 든 연꽃과 균여가 거론한 내 몸 사이에 사상 측면에서 근본적인 차이는 없다고 할 수도 있다. 하지만 예로 든 연꽃과 내 몸에서 '나'가 즉각적으로 느끼는 '즉물성(卽物性)'의 강도 면에서는 내 몸이 더욱 압도적이라고 생각된다. 이처럼 화엄사상의 교설을 즉물적으로 '나'가 매일 사용하는 '내 오 척 되는 몸'으로 설명하는 전통은 의상에게서 비롯되었지만 균여에게 이르러 더욱 전면적으로 활용되어 거의 모든 교설의 설명과 예시에 내 몸이 사용된다.

균여는 여기에서 화엄사상의 대표적인 연기 해설인 십현연기무애법문을 내 오 척 되는 몸의 예를 통해서 설명한다. 이 구절은 여러 측면에서 논의되어야 할 주제가 많지만 지금은 내 오 척 되는 몸을 통해 여래출현에 기반한 '나'의 이해에만 한정하여 살펴본다.[16]

첫째, 균여는 여기에서 화엄사상에서 이 세계 전체를 열 가지 상대로 설명하는 틀인 십보법(十普法)과 이 열 가지 보법의 본래 모습, 성격, 관계라고 할 수 있는 십현연기문이 내 오 척 되는 몸에 모두 드러난다고 설명한다. 이는 앞서 언급한 바와 같이 내 오 척 되는 몸이 연기법인 만큼 어찌 보면 당연한 이야기라고 할 수 있다. 다만 한 가지 말하고자 하는 점은 열 가지 보법에 관한 균여의 입장이다. 열 가지 보법은 앞서 설명한 것처럼 온 세계, 즉 법계 전체를 열 가지 대비되는 쌍의 범주로 나눈 것이다. 열 가지 대비되는 쌍은 이를 설하는 화엄교가마다 조금씩 차이가 있지만 여기의 법장과 균여는 가르침[敎]과 뜻[義], 현상[事]과 이치[理], 대상[境]과 앎[智], 행위[行]와 지위[位], 원인[因]과 결과[果], 정보[正]와 의보[依], 자체[體]와 작용[用], 사람[人]과 법(法), 거스름[逆]과 수순함[順], 응화[應]와 감득[感]의 열 가지 쌍을 제시한다.[17] 여기의 십현연기무애문은 법계의 모든 현상을 이와 같은 열 가지 쌍으로 '구분'하고 '분류'한 것이 절대 아니다. 열 가지 보법의 의미는 법계의 모든 현상 하나하나가 열 가지 쌍으로 관찰할 수 있다는 것으로 이를 균여는 내 오 척 되는 몸에 열 가지 대구의 보법을 다 갖추고 있다고 설명한다. 따라서 내 몸은 가르침이자 뜻이고 현상이자 이치이며 응화이자 감득이다. 이러한 입장에서 열 가지 보법을 관찰한다면 동시구족상응문 등의 십현연기문은 저절로 내 몸에서 드러나게 된다.

둘째, 이러한 입장에서 내 오 척 되는 몸을 바라보면 움직이지 않는 내 오 척 되는 몸이 곧 비로자나불이고 화장세계해이고 『대방광불화엄경』이라고 균여는 단언한다. 이때 내 오 척 되는 몸과 등치되는 항목을 검토해 보면 우선 법신 비로자나불이 곧 내 오 척 되는 몸이라는 것은 균여의 '나' 이해가 의상 이래의 여래출현적 이해와 동일함을 알 수 있다. '나'가 내 안 깊숙한 곳에 아무도 보지 못하고 아무도 꺼내 쓰지 못하게 간직하고만 있는 본성이 비로자나불과 같다는 것이 아니다. '나'가 매일 쓰고 매일 부리는 내 오 척 되는 몸 그대로가 비로자나불이라는 것이다. 이 구절은 균여의 '나' 이해가 여래장 사상보다는 여래출현의 입장에 기반하고 있음을 알려주는 한 예이다. 이어서 비로자나불로 대표되는 지정각세간이자 중생세간인 내 오 척 되는 몸이 기세간이자 의보인 화장세계해라고 한다. 이는 사실 열 가지 보법 중 의보와 정보의 쌍이 내 몸에 갖추어져 있다는 앞의 설명에 따른다면 저절로 당연한 일이다. 이는 내 오 척 되는 몸이 그대로 가르침인 『대방광불화엄경』이라는 주장에도 마찬가지이다.

이상 살펴본 내 오 척 되는 몸을 통한 균여의 설은 여래출현 사상에 기반한 이해라고 할 수 있다. 이때의 의미는 기본적으로, 우선적으로 내 오 척 되는 몸으로 대표되며 중생으로 여겨지는(착각된?) '나'의 참모습이 비로자나불이라는 것이다. 이것은 앞으로 그렇게 될 수 있다는 가능성에 대한 이야기가 아니다. '나'의 실상에 관한 이야기이다. 그러나 이를 더 적확하게 말한다면 내 오 척 되는 몸이 여래일 뿐만 아니라 시공간이며 여래의 가르침 등이라는 것이다. 내 오 척 되는 몸이 그대로 법계 자체로서 여기에는 자타(自他), 선악(善惡) 등의 두 가지 구분된 이해가 들어올 수 없다. 이것이 균여가 바라보는 '나'의 참모습이라고 볼 수 있다.

마지막으로 이 절을 마무리하기 전에 한 가지 언급해야 할 사항이 있다.

이제까지 이 인용문을 여래출현 사상으로 풀이하였는데, 과연 그런가? 이 인용문에 한해서 이야기한다면 '움직이지 않는[不動]'의 이해에 따라서 이 인용문을 여래출현 사상이 나타난 문장으로 볼 것인지, 아니면 여래장 사상이 드러난 구절로 읽을 것인지 나뉘어질 것이다. 앞에서는 '부동(不動)'을 일단 '움직이지 않는', 현실을 묘사하는 구절로 이해하였다. 이에 따르면 내 오 척 되는 몸은 현재 그대로 움직이지 않는 오 척 되는 몸이다. 그러므로 움직이지 않는 내 몸은 여래출현이다. 그러나 이를 '움직이지 않아야'라는 당위(當爲)로서 풀이한다면 이 구절은 현재 부단히 요동치는 내 오 척 되는 몸을 움직이지 않아야만 여래와 같다는 말이 된다. 이는 여래출현 사상보다는 여래장 사상에 가까울 것이다. 물론 이 인용문만으로 이 둘 가운데 어느 것이 균여의 입장에 가까운지 판단할 수는 없다. 균여의 사상에는 여래장 사상과 여래출현 사상이 둘 다 혼재되어 있다. 그러나 균여는 표면적으로는 여래장 사상의 종교와 일승을 구분하며 일승의 '나' 이해가 올바르다고 강조한다. 다음의 인용문을 보자.

> ② 숙교에서 만약 내 몸을 기준으로 하면 여래장은 온전히 내 몸이고 또 육도를 기준으로 하면 여래장은 온전히 아귀이고 온전히 인천(人天)이다. 이와 같이 여래장이 실로 온전히 모든 법을 이룬다. …
>
> 종교에서 여래장이 실로 온전히 육도에서 생멸하는 모든 상(相)을 이루지만 이 [종]교의 뜻은 육도의 생사의 모든 상을 없애게 하는 것을 근본[宗]으로 한다. 이런 까닭에 육도의 상을 없애 평등한 진여로 돌아갈 때 오직 진여가 있을 뿐이니 비유하면 물 전체가 파도를 이루지만 파도가 잠잠한 날에 오직 물뿐 파도가 없는 것과 같다. 무명이 다한 때 오직 진여뿐이기 때문에 이로써 부처님의 과보 중에 오직 여여(如如)와 여여의 지혜가 홀로 있을 뿐이다. …
>
> 여래장 거울의 영상은 영상과 거울이 나누어지지 않는 한 몸이다. 만약

> 영상을 취하면 거울이 곧 부서진다. 만약 거울을 부수면 영상을 얻을 수 없다. 이런 까닭에 내 몸과 여래장은 나누어지지 않는다. 만약 여래장의 업과를 안다면 육도의 과보가 어떻게 생겨나겠는가? 그래서 거울을 [알게] 될 때 나타난 [내] 오, 육 척 되는 [몸]의 모습은 얼음과 같이 없어진다. 이런 까닭에 숙교에서 여래장이 모든 상(相)을 온전히 이루므로 여래장을 [알게] 되는 날에 육도의 생사는 얼음과 같이 없어진다. …
> 일승에서 '체가 융섭함' 등은『관석』에 이른다. 해인 거울에 나타난 영상은 내 오, 육 척 되는 몸이다. [내 몸이] 삼세간을 갖추었기 때문에 별도로 머무는 곳이 있지 않으므로 머무름 없음[無住]이라고 한다. 이처럼 [내 몸은] 머무르지 않으므로 곧 움직이지 않음[不動]이라고 한다. 이미 곁이 없는 내 몸이 어느 곳으로부터 어느 곳으로 옮길 것인가? 이런즉 이 영상은 없어지지 않는다. 어떻게 곁이 없음[無側]을 아는가? 도인(圖印)의 글과 같기 때문에 [안다.] 말하자면 도인에 이른다. "세 가지 세간은 해인삼매로부터 빈번히 나와 현현한다. '빈번히 나와'란 첫째, 종이에 '법(法)' 글자를 써놓고 둘째, '법' 글자에 붉은 그림을 그려놓는 것이다. 여기에서 흰 종이는 기세간이다. 붉은 그림은 지정각세간이다. 검은 글자는 중생세간이다. 이 셋 중에서 어느 하나를 취함에 따라서 [셋이] 온전히 전부 일어나기 때문에 [셋 중 하나를] 따로 취할 수는 없다."이상 이러한 뜻이기 때문에 일승에서 나타난 갖가지 영상은 곧 거울 자체로서 거울 외에 갖가지 영상이 있는 것이 아니다. 따라서 [물에 비쳐] 나타난 영상은 곧바로 물 자체[水身]이다.[18]

『십구장원통기』의 일부인 위 인용문은 어떤 교리를 설명하며 대승의 초교(初教)와 종교(終教)와 일승원교를 비교하는 부분으로 워낙 길어서 중간중간 생략하여 인용하였지만 인용문만 보더라도 균여가 여래장의 종교와 일승을 명백히 구분하고 있음을 알 수 있다. 균여는 여기에서 여래장 거울과 해인 거울의 대비를 통해서 종교의 여래장 사상과 일승원교의 사상을 구분하고 그 차이를 밝힌다. 이를 통해서 우선 분명한 것은 균여가 여래장 사상의 종교와 일승원교를 구분하는 의식을 가졌고 그 가운데 일승원교를 지향했다는 것이다. 따라서 균여의 '나' 이해 또한 여래장 사상이 아니라 일승원교의 '나' 이해를 추구했다고 판단 가능하다. 그러면 이때 균여가 추구한 일승원교의 '나' 이해는 무엇인가?

먼저 위 인용문에서 그리고 있는 종교의 여래장 사상은 "여래장은 온전히 내 몸"이라는 구절에서 알 수 있듯이 여래장과 내 몸, 즉 '나'의 동일성을 기본 전제로 한다. 왜냐하면 여래장이 일체 모든 현상을 이루기 때문이다. 따라서 내 몸을 기준으로 하면 여래장은 내 몸이고, 다른 어떤 법을 기준으로 하면 여래장은 그 어떤 법이다. 여래장이 온전히 내 몸이라는 것은 어떤 의미일까? 여기서 한 걸음 더 나아가야 여래장과 일승의 차이가 드러난다. 왜냐하면 일승, 즉 화엄사상의 여래출현 또한 내 몸이 그대로 여래라는 주장이기 때문에 여래(성)와 '나'의 동일성이 여래장 사상과 여래출현 사상에서 각각 어떤 의미를 지니며 그 차이는 무엇인지를 살펴보기 위해서는 이 둘 사이의 동일성에서 그치지 말고 그 동일성의 의미, 의도 또는 이유와 같은 배경을 알아보는 데에까지 나아가야 한다.

균여가 이해하는 종교의 입장에서 여래장은 곧 내 몸이지만 이는 여래장이 내 몸을 포함한 모든 현상을 이루어내기 때문으로 이때 종교가 추구하는바, 즉 종(宗)은 본래의 여래장을 깨달아 여래장이 이루어낸 모든 현상[相]을 없애는 것이다. 즉 여래장에서 이루어져 곧 여래장이라고 말해지는 내 몸을 없애는 것[泯]이 여래장 사상의 지향점이다. 물론 파도가 곧 물이고 거울에 비친 영상이 곧 거울이지만 여래장 사상이 추구하는 바는 파도와 영상이 없어진 물과 거울이다.

일승의 경우, 거울에 나타난 내 오 척 되는 몸은 삼세간을 갖추어[融三世間] 머무르지 않으며[無住] 움직이지 않고[不動] 곁이 없다[無側]. 따라서 내 오 척 되는 몸 이외에 따로 어떠한 현상도 있을 수 없다. 그렇기에 내 오 척 되는 몸은 여래장을 깨닫든 여래가 되든 없어지는 물건이 아니다. 따라서 거울에 영상이 비치고 물에 파도가 이는 것이 아니라 비친 영상이 그대로 거울이고 인 파도가 바로 물이다. 이 둘을 구분하여 하나를 깨달아 다른 하나가 망상이어서 없어진다는 것은 두 가지 이해를 내어[生二解] 분별하는 삼승의 설이다.

거울이 모습을 비추어내고, 물이 파도를 만들어내어 본질적으로는 거울과 영상이 같고 물이 파도와 같지만 현상적으로는 그 둘이 다르다는 여래장 사상과 달리 일승의 입장에서는 하나의 연기법인 파도는 융삼세간=무주(無住)=부동(不動)=무측(無側)으로서 법계에 파도 이외에 어떤 법도 없기에 파도가 곧 물이다. 물로부터 파도가 일어난 것이 아니다. 파도가 일어났을 때 물은 온전히 파도일 뿐이다. 파도 아닌 물은 없다. 파도가 그대로 물출현이기 때문에 일승은 파도를 없애고 물을 구하고자 하는 것이 아니라 파도 그 자체를 긍정한다. 이와 마찬가지로 내 오 척 되는 몸은 그대로 여래출현이기 때문에 일승의 '나' 이해는 내 오 척 되는 몸을 없애 여래(성)를 찾자는 것이 아니라 내 오 척 되는 몸 그대로를 긍정하려는 것이다.

2) '융삼세간불'의 '나' 이해

앞서 '내 오 척 되는 몸'의 '나' 이해에서도 '융삼세간불'의 '나' 이해에 관한 내용이 조금 나왔지만 좀 더 자세히 살펴보자. 먼저 '융삼세간불'이라는 것은 삼세간을 융섭한, 즉 삼세간 모두인 부처라는 의미이다. 여기에서 '융(融)'의 의미는 아래에서 더 자세히 다룬다. 삼세간은 앞서 소개했듯이 법계를 세 가지로 구분한 것으로 불보살의 지정각세간, 중생의 중생세간, 시공간 등의 기세간을 가리킨다. 따라서 일승에서 바라보는 부처는 지정각세간과 중생세간과 기세간을 융섭한 부처이다. 따라서 일승의 부처는 중생세간과 고립되어 중생세간을 교화하는 기세간 위에 서 있는 그러한 지정각세간이 아니다. 중생세간과 기세간과 구분할 수 없는 지정각세간이다. 이러한 융삼세간불에 대한 균여의 입장을 살펴보자.

③ 무릇 다섯 바다[五海]란 중생의 본식(本識)이다. 본식이란 분별이 없는 마음이다. 분별이 없는 마음이란 적심을 뛰어넘는 바다 같은 마음[濕過海心]이다. 적심을 뛰어넘는 바다 같은 마음이란 『관석(觀釋)』에 이른다. 숙교(熟教)의 바다는 적심에 머무르는 바다이다. 먼저 그 바다를 생각해보면 물이 바다인가, 깊음이 바다인가, 내지 게인가, 물고기[가 바다]인가? 그러나 물은 바다가 아니다. 무슨 까닭인가? 바닷가의 사람이 물을 떠서 가면 단지 바닷물을 가지고 간다고 하지 바다를 가지고 간다고 하지는 않는다. 나머지도 모두 이에 따른다. 이런 까닭에 물 등은 모두 바다가 아니다. 이렇다면 [바다는] 무엇인가? 바다는 곧 여러 사물이 모여 나누어지지 않는 곳이 바다이다.

그러나 숙교의 뜻은 반드시 물이 일체 사물을 적시는 바로써 비로소 바다를 삼을 뿐으로 적심의 처소에 이르지 못하면 바다가 아니다. 이런 까닭에 보리밭의 파도는 바다의 파도가 아니다. 이와 같이 변계 중에서는 진여(眞如)에 이르지 못하기 때문에 스무 가지 끊은 제기한다. 의다의 법은 진여 아님이 없기 때문에 그 법을 제거하지 않는다. 그래서 일체 사물을 합해야 비로소 바다이지만 오직 물이 모든 사물에 통하는 뜻을 취하여 바다로 삼는 것은 하나의 진여를 근본으로 삼는 뜻을 나타내고자 함이다. 이런 까닭에 숙교 중에 진여를 근본으로 삼아서 반드시 진여가 이르는 곳을 취하여 바다로 삼으니 이 변계는 진여가 이르는 곳이 아니어서 바다가 아니기 때문이다. 따라서 보리밭의 파도는 바다가 아니라고 한다. 그러나 일승에서는 이미 진여를 별도로 취하여 근본으로 삼지 않기 때문에 진여가 이르지 않는 곳이 없다. 이런 까닭에 변계가 곧 원만히 성취된 진여이므로 보리밭의 파도가 곧 바다이다. 이것이 적심을 뛰어넘는 바다 같은 마음이다.

저 다섯 바다는 [다음과 같다.] 일체 세계 바다에서 있는바 세계를 통틀어 거두고 일체 중생 [바다]에서 있는바 중생을 통틀어 거두고 내지 일체 삼세 모든 부처 바다에서 있는바 모든 부처를 모두 거둔다. 이와 같이 세 가지 세간이 화합한 하나의 분별없는 곳을 적심을 뛰어넘는 바다 같은 마음이라고 이름하고 또한 본식(本識) 십지(十地)라고 한다. 무슨 까닭에 이 법이 십지가 되는가? 말하자면 십지란 비유로부터 이름을 얻은 까닭이다. 만약 그 땅을 생각해보면 흙이 땅인가, 돌이 땅인가, 산이, 강과 바다가, 허공 등[이 땅]인가? 만약 하나를 치우쳐 취한다면 땅이 되지 못한다. 일체 사물을 합하여 하나의 분별없음이어야만 비로소 땅이 된다. 이와 같이 삼세간의 법을 화합하여 하나의 분별없는 곳을 만약 부처가 이를 깨달으면 곧 국토해가 되고 보살의 마음을 따라서 이를 나누면 곧 십지가 된다. 노사나불이 비로소 바른 깨달음을 이루어 분별을 여의고 삼세간의 법을 증득함이 해인삼매이다.

옛사람이 말하였다. 부처님께서 "내가 지금 네 몸과 마음이 곧 부처임을 깨달았으니 너희들은 또한 믿을지어다"고 설하신 것이 이 뜻이다. 즐겁구나! 내가 얻은 법은 중생의 몸과 마음을 움직이지 않고 기세간의 법을 움직이지 않음이 곧 부처의 몸과 마음인 것이다. 이와 같이 자신의 법락을 받는 것이 불화엄삼매이다. 이 한 걸음 내딛음에 이와 같은 법이 어찌 홀로 내가 증득함에 그치겠는가? 또한 중생으로 하여금 이 법을 함께 깨닫게 하고 [자] 대비심(大悲心)을 일으킴이 사자분신삼매(師子奮迅三昧)이다.[19]

인용문 ③은 『십구장원통기』의 한 구절로서 60권본 『화엄경』, 「노사나불품(盧舍那佛品)」에 나오는 다섯 바다[五海][20]를 통해서 여래장 사상의 종교와 일승에서 바라보는 중생의 마음의 차이를 밝히는 부분이다.

여기에서 다섯 바다는 일승의 바다이다. 균여는 일승의 바다는 적심을 뛰어넘는 바다[濕過海]이고 여래장 사상을 대표로 하는 종교의 바다는 적심에 머무르는 바다[濕留海]라고 하여 그 둘을 구분한다.[21] 균여에 따르면 종교의 바다는 바다를 이루는 수많은 요소 중에서 사물을 적시는[濕] 물의 요소만을 취해서 바다라고 한다. 그래서 '적심에 머무르는 바다'라고 하며 이런 의미에서 바람에 일렁이는 보리밭의 파도는 물의 요소가 없기 때문에 바다가 아니다. 이처럼 종교는 모든 현상에 통하는 진여만을 근본으로 삼아 진여만을 인정하고 다른 현상은 진여로 환원시키려고 한다.

이와 달리 일승에서는 바다의 수많은 요소 중에서 사물을 적시는 물을 바다의 근본으로 삼지 않고 바다를 이루는 모든 요소가 바로 바다이다. 그래서 이를 '적심을 뛰어넘는 바다'라고 하며 사물을 적시는 물이 없더라도 바람에 이는 파도가 바로 바다이므로 보리밭의 파도도 바다이다. 이처럼 일승은 모든 현상에 통하는, 모든 현상을 관통하는 진여와 같은 것을 인정하지 않고 오히려 모든 현상을 바로 진여로 삼기 때문에 현상을 진여라는 이치로 환원시키려고 하지 않는다.

이를 균여는 삼세간과 연결시켜 설명한다. 이 다섯 바다는 기세간[일체 세계 바다]과 중생세간[일체 중생 바다]과 지정각세간[일체 삼세 모든 부처 바다]을 통틀어 거두며 이 모두가 화합하여 분별없는 곳을 바로 '적심을 뛰어넘는 바다 같은 마음[濕過海心]'이라고 한다. 따라서 이 바다는 진여와 같은 어떤 근본에 머무르는 바다가 아니므로 중생세간과 기세간과 지정각세간에 어떤 근본, 이치 등을 상정하지 않고 현상 그대로를 바다로 긍정하는 마음이다. 그렇기에 이 일승의 바다 같은 마음에서는 "중생의 몸과 마음을 움직이지 않고 기세간의 법을 움직이지 않음이 곧 부처의 몸과 마음"이다. 이는 "지금 네 몸과 마음이 곧 부처"라는 말의 다른 표현으로서 여기의 움직이지 않음을 두 가지로 이해할 수 있음은 앞서 설명한 바와 같다.

바다는 바다일 뿐이다. 바다를 수많은 구성 요소로 나누고 또 이를 모두 관통하는 어떤 공통성, 이치, 원리를 상정한 후 이를 근본으로 하여 바다를 규정하려는 것은 일승의 입장에서는 헛된 일이다. 눈앞의 바다는 그냥 바다로 보면 될 뿐이다. 이를 물고기[중생세간]로, 밑바닥[기세간]으로, 이를 모두 적시는 물[지정각세간]로 나누지 않고 이 셋을 모두 융섭한 하나의 분별없는 바다 같은 마음이 바로 균여가 바라보는 융삼세간불로서의 '나'라고 할 수 있다. 이것은 본래 나누어져 있는 세 가지 세간을 합쳐서 이를 '나'라고 하는 것이 아니다. 본래 세 가지 세간으로 나누어지지 않는 그것을 '나'라고 하는 것일 뿐이다.

균여는 이러한 입장을 의상의 『일승법계도』 도인을 풀이하면서 더욱 분명하게 나타낸다.

④

【문】 이 도인과 73인은 어떻게 다른가?

【답】 이것은 총상이고 그 [73인은] 별상이다. 그 글에 "50권 『화엄경』 안에 해인 73곳을 가리켜 보였다"고 하고 지금 여기에서는 [화엄]대경의 뜻을 총괄하여 기준으로 한 것으로 개별적으로 의거하는 곳은 없다. 또 그 글은 원융무애, 본말상성 등 개별 이름을 지었지만 지금 여기는 개별 이름이 없기 때문에 그렇다.

또 이 도인의 뜻은 붉은 그림이 지정각[세간]을 상징하고 검은 글자가 중생[세간]을 상징하고 종이가 기세간을 상징하여 세 가지 세간이 해인삼매로부터 빈번히 나와 드러남을 모두 나타낸다. 이런 까닭에 이 도인의 한 굴곡과 한 글자에, 만약 마음으로 관하는 풀이[觀心釋]를 기준으로 하면, 네 가지 문이 있다.

첫째, 만약 '법(法)' 글자를 없애면 종이와 붉은 그림 모두 없어진다. 종이와 붉은 그림이 '법' 글자를 여의지 않기 때문에 '법' 글자에 종이와 그림을 갖춘다. 이와 같이 만약 중생세간을 여의면 기세간과 부처 모두 있을 수 없다. 따라서 기세간과 부처가 중생세간을 여의지 않으니 곧 중생세간에 부처와 기세간을 갖춘다. 이런 까닭에 경에 "보살이 몸에 여래의 깨달음이 있고 일체 중생 또한 이와 같음을 스스로 안다"고 한다.

둘째, 만약 붉은 그림을 없애면 종이와 '법' 글자 모두 없어진다. 종이와 '법' 글자가 붉은 그림을 여의지 않기 때문에 붉은 그림에 종이와 '법' 글자를 갖춘다. 이와 같이 만약 지정각세간을 여의면 기세간과 중생세간 모두 있을 수 없다. 따라서 기세간과 중생세간이 지정각세간을 여의지 않으니 곧 지정각세간에 기세간과 중생세간을 갖춘다. 이런 까닭에 경에 "삼세 일체 겁과 불국토와 모든 법과 모든 감각 기관과 마음과 마음 법과 일체 허망한 법이, 하나의 부처님 몸에 이 법이 모두 다 나타난다"고 한다.

셋째, 만약 종이를 없애면 '법' 글자와 붉은 그림 모두 없어진다. '법' 글자와 붉은 그림이 종이를 여의지 않기 때문에 종이에 '법' 글자와 붉은 그림을 갖춘다. 이와 같이 만약 기세간을 여의면 중생세간과 부처 모두 있을 수 없다. 따라서 중생세간과 부처가 기세간을 여의지 않으니 곧 기세간에 중생세간과 부처를 갖춘다. 이런 까닭에 경에 "화장세계에 있는 티끌에는 낱낱 티끌에 법계가 보이고 [법계의] 보배 광명이 부처가 구름처럼 모여 있음을 나타내니 이것이 여래 국토의 자재함이다"라고 한다.

넷째, 이 세 자리가 서로 뚜렷하여 종이 위에 글자를 써도 종이가 찢어지지 않고, 글자 위에 줄을 그려도 글자가 없어지지 않는다. 세 자리가 [서로] 여의지 않지만 또한 세 자리가 섞이지 않고 뚜렷하게 나타난다. 이와 같이 세 가지 세간이 장애 없이 원융하며 그러면서 서로 섞이어 어지럽지 않다. 이런 까닭에 앞의 셋은 융통하여 원만함을 나타내고 뒤의 하나는 뚜렷하여 섞이지 않음이다. 이 넷이 장애 없고 동일한 연기여서 비로소 법계의 참모습을 [나타내는] 도인이 된다. 한 굴곡과 한 글자가 네 가지 관하는 문을 갖추었듯이 나머지 굴곡과 나머지 글자도 또한 이러함을 마땅히 알아야 한다.

만약 중생의 문으로 이것을 취하면 중생해인 아님이 없으니 따라서 모두 중생해인이다. 만약 부처의 문으로 이것을 취하면 부처해인 아님이 없으니 따라서 모두 부처해인이다. 이런 까닭에 중생의 마음속 부처가 부처의 마음속 중생을 교화하고 부처의 마음속 중생이 자기 마음속 부처의 설법 교화를 받아들인다. 만약 기세간으로 이것을 취하면 기세간해인 아님이 없으니 따라서 티끌 티끌 속 불국토와 모든 부처가 넓게 편안히 머무른다.

【문】 만약 그렇다면 또한 중생해인이라고 할 수 있는데 어째서 석가불해인이라고 하는가?

【답】 실제를 기준으로 하면 그렇다. 그러나 허망함이 다하여 마음이 맑음의 뜻을 기준으로 하여 말했을 뿐이다. 말하자면 … 무릇 마음이 있는 것들은 부처의 지혜를 품고 있으나 다만 허망한 생각으로 전도되어 가리워져 자기의 해인삼매가 본래 스스로 원만하고 밝으며 부처와 다름이 없음을 알지 못하고 윤회하여 그치지 않고 허망되게 뭇 고통을 받는다. 부처는 곧 그렇지 않으니 허망한 생각의 바람을 멈추고 번뇌의 파도를 쉬게 하여 세 가지 세간이 분명하게 나타나게 한다. 비유하면 사람과 귀신이 하나의 강물을 보는데 사람은 물로 보고 귀신은 흐르는 불로 보는 것처럼 이와 같이 중생과 부처는 하나의 법계를 같이 품고 마음은 같아 차별이 없지만 중생은 허망한 생각에 얽매여 자신의 법계를 알지 못하니 단지 고통으로만 보고, 부처는 허망 분별을 멈추고 세 가지 세간이 해인에서 나타난 것이 자기임을 본다. 이런 까닭에 그런 것이다.[22]

균여는 의상계 화엄의 전통적인 견해에 따라 붉은 그림[赤畵]을 지정각세간으로, 검은 글자[黑字]를 중생세간으로, 바탕 종이[紙]는 기세간으로 풀이한다. 이어서 붉은 그림과 검은 글자와 종이의 관계를 네 부문으로 나누어 설명하지만 이는 크게 두 가지로 분류할 수 있다. 첫 번째, 첫째부터 셋째 부문은 붉은 그림과 검은 글자와 종이가 서로 여읠 수 없음을 밝힌다.

즉 세 요소의 융섭(融攝)을 이야기한다. 이러한 상징을 통해서 이른바 범부 중생들이 구분하여 따로 떼어놓고 보는 중생세간과 기세간과 지정각세간이 실제로는 따로 떼어놓을 수 없는 융섭의 관계라고 설한다.

두 번째, 마지막 넷째는 이처럼 세 가지 요소가 서로 융섭되어 있으면서도 각자 뚜렷하게 나타남을 가리킨다. 즉 '법' 글자가 자리한 도인의 맨 가운데 자리를 예로 들면 이 자리는 글자의 자리이자 그림의 자리이면서 종이의 자리이지만 그렇다고 글자와 그림 때문에 종이가 보이지 않는 것도 아니고 종이와 글자 때문에 그림이 보이지 않는 것도 아니며 종이와 그림 때문에 글자가 보이지 않는 것도 아니다. 이 자리는 세 요소가 융섭된 자리이면서 동시에 각자가 분명히 나타나는 서로 섞여 어지럽지 않은[不雜亂] 자리이다.

균여는 융섭과 서로 섞이어 어지럽지 않음의 두 가지 뜻이 장애 없이 연기하는 것이 바로 법계의 참모습, '나'의 여실한 모습이라고 한다. 이와 같이 중생세간과 기세간과 지정각세간이 융섭하면서 서로 어지럽지 않음을 융삼세간불이라고 하며 이를 그림으로 나타낸 것이 도인이다. 또한 이를 해인삼매를 나타낸 해인삼매도(海印三昧圖)라고도 한다.

이와 같이 세 가지 세간이 융섭하면서 잡란하지 않은 법계의, '나'의 참모습을 융삼세간불 또는 석가여래의 해인삼매라고 하지 누군가 융삼세간불의 불과 석가여래의 해인삼매 중 석가여래에 집착하여 "역시, 융섭이든 잡란하지 않든 이 세계의 참모습은 부처의 경계이다"라고 할까 봐 균여는 이는 단지 취함에 따른 것일 뿐이라고 거듭 설명한다. 즉 중생 쪽을 취하면 중생해인이자 융삼세간중생이고 기세간 쪽을 취하면 기세간해인이고 융삼세간기세간이다. 실제로는 부처해인이어서 부처해인인 것이 아니라 취함에 따라서 부처해인이고 중생해인이다.

실제로 그렇다. 내 오 척 되는 몸 그대로가 여래출현이다. 그런데 균여는 이를 알지 못하기 때문에 사람이 뭇 고통을 받는다고 이어서 풀이한다.

이는 앞서 '움직이지 않음'의 두 가지 이해 방식 중에서 '움직이지 않음'을 당위로, 해야 할 바로 풀이하는 입장에 가깝다. 균여의 '나' 이해는 '움직이지 않음'을 현실의 묘사로 볼 것인지, 아니면 당위의 적시(摘示)로 파악할 것인지에 따라서 두 가지 성격이 혼재되어 있다. 지금, 여기 '나'의 현실 그대로를 여래출현으로 보는 입장과 '나' 그대로 여래이지만 현실의 '나'는 이를 깨닫지 못해 고통을 받는다고 보는 입장의 차이이다. 전자의 입장에서는 본래의 측면이든 현실의 측면이든 여래와 중생이 구별되지 않지만 후자의 입장에서는 여래와 중생의 본래적 동일성이 현실적 차별성으로 변화한다. 이러한 입장에 따라서 나중에 논의할 수행론도 두 방향으로 나아가게 된다. 자세히는 해당 부분에서 설명하겠지만 간략히 구별하자면 전자의 입장에서 지금, 여기의 '나'는 여래출현이므로 수행은 '나'가 본래 여래임을 깨닫는 것이 아니다. 여래출현의 '나'에게 수행은 여래의 행을 하는 것이다. 이미 예로부터 부처인데 어떻게 다시 부처가 되겠는가? 부처로 살 뿐이다. 그러나 후자의 입장에서 '나'는 본래 부처이지만 부처임을 알지 못하고 중생 살이를 반복한다. 따라서 그런 '나'에게 수행은 '나'가 본래 부처임을 아는 것일 뿐이다.

정리하면 균여에게 일승의 '나' 이해는 두 가지로 나뉘는 것으로 보인다. 첫째는 지금, 여기의 '나' 그대로 여래출현이라는 의미로 여기에는 본래적 동일성과 현실적 차별성의 구분이 없다. 둘째는 '나'는 본래 여래와 동일한데 이를 깨닫지 못하여 중생으로 살아간다는 뜻으로 본래적 동일성과 현실적 차별성이 존재한다. 그리고 균여에게는 첫째와 둘째의 입장이 혼재하는 것으로 보이며, 첫째는 물론 둘째 입장 또한 일승의 입장으로서 일견 비슷해 보이는 여래장 사상과 다른 것으로 분명히 구별한다.

3) 법계연기설의 '나' 이해

화엄교학에서 법계연기는 이 세계를 이해하는 하나의 방식이다. 즉 석가모니 부처 이래로 이 세계의 현상을 무아·연기로 이해해온 불교는 이 무아·연기에 대한 입장 차이로 여러 세부 그룹이 생겨났으며 화엄교학 또한 무아·연기에 대한 독자의 관점이 있으며 이를 법계연기라고 한다. 균여 또한 현존 저술 여러 곳에서 법계연기에 대한 심도 있는 교설을 펼치고 있다. 이 가운데 가장 대표적인 곳은 아마도 법장의 『삼보장』 중 「법계연기장(法界緣起章)」에 대한 균여의 주석을 들 수 있을 것이다. 이는 물론 『삼보장』에 대한 균여의 주석서인 『화엄경삼보장원통기』에 실려 있다.

균여는 법계연기에 대해서 다음과 같이 설명한다.

> ⑤ 안과 밖, 물들음과 청정함을 가리지 않고 법계를 통틀어 거두어서 하나의 연기를 이루기 때문에 법계연기라고 이름 붙인다. '징관소(澄觀疏)'에 "대연기란 안과 밖, 물들음과 청정함을 가려낸 하나의 현상인 연기이다. [삼승에서는] 바깥의 흙과 사람의 노력과 시절 등이 연(緣)이 되어 곧 싹이 생겨나는 것처럼 무명과 행(行) 등이 연이 되어 식(識) 등이 일어나지만 지금 [일승에서는] 곧 법계를 모두 거두어서 하나의 연기가 되기 때문에 '대(大)'[23]라고 한 것이다"[24]이상 라고 한다. 따라서 그렇다.[25]

균여에 따르면 법계연기란 법계를 통틀어 안과 밖, 청정과 물들음, 부처와 중생 등등 온갖 분별을 여읜 하나의 연기이다. 이를 균여는 징관의 『화엄경소초(華嚴經疏鈔)』를 인용하여 삼승의 연기와 대비하여 일승의 연기인 법계연기의 특징을 드러낸다.

균여가 생각하는 삼승의 연기는 사람의 노력과 흙과 적당한 온도, 습도 등의 조건인 연(緣)이 여럿 모여 싹이라고 하는 결과가 일어나듯이 무명과 행의 연이 있어 결과인 식(識)이 일어난다[起]. 이 경우에 연과 일어남이 서로 구분되며 연 또한 다양한 연이 서로 구별되며, 일어난 결과 또한 연에 따라서 하나가 아니다. 이로 인해서 원인과 결과가, 원인들 자체가, 결과 자체가 구분되어 안과 밖, 물들음과 청정함, 중생과 부처, 수행과 깨달음 등의 온갖 현상이 차별된 세계가 벌어진다. 이와 달리 일승의 연기는 법계를 모두 거두어서 단 하나의 연기가 되기 때문에 '대연기'라고 한 것이며 이는 '일대연기(一大緣起)'라고도 할 수 있다. 여기에는 연과 일어남, 연 사이, 일어남 사이에 어떠한 분별도 일으킬 수 없다. 이것이 균여가 바라보는 화엄교학의 연기인 법계연기이다.

이후『화엄경삼보장원통기』에는 법계연기에 대해서 다양한 논의가 펼쳐지지만 여기에서는 앞서 소개한 4종 법계설과 관련하여 이치[理]와 현상[事]의 무애를 논하는 부분에 대해서만 좀 더 자세히 살펴보고자 한다. 왜냐하면 이를 통해서 균여의 법계연기설의 특징을 드러낼 수 있기 때문이다.

⑥

㉠ 삼승에서는 다만 이치와 이치의 상즉[이이상즉(理理相卽)], 이치와 현상의 상즉[이사상즉(理事相卽)], 현상과 이치의 상즉[사리상즉(事理相卽)] 등의 3구만 논할 뿐 현상과 현상의 상즉[사사상즉(事事相卽)]은 논하지 못한다. 일승에서는 갖추어 논하므로 다르다. … 이치와 현상의 상즉에서 다시 현상과 이치의 상즉의 구절을 나누면 4구의 상즉을 모두 갖추어 설한다. …

㉡

【문】 4구의 상즉은 법성융통문(法性融通門)과 연기상유문(緣起相由門)에서 어디에 해당하는가?

【답】 두 문에 통한다.

【문】 만약 그렇다면 두 문에서 이치와 이치의 상즉과 현상과 현상의 상즉은 어떻게 다른가?

【답】 법성융통문에서는 의거되는 대상[所依]인 이치가 막힘없이 통하기[融通] 때문에 의거하는 주체[能依]인 현상도 이치를 따라서 막힘없이 통한다. 이런 까닭에 하나의 티끌이 의거되는 대상인 이치를 포섭하여 남김 없을 때 의거하는 주체인 여러 존재들이 의거되는 대상인 이치를 따라서 하나의 티끌에 상즉하는 것이 현상과 현상의 상즉이다. 의거하는 주체인 여러 존재들이 의거되는 대상인 이치를 따라서 막힘없이 통할 때에 저 [존재]와 이 [존재]의 이치들이 상즉하는 것이 이치와 이치의 상즉이다. 연기상유문에서는 하나가 없으면 전체[多] 또한 없고 전체가 없으면 하나 또한 없다. 하나와 전체가 서로 말미암아서 성립하게 되는 것이 현상과 현상의 상즉이다. 현상이 차별되기 때문에 이치 또한 차별된다. 현상과 현상의 차별되는 이치들이 상즉하는 것이 이치와 이치의 상즉이다.

【문】 이치와 이치의 상즉을 법성융통문에서 볼 수 있는가?

【답】 이치와 현상이 상즉하지 않는 이유 중에서 "만약 오직 이치만을 기준으로 하면 이치는 오직 한 맛[一味]이므로 상즉하고 상입할 수 없다. 만약 오직 현상만을 기준으로 하면 서로 장애하므로 상즉하고 상입할 수 없다"[26]라고 한다. 이런 까닭에 이치와 현상이 다르지 않음을 말미암아 현상의 차별을 따라서 이치 또한 차별되기 때문에 [법성융통문에서 이치와 이치의 상즉을 볼 수 있다.] 연기상유문에서도 이치와 이치의 상즉을 이야기할 수 있다.

ㄷ

【문】 … 이는 삼승의 경전에서 현상과 현상의 장애 없음을 성대하게 이야기하는 것인데 어찌하여 [『일승법계도』에서] "[삼승에는] 이치와 현상이 상즉하기 때문에 이와 같은 뜻이 있다. 현상과 현상이 상즉하는 뜻을 말하는 것

은 아니다"[27]고 하는가?

【답】「오교장」에서 "열 번째는 현상의 다름[事異]이다. 말하자면 집, 숲, 땅, 산 등과 같은 현상이 있음을 따라서 모두 법문이고 혹은 행(行) 혹은 지위[位], 혹은 가르침[敎]과 뜻[義] 등이다.운운 내지 일체의 차별 있는 현상들의 인다라[망경계문]과 미세[상용안립문]이 성취되니 하나의 현상이 일어남을 따라서 모두 다 이와 같다. 삼승은 그렇지 않아서 다만 [현상들이] 공(空)에 즉하고 진여에 즉한다는 등의 이야기를 할 수 있을 뿐으로 이 [일승]과 같지 않다. 또 [삼승은] 신통하고 불가사의한 힘으로 잠깐 드러내 보일 수는 있어도 [일승에서처럼] 저 존재들이 스스로 항상 이와 같은 것은 아니다"[28]이상라고 한다. 곧 앞에서 인용한 『[유마]경』의 내용은 단지 신통력으로 잠시 나타낸 것일 뿐 존재들이 스스로 그러한 것이 아니므로 서로 어긋나지 않는다.[29]

⑦

㉣ 보해대덕이 이른다. 4구 상즉은 현상[事]으로 이치에 향하는 문과 이치로 현상에 향하는 문을 기준으로 해야 비로소 논할 수 있다. 오직 이치이고 오직 현상뿐인 중에서는 논할 수 없다. 말하자면 이치로 현상에 향하면 이치와 현상의 상즉[理事相卽]이 있고, 이치로 현상에 향하면 현상이 차별되기 때문에 이치 또한 현상처럼 차별되어 따라서 이치와 이치의 상즉[理理相卽]이 있다. 현상으로 이치에 향하면 이치가 평등하기 때문에 현상 또한 이치처럼 평등하여 따라서 현상과 현상의 상즉[事事相卽]이 있다. …

㉤

【문】만약 그렇다면, 4구 상즉은 오직 법성융통문에서 논하는가?

【답】두 부문에서 논할 수 있다. 말하자면 현상이란 이치를 체(體)로 하여 이치가 융통하기 때문에 현상 또한 융통하는 것이 법성융통문이다. 오직 현

상과 현상을 기준으로 하여 하나가 자성이 없으므로 둘을 하나로 삼고 둘이 자성이 없으므로 하나를 둘로 삼는 등 이처럼 현상과 현상을 직접 기준으로 하여 그 자성 없는 연기를 논하는 것이 연기상유문이다. 이런 까닭에 두 부문에서 각각 4구 상즉을 논한다.

ⓑ

【문】 그 뜻은 무엇인가?

【답】 법성융통문에서 현상은 자성이 없음의 이치를 체로 삼기 때문에 이치로 현상에 향하면 이치와 현상의 상즉이 있다. 현상은 자성이 없음의 이치를 체로 삼기 때문에 이치로 현상에 향하면 현상이 차별되기 때문에 이치 또한 현상처럼 차별을 이루게 되어 따라서 이치와 이치의 상즉이 있다. 현상은 자성이 없음의 이치를 체로 삼기 때문에 현상으로 이치에 향하면 현상과 이치의 상즉이 있다. 현상은 자성이 없음의 이치를 체로 삼기 때문에 현상으로 이치에 향하면 이치가 이미 평등하므로 현상 또한 이치처럼 평등하여 현상과 현상의 상즉이 있다. 이런 까닭에 이 [법성융통]문은 4구를 갖춘다. 연기상유문은 일승에서 '필요로 함[須]'이란 연(緣)의 뜻이고 연의 뜻은 곁이 없음[無側]의 뜻이다. 따라서 차별된 현상을 필요로 할[須] 때 법계 전체가 차별되어 차별의 측면에서 평등의 이치가 있음을 보지 않기 때문에 현상과 현상의 상즉이 있다. 평등의 이치를 필요로 할 때 법계 전체가 평등하여 평등의 측면에서 차별의 현상이 있음을 보지 않기 때문에 이치와 이치의 상즉이 있다. 따라서 연기상유문에서 4구 상즉을 갖춘다.[30]

위 두 인용문은 각각 균여의 『일승법계도원통기』와 『석화엄교분기원통초』에서 법계연기의 이치[理]와 현상[事] 두 항목의 무애를 설명하는 구절을 인용한 것이다. 이와 비슷한 내용의 문구가 균여의 다른 저술에서도 확인되므로 이 두 인용문을 통해서 균여가 생각하는 법계연기의 무애, 장애 없음에 관해 그 일면을 파악할 수 있을 것이다.

이 세계, 법계를 어떻게 파악할 것인가와 관련하여 이치와 현상의 두 항목의 관계를 통해서 법계를 살펴보는 방법이 바로 법계연기의 방식이다. 첫째, 이 세계, 법계의 참모습을 현상[事]의 집합으로만 보는 경우로서 사법계라고 한다. 이 경우 이 현상 사이에는 장애와 차별만 존재할 뿐 상즉과 상입을 통한 장애 없음은 찾아볼 수 없다. 둘째, 이 세계를 이치, 원리로 환원시키는 경우로서 이법계라고 한다. 이 경우 이 세계는 공통성의 세계로서 차별은 무시되어 따라서 상즉과 상입을 통한 장애 없음이 근원적으로 불가능하게 된다. 셋째, 이 세계의 현상과 이치가 상즉하고 상입하여 그 사이에 아무런 장애가 없는 것으로 보는 경우로서 이사무애법계라고 한다. 넷째, 이 세계의 현상과 현상이 상즉하고 상입하여 이 세계의 모든 현상 사이에 어떠한 막힘없이 통하는 것으로 파악하는 경우로서 사사무애법계라고 한다.

이 네 가지 경우 중에서 이 세계가 장애 없고 막힘없이 융통한 세계라고 파악하는 입장은 셋째와 넷째이다. 물론 그 메커니즘은 서로 다르지만 법계가 장애 없고 막힘없다고 보는 관점에서는 동일하다. 법계를 동일하게 장애 없다고 보지만 그 메커니즘이 다른 두 입장의 차이가 균여에게서 중요하게 다루어진다.

먼저 인용문 ⑥의 ㉠을 보면 삼승은 이 세계의 장애 없음을 세 가지 차원에서 논하지만 일승은 네 가지 차원에서 파악하며 이 4구의 장애 없음, 즉 상즉[상입]이 이 세계의, 법계의 참모습이라고 균여는 주장한다. 여기에서 삼승은 대승초교(大乘初敎)와 종교(終敎)와 돈교(頓敎)를 가리킨다. 삼승은 법계의 장애 없음을 이치와 이치의 상즉[理理相卽], 이치와 현상의 상즉[理事相卽], 현상과 이치의 상즉[事理相卽]의 세 차원에서 파악하지만 일승은 앞의 세 가지와 더불어 현상과 현상의 상즉[事事相卽]을 합하여 네 차원에서 법계의 상즉[상입], 즉 장애 없음을 바라본다. 따라서 삼승이 파악하는 법계의 장애 없음은 원융하지 못하고 일승이 바라보는 법계의 장애 없음이어야 비로소 원융하다.

일승의 네 가지 상즉에 대해서는 ⑥의 ㉠에 별다른 설명이 없지만 ⑦의 ㉣에 각 상즉에 대한 간략한 설명이 보인다. 먼저 4구 상즉은 이치와 현상이 함께 있어야만 가능하다. 이치뿐이면 이미 평등하여 상즉할 필요가 없으며 현상뿐이면 온통 장애라서 상즉할 수가 없기 때문이다. 이치와 현상이 함께하는 상황에서 첫째, 이치로 현상에 향하면 이치와 현상의 상즉 또는 이치가 현상에 상즉함이 있고, 현상은 차별되기 때문에 그 현상에 상즉하는 이치 또한 차별되어 차별된 이치 사이의 상즉 또는 이치가 이치에 상즉함이 있다. 둘째, 현상으로 이치에 향하면 현상과 이치의 상즉 또는 현상이 이치에 상즉함이 있고, 이치는 평등하기 때문에 그 이치에 상즉한 현상 또한 평등하여 평등한 현상 사이의 상즉 또는 현상이 현상에 상즉함이 있다.

이에 대해서 삼승의 입장에서 반문이 제기될 수 있다. 인용문 ⑥의 ㉢을 보면 지면 관계상 생략했지만 유마거사가 신통력으로 높이가 8만 4,000유순(由旬)으로 상상할 수 없을 정도로 거대한 사자좌를 자신의 방에 들여놓는 『유마경』, 「부사의품(不思議品)」의 내용을 근거로 『유마경』과 같은 삼승의 경전에도 현상(사자좌)과 현상(유마거사의 방)의 상즉이 이야기되는데 어째서 삼승에는 현상과 현상의 상즉이 없다고 하는가라는 반론이 제기된다. 이에 대해서 균여는 법장의 『오교장』을 인용하면서 다음과 같이 재반박한다. 첫째, 일승은 일체 차별된 현상들이 서로 인다라망 경계의 관계에 있어서 그 자체로 상즉하는 데 비해 삼승은 일체 차별된 현상들이 현상들의 이치인 공(空) 또는 진여(眞如)에 즉하는 이치와 현상, 또는 현상과 이치의 상즉만을 이야기하므로 일승과 다르다. 둘째, 삼승에서 현상과 현상의 상즉으로 보이는 일을 설한다고 하더라도 이는 신통력으로 잠시 나타난 것일 뿐 그 현상들이 본래 그러한 것이 아니어서 오래 지속되지 않지만 일승에서는 현상과 현상의 상즉이 곧바로 실제의 모습이어서 삼승과 다르다. 따라서 삼승은 일승과는 달리 현상과 현상의 상즉을 원만히 관찰하지 못한다고 주장한다.

여기에서 한 가지 생각해볼 점은 삼승과 일승의 차이가 단지 법계의 장애 없음을 바라보는 관점의 개수 차이인가 하는 점이다. 즉 삼승에 현상과 현상의 상즉이 없다는 것을 빼고는 삼승과 일승의 관점이 같은가이다. 그렇다면 이치와 이치의 상즉, 이치와 현상의 상즉, 현상과 이치의 상즉에 한해서는 삼승과 일승이 동일하며 다만 삼승은 관찰하지 못하는 현상과 현상의 상즉을 일승에서는 관찰하기 때문에 법계의 장애 없음에 관한 삼승과 일승의 차이가 생겨나게 되는가에 대한 물음이다. 필자는 삼승과 일승의 이름이 같은 세 가지 상즉이 내용까지 동일한가에 대해 위 인용문을 비롯하여 균여의 저술에서 분명한 결론을 찾지 못하였다. 다만 인용문 ⑥의 ㉠을 보면 외견상으로는 이름이 같은 세 가지 상즉에 대해서 삼승과 일승 사이에 내용상의 차이를 주장하는 것처럼 보이지는 않는다. 이에 대해서는 앞으로 좀 더 깊이 있는 연구가 필요하다고 생각한다. 왜냐하면 이 부분이 해명되어야만 균여, 나아가 의상계 화엄의 법계연기에 대한 기본적 입장을 이해할 수 있기 때문이다.

이어서 균여는 일승의 4구 상즉을 다시 두 가지 부문으로 나누어 설명한다. 즉 일승에서 법계의 장애 없음을 네 가지 상즉으로 바라보는 데에도 두 가지 측면이 있다는 것이다. 그 두 가지는 법성융통문과 연기상유문이다. 이 두 부문의 유래는 본래 법장의 저술 가운데 후기작으로 추정되는 저술, 예를 들어 『화엄경탐현기』와 『화엄경명법품내립삼보장』에서 법계연기 또는 법계연기의 상즉상입을 설명할 때 이를 구분하는 부문이다. 『화엄경명법품내립삼보장』의 「법계연기장」에서는 법계연기를 설명하기에 앞서서 이를 연기상유문, 법성융통문, 연성쌍현문(緣性雙顯門), 이사분무문(理

事分無門)의 넷으로 나눈다. 다만 실제로는 연기상유문에 대한 부분만 저술하였고 나머지는 짓지 않은 것으로 되어 있다.

먼저 연기상유문은 법계의 현상, 존재가 조건지어져 일어남이 현상들 사이에 서로 말미암아 일어난다는 의미로, 법성융통문은 법계의 현상, 존재[法]의 성품이 융통, 즉 막힘없이 통한다는 뜻으로 거칠게 이해할 수 있다. 균여는 일승이 법계연기를 바라보는 방식인 네 가지 상즉이 이 두 가지 측면으로 다시 나누어진다고 설하며 이에 대해서 설명하는 부분이 인용문 ⑥의 ㉡과 ⑦의 ㉤, ㉥이다.

균여는 법계연기를 설명하는 연기상유문과 법성융통문에 4구의 상즉이 모두 통한다고, 가능하다고 한다. 그러나 연기상유문과 법성융통문 각각의 4구 상즉 설명을 살펴보면 4구 상즉의 이름은 같더라도 연기상유문의 4구 상즉과 법성융통문의 4구 상즉은 그 메커니즘이 같지 않음을, 다른 관찰 방식임을 알 수 있다. 법성융통문은 차별된 현상과 이 현상이 체(體)로 삼는 이치의 관계를 통해서 4구 상즉을 관찰한다. 즉 법(현상)과 성(이치)의 관계를 통해서 융통을 살피는 입장이다. 반면에 연기상유문은 일승의 연기란 필요로 함[須]의 뜻이고 곁이 없음[無側]의 의미로서 어떤 정해진 성(이치)을 체로 하여 현상과 이치의 관계를 모색하는 것이 아니라 현상 그 자체에서 현상 사이의 관계를 밝히고 이치 또한 그것이 필요하면 그 연에 따라서 이치가 일어나므로 이는 현상의 성(이치)으로서 이치가 아니라 필요하여 일어난 곁이 없는 이치이다. 이런 의미에서 연기상유문이 말하는 이치는 필요에 따라서 현상이라고 볼 수 있으며 거꾸로 연기상유문의 현상은 곁이 없다는 의미에서 스스로 이치라고 할 수 있을 것이다.

균여는 이 두 부문을 모두 일승의 법계연기를 설명하는 부문으로 설하고 이는 균여가 법장의 설을 따른 것이다. 그러나 앞서 소개했듯이 법성융통문과 연기상유문의 차이 또한 분명하다. 다시 한번 정리하면 법성융통문은 법(존재, 현상)과 성(이치)의 관계를 통해서 성과 법의 상즉[理事相卽],

성과 성의 상즉[理理相卽], 법과 성의 상즉[事理相卽], 성과 성의 상즉[理理相卽]을 논한다. 연기상유문은 일승의 연기는 필요에 따라서 일어나는 곁이 없는 연기이므로 어떤 고정된 법이나 성을 상정하여 그것들의 관계를 논하는 것이 아니므로 차별된 현상이 필요하면 온 법계가 현상이므로 현상과 현상의 상즉[事事相卽]이, 평등의 이치가 필요로 하면 온 법계가 곁이 없이 이치여서 이치와 이치의 상즉[理理相卽]이 벌어진다.

이를 정리하면 〈표 10〉과 같다.

표 10 | 일승과 삼승에서의 4구 상즉

[삼승]		이이상즉(理理相卽) 이사상즉(理事相卽) 사리상즉(事理相卽)		
[일승]	법성융통문	이이상즉 이사상즉 사리상즉 사사상즉(事事相卽)	연기상유문	이이상즉 이사상즉 사리상즉 사사상즉

이러한 차이를 볼 때, 비록 법장과 균여가 법성융통문을 일승의 법계연기를 설명하는 부문으로 소개하고 있지만 법성융통문에서 삼승, 정확하게는 여래장 사상인 종교의 DNA가 느껴진다. 왜냐하면 법성융통문은 법계연기에서 존재, 현상인 법과 그것의 성인 이치를 상정하고 이 사이의 관계를 통해서 4구의 상즉을 논한다. 예를 들어 차별된 현상과 현상이 상즉하는 것은 차별된 현상과 현상이 곧바로 상즉하는 것이 아니라 차별된 현상이 체로 삼는 평등한 이치와 또 다른 차별된 현상의 평등한 이치에 의거하여 차별된 현상이 평등하므로 이에 따라서 현상과 현상이 상즉한다고 설명된다. 이때 차별된 현상에 일체 중생을, 평등한 이치에 여래장 또는 불성을 대입하면 법성융통문의 4구 상즉은 우리가 앞서 일승, 여래출현과 구별한 여래장 사상과 별다른 차이를 느끼지 못할 정도로 비슷하다.

여래장 사상에서도 차별된 중생과 평등한 불성이 상즉하고 평등한 불성과 차별된 중생이 상즉하며 차별된 중생에 간직된 평등한 불성과 다른 차별된 중생에 내포된 평등한 불성이 상즉하고 평등한 불성을 간직한 차별된 중생과 또 다른 차별된 중생이 상즉한다. 이는 여래장 사상의, 종교의 법성융통문이라고 할 수 있을 것이다. 그러나 연기상유문은 여래장 사상으로 설명하기가 곤란하다. 연기상유문은 필요에 따라서 결이 없는 현상이 서로 말미암아서 일어나기 때문에 중생과 불성의 역할이 정해져 있지 않다. 중생이 필요할 때에 중생이, 불성이 필요할 때에 불성이 결이 없이 일어나는 것이 연기상유문에서 바라보는 일승의 법계연기이기 때문이다.

법성융통문과 연기상유문의 이러한 입장 차이는 앞서 법계연기의 4종 법계설을 소개할 때, 이사무애법계와 사사무애법계를 이해하는 각각의 두 가지 방식, 여래장 사상적 이해 방식과 여래출현 사상적 이해 방식과 상통하는 바가 있다. 정리하면 균여는 일승의 세계, 또는 '나' 이해 방식인 법계연기에 대하여 법장의 설을 받아들여 법성융통문과 연기상유문이라는 두 가지 방식을 논하며, 이때 법성융통문은 여래장 사상 쪽에, 연기상유문은 여래출현 사상 쪽에 각각 더 가까운 입장이라고 볼 수 있다.

5장

행(行)_
'나'를 어떻게 볼 것인가?

1

수행론의 두 관점: 여래장 사상과 여래출현 사상의 수행

무아·연기의 내용으로 '나'의 참모습을 올바로 보는 방법을 통해서 이고득락, 행복이라는 목표를 이루려는 것이 불교의 총체(總體)라고 한다면 '나'의 참모습을 올바로 본다는 것은 불교에서 '수행'이라는 이름으로 불리는 다양한 행위 전체를 가리킨다고 할 수 있다. 따라서 이번 장은 균여의 수행론을 다루는 장이라고 할 수 있다.

그렇다면 '수행'이란 무엇인가? 이 책에서 '수행'이라는 말로 가리키는 것은 '나'의 참모습을 올바로, 여실하게 보는 것이다. 물론 그 '나'의 참모습이란 불교, 즉 부처의 가르침에 의거하는 한 무아·연기일 것이다. 이를 여실히 봄으로써 모든 고통으로부터 벗어나게 된다. 이와 같은 일종의 대전제는 불교 내부, 불교를 따르는 이들이라면 모두 동의하는 바이지만 그 대전제의 구체적인 내용에 대해서는 서로 다른 의견을 가졌고 이것이 불교 내 다양한 그룹이 생겨나는 주요한 원인 중 하나였다.

균여 또한 수행에 대해서, '나'의 참모습을 올바로 봄에 대해서 독자적인, 그렇지만 불교의 대전제에 따라서 무아·연기에 입각한, 나아가 화엄교학의 수행론의 큰 틀에 기반한 입장을 가지고 있다. 따라서 균여의 수행론을 살펴보기 위해서는 그 이전의 수행론에 대한 기본적인 이해가 필요하다. 이 장에서는 먼저 화엄교학의 수행론을 여래장 사상과 여래출현 사상의 대비를 통해서 설명하고 균여의 사상 형성에 큰 영향을 미친 의상의 수행론을 좀 더 자세히 살펴본 후에 균여가 의상의 수행론을 어떻게 받아들이고 전개해나갔는지를 알아보고자 한다.

먼저 여래장 사상과 여래출현 사상을 기반으로 했을 때 각각의 수행론이 어떤 의미를 지니는지 생각해보자. 앞서 몇 차례 소개했지만 여래장 사상과 여래출현 사상을 간략히 대비하면 다음과 같다. 여래장 사상은 일체 중생이 여래의 성품, 즉 불성을 간직하고 있으며 그 마음이 본래 청정하여 여래의 마음과 다르지 않지만 비롯됨 없는 때로부터 불청객과 같은 번뇌에 뒤덮여 여래로서 살지 못하고 있다는 입장이다. 반면에 여래출현 사상은 '나'를 포함한 일체 법계가 그대로 여래의 출현이며 그 출현 자체가 중중무진의 덕을 발휘하는 여래의 마음이라는 것이다. 이 두 입장은 '나'의 참된 모습, '나'의 마음을 청정한 여래의 마음으로 본다는 점에서 비슷하다고 할 수 있다. 그러나 지금, 여기의 '나'를 번뇌에 속박되어 있는 존재로 볼 것인지, 아니면 한 치의 모자람도 없는 여래의 출현으로 볼 것인지에 따라서 차이가 있다. 이는 '나'의 본래성과 현실성 사이의 괴리를 인정하는가, 인정하지 않는가로도 달리 말할 수 있다.[1]

지금, 여기의 '나'를 여래장으로 바라볼 것인가, 아니면 여래출현으로 파악할 것인가에 따라서 지금, 여기의 '나'가 닦아야 할 행에 대한 관점, 즉 수행론도 달라질 수밖에 없을 것이다. 여래장 사상이라면 법신이지만 얽매여 있는 재전법신인 '나'에게 수행은 보리심을 일으켜 번뇌를 걷어내고 본래의 여래장자성청정심을 드러내어 부처를 이루기 위한 것이다. 반면에 여래출현의 입장에는 어떠한 얽매임으로부터도 벗어난 법신[出纏法身] 그 자체로서 예로부터 부처[舊來佛]인 '나'에게 수행은 이미 이루어져 있는 부처를 다시 이루기 위한 것이 아니라 단지 지금, 여기에서 부처로서 살아가는 행위라는 의미가 된다.

1) 여래장 사상의 수행

오늘날 대승불교 신행 현장에 가면 예불 등의 의례가 끝나고 난 후 습관적으로 "성불(成佛)하세요!", "성불합시다!"라고 상대방에게 권하기도 하고 스스로 다짐하기도 하는 상황을 자주 보게 된다. 물론 가만히 그대로 있는데 부처가 될 리 만무하다고 생각하는 불교도들은 부처가 되기 위해 부처가 되고자 하는 마음을 일으켜—이를 발심(發心)이라고 한다—수행을 통해 부처가 되고자 한다. 대승불교에는 여러 종류가 있지만 이처럼 '성불'을 권하고 다짐한다는 것은 공통으로 〈그림 19〉와 같은 구도가 전제되어 있다고 할 수 있다.

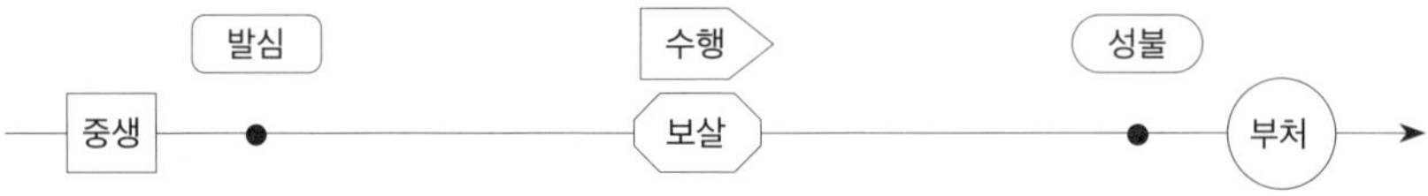

그림 19 | 성불 불교의 구도

대승불교 내 여러 그룹 중에서 중생과 부처의 본래적 동일성을 기치로 내건 여래장 사상 또한 이러한 구도로 파악할 수 있다. 이 구도에서 바라본 여래장 사상의 특징을 '나'와 수행(발심-성불)의 측면에서 언급하면 다음과 같다.

㉠

'나': '나'라는 현상과 관련하여 여래장 사상의 입장에서 중생과 부처가 본질에서는 동일하더라도 현상적으로는 두 개의 다른 계기적(繼起的) 사태이며 그 사이에 성불을 향해 수행하는 보살이 자리한다. 즉 '나'라는 현상은 본래 여래이면서도 번뇌에 뒤덮인 중생이라는 현상과, 중생의 상황을 타개하고자 발심하여 수행을 통해서 점차 지혜를 증득하거나 번뇌를 여의어나가는 보살의 현상과, 보살이 수행의 구경에 이르러 마침내 자신이 그대로 온전한 부처임을 원만하게 깨달은 부처라는 현상의 세 가지 현상으로 나뉘어진다.

㉡

수행: 중생이 부처가 되고자 하는 마음, 깨닫고자 하는 마음, 즉 보리심을 일으킴[發心]으로써 본격적인 수행이 시작된다. 여기에서 수행은 본래적으로 부처와 동일하지만 현상적으로 부처로 살지 못하는 중생이 부처가 되고자 하는 방편이다. 따라서 이 구도에서의 수행은 아무래도 부처로 살지 못하는 중생이 부처가 되고자 하는, 성불을 위한 수행에 초점이 맞추어져 있다.

이러한 구도를 염두에 두고 여래장 사상이 '나'의 참모습, 중생과 부처의 관계를 어떻게 파악하고 발심으로 비롯되는 수행과 이를 통한 성불을 어떤 모습으로 규정하는지를 인도 불교에서 여래장 사상을 가장 체계적으로 집대성했다고 평가되는 『구경일승보성론』(이하 『보성론』)을 통해 구체적으로 살펴보자.

(1) '나': 중생과 부처의 본래적 동일성과 현상적 차별성의 공존

『보성론』은 '나'의 참모습, 중생과 부처의 관계를 어떻게 파악할까? 여래장 사상은 일반적으로 인도 불교사에서 그 이전의 불교와 달리 중생과 부처의 본래적 동일성을 강조한 것으로 평가받지만 그럼에도 불구하고 본래적 동일성과 함께 현실적·현상적 차별성을 여전히 기본 구도의 주요한 축으로 설정하고 있다는 점 또한 중요한 특징이다.

①

더러움을 수반한 진여에 관해 '일체 중생은 여래의 본성을 가진다'는 것은 어떤 의미에서 설한 것인가?

중생의 취(聚)에 불지(佛智, buddha-jñāna)가 내재해 있기 때문에

그 [중생취]의 더러움이 없는 것은 자성적으로 [불지와] 불이(不二)이기 때문에
붓다의 종성(種姓, gotra)에 대해 그 결과가 비유적으로 표현되기 때문에
일체의 신체를 가진 자는 붓다의 본성을 가진다고 설해진다네.[2]

이 인용문은 "『보성론』에서 '일체중생실유불성(一切衆生悉有佛性)'을 성립시키는 근거가 되는 것"[3]으로 중요시되는 구절로서 중생이 붓다·여래의 본성을 가지고 있음을 역설한다. 즉 중생과 붓다의 본래적 동일성이 부각되고 있다. 그러나 동시에 주의해야 할 점은 이것이 어디까지나 "더러움을 수반한 진여에 관해" 설해진 "일체 중생은 여래의 본성을 가진다"의 기술이라는 사실이다. 따라서 중생 속에 내재한 여래의 본성은 말 그대로 더러움에 덮여 중생 속에 내재하고 있으며 현실적으로, 현상적으로 현현해 있는 상태는 아니다. 이러한 입장에서 중생은 여래의 본성을 가지고 있으면서도 여래의 작용을 가지지 못하는 불가사의한 상태가 되고 말며 이에 대해서 『보성론』은 『승만경』을 인용하여 이와 같은 불가사의한 상태는 오직 일체지자(一切智者)의 영역으로서 일체지자 이외는 믿음을 통해서만 접근 가능하다고 설한다.[4]

어떻게 보면 당연하다고도 할 수 있다. 중생과 부처가 본질적으로 동일하다는 언설이 가능한 것은 바꾸어 말하면 그 둘이 무언가인지는 알 수 없을지라도 무언가 다르기 때문이다. 완전히 같다면 둘이 아닌 것이고, 둘이 아닌 것을 어떻게 같다고 할 수 있겠는가? 『보성론』에 보이는 이러한 중생과 부처의 본래적 동일성-현상적 차별성은 다음의 구절에서 더욱 분명하게 확인할 수 있다.

②

부정한 것, [부분적으로] 부정하면서도 [부분적으로] 청정한 것,
또 극히 청정한 것은 순서대로 중생계, 보살, 여래라고 설해진다네.[5]

이 인용문은 분명하게 번뇌에 뒤덮여 부정한 중생과 완전히 청정한 여래와 그 중간의 보살을 명백히 구분한다. 물론 이러한 차별적인 명칭을 일으키는 번뇌는 어디까지나 비본질적인 것으로서 초대받지 않은 손님, 불청객으로 비유되는 번뇌[āgantukakleśa, 客塵煩惱]이지만 현상적으로 "범부와 성자, 정등각자(正等覺者)에게 진여가 차별적으로 출현"[6]하게 만든다.

여기에서 또 하나 주목할 것은 바로 보살의 존재이다. 『보성론』의 메인 주제가 불성을 중생에게 내재화함으로써 중생과 부처의 본질적 동일성을 강조하는 것이라면 이는 당연히 "여래와 중생이라는 양극 구조를 기초"[7]로 한다. 이러한 상황에서 중생과 부처 사이의 중간자적 존재인 보살의 의미는 무엇일까?

(2) 수행: 믿음을 통한 중생과 부처의 본래적 동일성의 현현

앞에서 살펴본 바에 따르면 중생과 부처 사이의 존재인 보살은 청정하지 않으면서 청정한 사태이다. 한쪽은 중생과, 다른 한쪽은 부처와 손을 맞잡고 있다. 이러한 중간자적인 상태의 보살은 수행론의 측면에서 어떤 의미를 가질까? 여래장 사상에서 보살의 단계는 중생과 부처의 현상적 차별성이라는 전도된 상태[중생]를 벗어나고자 보리심을 발하여[발심] 번뇌를 여의고 지혜를 증득하여 궁극적으로는 중생과 부처의 본질적 동일성[부처]을 현현시키려는 수행[8]의 단계를 나타낸다. 그렇다면 『보성론』이 설하는 보살의 수행은 무엇인가?

> ③
>
> 의지체[인 불성], 그 전의[인 법신], 그것의 공덕, 그리고 이익의 성취라는,
>
> 그와 같이 설해진 4종의 승리자의 지(智)의 영역에 대하여
>
> 지혜로운 자는 [불성의] 존재성과 가능성, 공덕을 갖추고 있음을 믿기에
>
> 여래의 지위를 획득할 자격에 신속히 도달한다네.

이러한 불가사의한 영역이 있다네.
그것은 우리들과 같은 자들에 의해서도 도달될 수 있다네.
이와 같이 획득되었을 때, 이 공덕이 있다고
믿고 강하게 신뢰하기 때문이라네.[9]

이 인용문은 한역의 품명에 의하면 「믿음의 공덕을 헤아리는 품」 중의 세 게송이다. 지면 관계상 인용하지는 않았지만 이 게송의 앞부분에서 지혜로운 자, 즉 보살은 때를 지닌 진여[有垢眞如]로 설명되는 불성 즉 여래장, 때를 여읜 진여인 보리(菩提), 부처의 공덕, 부처의 업, 이렇게 네 가지에 대한 믿음에 의해서 "공덕의 더미를 담는 그릇"이 되며 "불가사의한 공덕을 [이루려는] 소원을 갖고 노력"하는 자로서 묘사된다.[10] 즉 보살의 소원[발심]과 노력[수행]의 핵심은 다름 아닌 믿음이며, 그 믿음의 대상은 바로 여래장과 보리, 불공덕, 불업이다. 이에 따른다면 보살은 자신에게 불성이 간직되어 있음을 믿는 것만으로 공덕의 더미를 담는 그릇이 되며 불가사의한 공덕을 이루게 되는 것이다.

이를 다시 설명하는 게송들이 바로 앞의 인용문이다. 이 게송들은 사실 별다른 해석이 필요하지 않을 정도로 그 뜻이 분명하다. 다른 믿음의 대상인 네 가지 중 다른 세 가지, 즉 보리와 불공덕과 불업의 의지체인 불성, 즉 여래장의 존재와 가능성과 공덕을 믿음으로써 보살은 여래의 지위를 획득한다. 그것이 우리와 같은 범부 중생에 의해서도 도달될 수 있다고 하며 그것이 불가사의하다고 찬탄한다.

다시 한번 강조하자면 불가사의한 공덕을 이루려는 소원, 즉 발심에 의한 보살이 되는 우리가 자기 자신과 부처의 본질적 동일성을 철저히 믿기만 한다면, 그러한 수행에 의해서 여래로 현현한다는 것이다. 이것이 여래장 사상을 종합했다고 평가되는 『보성론』이 우리에게 들려주는 최종적 선언이다.

이상으로 『보성론』을 통해서 살펴본 '나'와 수행에 관한 여래장의 구도를 그림으로 표시하면 〈그림 20〉과 같다.

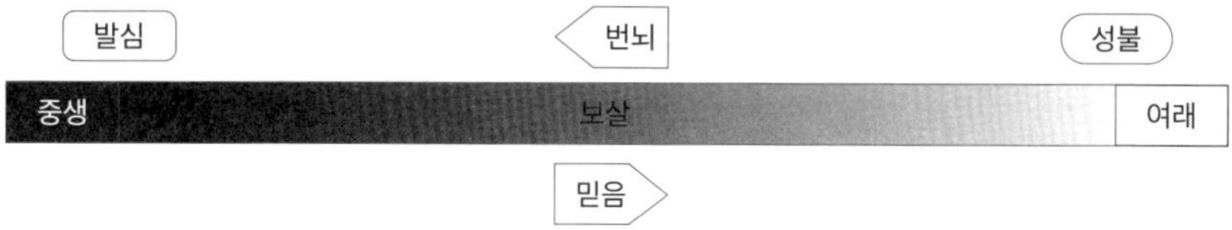

그림 20 | 여래장 사상의 수행 구도

(3) 화엄교학의 여래장 수행

화엄교학은 일반적으로 여래장 사상을 설하는 경론을 대승종교(大乘終教) 또는 숙교(熟教)로 규정하고 자신들의 일승원교(一乘圓教)보다는 하열한 가르침, 즉 부처의 본래 취지를 온전하게 드러내지 못한 가르침으로 설정한다. 그리고 그 차이, 원교(圓教)와 종교(終教)가 어떤 점에서 다른지를 다양한 관점에서 논의하는 것이 화엄교판의 주요한 내용이다. 그러나 화엄교학이 애초에 마음의 본래적 청정성을 강조하는 한편 현상적 차별성 또한 인정하는 여래장 사상을 중심으로 불교의 체계를 정리한 지론종(地論宗)에서 출발한 사정을 감안하면 화엄교학은 태생부터 여래장 사상과 밀접한 관계를 맺고 있음을 짐작하는 것은 어렵지 않은 일이다. 물론 화엄교학은 지론종이 근간으로 하는 여래장적 마음 이해를 부정하고 이른바 여래성기(如來性起), 여래출현적 마음 이해를 주창하며 개창한 흐름이지만 그럼에도 불구하고 화엄교학이 여래장적 마음 이해를 완전히 여의었다고 말할 수는 없다.

다른 모든 사상 체계가 그러하듯이, 화엄교학 또한 하나의 사상·수행 체계로서 화엄교학 내에서도 누구의, 언제의 화엄교학이냐에 따라서 다양한 스펙트럼이 존재하는 것은 어찌 보면 당연한 일이다. 화엄교학 내부의 여래장적 관점은 때로 여래출현을 뒷받침하는 하부 구조로서, 때로 여래출현의 탈을 쓴 실체로서, 때로 여래출현으로 나아가게 하기 위한 방편과 같이 다양한 모습으로 화엄교학 역사 전체를 통틀어서 거의 언제나 건재해왔다.

화엄교학 내 여래장적 이해는 불타관(중생관), 수행관 등 전 분야에 걸쳐 있으며, 앞서 4장의 법계연기를 설명하는 부분에서도 살펴본 바 있다. 수행론의 측면에서 화엄교학 내 여래장적 수행론도 쉽게 찾아볼 수 있다. 실제로 앞서 설명한 『보성론』의 수행론 그대로 화엄교학 내의 수행론으로 버젓이(?) 유통되고 있기도 하다. 즉 실재하는 번뇌를 여의는 것도 아니고 오염된 식을 전환하여 지혜로 바꾸는 것도 아니라 객진번뇌에 뒤덮인 재전법신의 '나'가 본래는 객진번뇌가 공하여 출전법신인 여래와 조금도 다를 바 없다는 여래장과 그것의 공덕을 믿음으로써 성불을 이룬다는 수행론이 화엄교학 내에서 수행을 논하는 장면에서 자주 등장한다.

이러한 이해에 바탕한 수행은 화엄교학 내부에 보이는 여래장적 수행이라고 할 수 있다. 이러한 이해는 중중무진과 무량한 공덕의 유무 등으로 여래장 사상과 차이를 강조한다고 하더라도 구조적으로는 앞서 살펴본 여래장 사상의 수행/성불 구조와 동일하다. 이러한 입장에 기반한 화엄교학의 수행론에서 번뇌에 뒤덮인 중생과 지금 갓 발심한 초발심 보살과 번뇌가 공함을 깨달은 부처가 본질은 동일하더라도 현실적으로 같은 현상, 동일한 연기법이 아니다. 따라서 중생은 부처와 동일한 연기법이 되기 위해, 즉 성불하기 위해서 수행을 해야 한다고 주장한다. 이러한 화엄교학의 여래장적 수행론과 여래장 사상의 수행론은 이름과 실제 내용에서 얼마나 다른 것일까? 물론 그렇다고 화엄교학의 수행 전부가 여래장 사상의 수행론과 다를 바 없다고 주장하는 것은 아니다. 화엄교학에는 이러한 여래장적 이해와 결을 달리하는, 이러한 여래장적 이해를 삼승이라고 비판하거나 단지 교화 방편일 뿐이라고 하는 흐름의 수행론도 공존하기 때문이다.

2) 여래출현 사상의 수행

여기서는 여래출현 사상의 수행에 대해서 앞과 마찬가지로 '나'와 수행의 틀을 통해서 알아보기로 한다. 여러 화엄교학 중에서도 균여가 계승한 의상과 그 제자의 화엄교학에 보이는 여래출현 사상을 주 대상으로 삼는다.

(1) '나': 여래의 출현이 아니라 출현이 곧 여래

여래장 사상은 현상적으로 중생과 부처가 엄연히 차별되지만 본래적으로는 그 둘이 동일하다는 '나'에 대한 이해와, 현상적 차별성으로 인한 간극을 본래적 동일성에 대한 믿음으로 극복하고자 하는 수행을 핵심으로 한다. 그렇다면 여래출현 사상의 관점에서 '나'는 어떤 사태인가? 앞서 초기 화엄교학의 '나' 이해에서 융삼세간불을 통한 '나' 이해를 간략히 살펴보았지만 조금 더 자세히 들여다보자.

여러 번 소개했듯이 의상의 주저인 『일승법계도』는 「반시(槃詩)」 또는 「합시일인(合詩一印)」과 이에 대한 설명인 「법계도기(法界圖記)」로 구성된다. 그리고 반시는 붉은 줄[朱畫]과 검은 글자[墨字, 법성게]와 이 둘의 바탕이 되는 흰 종이[白紙]로 이루어져 있다. 의상은 어째서 붉은 줄과 검은 글자와 흰 종이로 이루어진 도인(圖印), 즉 「반시」에 의거하여 "일승의 법계를 설하는가?"라는 물음을 스스로 던지고서 이에 대해서 이 도인이 나타내는 "세 가지 세간이 해인삼매로부터 번다하게 나타난 것임을 표현하려고 한 까닭이다"[11]라고 답한다. 여기에서 '세 가지 세간'이란 시공간 등의 의보를 뜻하는 기세간, 깨닫지 못한 범부를 가리키는 중생세간, 불보살을 의미하는 지정각세간이다.

『일승법계도』의 주석서를 모아 집성한 『법계도기총수록』은 '내 오 척 되는 몸'이 바로 법계의 본래 자리임을 나타내고자 그러한 법계를 그린 것이 법계도, 즉 「반시」라고 해설한다.[12] 또 「반시」 중의 흰 종이는 기세간, 검은 글자는 중생세간, 붉은 줄은 지정각세간으로 풀이한 후 「반시」 중의 어느 점에서도 이 셋을 따로 구분해 제거할 수 없는 것처럼 일단 중생의 눈에 맞추어 법계를 기세간과 중생세간과 지정각세간으로 구분했지만 실제로 법계는 서로가 서로를 각각 갖추고 서로가 서로를 여의지 않아 도무지 구분될 수 없는 융삼세간의 세계라고 설명한다.

의상의 『일승법계도』에서는 세 가지 세간, 즉 융삼세간의 법계가 해인삼매에서 번다하게 나타난다고 한다. 이때 해인삼매는 『화엄경』에 등장하는 여러 삼매를 총괄하는, 포섭하는, 대표하는 총정(總定)이라고 화엄교학에서는 이해하며, 따라서 화엄교학은 해인삼매를 '나'에 대한 올바른 이해를 갖춘 부처만이 가능한 부처의 삼매[佛三昧]로서 불해인삼매(佛海印三昧)라고도 한다. 이에 대해 『법계도기총수록』은 융삼세간의 입장에 기반하여 세 가지 세간이 해인삼매(불해인삼매)에서 나타났다고 하지만 실제를 기준으로 하면 부처에게만 국한되는 것이 아니라 중생해인이라고 해도 되고 기(器)해인이라고도 할 수 있다고 설한다.[13] 해인삼매 또한 융삼세간의 입장에서 바라보기 때문이다.

이에 따르면 일승법계에서 '나'는 중생이면서 불보살과 기세간을 모두 포섭하는 중생으로, 다시 말하면 '나'는 '일승법계' 그 자체이다. 중생과 부처의 본래적 동일성과 현상적 차별성이 공존하는 여래장 사상과 달리 의상에게 '나'란 가능성을 머금은 채 숨어 있는 여래장이 아니라 시공간과 부처와 구분될 수 없는 융삼세간으로 나타난 하나의 사태, 일승법계이다.[14]

이러한 입장이라면 '여래출현'을 어떻게 이해해야 할까? 구체적으로 '여래출현'을 어떻게 끊어 읽어야 할까? '여래의 출현'인가? 지금, 여기의 '나'가 다름 아닌 '여래의 출현'이라고 분석하고, 이를 '나'가 출현하기 이전에 이미 존재하던 여래가 어떤 조건에 따라서 출현한 것으로 파악한다면 이러한 이해는 앞의 융삼세간불의 입장과는 결을 달리하는 것으로 보인다. 즉 '나'는 '나'가 본래 갖추고 있는 본성인 '여래의 출현'이 아니다. 본래적 동일성에 머물러 있던 중생 속 여래가 믿음의 수행에 의해서 출현하는 것은 여래장 사상으로 충분하다. 굳이 여래장 사상과 다르다고 주장하는 '여래출현'이 필요하지 않다.

의상의 '여래출현'은 이 현상 세계, 즉 법계에 출현해 있는 사태가 곧 '여래'이기도 하고 '시간', '공간'이라고도 불리며 '나'이기도 한 것이다. 즉 실제를 기준으로 하면 '출현이 여래'이며 '출현이 시공간'이고 '출현이 나'여서 '여래출현'은 '중생출현', '시공간출현'의 다른 표현에 지나지 않는다. 이 법계 어느 곳에서 부처와 '나'와 시공간을 구분할 수 있는가?

앞에서 『일승법계도』「반시」에 보이는 융삼세간의 뜻을 통해서 중생세간인 '나'가 부처와 시공간 등과 원융무애한 바로 법계 그 자체임을 살펴보았다. 이처럼 의상계에서 주로 '내 오 척 되는 몸과 마음'으로 표현되는 지금, 여기의 '나'가 법계 그 자체인 여래출현임을 역설하는 구절은 의상의 사상을 계승한 의상계 문헌 곳곳에서 발견할 수 있다. 여기에서는 '구래불'과 관련된 구절을 통해서 다시 한번 그 의미를 확인해보자.[15]

> ① 예로부터 움직이지 아니함을 부처라 이름한다.[16]
>
> ② '예로부터 움직이지 않는다'란 예로부터 부처를 이루었다는 뜻이기 때문이다. 이른바 열 부처님이니 『화엄경』에서 설하는 것과 같다.[17]

①은 의상의 「법성게」 중 마지막 구이고, ②는 이에 대한 의상 자신의 해설이다. ②는 중생이 예로부터 부처를 이루었다고 하며 이를 십불(十佛)로 연결시킨다. 이후 번뇌를 끊지 못했고 복덕과 지혜를 이루지 못한 중생이 예로부터 부처를 이루었다는 것이 아니라 번뇌를 다 끊고 복덕과 지혜를 이루어 마쳐야 비로소 예로부터 부처를 이루었다고 하는 풀이가 이어진다. 그러나 바로 이어서 이처럼 끊음과 끊지 않음, 이룸과 이루지 않음

을 세우지만, 실상은 번뇌가 줄어드는 것도 지혜가 늘어나는 것도 아니며 본래 움직이지 않는다고 설한다.

②의 맥락은 조금 설명이 필요하다. 중생이 예로부터 부처를 이루어 마쳤다고 한다면, 일승의 입장에서 여래출현을 강조한 것이라고 생각되지만, 그렇다면 당연히 '현실에서 번뇌에 얽매여 고통에 휩싸인 중생이 어떻게 부처인가?'라는 반문이 나올 수밖에 없다. 이 반문에 대해 의상은 일단 번뇌를 다 끊고 복덕과 지혜를 완전히 이루어야 '예로부터 부처를 이루었다'라고 한다고 답한다. 그러나 이러한 답변은 『대승기신론』의 본각(本覺)과 시각(始覺) 구도를 떠올리게 하는, 일승의 여래출현과 결을 달리하는 여래장 사상의 설로서 이해할 수도 있다. 그래서인지는 몰라도 의상은 이 답변에 이어서 실상은 번뇌를 끊고 복덕과 지혜를 이루는 것이 아니라 본래 움직이지 않음이라고 하며 이러한 답변을 부정하는 듯한 뉘앙스로 논의를 이어간다.

의상은 『일승법계도』에서 중생과 부처의 본래적 동일성과 현상적 차별성이 공존하는 여래장 사상의 '나'에 대한 관점을 삼승설로서 비판하고 '나'의 참모습을 예로부터 부처를 이룬 십불로 선언하지만 삼승의 설명 방식을 교화 방편으로써 완전히 버리지는 않은 것으로 보인다. 여기에 '나'의 실상과 '나'의 실상을 중생에게 알려주는 교화 사이의 긴장을 엿볼 수 있다. 왜 화엄교학은 여래장 사상의 한계를 비판하고 나왔으면서 여래장 사상을 완전히 끊어내지 못한/안 한 것일까? 이에 대해서는 여러 해석이 가능할 것이다. 그중 하나는 아마도 여래장 사상을 비판하면서 등장한 화엄교학이라고 할지라도 이를 널리 펴서 교화를 하기 위해서는 당시 이미 대중들에게 익숙한 여래장 사상에 기대어 여래장 사상을 뛰어넘을 수밖에 없는 상황이기에 화엄교학 내에 이처럼 어색한 동거가 계속 이어진다고 해석할 수도 있을 것이다. 이러한 뜻은 『법계도기총수록』이 "무릇 이처럼 묻고 답하는 뜻은 저 삼승의 장애를 끊어서 부처를 이루는 뜻에 기대어,

일승의 예로부터 부처를 이룸을 나타내고자 한 것"[18]이라고 주석한 데서도 엿볼 수 있다.

③ [진수기] '예로부터 움직이지 아니함을 부처라 이름한다'라고 한 것은 [다음과 같다.]

【문】 어째서 번뇌에 묶인 유정(有情)이 예로부터 성불하였는가?

【답】 만약 그 아직 닦음의 연(緣)을 일으키지 않은 때라면 '예로부터 성불하였다'고 이름할 수 없다. 무슨 까닭인가? 오늘 발심하는 연 가운데 법계의 모든 법이 비로소 단박에 일어나기 때문이다. 지혜의 연을 필요로 하는 가운데 번뇌 등의 법도 또한 지혜를 이루는 연이 되어 일어나고,[19] 번뇌의 연을 필요로 하는 가운데에서도 또한 이와 같다. 요컨대 오늘 발심하는 연을 기다려서 곁이 없이 일어나는 때에 비로소 예로부터 이루어진 것일 뿐이다. 연 이전에는 한 법도 없기 때문에 '예로부터'라고 말하지 않는다. 만약 삼승이라면 존중해야 할 정해진 근본이 있기 때문에 오직 시각(始覺)이 곧 본각(本覺)과 같은 뜻을 취하여 논한다. 일승은 그렇지 아니하여 존중해야 할 정해진 근본이 없어서 근본과 지말이 정해져 있지 않은 까닭에 필요로 함을 따라서 모두 하나를 얻는다.[20]

중생에 대한 이른바 삼승과 일승의, 다시 말하면 여래장적 이해와 여래출현적 관점 사이에 벌어지는 이러한 긴장은 인용문 ①에 대한 『법계도기총수록』의 주석인 위 인용문에서 더욱 분명하다. 여기에서 먼저 주목되는 것은 아마도 『대승기신론』을 염두에 둔 것으로 생각되는 본각과 시각의 구도를 삼승설이라고 하여 비판하는 대목이다. 중생은 본래 깨달은 존재이지만[본각] 깨달은 존재로 현실에서 살지 못하다가 수행을 통하여 번뇌를 끊고 지혜를 이루어 마친 시점[시각]에서야 비로소 현실의 부처로 살아가게 된다는 이해는 삼승설로서 ①의 올바른 일승적 이해가 아니라고 주장한다. 이어서 일승의 입장이라면, 여래출현의 관점, 출현이 곧 여래라고 본다면 오늘 발심하는 연에 법계의 모든 법이 단박에 일어나 구래(舊來)와 현재와 미래를, 중생과 부처를, 지혜와 번뇌를 갖춘다. 따라서 지금 '나'의 참모습을 예로부터 이루어진 부처라고 하지만 그것은 발심의 연에 기대어 망상이 다하여 마음이 맑아지는 뜻을 따라서,[21] 코끼리를 알지 못하는 사람을 위하여 코끼리의 앞모습을 그려 보여준 것일 뿐,[22] 지금은 중생이라고 해도 앞으로 개가 될 것이라고 해도 옛적에는 부처였다고 해도[23] 다 여래출현의 일이라는 것이며, 이것이 바로 앞서 살펴본 융삼세간불[융삼세간중생=융삼세간시공간]의 뜻이다.

의상계 화엄에 따르면 지금, 여기의 '나'는 법계의 모든 법을 갖춘 예로부터 이루어진 부처이다. 즉 여래의 출현이 아니라 출현 그 자체가 여래이다. 그렇다면 지금, 여기의 '나'에게는 수행이 필요하지 않은가? 여래출현의 입장에서 수행이란 무엇인가?

(2) 수행: 부처를 이룸[成佛]이 아니라 부처행을 함[行佛]

지금, 여기의 '나'를 예로부터 이미 부처인 것으로 파악하는 여래출현의 입장에서 수행은 무슨 의미를 가질까? 발심과 성불의 수행이 어떻게 이해될 수 있는가? 이 책에서는 이와 관련하여 "초발심시변정각(初發心時便正覺)"과 관련된 논의를 중심으로 그 일면을 소개한다.

① [법성게 제15구] 처음 발심할 때가 곧 정각이며[24]

이 게송은 60권본 『화엄경』, 「범행품(梵行品)」의 문구를 조금 수정한 것이다.[25] 『화엄경』에 나오는 이 문구는 아마도 동아시아에 소개되면서부터 많은 혼란을 불러일으켰을 것으로 보인다. 당시 불교 내 일반적인 이해에 의거한다면, 예를 들어 여래장 사상에서라면 앞서 살펴본 것처럼 비록 본래적으로는 부처와 동일하다 할지라도 현재는 번뇌에 뒤덮여 있는 중생이 처음으로 깨닫고자 하는 마음을 일으켜서 오랜 수행을 거쳐서 본래적 동일성에 대한 믿음을 확고히 하여 마침내 성불하게 되는 것이 일반 상식이다. 그런데 당시 누구나 조금의 의심도 없이 부처의 가르침이라고 믿고 있었던 『화엄경』은 이를 전면적으로 부정하면서 첫 발심한 때 바로 올바른, 더할 나위 없는, 조금도 모자람 없는 깨달음을 이룬다는 것이다. 그렇다면 이러한 입장이라면 여기에는 수행 자체가 없게 되는가?

② "처음 발심할 때에 문득 바른 깨달음을 이룬다"라고 한 것은, 하나의 동전이 곧 열 [동전]인 것과 같기 때문이다. 무슨 까닭인가? 수행의 체(體)를 기준으로 하여 설한 까닭이다.

【문】 '처음 발심한 보살'이란 믿음의 지위[信地]의 보살이니 곧 제자의 지위이다. '바른 깨달음을 이룬다'란 부처님의 지위이니, 곧 대사(大師)의 지위이다. 높고 낮음이 같지 않고 지위가 전혀 다르다. 무엇 때문에 같은 곳에 머리와 다리를 나란히 두는가?

【답】 삼승의 방편법과 원교일승의 법은 법의 작용과 머무름이 각각 달라서 섞어 쓸 수 없다. 그 뜻이 어떠한가? 삼승의 법은 머리와 다리가 각각 다르고 아버지와 아들의 나이[年月]가 같지 않다. 무엇 때문에 이와 같은가? 모양을 기준으로 하여 설하기 때문이고, 믿는 마음을 내게 하려는 까닭이다. 원교일승의 법은 머리와 다리가 모두 하나이며, 아버지와 아들의 나이가 모두 같다. 무슨 까닭인가? 연(緣)으로 이루어짐을 말미암은 까닭이고 도리를 기준으로 하여 설한 까닭이다.[26]

인용문 ②는 의상이 『일승법계도』에서 연기실상다라니법(緣起實相陀羅

尼法)을 관하기 위한 방법으로 설하는 '열 개의 동전을 세는 법[數十錢法]' 중의 일부 구절이다. 여기에서 의상은 "처음 발심할 때에 문득 바른 깨달음을 이룬다"가 수행을 부정하는 것이 아니라 오히려 수행의 체라고 설한다. 이어서 초발심보살의 지위와 구경위인 부처의 지위가 동일하다고 하며 그 이유를 연으로 말미암은 까닭이라고 한다. 여기에서 연은 무슨 연일까? 이것은 앞의 인용문에서 언급된 발심의 연으로 생각된다. 즉 발심의 연에서 법계의 모든 법이 몰록 일어나며 이 사태에 깨달음과 중생과 부처와 번뇌와 지혜와 수행과 성불이 출현한다. 따라서 이 발심의 연에서 만약 필요하다면 '나'는 중생이면서 부처이고 개이며 또한 시방이고 삼세이기도 하다.

그러므로 이러한 입장이라면 수행은 부처를 이루기 위해서 하는 것이 아니다. 발심의 연에 모든 법이 몰록 일어나므로 발심을 통해 부처행을 하는 것이 바로 여래출현의 수행이다. 물론 이때 부처는 중생과 개와 단절된 부처가 아니라 일체의 제법을 모두 포섭한 발심의 연에 일어난 부처이므로 이는 중생행이든 견행이든 어느 쪽으로 불려도 무방한 부처행인 것은 두말할 필요도 없을 것이다.[27]

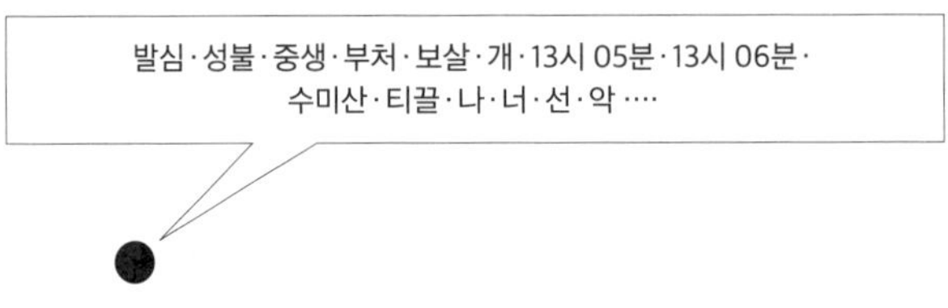

그림 21 | 여래출현의 실상·수행·성불 구도

다음으로는 이러한 화엄교학의 수행론에 대해서 균여가 어떠한 입장에 있었는지를 수십전법, 십현문, 육상설 등의 구체적인 항목을 통해서 살펴보고자 한다.

2
수십전법으로 보는 '나'

1) 수십전법의 유래

'수십전법(數十錢法)'의 의미는 "열 개의 동전을 세는 법"이다. 이를 화엄교학에서는 연기의 실상, 즉 '나'의 참모습을 관찰하는 주요한 수단, 방편으로 내세우고 이에 대해서 다양한 논의를 펼쳐나갔으며 이는 균여도 마찬가지이다. 이에 균여가 '나'의 참모습을 올바로 바라보는 방편으로서 수십전법을 어떻게 평가하고 어떻게 생각했는지에 대해서 살펴보고자 한다. 먼저 균여 이전에 수십전법이 어떠한 맥락에서 생겨나고 전개되었는지 소개한다.

우선 명칭의 구분이 필요하다. 현존 문헌에 의거하는 한 지엄이 지은 것으로 전해지는 저술에서는 '수십전법'이라는 명칭이 사용되지 않으며 대신에 '열을 셈[數十]' 또는 '열을 세는 법[數十法]' 등의 용어가 사용된다. '수십전법'이라는 말이 가장 먼저 사용되는 것은 의상의 『일승법계도』이다. 따라서 연기의 실상인 다라니법을 깨치는 구체적인 수행법으로 동전 열 개를 세는 법을 제시한 것은 의상이 처음이라고 할 수 있다. 물론 이러한 수십전법의 초기 버전이라고 할 수 있는 수법(數法)은 지엄의 『수현기』에 보인다.

① 여섯 번째 목수[보살]의 게송…

또 이 가운데 위아래에 두 경문의 같고 다름이 있다. 첫째, 하나 가운데 많음으로 하나의 수(數)에서 열을 보기 때문이고 많음 가운데 하나로 열 수에서 하나를 보기 때문이다. 또 [둘째], 하나가 곧 많음인 것은 하나의 수가 곧 많음이어서 [하나의 수에서] 하나가 보이지 않기 때문이고 많음이 곧 하나인 것은 많은 수가 곧 하나여서 [많은 수에서] 많음을 보지 않기 때문이다. 이것은 이에 준할 수 있다.

또 [첫째, 하나의] 현상[事]에 즉하여 하나와 많음을 변별함과 둘째, 여러 현상에서 하나와 많음을 변별함은 이를 생각할 수 있을 것이다.[28]

지엄이 『수현기』에서 60권본 『화엄경』의 「광명각품(光明覺品)」에 나오는 게송 중 여섯 번째 게송을 풀이하는 구절이다. 경문에는 「광명각품」에 나오는 열 그룹의 게송이 모두 문수사리보살이 설하는 것으로 되어 있지만 지엄은 이 그룹의 게송을 문수보살을 포함한 십수(十首)보살이 읊는 것으로 풀이하며 위 주석의 대상인 여섯 번째 그룹의 게송은 목수(目首)보살의 게송으로 주석한다.

사실 지엄의 이 주석 또한 이해하기 쉽지 않다. 예를 들어 "위아래에 두 경문의 같고 다름이 있다"고 한 것이 구체적으로 무엇을 의미하는지, 또 이 '현상[事]에 즉하여' 또는 '여러 현상에서' '하나와 많음을 변별함'은 구체적으로 무엇을 의미하는지 등이다.[29] 이에 대한 자세한 탐구는 다음 기회로 미루고 지금 주목하고자 하는 것은 위 인용문에 아주 간략한 형태이지만 이후 의상의 『일승법계도』에 처음 등장하는 수십전법의 기초적인 내용이 보인다는 점이다. 예를 들어서 중문과 즉문을 구분하는 점, 즉문과 중문을 하나와 많음을 통해서 구성하는 점, 이를 '수'를 통해서 논의하고 있는 점, 하나와 많음의 변별을 '하나의 현상'과 '여러 현상'으로 구분하는 점 등이 후대의 수십전법 관련 논의에서 주요한 주제로 등장한다는 점을 들 수 있다. 따라서 후대에 등장하는 수십전법, 수십법 논의의 초기 형태가 지엄의 『수현기』에 보인다는 점은 명확하다.

그러나 동시에 수십전법 관련 주제는 보이지만 이와 관련된 자세한 논의는 이루어지고 있지 않은 점, 관련 논의를 '동전'을 통해서 설명하고 있지 않은 점, 여기서는 '수'가 명사로 사용되지만 후대의 수십전법에서는 헤아린다는 의미의 동사로 사용되는 점 등의 차이점 또한 눈여겨보아야 할 것이다.

이와 관련하여 현존 문헌 중 두순이 설하고 지엄이 찬한 것[30]으로 전해지는 『화엄일승십현문(華嚴一乘十玄門)』은 수십법, 또는 수십전법의 전개 과정 논의를 더욱 복잡하게 만들고 있다. 『화엄일승십현문』에서는 일승의 법계연기를 첫째, 비유를 들어 법이 성립함을 변별하는 부문과 둘째, 법을 변별하여 이치에 회통시키는 부문으로 나누어 설명한다. 이때 첫째, 비유를 통한 부문이 수십법, 열을 헤아리는 법이고 둘째, 법을 설하는 부문이 동시구족상응문(同時具足相應門)으로 시작되는 십현문(十玄門)이다. 여기의 수십법을 살펴보면 의상의 수십전법에는 없는 동체(同體)와 이체(異體)의 구분이 사용되고 따라서 의상의 수십전법보다 구조가 더욱 복잡하게 되어 있다. 다만 여기의 수십법은 의상의 경우와 달리 '열 개의 동전을 헤아리는 법'의 수십전법이 아니라 '열을 헤아리는 법'의 수십법(數十法)이라는 점이 다르다. 만약 이것이 지엄이 설한 것이라면 지엄의 27세 때 저술인 『수현기』에서는 아주 간단한 아이디어 메모 정도로 설한 수법(數法) 이후 어느 때에 동체와 이체 구조를 갖춘 현존 수십법에서 가장 복잡한 구조의 수십법으로 발전시킨 것이 된다. 이를 의상은 자신의 저술에서 동체와 이체 구조를 제거하고 다시 간략화시킨 것이다.

이에 대해서 이러한 흐름의 부자연스러움을 지적하고 여기에 더해서 의상이 수십전법을 설하면서 『화엄일승십현문』을 인용 또는 소개하지 않은 점, 균여와 의천이 당시 지엄 저술로 유통되던 『십현장(十玄章)』이 후인의 가탁으로 의심된다고 밝힌 점 등을 고려하여 현존 『화엄일승십현문』이 지엄의 저술이 아니라 지엄 이후 법장의 『화엄경탐현기』 저술 이전에 누군가가 가탁한 것으로 보는 연구가 있다.[31] 그러나 『화엄일승십현문』이 지엄이 『수현기』 이후에 지은 저술이라는 입장을 유지하는 연구도 있다.[32]

현존 문헌으로 제한하면 『화엄일승십현문』이 만약 지엄의 저술이라고 하더라도 수십법이 아닌 수십전법, 즉 동전을 사용하여 일승 연기를 밝힌 것은 의상의 『일승법계도』가 처음이라는 점은 앞서 소개한 바와 같다. 그러나 이와 관련하여 균여는 『교분기원통초』[33]와 『일승법계도원통기』[34]에서 지엄이 동전을 세는 법을 설했고 이를 의상이 전했다는 원효의 『화엄종요』와 『보법기』의 내용을 전하고 있다. 만약 이를 받아들인다면 동전을 사용하는 수십전법이 의상의 창안이 아니라 지엄의 창안을 의상이 전한 것이 되지만 현존 문헌에는 이를 확정할 수 있는 기록이 없다.

2) 수신전법의 내용

이쯤에서 수십법, 수십전법을 누가 처음 설했는가에 대한 논의는 그만하고 실제의 내용을 살펴보도록 하자. 여기에서는 의상의 『일승법계도』에 설해진 수십전법을 중심으로 소개한다.

②

㉠ 만약 연기의 실상인 다라니법을 관(觀)하고자 한다면, 먼저 열 개의 동전을 세는 법[數十錢法]을 배워야 한다. 이른바 한 동전[一錢] 내지 열 동전[十錢]이다. 열[十]을 말한 까닭은 한량없음을 나타내고자 하는 까닭이다. 이 가운데 둘이 있다. 첫째는 하나 가운데 열이고 열 가운데 하나이다. 둘째는 하나가 곧 열이고 열이 곧 하나이다.

㉡ 첫째 문 가운데 둘이 있으니, 첫 번째는 위를 향하여 오고[向上來] 두 번째는 아래를 향하여 간다[向下去]. 위를 향하여 온다고 말한 가운데 열 문이 있어 같지 않다. 첫째는 하나이다. 무슨 까닭인가? 연(緣)으로 이루어지는

까닭이니 곧 근본수이다. 내지(乃至) 열째는 하나 가운데 열이다. 무슨 까닭인가? 만약 하나가 없으면 열은 곧 이루어지지 않으며 또한 열은 하나가 아닌 까닭이다. 나머지 문 또한 이와 같으니 예에 준하면 알 수 있다.

아래를 향하여 간다고 말한 가운데 또한 열 문이 있다. 첫째는 열이다. 무슨 까닭인가? 연으로 이루어지는 까닭이다. 내지 열째는 열 가운데 하나이다. 무슨 까닭인가? 만약 열이 없으면 하나는 곧 이루어지지 않으며 또한 하나는 열이 아니기 때문이다. 나머지 또한 이와 같다. 이와 같이 오가며 견주어 맞추어보면 곧 낱낱의 동전 가운데 열 문이 갖추어졌음을 알 것이다. 근본과 지말의 두 동전 가운데 열 문이 갖추어진 것처럼, 나머지 여덟 동전 가운데도 예에 준하면 알 수 있다. …

ⓒ 그러므로 마땅히 알아라. 하나 가운데 열과 열 가운데 하나는 서로 용납하여 걸림 없으나 또한 상즉[相是]은 아니다. 이미 하나의 문 가운데 열 문을 갖추므로 하나의 문 가운데 다함없는 뜻이 있음을 분명하게 안다. 하나의 문과 같이 나머지 또한 이와 같다. …

ⓓ 둘째 문은 이 가운데 두 가지 문이 [있다.] 첫 번째는 위를 향하여 가고[向上去], 두 번째는 아래를 향하여 온다[向下來]. 첫 번째 문 가운데 열 문이 같지 않다. 첫째는 하나이다. 무슨 까닭인가? 연으로 이루어지는 까닭이다. 내지 열째는 하나가 곧 열이다. 무슨 까닭인가? 만약 하나가 없으면 열은 곧 이루어지지 않기 때문이며, 연으로 이루어지는 까닭이다.

두 번째 문 가운데도 열 문이 있다. 첫째는 열이다. 무슨 까닭인가? 연으로 이루어지는 까닭이다. 내지 열째는 열이 곧 하나이다. 만약 열이 없으면 하나가 곧 이루어지지 않기 때문이다. 나머지는 예에 준한다.

ⓔ 이 뜻으로 인한 까닭에 마땅히 알아라. 하나하나의 동전 가운데 열 문을 갖춘다. …

ⓕ 동전 가운데 첫 번째 내지 열 번째가 같지 않으나 상즉하고 상입하여 걸림 없이 서로 이루어지는 것과 같이, 비록 원인[因]과 결과[果], 이법[理]과 현

상[事], 사람[人]과 법(法), 앎[解]과 행(行), 가르침[敎]과 뜻[義], 주(主)와 반(伴) 등의 여러 많은 문이 다르나 한 문에 의탁함을 따라 일체를 다 포섭한다. 나머지 뜻도 이에 준한다.

위에서의 동전을 세는 법이란 우선 변계(遍計)인 현상[事]의 동전에 의지하여 의타(依他)인 인연과 연기의 동전을 나타내 보인 것이다. 또한 가리킴에 의지하여 보일 수는 있지만 연으로 생겨난 일체 모든 법은 끝내 얻을 수 없다. 변계의 사물에 집착하여 연기의 법에 미혹하면 법을 나타내어 머무름이 전혀 다르다.

경에 이르기를, "처음 발심한 보살의 일념(一念) 공덕이 다할 수 없다"라고 한 것이 첫째 동전과 같다. 무슨 까닭인가? 하나의 문을 기준으로 하여 다함없음을 나타내는 까닭이다. "어찌 하물며 한량없고 가없는 모든 지(地)의 공덕이겠는가?"라고 한 것은 둘째 동전 이후와 같다. 무슨 까닭인가? 다른 문을 기준으로 하여 설한 까닭이다. "처음 발심할 때에 문득 바른 깨달음을 이룬다"라고 한 것은, 하나의 동전이 곧 열 [동전]인 것과 같기 때문이다. 무슨 까닭인가? 수행의 체를 기준으로 하여 설한 까닭이다.[35]

먼저 ㉠을 보면 수십전법의 목적이 분명하게 '연기의 실상인 다라니법을 관하는 것'으로 밝혀져 있다. 의상의 관점에서 일승 연기의 참모습, '나'의 참모습은 다라니법이다. '다라니(陀羅尼)'란 범어 'dhāraṇī'의 음사로서 뜻으로 번역하면 '모든 것을 지닌다'는 정도의 의미인 '총지(總持)'로 번역한다. 일승에서 연기란 '일대연기'로서 하나의 연기, 하나의 현상이 법계 모든 연기, 모든 현상을 다 지니고 있기에 일승 연기의 참모습은 다라니라고 하는 것이다. 따라서 '나'는 일승의 입장이라면 법계의 모든 연기법을 지니는 다라니법으로서 그 한계, 구역을 정할 수 없다. 이를 분명히 관찰하기 위한 방법, 수행론으로서 의상은 수십전법을 우리에게 추천하고 있다.

여기서 한 가지 주의할 점이 있다. 첫째, 의상이 수십전법을 설하는 중에 이를 비유라고 하지 않는다는 점이다. 이는 앞서 소개한 지엄의 『수현기』 관련 구절에서도 마찬가지이다. 그러나 『화엄일승십현문』과 다음에 설명할 법장의 『일승교의분제장』에서는 수십법과 수십전법을 비유에 의해 연기를 변별하는 방법으로 설해진다. 둘째, 의상은 수십전법을 일승의 입장에서 연기의 참모습을 관찰하는 일종의 구체적인 수행 방법으로서 설명하는 입장이라면 『화엄일승십현문』과 법장의 『일승교의분제장』의 수십법과 수십전법은 "가르침을 기준으로 [연기법] 자체의 모습에 나아가 연기를 변별"[36]하는 설명 방법으로 제시되고 있다는 점이다. 즉 의상의 수십전법이 연기법을 관찰하는 관법이라면 뒤의 둘은 연기법을 설명하는 방법으로 그 목적에 차이가 있다. 이는 수십법, 수십전법의 전개 과정을 이해하는 데에 중요한 착안점이 될 수 있는 차이로 보인다.

㉠은 이어서 중문(中門, 一中多多中一)과 즉문(卽門, 一卽多多卽一)으로 수십전법을 나누어 설명한다. ㉡과 ㉢은 중문, ㉣과 ㉤은 즉문의 설명이고 ㉥은 정리에 해당한다. 중문은 다시 위를 향하여 옴[向上來]과 아래를 향하여 감[向下去]으로 나누어지고 즉문은 위를 향하여 감[向上去]과 아래를 향하여 옴[向下來]으로 나눈다. 그리고 각 오고 감의 부문에 열 문씩 있어서 총 40문으로 수십전법이 구성된다. 오고 감의 의미에 대해서는 간략히 "연을 따르는 뜻이니 곧 인연의 뜻"[37]이라고 할 뿐, 예를 들어 중문에서는 왜 위를 향하여 옴이고 즉문에서는 위를 향하여 감으로 다른가 등에 대해서 자세한 설명은 없다. 마지막 정리 부분에서 의상은 열 개의 동전이 상즉하고 상입하듯이 열 보법이 상즉하고 상입하여 하나의 문에 모든 문이 갖춰지는 연기 실상 다라니법임을 다시 한번 강조한다.

의상의 『일승법계도』와 함께 초기 화엄교학의 수십전설(數十錢說)을 대표하는 것이 바로 법장의 『화엄일승교의분제장』에 설해진 수십전유(數十錢喩)[38]이다. 수(數)를 즉문과 중문으로 연결하는 지엄의 초기 아이디어를 『일승법계도』에서 '수십전법'이라는 독립된 명칭과 구조화된 체계를 갖춘 하나의 교설로 발전시켰다면 『화엄일승교의분제장』은 『일승법계도』가 확립한 수십전법을 재구조화하여 법장 고유의 수십전유로 변용하였다. 법장의 수십전유는 특히 의상의 수십전법과 목적, 구조의 차이가 가장 먼저 눈에 띈다.

의상의 수십전법은 연기 실상 다라니법을 관하는 수행법이다. 법장이 수십전유를 설하는 맥락은 다음과 같다. 법장은 법계연기를 (1) 구경의 과로서 증득을 밝히는 뜻[明究竟果證義]인 열 부처 자체의 경계[十佛自境界]와 (2) 연(緣)을 따라 인(因)을 기준으로 가르침을 변별하는 뜻[隨緣約因辯教義]인 보현경계(普賢境界)로 나눈다. 법계연기 중 (1) 열 부처 자체의 경계는 과분(果分)으로서 설할 수 없기에 그 자체에 대해 논의를 하지 않으며, (2) 보현경계에 대해서는 비유로써 간략히 보이는 부분과 법을 기준으로 자세히 변별하는 부분으로 나누어 본격적인 논의를 펼치며 이 가운데 비유로써 간략히 보이는 부분이 바로 법장의 수십전유이다. 따라서 법장의 수십전유는 연기 실상 다라니법을 관하는 수행 방편이라기보다는 연기 실상 다라니법인 법계연기를 인연에 따라 가르침을 비유로써 보여주는 교화 방편이라고 할 수 있다. 물론 화엄교학의 교즉관(教卽觀)의 입장이라면 가르침이 곧 수행이고 교화 방편이 수행 방편이겠지만 그럼에도 불구하고 표면적인 목적이 다른 점은 눈여겨볼 만하다.

앞에서 의상의 경우 '수십전법', 법장은 '수십전유'라고 명칭을 구분해서 사용했지만 정확히 법장의 저술에 '수십전유(數十錢喩)'라는 명칭이 보이지는 않는다. 법장은 연을 따라 인을 기준으로 가르침을 변별하는 뜻인 "두 번째 뜻에 둘이 있다. 첫째는 비유로써 간략히 보이는 것이고 둘째는 법을 기준으로 자세히 변별하는 것이다. 첫째, 비유로 보이는 것은 수십전법과 같다"[39]고 하여 자신이 설하는 수십전설이 비유임을 명확히 하고 그 내용은 [의상이 설한] 수십전법과 같다고 한다. 이에 이 책에서는 법장의 수십전설을 의상의 수십전법과 구별하여 수십전유라고 부른 것이다.

법장은 수십전유를 수십전법과 같다고 하지만 구조 면에서 큰 차이가 있다. 의상은 수십전법을 설하면서 중문과 즉문으로 나눈 후 각각을 위를 향하는 문과 아래를 향하는 문으로 나누어 총 두 개의 층위로 구성하였지만 법장은 중문과 즉문의 층위 위에 동체와 이체라는 층위를 하나 더 시설하여 총 세 개의 층위로 수십전유의 구조를 이루었다. 세 개의 층위 가운데 동체와 이체의 층위는 일체 연기법이 자신의 덕이 있어서 서로 말미암지 않음의 뜻[不相由義]과 연을 기다려서 서로 말미암음의 뜻[相由義]에 따라서 나누어지고 중문과 즉문은 자체가 공하고 있음[空有], 작용의 힘이 있고 없음[力無力]의 뜻에 의거하여 구분한다. 이는 법장의 연기법을 설명하는 또 다른 교설인 연기인문육의(緣起因門六義)의 설과 연결된다.

3) 균여의 수십전법

균여의 현존 저술 중에서 수십전법에 대한 논의가 가장 자세한 곳은 『일승법계도원통기』와 『교분기원통초』이다. 이는 두 저술의 주석 대상인 『일승법계도』와 『화엄일승교의분제장』에 수십전법설이 실려 있으므로 당연하다고 할 것이다. 이 두 저술의 관련 논의는 매우 길고 복잡하므로 다 소개할 수는 없고 그 가운데 균여의 수행관을 특징적으로 잘 보여주는 몇 가지 주제만을 『일승법계도원통기』의 내용을 중심으로 살펴보고자 한다.

(1) 수십전법의 이익

균여는 수십전법이 연기법을 보여주는 가장 오묘한 방편이라고 하면서 이 수십전법의 이익에 대해서 다음과 같이 설한다.

③

【문】 이 수전법의 뛰어난 이익은 무엇인가?

【답】 『개종기(開宗記)』에서는 "수전법은 생사에 집착하는 병을 다스리는 가장 좋은 약이고 열반의 장애 없는 공덕을 이루는 가장 뛰어난 가르침이다"라고 하였다. 만약 수전법을 배우면 보는 곳마다 끝내 집착하는 바가 없고 듣는 곳마다 모든 집착을 멀리 여의기 때문에 생사에 집착하는 병을 다스리는 가장 좋은 약이다. [만약 수전법을 배우면] 자기의 몸을 여의지 않고서도 낱낱 털구멍에서 여러 부처님 바다를 보고, 낱낱 티끌에서 부처님 국토 바다를 본다. 자기가 머무르는 곳이 부처님의 법계임을 보고 또한 자기의 몸이 부처님 자체임을 보고 또한 자기의 마음이 부처님의 지혜임을 본다. 따라서 열반의 장애 없는 공덕을 이루는 가장 뛰어난 가르침이라고 한다. 이런 까닭에 연기관을 배우고자 하고 보현행을 수행하고자 한다면 반드시 수전법의 문에 의거해야 비로소 가능하다. 이런 까닭에 [『일승법계도』에서] "만약 연기의 실상인 다라니법을 관하고자 한다면, 먼저 열 개의 동전을 세는 법을 배워야 한다"고 하였다.[40]

균여가 밝히는 수십전법의 이익은 결론적으로 말하자면 '나'의 참모습을 올바로 보게 되는 것이다. 수십전법을 배워야만 연기의 실상인 다라니법을 볼 수 있으며 이것은 다른 말로 연기법인 '나'의 실상, 참모습을 다라니법으로서 보게 된다는 것이다. 따라서 수십전법을 통해서 '나'의 참모습인 다라니법을 보게 되면 '나의 오 척 되는 몸'이 부처 그 자체임을 보고 '나'의 마음이 부처의 지혜임을 보며 '나'가 머무르는 곳이 바로 부처의 법계임을 보게 된다. 이런 균여의 입장으로부터 균여가 수십전법을 '나'의 참모습을 바로 보는 수행법으로 파악하고 있으며 수십전법의 이익을 의상 이래 의상계 화엄에서 중시했던 '나'의 몸과 마음을 통해서 설명하고 있음을 알 수 있다.

(2) 위를 향하고 아래를 향함[向上向下], 오고 감[來去]

의상의 수십전법은 먼저 중문과 즉문의 두 문으로 나눈 후 중문은 위를 향하여 옴과 아래를 향하여 감, 즉문은 위를 향하여 감과 아래를 향하여 옴으로 나누어 이 네 문에 각각 열 문씩을 설하는 구조로 되어 있다. 그러나 의상의 수십전법에는 위를 향함과 아래를 향함, 그리고 옴과 감이 무슨 의미인지에 대해서는 별다른 설명이 없어서 그 의미가 명확하지 않다(인용문 ②의 ㉡, ㉣ 참조). 이에 대해서 균여는 당시의 두 견해와 함께 자신의 입장을 밝히고 있다.

④

㉠ 어떤 이는 이른다. 중문에서는 [어느 동전이 다른 동전을] 가지고 가고 가지고 온다고 하며, 즉문에서는 [어느 동전이 다른 동전에] 가고 오는 것이라고 한다. 말하자면 중문은 옴[來]의 문에 서서는 뒤의 아홉 [동전]을 가지고 와서 첫째 [동전]에 향하고 감[去]의 문에 서서는 앞의 아홉 [동전]을 가지고 가서 열째 [동전]에 향한다. 즉문에서는 하나가 곧 둘이고 하나가 곧 셋 등으로 이와 같이 첫째가 곧 열째이고, 열이 곧 아홉이고 열이 곧 여덟 등으로 이와 같이 열째가 첫째를 갖춘다. …

㉡ 어떤 이는 이른다. 위를 향함과 아래를 향함 그리고 옴과 감의 두 가지 뜻은 모두 세는 주체[能數]인 마음을 기준으로 말한 것일 뿐으로 세어지는 대상[所數]인 법을 기준으로 한 것은 아니다. 만약 세는 주체인 마음이 열째 [동전]에 서 있으면서 각각 열 [동전]을 갖춘 열 문을 배열할 때 첫째 [동전]에서부터 열째 [동전]에 이르도록 배열하면 모두 세는 주체인 내 마음을 향해 오기 때문에 "위를 향하여 옴"이라고 한다. 열째 [동전]에서부터 첫째 [동전]에 이르면 세는 주체인 내 마음에 등돌려 가기 때문에[41] "아래를 향하여 감"이라고 한다. 만약 세는 주체인 마음이 처음 동전에 서 있으면서 열 문을 배열할 때 열째 [동전]에서부터 첫째 [동전]에 이르도록 배열

하면 세는 주체인 내 마음을 향하여 오기 때문에 "아래를 향하여 옴"이라고 한다. 첫째 [동전]에서부터 열째 [동전]에 이르도록 배열하면 세는 주체인 마음을 향해 오는 것이 아니라 단지 열째 [동전]을 향해 가기 때문에 "위를 향하여 감"이라고 한다.

이런 까닭에 지금 이 중문은 세는 주체인 마음이 열째 [동전]에 있기 때문에 "위로 향하여 오고 아래로 향하여 감"이라고 한다. 아래의 즉문 … 에서 "위로 향하여 가고 아래로 향하여 옴"이라고 한 것은 세는 주체인 마음이 첫 번째 [동전]에 있기 때문에 그런 것이다. …

ⓒ 지금 풀이한다. 위로 향하고 아래로 향함은 세는 주체인 마음을 기준으로 하고 옴과 감은 세어지는 대상인 법을 기준으로 한다. 열 개 동전에서 첫째 [동전]에서부터 열째 [동전]에 이르도록 배열하면 위로 향함이고 열째 [동전]에서부터 첫째 [동전]에 이르도록 배열하면 아래로 향함이다. [세어지는 대상인 법(=동전) 중에서] 갖추는 주체를 기준으로 갖추기 때문에 '옴'이라고 하고 갖추어지는 대상을 기준으로 갖추어지기 때문에 '감'이라고 한다. 말하자면 첫째 [동전]이 갖추는 주체가 될 때[42] 뒤의 아홉 [동전]을 가지고 와서 갖추기 때문에 "위로 향하여 옴"이라고 한다. 갖추어지는 대상에 서서 갖추는 주체를 바라보면 뒤의 아홉 [동전]은 첫째 [동전]을 향하여 가서 갖추어지기 때문에 "아래로 향하여 감"이라고 한다. 내지 만약 열째 [동전]이 갖추는 주체[인 경우]에 서 있으면 앞의 아홉 [동전]이 열째 [동전]을 향하여 와서 갖추어지기 때문에 '옴'이라고 하고 갖추어지는 대상으로 갖추는 주체인 열째 [동전]을 바라보면 앞의 아홉 [동전]은 갖추어지는 대상으로 [열째 동전을] 향하여 가서 갖추어지기 때문에 '감'이라고 한다. 이런 까닭에 앞에서 갖추는 주체에 서서 갖추므로 '온다, 온다'라고 하고 갖추어지는 대상에 서서 갖추어지므로 '간다, 간다'라고 한다.[43]

인용문 ④에서 의상의 수십전법에 보이는 '위로 향함' 즉 향상(向上)과 '아래로 향함' 즉 향하(向下), 그리고 '옴[來]'과 '감[去]'의 의미에 대해서 당시의 해석 두 가지와 자신의 입장을 밝히고 있다.

첫 번째 해석(㉠)은 향상과 향하의 의미에 대해서는 명시적으로 밝히고 있지는 않다. 다만 문맥상 향상은 첫째 동전에서 열째 동전으로 세어 올라가는(오는) 것, 향하는 열째 동전에서 첫째 동전으로 세어 내려가는(오는) 것을 가리키는 것으로 추정해볼 수 있다. 즉 열째 동전을 위[上]로, 첫째 동전을 아래[下]로 보는 입장이다. '옴'과 '감'에 대해서는 중문을 한 동전이 다른 동전을 가지고 옴과 가지고 감의 의미로, 즉문을 한 동전이 다른 동전에 가고 옴의 뜻으로 풀이하지만 무엇을 기준으로 '옴'과 '감'을 구분하는지에 대해서는 설명이 없다.

그러므로 중문 가운데 "하나, 하나 가운데 둘, … 하나 가운데 아홉, 하나 가운데 열"은 첫째 동전에서 열째 동전을 향하여 세어 오르면서[향상] 첫째 동전이 나머지 동전을 가지고 오므로[래] 향상래라고 한다. 또 중문 가운데 "열, 열 가운데 아홉, … 열 가운데 둘, 열 가운데 하나"는 열째 동전에서 첫째 동전을 향하여 세어 내리면서[향하] 열째 동전이 나머지 동전을 가지고 가므로[거] 향하거라고 한다. 다만 이 주장은 중문 가운데 향상래가 왜 감이 아니라 옴이고, 마찬가지로 향하거가 왜 옴이 아니라 감인가에 대한 설명이 없다. 중문 중 향상래에서 하나가 다른 것을 가지는 것은 알 수 있지만 이것이 '가지고 옴'이 되는 이유는 무엇인가? 똑같이, 중문 중 향하거에서 열이 다른 것을 가지는 것이 왜 '가지고 감'이 되는가? 이에 대해서 만약 뒤에 나오는 틀을 이용하면 세는 주체[能數]인 마음이 첫째 동전 쪽에 있다고 설명이 가능하지만 이에 대해서는 별다른 언급이 없다.

즉문의 경우 "하나, 하나가 곧 둘, … 하나가 곧 아홉, 하나가 곧 열"은 첫째 동전에서 열째 동전을 향하여 세어 오르면서[향상] 첫째 동전이 나머지 동전으로 가기에[거] 향상거라고 한다. 또 "열, 열이 곧 아홉, … 열이 곧 둘, 열이 곧 하나"는 열째 동전에서 첫째 동전을 향하여 세어 내리면서[향하] 열째 동전이 나머지 동전으로 오기에[래] 향하래라고 한다. 이 또한 향상거와 향하래가 각각 왜 '감'과 '옴'인지 설명이 없지만 앞서와 마찬가지로 세는 주체[能數]인 마음이 첫째 동전에 있다고 가정하여 이해할 수 있다. 그러나 중문과 즉문 모두 왜 세는 주체인 마음이 첫째 동전에 있다고 가정하는지에 대해서는 그 이유나 의미에 대해서 더욱 논의가 필요하다.

두 번째 해석(ⓒ)은 의상의 수십전법 해석에 세는 주체[能數]인 마음과 세어지는 대상[所數]인 법, 즉 동전을 구분하여 이를 통해서 설명한다는 점이 주목된다. 이 해석은 세는 주체와 대상을 구분한 후 향상과 향하, 래와 거 모두 세는 주체인 마음을 기준으로 한 것이라고 한다. 다만 이 해석이 향상과 향하를 세는 주체인 마음에 의거한 것이라고 한 것과는 달리 실제 설명을 보면 첫째 동전에서 열째 동전으로 향하면 향상, 반대가 향하인 것으로 생각된다. 왜냐하면 이 해석에서는 마음이 중문은 열째 동전에, 즉문은 첫째 동전에 있다고 하지만 두 경우 모두 향상은 첫째 동전에서 열째 동전으로, 향하는 반대로 향하는 헤아림이기 때문이다.

이 해석에 따르면 중문은 세는 주체인 마음이 열째 동전에 있기에 "하나, 하나 가운데 둘, … 하나 가운데 아홉, 하나 가운데 열"은 향상하면서 열째 동전으로 가까이 오는 향상래이고 "열, 열 가운데 아홉, … 열 가운데 둘, 열 가운데 하나"는 향하하면서 열째 동전에서 멀어져 가는 향하거이다. 즉문은 세는 주체인 마음이 첫째 동전에 있으므로 "하나, 하나가 곧 둘, … 하나가 곧 아홉, 하나가 곧 열"은 향상하면서 첫째 동전에서 멀어져 가는 향상거이고 "열, 열이 곧 아홉, … 열이 곧 둘, 열이 곧 하나"는 향하하면서 첫째 동전으로 가까이 오는 향하래이다.

두 번째 해석에 대해서 균여는 『일승법계도』의 "자기 자리를 움직이지 아니하되 항상 오고 간다"[44]와 『청량소』의 비슷한 구절을 인용하여 "'자기 자리를 움직이지 아니함'은 있음이고 서로서로 즉입하는 것은 오고 감인데 어떻게 옴과 감을 오직 세는 주체인 마음만을 기준으로 하여 얻을 수 있는가? 이런 까닭에 이 뜻은 [받아들이기] 어렵다"[45]라고 하며 비판한다.

균여의 해석(ⓒ)은 앞의 두 번째 해석(ⓛ)이 설한 세는 주체[能數]인 마음과 세어지는 대상[所數]인 법, 즉 동전의 구분을 받아들이면서 앞의 해석이 세는 주체인 마음만으로 수십전법을 해명한 것과는 달리 세는 주체인 마음과 세어지는 대상인 동전 두 가지 모두를 사용하여 수십전법을 해설한다는 데에서 차이가 있다. 즉 균여의 향상·향하와 거래에 대한 설명을 정리하면 다음과 같다.

향상과 향하: 세는 주체인 마음을 기준
래(來)와 거(去): 세어지는 대상인 동전을 기준

이에 따라서 열 개 동전에서,
첫째 동전에서 열째 동전으로 배열하면 → 향상
열째 동전에서 첫째 동전으로 배열 → 향하

[세어지는 대상인 법(=동전) 중에서]
갖추는 주체[能具]를 기준으로 하면 → 래(來)
갖추어지는 대상[所具]을 기준으로 하면 → 거(去)

따라서 이 기준을 중문에 적용하면 〈표 11〉과 같이 된다.

표 11 | 균여의 수십전법 해석

<table>
<tr><td rowspan="3">중문 ①
향상문</td><td colspan="2">“하나, 하나 가운데 둘, … 하나 가운데 아홉, 하나 가운데 열”
첫째 동전에서 열째 동전으로 배열: 향상</td></tr>
<tr><td>能具(一) 기준</td><td>所具(二~十) 기준</td></tr>
<tr><td>*[向上]來</td><td>[向上]去[46]</td></tr>
<tr><td rowspan="3">중문 ②
향하문</td><td colspan="2">“열, 열 가운데 아홉, … 열 가운데 둘, 열 가운데 하나”
열째 동전에서 첫째 동전으로 배열: 향하</td></tr>
<tr><td>能具(十) 기준</td><td>所具(九~一) 기준</td></tr>
<tr><td>[向下]來</td><td>*[向下]去</td></tr>
</table>

의상은 중문의 향상문은 향상래, 향하문은 향하거라고 하였지만 균여의 입장에 따르면 그것은 향상문에서는 갖추는 주체[能具]인 첫째 동전을 기준으로, 향하문에서는 갖추어지는 대상인 여타 동전들을 기준으로 이름을 붙인 것일 뿐, 실제로는 무엇을 기준으로 하느냐에 따라서 이름은 달라질 수 있다. 또한 여기에서는 생략했지만 균여는 첫째와 열째 사이의 동전들은 위로 향함과 아래로 향함, 옴과 감의 뜻을 모두 가지고 있으므로 어느 문을 한결같이 향상래 또는 향하거라고 부를 수 없으나 다만 각 문에서 기준이 되는 첫째와 열째의 동전을 기준으로 이름을 정했을 뿐이라고 설명하고 있다.

하지만 첫째와 열째의 동전을 기준으로 각 문의 이름을 정했다고 하더라도 설명이 필요한 부분이 남는다. 예를 들어 〈표 11〉에서 별표(*)를 한 것, 즉 향상래와 향하거가 의상이 붙인 각 문의 이름이라는 것이다. 즉 균여의 기준에 의하면 의상은 명칭은 향상문에서는 갖추는 주체[첫째 동전]를 기준으로 ‘향상래’라고 한 것이고 향하문에서는 갖추어지는 대상[아홉째~첫째 동전]을 기준으로 ‘향하거’라고 한 것이다. 왜 향상문에서는 갖추는 주체를, 향하문에서는 갖추어지는 대상을 기준으로 하여 이름을 붙이는지에 대해서 균여는 별다른 설명을 하지 않았다. 또한 즉문의 향상·향하와 거래에 대해서는 『일승법계도원통기』는 별다른 설명을 하고 있지 않아서 이에 대한 균여의 입장을 알 수 없다.

(3) 위전과 체전과 덕전

앞서 의상의 수십전법 설명과 이에 대한 균여의 해설을 보면 같은 동전이지만 다른 역할과 성격을 가지고 있어서 그 사이에 구분이 필요하다. 균여는 이에 대해서 세 가지로 동전의 역할과 성격을 구분하고 있다.

> ⑤ 위로 향하여 옴이라고 말한 가운데 첫째는 하나이다. … 열째는 하나 가운데 열이다.[47]
>
> ⑥ 동전 중에 위전(位錢)이 있고 체전(體錢)이 있고 덕전(德錢)이 있다. 말하자면 처음에 '첫째'라고 한 것은 위전이고 다음에 '하나'라고 한 것은 체전이고 내지 '하나 가운데 둘' 등이라고 한 것은 덕전이다.[48]
>
> ⑦ 옛사람이 이른다. 위전이 있고 체전이 있고 행전이 있다. 말하자면 '첫째'는 위전이다. '하나는 본수'는 체전이다. 내지 '열째는 하나 가운데 열' 등은 행전이다.[49]

인용문 ⑤는 의상의 『일승법계도』에서 중문 중 향상래에 해당하는 문구 일부이고, ⑥은 ⑤를 균여가 『일승법계도원통기』에서 주석하는 부분이다. 균여가 여기에서 동전을 위전 등으로 구분한다. 인용문 ⑦은 균여의 『석화엄교분기원통초』에서 인용문 ⑥과 유사한 해석을 하고 있는 부분이다. 이를 보면 동전을 이렇게 구분한 것이 균여가 시작한 것이 아니라 그 이전에 이미 행해지고 있던 것임을 알 수 있다.

이것의 해석, 즉 무엇이 위전이고 체전이고 덕전인가를 풀이하는 것은 명확하지 않아서 보는 사람에 따라서 달라질 수 있다.

표 12 | 중문 ① 향상래의 위전·체전·덕전

	위전	체전		덕전
중문 ① 향상래	一者	一		
	二者	一	中	二
		⋮		
	九者	一	中	九
	十者	一	中	十

이에 따르면 위전은 '일자(一者)'부터 '십자(十者)'까지이고, 체전은 '일(一)'이고, 덕전은 '이(二)'부터 '십(十)'까지이다.[50] 마찬가지로 중문의 향하거는 〈표 13〉과 같이 추정할 수 있다.

표 13 | 중문 ② 향하거의 위전·체전·덕전

	위전	체전		덕전
중문 ② 향하거	一者	十		
	二者	十	中	九
		⋮		
	九者	十	中	二
	十者	十	中	一

이 경우 위전은 '일자(一者)'부터 '십자(十者)'까지이고, 체전은 '십(十)'이고, 덕전은 '구(九)'부터 '일(一)'까지이다. 즉문도 마찬가지로 구분할 수 있을 것이다.

3
십현문으로 보는 '나'

1) 십현문의 유래

'열 가지 현묘한 문' 정도로 해석 가능한 십현문(十玄門)에 관한 교설은 지엄의 『수현기』에 처음 보인다.[51] 이후 의상이 『일승법계도』에서 지엄의 십현문을 거의 그대로 계승하여 싣고 있으며 법장도 그의 전기와 후기의 저술에서 약간의 차이는 있지만 십현문을 논하고 있다. 이와 같이 초기 화엄교학에서 지엄이 창안한 십현문 교설은 법계연기의 실상을 밝히는 방편으로 매우 중시되어왔다. 이는 균여의 경우도 마찬가지인데 균여의 십현문에 대한 입장을 살펴보기에 앞서 십현문의 형성 과정을 먼저 살펴보자.

①

나섯 번쌔, 글을 따라서 해식함은 첫째, 가르침[敎]의 분제를 총체직으로 헤아려 구별하고 둘째, 글의 분제를 개별로 풀이한다. [첫째에] 둘이 있다. 하나는 삿됨을 대하여 바름을 드러내 그 분제를 밝힘이고 둘은 설해진 바의 뜻을 기준으로 그 분제를 밝힘이다. … 둘, 설해진 바에 나아감을 기준으로 분제를 밝히는 것에 간략히 열 부문이 있다. 첫째는 동시구족상응문(同時具足相應門)이다. 이 가운데 열이 있다. 하나는 가르침[敎]과 뜻[義]을 모두 갖춤, 둘은 이치[理]와 현상[事]을 모두 갖춤, 셋은 이해[解]와 행위[行]를 모두 갖춤, 넷은 원인[因]과 결과[果]를 모두 갖춤, 다섯은 사람[人]과 법(法)을 모두 갖춤, 여섯은 분제의 대상과 지위를 모두 갖춤, 일곱은 스승과 제자의 법과 지혜를 모두 갖춤, 여덟은 주(主)인 정보[正]와 반(伴)인 의보[依]를 모두 갖춤, 아홉은 거스름[逆]과 수순함[順]의 체(體)와 작용[用]이 자재함을 모두 갖춤, 열은 중생의 근기와 욕구를 따라서 나타내 보임을 구족함이다. 이러한 열 문은 상응하여 앞뒤가 없다. 둘째는 인다라망경계문(因陀羅網境界門)이다. 이 중에 앞의 열 문을 갖추나 다만 뜻이 비유를 따라서 다를 뿐이다. 나머지는 위에 준할 수 있다. 셋째는 비밀은현구성문(秘密隱顯俱成門)이다. 이 또한 앞의 열 문을 갖추나 다만 뜻이 연에 따라서 다를 뿐이다. 나머지는 이에 준할 수 있다. 넷째는 미세상용안립문(微細相容安立門)이다. 이 또한 앞의 열 부문을 갖추나 다만 뜻이 모양[相]을 따라서 다를 뿐이다. 나머지는 이에 준할 수 있다. 다섯째는 십세격법이성문(十世隔法異成門)이다. 이 또한 앞의 열 문을 갖추나 다만 뜻이 세(世)를 따라서 다를 뿐이다. 나머지는 이에 준할 수 있다. 여섯째는 제장순잡구덕문(諸藏純雜具德門)이다. 이 또한 앞의 열 문을 갖추나 다만 뜻이 문(門)[52]을 따라서 다를 뿐이다. 나머지는 이에 준할 수 있다. 일곱째는 일다상용부동문(一多相容不同門)이다. 이 또한 앞의 열 문을 갖추나 다만 뜻이 이치[理]를 따라서 다를 뿐이다. 나머지는 이에 준할 수 있다. 여덟째는 제법상즉자재문(諸法相卽自在門)이다. 이 또한 앞의 열 문을 갖추나 다만 뜻이 작용[用]을 따라서 다를 뿐이다. 나머지는 이에 준할 수 있다. 또 성(性)에 의지하는 것이기도 하다. 아홉째는 유심회전선성문(唯心迴轉善成門)이다. 이 또한 앞의 열 문을 갖추나 다만 뜻이 마음을 따라서 다를 뿐이다. 나머지는 이에 준할 수 있다. 열째는 탁사현법생해문(託事顯法生解門)이다. 이 또한 앞의 열 문을 갖추나 다만 뜻이 지혜를 따라서 다를 뿐이다. 나머지는 이에 준할 수 있다.

위의 열 부문의 현묘함은 아울러 다 다르다. 만약 가르침과 뜻의 분제가 이것과 상응한다면 곧 일승원교와 돈교의 법문이다. 만약 모든 가르침과 뜻의 분제가 이와 상응하지만 모두 갖추지 못하면 곧 삼승 점교(漸敎)에 거두어진다.[53]

인용문 ①은 지엄이 『수현기』에서 『화엄경』을 열 가지 문으로 나누어 주석하는 가운데 다섯 번째 문의 처음 부문에 해당한다. 지엄은 여기에서 가르침의 분제, 즉 『화엄경』이 설하는 바의 영역을 밝히기 위해서 십현문을 설한다고 한다. 즉 십현문이 설해지는 목적은 『화엄경』이 설하는 바의 영역을 확실히 하기 위함이다.

이를 위해서 지엄은 첫째, 동시구족상응문에서 열째 탁사현법생해문에 이르는 열 가지 부문을 설하고 이것으로 가르침과 뜻에서부터 중생의 근기와 욕구를 따라서 나타내 보임에 이르는 열 가지 문을 설명한다. 뒤의 열 가지 문을 화엄교학에서는 열 가지 보법, 즉 십보법(十普法)이라고 하며 법계의 모든 현상을 열 가지의 쌍으로 그룹화한 것이라고 거칠게 말할 수 있다. 따라서 십현문은 법계의 모든 현상을 그룹화한 열 가지 보법의 현묘한 모습 또는 참모습[實相]을 동시구족상응문 등의 열 가지 부문으로 나타낸 것이다. 가령 법계의 가르침에는 다른 법계의 모든 현상들[다른 보법]이 동시에 갖추어져서 상응하여 앞뒤가 없으며[동시구족상응문], 인다라망에 비유되는 경계와 같이 다른 법계의 모든 현상들과 상즉상입하는 관계를 맺고 있다[인다라망경계문]. 이처럼 가르침 하나에 법계의 모든 현상이 동시구족상응하고, 인다라망경계를 지니며, 비밀은현구성하고 등등의 모습을 지니는 것이 법계의 참모습이라는 것이다.

석가모니 부처의 가르침 중에서 십현문을 얼마나 온전히 드러내는가에 따라서 그 가르침이 어떤 가르침인지 결정된다는 것이 지엄이 십현문을 설하는 전체적인 의도이다. 즉 이 십현문과 상응하면 일승원교와 돈교의 가르침이고 상응하지만 온전하지 못하면 삼승 점교라는 것이 지엄이 십현문을 통해 드러낸 교판이다. 달리 말하면 '나'의 참모습을 온전히 나타내는 가르침은, 물론 지엄의 입장에서, 십현문의 교설이다. 따라서 이러한 십현문 교설과 어긋나지 않고 맞아떨어지는 가르침은 일승원교와 돈교이고 삼승 점교는 완전히 맞아떨어지지 않아서 법계의, '나'의 참모습을 온전히 드러내지 못한다는 것이다.

십현문의 내용을 구체적으로 보면 먼저 법계의 모든 현상을 쌍으로 그룹화한 열 보법은 화엄교학에서 자신들의 가르침을 '보법'이라고 할 정도로 매우 중요하게 다루어지며 모든 화엄교가가 자신의 보법을 설하기에 화엄교가에 따라서 열 보법의 항목이 조금씩 다르다.[54] 열 보법을 설명하는 열 부문, 즉 십현문은 그 명목이 『수현기』에 처음 보인다. 십현문 각 항목의 명칭은 『화엄경』에서 가져온 것은 아니며 지엄이 『화엄경』의 전체 내용을 종합하여 열 가지로 정리한 것이다. 이 십현문 또한 화엄교학에서 널리 설해졌으며 시대에 따라서 그 항목과 설명이 변화를 보인다.

지엄의 제자인 의상 또한 『일승법계도』에서 십현문을 설한다. 여기에서 의상은 위 인용문을 거의 그대로 인용하면서 이러한 십현문에 의거하여 일승과 삼승의 분제가 다른 뜻을 알 수 있다고 한다. 지엄의 경우 단지 "설해진 바에 나아감을 기준으로" 가르침을 구별하는 것으로서 결과적으로 십현문을 통해서 일승원교·돈교와 삼승 점교를 구분하는 것을 목적으로 한다. 그러나 의상의 경우는 지엄과는 다르게 처음부터 십현문을 설하는 목적으로 일승원교와 삼승의 분제를 구분하는 것을 들고 있다. 지엄과 의상의 십현문설이 그 목적에서 조금 차이를 보이고 있는 것이다.

②

㉠ 【문】 일승과 삼승의 분제가 다른 뜻을 무엇으로 인하여 알 수 있는가?

【답】 우선 열 가지 문에 의거하면 곧 안다.

㉡ 첫째, 동[시]구족상응문이다. …

위의 열 부문의 현묘함은 아울러 다 다르다. 만약 가르침과 뜻의 분제가 이것과 상응한다면 곧 일승원교와 돈교에 거두어진다. 만약 모든 가르침과 뜻의 분제가 이와 상응하지만 모두 갖추지 못하면 곧 삼승 점교에 거두어진다.

㉢ 이와 같이 안다. 이와 같은 열 가지 부문을 구족하여 원만한 것은 『화엄경』의 설과 같다.[55]

인용문 ②는 의상의 『일승법계도』에서 지엄의 『수현기』 중 십현문 구절을 인용한 것이다. 이 가운데 ㉠은 의상이 지엄의 십현문설을 인용하는 도입부로서 지엄의 십현문설 문구는 아니다. 이를 보면 의상은 지엄과 다르게 일승과 삼승의 구분을 목적으로 십현문을 도입한다고 명확히 밝힌다. ㉡은 지엄의 십현문설을 거의 그대로 인용한 부분으로 지면 관계상 대부분 생략하였다. 이 가운데 가장 차이 나는 부분은 열 보법이다. 이를 정리하면 〈표 14〉와 같다.

표 14 | 지엄과 의상 열 보법 항목

인물	출전	보법 항목
지엄	『수현기』 (T35, 15a29~b24)	① 교의(教義) ② 이사(理事) ③ 해행(解行) ④ 인과(因果) ⑤ 인법(人法) ⑥ 분제경위(分齊境位) ⑦ 사제법지(師弟法智) ⑧ 주반의정(主伴依正) ⑨ 역순체용자재(逆順體用自在) ⑩ 수생근욕시현(隨生根欲示現)
의상	『일승법계도』	① 인법(人法) ② 이사(理事) ③ 교의(教義) ④ 해행(解行) ⑤ 인과(因果)
지엄	『공목장』 (T45, 536c20~537a17)	① 인법(人法) ② 이사(理事) ③ 의문(義文) ④ 해행(解行) ⑤ 인과(因果)

지엄의 『수현기』와 의상의 『일승법계도』의 열 보법을 비교하면 의상의 열 보법은 지엄 『수현기』의 열 보법 중에서 앞의 다섯 쌍까지에 해당하고 순서도 바뀌어 있다. 그런데 의상 『일승법계도』의 열 보법은 지엄 만년의 저술인 『공목장』에 보이는 열 보법과 순서와 항목이 거의 비슷하다. 따라서 의상이 지엄 『수현기』의 십현문을 거의 원문 그대로 인용할 때 그 가운데 굳이 일부러 열 보법의 항목만은 『수현기』의 것을 그대로 가져오지 않

고 『공목장』의 열 보법을 가져온 것임을 알 수 있다.

㉢은 지엄의 『수현기』를 인용한 것이 아니라 인용 끝에 의상이 자신의 의견을 덧붙인 것이다. 여기에도 미묘하게 지엄과 입장이 다른 것으로 읽힐 수 있는 부분이 있다. ㉡ 마지막에 인용되어 있는 지엄의 설에서 십현문과 상응하면 일승원교와 돈교이고 십현문과 일부 상응하지만 십현문을 모두 갖추지 못하면 삼승 점교이다. 이 구절은 다음과 같은 의미로 읽혀진다.

> 십현문과 상응 → 일승원교와 돈교
>
> 십현문과 [일부] 상응하나 [십현문 모두를 갖추지 못함] → 삼승 점교

만약 위 구절을 이렇게 이해하는 것이 맞다면 지엄의 십현문으로는 삼승 점교만을 일승원교에서 구별해낼 수 있을 뿐 일승원교와 돈교는 십현문을 통해서 가려낼 수 없다. 사실 이는 지엄의 『수현기』에서 당연한 일이다. 왜냐하면 지엄에게 『화엄경』은 일승원교와 돈교가 속하는 것[56]이기 때문이다.

문제는 인용이 끝나고 의상이 덧붙인 ㉢이다. 여기에서 의상은 십현문을 "구족하여 원만한 것은 『화엄경』"과 같다고 지엄에게는 없는 문구를 추가한다. 이것은 무슨 의미일까? 만약에 의상도 지엄과 마찬가지로 『화엄경』이 일승원교와 돈교에 거두어진다는 입장[57]이라면 이것은 단순히 십현문과 "상응한다면 곧 일승원교와 돈교에 거두어진다"는 말의 반복에 지나지 않는다. 의상은 굳이 왜 같은 뜻의 말을 추가하였을까? 만약 의상이 지엄과 달리 『화엄경』이 돈교에 거두어지지 않는다고 본다면 위 말은 다른 뜻이 된다. 의상은 지엄과 다른 말을 하고 싶어서 인용 끝에 자신의 말을 덧붙인 것이 아닐까? 만약 이렇게 이해한다면 다음과 같은 이해도 가능하다.

십현문과 상응 → 일승원교와 돈교

십현문과 [일부] 상응하나 [십현문] 모두를 갖추지 못함 → 삼승 점교

십현문과 상응하고 십현문 모두를 갖추어 원만함 → 『화엄경』설

이러한 이해라면, 즉 의상이 『화엄경』을 일승원교에만 해당하는 것으로 보았고 십현문을 통해서 돈교를 포함한 삼승과 일승원교를 구별하려고 했다고 본다면, 위 의상의 마지막 문구는 다음과 같이 해석할 수 있다. 돈교는 십현문과 상응하고 전부를 갖추었지만 원만하지 못하고 점교는 십현문과 상응하지만 전부를 갖추지 못한다. 반면에 일승원교는 십현문과 상응하고 전부를 갖추었고 원만하다. 따라서 일승원교는 십현문을 통해서 돈교와 점교와 구별된다. 다음에 소개할 십현문의 다음 단계에서는 이른바 『화엄경』 절대주의, 별교일승 절대주의가 강화됨에 따라서 지엄과 달리 『화엄경』에 돈교를 배대하지 않고 일승원교만을 해당시키는 경향에 의한 것인지는 모르겠지만 십현문을 일승원교의 핵심이라고 할 수 있는 법계연기를 펼치는 방편으로 이해한다. 이에 따르면 십현문은 돈교가 아니라 일승원교에만 해당될 것이다.

지엄의 『수현기』와 의상의 『일승법계도』에 설해진 십현문은 위에서 소개한 약간의 차이를 빼고는 내용이 거의 동일하다. 즉 십현문의 각 항목에 대해서 각 항목이 뜻은 같지만 무엇을 기준으로 해서 다를 뿐이라는 아주 간략한 설명밖에 보이지 않는다. 십현문설의 제1단계라고 할 수 있다.

제1단계의 십현문설은 지엄의 저술로 전해왔지만 근래의 연구에서는 지엄 이후에 가탁된 저술로 생각되는 『일승십현문』[58]과 법장의 초기 저술인 『화엄일승교의분제장』[59]에 이르러 제2단계에 접어든다. 이 단계에는 제1단계와 비교할 때 세 가지 정도의 변화가 생겨난다. 첫째, 목적의 차이이다. 제1단계는 지엄과 의상 사이에 미묘한 차이는 있지만 큰 틀에서 가르침의 분제를 구분하려는, 또는 일승과 삼승의 차이를 밝히려는 것이 십

현문설의 목적인 반면에 제2단계의 십현문설은 법계연기의 본모습을 밝히는 데 목적이 있다. 즉 십현문설은 오로지 일승원교의 연기인 법계연기를 밝히는 것을 목적으로 한다는 점에서 제1단계와 차이가 있다. 둘째, 구성상의 차이이다. 이 십현문이 제1단계 중 지엄에서는 수십법[60]과 아무런 관계없이 『수현기』에서도 서로 떨어져 설해지고 의상에서는 수십전법 이후에 바로 십현문이 설해지지만 그 사이에 어떤 체계적인 관계가 설정되지 않는다. 그러나 제2단계에 이르면 법계연기를 밝히는 전체 구조 안에서 그중 인분(因分)에 속하는 보현경계를 밝히는 중에 두 방편, 즉 비유를 활용하는 수십전유와 바로 법을 변별하여 밝히는 십현문으로 구성되게 된다. 셋째는 설명의 차이이다. 제2단계의 십현문설은 열 개의 항목 명칭은 제1단계의 십현문과 같지만 각 항목에 대한 설명이 이전에 비하면 분량이 늘어나 매우 자세하다.[61] 그리고 『화엄일승교의분제장』의 경우에는 열 항목의 순서가 바뀌고 각 항목이 뜻은 같지만 무엇을 따라서 다를 뿐이라는, 예를 들어 제2 인다라명경계문은 비유를 따라서 다를 뿐이라는 설명이 없어진다. 이 설명은 『일승십현문』까지는 보인다.

십현문은 이처럼 제2단계에서 십현문의 목적과 구성과 내용 면에서 커다란 변화를 보이지만 그럼에도 열 항목은 지엄 『수현기』의 십현문과 동일하게 유지된다. 그러나 법장의 만년 저술인 『화엄경탐현기』[62]에서 설해지는 십현문은 열 가지 항목의 명칭 가운데 세 항목이 명칭이 바뀌거나 추가되고 이 항목을 설명하는 방식도 또 한번 매우 큰 변화를 겪는다. 이를 후대에는 '신십현(新十玄)'이라고 하며 그 이전의 십현문을 '고십현(古十玄)'이라고 부른다. 이상의 내용을 정리하면 〈표 15〉와 같다.

2) 균여의 십현문

균여는 다른 경우와 마찬가지로 십현문 자체에 대해서 독자적인 주장

표 15 | 십현문설의 단계별 변화

구분		목적	구성	항목
제1 단계	지엄, 『수현기』 의상, 『일승법계도』	『수현기』: 가르침의 분제를 밝힘 『일승법계도』: 일승과 삼승의 분제를 밝힘	『수현기』: 수십법과 관계없이 십현문 단독으로 구성 『일승법계도』: 수십전법 다음에 바로 십현문을 설하지만 둘을 하나의 구조로 묶지는 않음	① 동시구족상응문 ② 인다라망경계문(從喩) ③ 비밀은현구성문(從緣) ④ 미세상용안립문(從相) ⑤ 십세격법이성문(從世) ⑥ 제장순잡구덕문(從門) ⑦ 일다상용부동문(從理) ⑧ 제법상즉자재문(從用) ⑨ 유심회전선성문(從心) ⑩ 탁사현법생해문(從智)
제2 단계	『일승십현문』 법장, 『화엄일승교의분 제장』	법계연기 중 보현경계를 법을 통해서 밝힘	법계연기 중 보현경계를 밝히는 데 수십전유는 비유로, 십현문은 법으로 밝히는 구조	『일승십현문』 ① 동시구족상응문 ② 인다라망경계문(約譬) ③ 비밀은현구성문(約緣) ④ 미세상용안립문(就相) ⑤ 십세격법이성문(約三世) ⑥ 제장순잡구덕문(約諸度門) ⑦ 일다상용부동문(約理) ⑧ 제법상즉자재문(約用) ⑨ 유심회전선성문(約心) ⑩ 탁사현법생해문(約智) 『화엄일승교의분제장』 ① 동시구족상응문 ② 일다상용부동문(無) ③ 제법상즉자재문(無) ④ 인다라망경계문(無) ⑤ 미세상용안립문(無) ⑥ 비밀은현구성문(無) ⑦ 제장순잡구덕문(無) ⑧ 십세격법이성문(無) ⑨ 유심회전선성문(無) ⑩ 탁사현법생해문(無)
제3 단계	법장, 『화엄경탐현기』	『화엄경』의 의리(義理)의 분제를 밝힘	십현문 단독으로 설해짐	① 동시구족상응문 ② 광협자재무애문(廣狹自在無礙門)*(無) ③ 일다상용부동문(無) ④ 제법상즉자재문(無) ⑤ 은밀현료구성문(隱密顯了俱成門)*(無) ⑥ 미세상용안립문(無) ⑦ 인다라망법계문(無) ⑧ 탁사현법생해문(無) ⑨ 십세격법이성문(無) ⑩ 주반원명구덕문(主伴圓明具德門)*(無) * 새로 추가되거나 명칭이 바뀐 항목

내지는 자신만의 교설을 펼치지 않고 기존의 교설, 즉 의상과 법장 등의 십현문설에 대한 종래의 여러 해석을 종합하여 해설하는 입장을 취한다. 따라서 균여가 십현문설을 어떻게 이해하고 그것을 자신의 교학 체계 내에서 어떻게 위치시키는지 살펴보기 위해서는 앞서 살펴본 선행 십현문설에 대한 균여의 주석을 중심으로 살펴보아야 한다.

균여의 현존 저술 중에서 십현문설에 대한 균여의 주석이 보이는 곳은 『일승법계도원통기』와 『교분기원통초』 그리고 『지귀장원통초』이다. 물론 이외의 저술에도 십현문과 관련된 논의가 보이지만 그것은 대부분 단편적인 언급에 그치기 때문에 이 책에서는 이 세 저술에서 균여가 기존의 십현문설에 대해 주석하면서 주요하게 다루는 몇 가지 주제를 중심으로 살펴보고자 한다.

(1) 내 오 척 되는 몸으로 관(觀)하는 십현문

균여의 십현문에 대한 교설 중에서 가장 먼저 살펴보고자 하는 것은 균여가 십현문을 내 몸을 통해서 법계의 참모습을 관찰하는 관법으로 활용하고 있는 부분이다. 앞에서도 이에 대해서 잠깐 소개하였지만 여기에서는 좀 더 자세히 그 의미를 알아보도록 하자.

③

㉠ "세 번째, 십현연기무애법문의." 이 중에 셋이 있다. 첫째, 순서의 의도[來意]는 앞에서 삼승의 의리(義理)를 밝혔고 다음으로 일승의 의리를 밝히는 중에 먼저 십현을 밝히기 때문에 [여기에] 온 것이다. 둘째, 이름을 풀이하는 중에 '십(十)'은 수이다. '현(玄)'이라 이름한 것은 현묘의 뜻으로 십문(十門)과 십법(十法)이 현묘하기 때문이다. '연기'는 자성을 변계하는 것을 가려내는 것이다. '무애'는 십문과 십법이 하나를 따라서 [법계를] 온전히 거두기 때문이다. '법'은 궤칙의 뜻이다. '문'은 받아 지녀서 융섭하여 들이

는 뜻이다.

㉡ 우선 자신의 몸을 기준으로 열 가지 [보]법[十法]과 열 가지 문[十門]을 논하면 [다음과 같다.] 첫째, 내 오 척 되는 몸[五尺身]의 드러난 것이 중생들로 하여금 이해하게 함이 가르침[教]이고 [그 가르침이] 곧 설해지는 뜻[義]이다. 둘째, 내 오 척 되는 몸의 오근(五根)과 사대(四大) 등이 분명히 차별됨이 현상[事]이고 [오근과 사대 등이] 곧 법성과 같음이 이치[理]이다. 경에 이르기를 "중생이 곧 법신이고 법신이 곧 중생이다"라고 한다. 셋째, 내 오 척 되는 [몸]이 공적하여 장애 없음을 관(觀)함이 관해지는 대상[境]이고 이와 같이 관하는 것인 내 마음의 지혜가 관하는 주체인 지혜이다. 넷째, 내가 짓는 선·악·무기의 모든 행이 행이고 오늘 받는 범부의 지위 등이 위(位)이다. 다섯째, 내가 짓는 업이 인(因)이고 [그 인이] 불러온 과보가 결과이다. 여섯째, 내 오 척 되는 몸이 유정(有情)이기 때문에 정보(正報)이고 모든 부처님이 내 모든 털구멍에 두루 하여 법을 설해서 중생을 제도하고 또 8만의 벌레가 의지하는 곳이기 때문에 의보(依報)이다. 경의 중생형태의 세계와 같기 때문이다. 일곱째, 내 본각 진성이 본래 항상 머물러 옮기지도 않고 움직이지도 않음이 체(體)이고 [내 본각 진성이] 오 척 되는 몸에 응하여 그윽이 나타남이 작용[用]이다.[63] 여덟째, 내 몸이 사람이고 [내 몸이] 연기법에 속하는 바이기 때문에 법이다. 아홉째, 내 몸이 짓는 선하지 않은 업이 진리에 어긋나기 때문에 거스름[逆]이고 선과 비슷한 행이 진리에 수순하기 때문에 수순함이다. 열째, 내 앞으로의 과보(果報)인 부처가 내 몸을 안으로 훈습(熏習)하여 잠깐도 떠날 때가 없으니 내가 만약 선을 지으면 도와서 더 늘어나게 하고 내가 만약 악을 지으면 싫어함에 의거해서 벗어나게 함이 응(應)이고 [이 응이] 내 미혹된 마음이 얻은 바이기 때문에 감(感)이다. 이와 같이 내 몸이 본래, 원만하거나 부분적이거나, 열 가지 대구의 보법을 다 갖춤이 동시구족상응문이고 곧 이 내 몸의 움직이지 않는 오 척이 시방 삼세에 두루 하여 이르지 않는 곳이 없음을 광협자재무

애문이라고 이름한다. 등등. 따라서 내 몸이 [십현연기]문과 [열 가지 보]법을 갖추었다.

㉢ 이런 까닭에 이 관(觀)을 지으면 움직이지 않는 자기의 몸이 곧 다함없는 법문의 바다이고 곧 자체의 비로자나불이고 곧 보현법계이고 곧 화장세계해이고 곧 대방광불화엄경이다.[64]

인용문 ③은 법장의 『일승교의분제장』 「의리분제장」에서 다루는 네 가지 주제 중 세 번째인 '십현연기무애법문의'에 대해서 균여가 주석하는 구절이다. 먼저 ㉠의 이름 풀이에서 주목되는 것은 '십현연기무애법문', 줄여서 '십현문'에서 무엇이 '십', 즉 열이고 무엇이 '현'이냐는 것에 대한 균여의 이해이다. 균여는 이에 대해서 동시구족상응문 등의 십문뿐만 아니라 교의(敎義)·이사(理事) 등의 십보법이 현묘하기 때문에 '십현'이라고 풀이한다. 즉 '열 가지 현묘한 문'이라는 의미의 십현문은 일반적으로 동시구족상응문 등의 십문만을 가리키는 것으로 이해되는 경향이 있지만 균여는 동시구족상응문 등의 십문과 교의·이사 등의 십보법, 이 두 종류의 열 가지 현묘한 문이 십현문이라고 해석한다.

㉡은 내 오 척 되는 몸을 기준으로 십현문, 즉 십보법과 십문을 논한다. '논한다'고는 하지만 나중의 ㉢에서도 밝히듯이 실제 내용은 관법에 관한 것이다. 내가 매일 쓰고 부리는, 법계의 어떤 것보다도 '나'와 가장 가까운 법이라고 생각하는 내 몸을 관하여 법계의 참모습에 대한 교설인 십보법과 십문의 십현문을 깨닫는 내용이다. 내 몸으로 나타내는 것이 중생들에게 어떤 깨달음을 일으키기 때문에 내 몸이 바로 가르침[敎]이고 그 가르침 외에 따로 뜻[義]이 있는 것이 아니기 때문에 그 가르침이 곧 뜻이 된다. 이렇게 교(敎)가 곧 의(義)가 되고, 그것이 다름 아닌 내 몸이며 이를 내 몸의 관찰을 통해서 깨닫는다.

이러한 균여의 이해는 앞서도 잠깐 소개했지만 법계의 참모습, 실상은 내 오 척 되는 몸이 바로 여래출현이라는 이해를 계승해온 의상계 화엄과 기본적으로 동일한 입장이다. 그러나 현존 기록에 의하는 한 십현문을 내 오 척 되는 몸을 통해서 관법으로 설명한 것은 균여가 유일하다. 물론 균여가 밝히고 있듯이 법장은 연꽃을 예로 들어서 십현문을 설명한다. 법계의 이치[理]라고 할 수 있는 십현문을 현상[事]에 속하는 연꽃을 통해서 설명하는 것은 균여의 경우와 기본적으로 비슷하지만 균여의 설명이 '나'에게 더욱 직접적이라는 점은 부인하기 어렵다.

㉡에 보이는 또 다른 특징은 교설이 바로 수행법이라는 것이다. 즉 교즉관(教卽觀)이다. 일부는 화엄교학이 교학에 치중한 나머지 현학화되어 실제 수행의 측면이 상대적으로 미흡했다고 비판하기도 한다. 그러나 화엄교학의 입장에서 이를 반박한다면 이러한 비판은 오히려 '교(教)', 즉 가르침에 대한 그릇된 이해로부터 일어난 잘못된 비판이다. 이러한 비판은 수행을 교와 별도의 것으로 파악하지만 화엄교학은 교설에 대한 궁구가 곧 수행이라는, 더 적확하게 수행은 그것일 뿐이라는 입장이기 때문이다. 달리 말하면 교설을 깨닫기 위해서 좌선, 수식관 등의 별도의 수행법이 필요하다는 기본 전제를 화엄교학은 인정하지 않으려는 것이다. 따라서 화엄교학의 입장에서 교설 자체가 바로 관법, 즉 수행법이기 때문에 교설 이외에 관법을 따로 논할 필요가 없다.

이러한 화엄교학의 입장을 잘 보여주는 사례가 바로 ㉡에 보이는 균여의 설이다. 십현문 그대로가 나의 오 척 되는 몸을 통하여 법계의 실상, '나'의 참모습을 관하는 수행법이 되고 있다. 이 외에 따로 무슨 수행법이 필요한가?

㉢은 이러한 교즉관의 결론, 결과에 해당하는 부분이다. 내 몸을 대상으로, 내 몸에서 십보법과 십문을 관하면 내 몸이 바로 다함없는 교설이고 비로자나법신이며 보현법계이고 화장세계해이며 『대방광불화엄경』이라는 것이다. 이는 법계의 실상, '나'의 참모습을 살핀 '나'는 바로 중생세간인

동시에 지정각세간[비로자나법신이며 보현법계]이고 기세간[화장세계해]인 융삼세간불 또는 융삼세간중생 또는 융삼세간기세간이다. 또한 그 '나'가 바로 가장 원만한 가르침인 『대방광불화엄경』 그 자체라는 것이다. 이 또한 의상계 화엄의 전통적인 융삼세간불설을 계승한 것으로 볼 수 있다.

(2) 십현문과 4구 상즉

다음으로는 일승원교의 핵심 교설이라고 할 수 있는 법계연기의 상즉설과 십현문이 어떤 관계를 맺고 있는가에 대한 균여의 입장을 살펴보자.

④

【문】 여기에서 십현이 사사무애에 해당한다는 것은, 『법계도』에 "만약 별교일승에 의하면 이치와 이치의 상즉[理理相卽] 또한 가능하고, 현상과 현상의 상즉[事事相卽] 또한 가능하며, 이치와 현상의 상즉[理事相卽] 또한 가능하며, 각각 상즉하지 않음도 또한 가능하다"이상[라고 하니] 이 네 구 가운데 오직 현상과 현상의 상즉만 십현인가, 네 구 모두 십현인가?

【답】 삼승에는 오직 이치와 이치의 상즉과 이치와 현상의 상즉만을 논할 뿐 현상과 현상의 상즉을 논할 수 없기 때문에 이러한 삼승에 대하여 『화엄경』은 현상과 현상이 장애 없는 가르침이기 때문에 십현은 현상과 현상의 장애 없음이라고 말한 것이다. 그러나 이치와 이치의 상즉과 이치와 현상의 상즉 또한 십현 가운데 갖추어지기 때문에 현상과 현상의 장애 없음의 뜻에 해당한다. 이런 까닭에 『법계도』에서 "만약 별교일승에 의하면 이치와 이치의 상즉 또한 가능하고 이치와 현상의 상즉 또한 가능하며"라고 한 것으로 따라서 별교이다. 그 본래 자리를 취하면 곧 이치와 이치의 상즉과 이치와 현상의 상즉은 삼승이다. 비유하면 강과 하천이 큰 바다에 흘러 들어가면 동일하게 짠맛인 것과 같이 이와 같이 이치와 이치의 장애 없음과 이치와 현상의 장애 없음은 이 경에 갖추어지니 곧 둘 다

현상과 현상의 장애 없음에 해당한다.[65]

위 인용문을 보면 십현문설은 사사상즉(事事相卽)의 경계인 동시에 따라서 당연한 귀결로서 이사상즉(理事相卽)과 이이상즉(理理相卽) 또한 갖추고 있다고 한다. 여기에서 균여는 이이상즉과 이사상즉은 삼승 또한 가능하지만 사사상즉은 삼승에서는 불가하고 별교일승에서만 가능한 것으로 보고 있다. 따라서 균여는 십현설을 별교일승설로서 파악하고 있음을 알 수 있다.

(3) 십현문의 총상과 별상

십현문은 지엄의 『수현기』를 기준으로 제1문인 동시구족상응문에서 제10문 탁사현법생해문의 열 항목으로 구성되어 있다. 이 열 항목 중 어느 것이 총상이고 별상인가가 화엄교학에서는 주요한 논의 주제가 되어왔다. 총상과 별상은 화엄교학의 또 다른 주요한 교설인 육상설의 항목으로서 총상은 어떤 연기법의 전체적인 모습이라면 별상은 그 연기법을 구성하는 개별 요소라고 아주 간략히 설명할 수 있다. 예를 들면, 우리가 사는 건축물로서의 집 전체는 총상이다. 그리고 이를 구성하는 문, 창, 벽 등등의 구성 요소는 별상이다. 육상설에 대한 보나 사세한 설명은 다음의 해당 부분에서 소개한다.

십현문설을 이처럼 총상과 별상의 틀로서 바라보았을 때, 열 항목 가운데 어느 것이 총상이고 어느 것이 별상인가라는 물음이 제기될 수 있다. 이에 대해서 균여는 당시에 존재했던 여러 설을 소개한다.

⑤

동시구족상응문에 대하여, 어떤 이는 이 문이 총상(總相)이고, 뒤의 아홉 문은 별상(別相)이라고 한다. 『요간』(『화엄경탐현기』)의 열째, 같음과 다름을 원만하게 구비함[同異圓備]에서 앞의 아홉 문을 모두 섭수하여 동시에 구족된다고 [하기] 때문에 그러함을 안다. 어떤 이는 [열 문에서] 서로 총상과 별상을 논한다고 한다. 『십현장』에 "그런데 이 열 문은 하나의 문을 따라서 곧 나머지 문을 섭수하여 모두 다하지 않음이 없다."이상 따라서 그러함을 안다. 지금 풀이한다. 『강목장』[66]에서 동시[구족상응]문이 총상과 별상의 두 가지 뜻을 갖춘다고 풀이하기 때문에 [어느 것에] 국한해서 정할 수 없다.[67]

⑥

【문】 열 문에서 무엇이 총상이고 무엇이 별상인가?

【답】 어떤 이는 동시[구족상응]문이 총상이고 나머지 문이 별상이라고 한다. 어떤 이는 듦에 따라서 총상과 별상을 논한다고 한다. 뒤의 뜻은 『요간』에 "열 문이 각각 열 문을 갖춘다"고 하고 「의리장」에 "그런데 이 열 문은 하나의 문을 따라서 곧 나머지 섭수하여 모두 다하지 않음이 없다"이상라고 한다. 그러나 『청량소』는 "오직 동시[구족상응문]만 총상이다"라고 한다. … 또 『강목장』을 풀이하는 중에 두 가지 풀이가 있다. 첫째는 별상을 따라서 문을 연다는 풀이이고 둘째는 모든 연(緣)이 맞아 합한 것이 총상이고 나머지가 별상이라는 풀이이다. 따라서 첫째 풀이는 열 문이 모두 별상이기 때문에 동시[구족상응문] 또한 총상이 아니다. 뒤의 풀이는 오직 동시[구족상응문]만 총상이고 나머지는 별상이다.[68]

⑦

【문】 동시[구족상응문]이 곧 총이고 뒤의 아홉 [문]이 곧 별상인가?

【답】 두 가지 뜻이다. 『강목장』에 "별상을 따라서 문을 이루어 앞의 열 문에 들어간다. 모두 준하여 이를 생각하라. 또 앞의 열 문을 다시 풀이하여 처음은 모든 연이 맞아 합한 것이 총상이다"이상라고 한다. 처음 풀이는 열 문이 모두 별상이기 때문에 동시[구족상응문] 또한 총상이 아니다. 뒤의 풀이

는 오직 동시[구족상응문]만 총상이고 나머지 아홉 [문]이 별상이다.[69]

인용문 ⑤는 『일승법계도원통기』의 일부이다. 여기에서는 동시구족상응문만 총상이고 나머지는 별상이라는 입장과 동시구족상응문을 포함한 열 문 모두 총상과 별상이 다 가능하다는 주장이 소개되어 있다. 『석화엄지귀장원통초』의 일부 구절인 인용문 ⑥을 보면 전반부는 인용문 ⑤와 같이 두 가지 주장을 소개한다. 그런데 후반부에는 나머지 아홉 문뿐만 아니라 동시구족상응문 또한 총상이 아니라 별상이라는 세 번째 주장을 소개한다. 이에 따르면 열 문은 모두 별상인 것이다. 인용문 ⑦은 『교분기원통초』에서 십현문을 주석하는 구절 중 일부로서 모두 별상이라는 주장과 동시구족상응문과 총상이라는 두 가지 주장을 소개한다.

정리하면 균여 당시 십현문의 총상과 별상과 관련하여 세 가지 주장이 있었다. 첫째, 동시구족상응문만 총상, 나머지는 오직 별상이라는 주장이다. 둘째, 동시구족상응문을 포함한 열 문 모두가 총상도, 별상도 가능하다는 주장이다. 셋째, 열 문 모두 별상일 뿐 총상은 아니라는 주장이다.

이에 대한 균여의 입장은 인용문 ⑤에만 보이고 나머지 인용문에는 기존 주장을 소개할 뿐이다. 다만 인용문 ⑤에 보이는 균여의 입장을 해석하는 것이 쉽지 않다. 균여는 우선 제1문인 동시구족상응문만 총상이고 나머지는 별상이라는 주장과 열 문 모두 총상과 별상이 가능하다는 주장을 소개한 뒤에 자신의 뜻을 풀이한다. 이때 균여는 『강목장』, 즉 『화엄경문의강목(花嚴經文義綱目)』의 뜻을 가져와서 "동시구족상응문이 총상과 별상의 두 가지 뜻을 갖춘다고 풀이하기 때문에 [어느 것에] 국한해서 정할 수 없다"고 자신의 입장을 밝힌다. 여기서 "[어느 것에] 국한해서 정할 수 없다"의 원문은 "不可局定"이다. 이를 (1) 앞서 소개한 "두 가지 주장 중 어느 것에 국한해서 정할 수 없다"로 이해할 것인지, 아니면 (2) 총상과 별상 "두 가지 중 어느 것에 국한해서 정할 수 없다"로 해석할 것인지에 따라서 균여의 입장이 바뀌게 된다. (1)의 경우, 균여는 어느 쪽으로든 판단을 보류한 것이고 (2)의 경우, 열 문 모두 총상과 별상 중 하나로 국한해서 정할 수 없다는 것이므로 결국 열 문 모두 총상과 별상 가능하다는 두 번째 주장에 동의하는 것이 된다.

(4) 인다라망경계문의 경계

인다라망경계문은 십현문의 다른 문과 마찬가지로 『화엄경』의 가르침이 나타내는 참모습 또는 법계연기의 실제 모습을 비유로써 나타낸 것이다. '인다라망'은 삼십삼천(三十三天) 중 으뜸인 인다라(Indra), 다른 말로 제석천(帝釋天)의 궁전 위에 장식으로 덮여 있는 구슬 그물을 가리킨다. 그 그물의 구슬에 다른 구슬의 모습이 서로서로 비쳐서 이것이 거듭거듭 끝이 없는 것을 비유로 하여 법계의 어느 한 연기법에도, 다른 모든 연기법이 관계한다는 뜻을 나타낸 것이다.

균여는 이러한 뜻이라면 삼승의 가르침에도 있으므로 반드시 일승의 가르침에 한정할 필요는 없다는 반론을 소개한다. 이에 대해서 삼승의 경계는 중생의 교화를 위하여 불보살의 신통력으로 변화시켜 잠시 나타낸 것으로서 실제의 모습을 가리키는 것은 아니다. 이에 반하여 일승의 인다라망경계는 변화하여 잠시 나타낸 것이 아니라 법체가 본래 그러하여 항상 이와 같음을 가리킨다는 점에서 삼승과 근본적으로 다른 경계라고 설한다.

이처럼 일승이 바라보는 법의 실제 모습인 인다라망경계는 상즉과 상입의 관점에서 바라보았을 때 어디에 속하는가라는 물음에 대해서 상입에서 인다라망경계를 논하는 것으로 상즉에서는 인다라망경계를 논할 수 없다고 답한다.

4

육상설로 보는 '나'

1) 육상설의 유래

육상설(六相說)은 십현문과 더불어 화엄교학이 주장하는 이 세계의 여실한 모습, 즉 '나'의 참모습을 바라보는 관법으로 예로부터 중요시되어왔다. 여기에서 육상은 여섯 가지 상(相), 즉 모습 또는 특징이라는 뜻 정도로 이해할 수 있다. 여섯 항목의 명칭은 전하는 경론에 따라서 달라지지만 동아시아에서는 주로 『십지경론』에 실린 『십지경』의 명칭을 주로 사용했다. '총상(總相)'·'별상(別相)'·'동상(同相)'·'이상(異相)'·'성상(成相)'·'괴상(壞相)'이 그것이다.

십현문의 명목과 내용이 분명히 지엄으로부터 시작되는 것과 달리 육상설은 인도의 경론에서부터 그 명목이 비롯되어 중국에 전해져 지엄과 의상, 법상에 이르러 일난 육상설이 확립되기까지 내용과 구조 등 육상설의 모든 부분이 매 단계마다 변화를 거쳐왔다고 해도 과언이 아닐 정도로 변화의 폭이 크다. 이에 여기에서는 육상설의 유래와 각 단계별 변화 내용을 아주 간단하게 정리하여 균여의 육상설 이해에 기초를 마련하고자 한다.

(1) 초기 화엄교학 이전의 육상설

육상설은 『화엄경』「십지품」 또는 그에 해당하는 별행 경전인 『십지경』에 근거를 두고 이에 대한 시대별, 개인별로 거듭된 해석을 통해서 전개되어왔다. 우선 육상설은 『십지경』에 보살행의 방편으로서 그 여섯 명목만 보일 뿐 이에 대한 별다른 설명이 없다. 따라서 이 경문만으로는 어떤 내용인지 알기가 쉽지 않다. 다만 이것이 보살행의 방편과 관련된 것이라는 것만 확인할 수 있다.

『십지경』에 대한 세친의 주석서인 『십지경론』에서는 보살행의 방편과 관련되어 있는 것으로 보이는 육상을 10구로 구성되어 있는 경전 문구 해석의 한 방법으로 이론화하였다.

> ①
>
> 일체 설해진 열 구절 가운데 모두 여섯 종류의 차별상의 부문이 있고 이것이 언설 해석임을 알아야 한다. 사(事)는 제외하니, 사란 음(陰)·계(界)·입(入) 등을 말한다. 여섯 종류의 상(相)이란 총상·별상·동상·이상·성상·괴상을 말한다. 총상은 근본의 입이다. 별상은 나머지 아홉 입이다. 별상이 근본에 의지해서 저 근본을 만족시키기 때문이다. 동상은 입이기 때문이다. 이상은 늘어나는 상이기 때문이다. 성상은 간략히 설하기 때문이다. 괴상은 자세히 설하기 때문이다. 세계의 생성과 파괴와 같다. 나머지 일체의 열 구절 중에서도 뜻에 따라서 비교하여 알라.[70]

『십지경론』의 일부인 인용문 ①에서 세친은 『십지경』에 보이는 여섯 항목을 '여섯 종류의 차별상'이라고 가리키며 이를 경문 해석 방법으로 풀이한다. 즉 『십지경』 등에 보이는 열 구절로 된 경문을 총상·별상 등의 여섯 종류의 차별상으로 풀이할 수 있다는 것이다. 이에 따르면 『십지경』의 열 구절 중 첫 구절은 총상이고 나머지는 별상으로 분석된다. 또 하나 주목할 만한 것은 이러한 여섯 종류의 차별상은 경문에 적용 가능한 것이며 음·계·입의 현상[事法]은 제외해야 한다고 적용 대상에 제한을 가한 점이다. 즉 세친이 풀이하는 여섯 종류의 차별상, 즉 육상은 기능 면에서는 경전 해석 방법이며, 적용 대상은 사물이 아닌 경문이라는 점을 알 수 있다. 내용을 살펴보면 『십지경』에서 10개 구절로 설명하는 보살의 입을 세친은 육상을 이용하여 풀이한다. 즉 제1구의 입은 총상으로서 근본입(根本入)이고 나머지 9입은 별상이다. 별상이 총상인 근본에 의지해서 저 근본입을 이룬다. 따라서 세친에 의하면 경문에 설해진 모든 10구는 제1구에 총체적인 의미가 모두 담겨 있는 것이다. 나머지는 그러한 총체적인 의미에 대한 구체적이고 개별적인 내용이다.

육상설의 목적과 적용 대상과 관련하여 『십지경』의 초지(初地) 제4대 서원에 보살행의 방법 내지는 방편으로 등장하는 총별동이성괴(總別同異成壞)를 세친이 육상설로 해석하면서 이를 경전 해석 방법으로 자리매김한 것은 앞서 소개한 바와 같다. 즉 총별동이성괴가 육상설로서 다시 태어나는 『십지경론』에서 육상설의 목적은 "여섯 종류의 차별상"으로 이루어진 언설 해석 방법을 통해서 경전의 구절을 풀이하는 것이다. 그리고 『십지경론』은 육상설 각 항목의 정의를 비롯한 이론을 제공하는 동시에 이 이론을 10구로 이루어진 『십지경』의 여러 구절에도 실제로 적용한다. 보살의 십입(十入)을 육상으로 풀이하는 것이 대표적이다.

①을 보면 세친은 경전 해석 방법인 육상설의 적용 대상에서 사법(社法), 즉 오온(五蘊)·십이처(十二處)·십팔계(十八界)는 제외한다고 단언한다. 이것을 어떻게 이해해야 할까? 동아시아의 전통적인 이해 방식은 이 '사법'을 보살행, 교법(敎法) 등을 아우르는 이른바 이법(理法)에 대응하는 현상으로 파악한 것으로 보인다. 이는 동아시아에서 세친의 육상설을 받아들여 변용하는 법상의 『십지경론의소』, 돈황 출토 문헌 중 스타인콜렉션(Stein Collection)에 속하는 지론종(地論宗) 문헌이 육상설을 이법과 교법과 행법(行法)의 체계에만 적용시키며[71] 지엄이 육상설의 적용 대상을 설명하면서 이법과 사법 중에서 육상설이 이법에 수순하는 뜻이 현저하다는 논의[72]를 통해서 알 수 있다.

그러나 여기에는 이해하기 쉽지 않은 문제가 있다. 석가모니 부처 이래

온·처·계의 삼과법(三科法)은 일체법을 가리킨다. 세친이 지은 『아비달마구사론(阿毘達磨俱舍論)』에서도 "일체법을 전체적으로 포섭함은 하나의 온과 처와 계에 의하는 것"[73]이라고 단정하고 있다. 이러한 의미에 따른다면 온·처·계인 사법은 일체법을 의미하게 되고 그렇다면 일체법을 제외하고 육상설을 어디에 적용하는가라는 문제에 부닥치게 된다. 가령 온·처·계 가운데 오온에 앞서 언급한 교법(경전에 설해지는 10구)과 행법(보살행)과 이법은 속하지 않는다고 할 수 있을런지는 몰라도 유위법과 무위법을 포괄하는 십이처와 십팔계에는 교법과 행법과 이법 모두 포섭될 수밖에 없다. 세친이 육상설을 설하면서 적용 대상에서 사법을 제외한 것이 어떤 이유에서인지는 불분명하다. 하지만 사법에 대한 세친의 설명에 의하면 앞서 언급한 것처럼 육상설을 적용할 대상이 없어진다는 문제가 발생한다.[74] 세친의 이 언설에는 사법과 제법의 포섭 관계 등으로부터 비롯되는 불명료함이 숨겨져 있다.

『십지경론』이 동아시아에 전래되고 이를 바탕으로 형성된 지론종에서 육상설은 다양한 변화를 거친다. 세친이 육상설을 경전 해석 방법으로서 경문에만 적용 가능한 교설로 제한한 것에 반하여 지론종은, 물론 지론종 내에도 여러 변화가 있지만, 육상설을 이법과 교법과 행법의 카테고리에 모두 적용한다. 이는 세친이 육상설을 경문, 즉 교법에만 한정한 것에서 벗어나 이법과 행법, 즉 진리와 수행에도 육상설을 적용한 것이다. 수행에 적용한 것은 『십지경』에서 육상이 등장하는 맥락이 보살행의 방편이라는 점을 생각하면 충분히 가능한 확장이며, 교법과 행법이 이법과 둘이 아니라는 지론종의 입장을 고려하면 이법에 육상설을 적용하는 것도 이해 가능하다. 그러나 사법 즉 현상의 사물에 대한 제한을 지론종에서는 아직 폐지하지 않는다.

사법에도 육상설을 적용하고자 하는 첫 움직임은, 제한적이지만 지론종 말의 정영사 혜원에 의해서이다. 이에 대해서는 이미 수많은 선행 연구[75]가 있으므로 자세한 내용은 거기에 맡기고 여기에서는 앞으로의 논의와 관련하여 혜원이 첫 발걸음을 내디딜 때 내걸은 조건과 그 의미에 대해서만 주목하고자 한다.

> ②
>
> 이 육[상]은 곧 모든 법의 체의(體義)이다. 이 체의는 허통하여 취지가 [어디에도] 있지 않음이 없다. 뜻이 비록 변재하여도 사법은 격별하여 이 [육상이] 없다. 이래서 『십지경론』이 일체 10구는 모두 육상이 있지만 사법은 제하니 사법은 음·계·입 등을 일컫는다고 설한다. 음·계·입 등은 저것과 이것이 서로 바라보면 사법이 달라서 떨어져 장애가 있어 이 육상을 갖추지 않는다. 그래서 이 [사법을] 제외한 것이다. 만약 사상을 섭수하여 체의를 따른다면 음·계·입 등의 하나하나 [사법]에 모두 한량없는 육상문을 갖춘다.[76]

②를 보면 혜원이 사법에 육상을 적용할 때의 맥락은 사법은 서로 격별(隔別)하여 육상의 뜻이 없다는 것이다. 그럼에도 불구하고 사상(事相)을 포섭하여 체의를 따른다면 육상을 적용할 수 있다는 것이다. 이 말은 여러 측면에서 음미할 수 있겠지만 어쨌든 혜원 또한 교법·행법·이법과 음·계·입의 사법 사이에 육상설과 관련하여 근본적인 차이를 인정하고 있나는 것만큼은 확실하다. 다만 무슨 이유에서인지는 몰라도 굳이 사법의 체의를 따른다는 제한적인 조건 아래에서는 사법에 육상을 적용해볼 수도 있다는 것이다.

여기에서 주목할 점은 육상설이 적용되는 대상이 정확히 무엇이냐는 것이다. 이어지는 논의를 보면 혜원은 절대 사법 그 자체에 육상설을 적용시키지 않는다. 그의 말처럼 사상의 체와 사상의 의를 가지고 육상설을 적용한다. 즉 색음이 고·무상·부정·허가·공·무아(苦·無常·不淨·虛假·空·無我) 등의 여러 뜻을 가지고 있지만 체는 동일하여 하나의 색음을 이루어 총상이고 동체이지만 고·무상 등의 여러 뜻은 서로 다르므로 이상이라는 것이다. 즉 나중에 살펴볼 법장의 경우처럼 집과 서까래, 즉 사법 사이의 육상을 논하는 것이 아니라 사법이 갖춘 체의를 통해서 육상설을 적용하는 것이다. 이러한 혜원의 설은 사법 제외 무력화의 첫 발걸음이라고 보기에는 상당히 제한적이고 냉정히 판단한다면 사법 제외의 무력화라고 보기 어려울 정도라고 생각한다.

이는 육상설을 비록 제한적이지만 사법에 적용한 최초 사례라는 점에서 의미를 가지는 동시에, 그럼에도 불구하고 아직 '체의'라는 한계를 두고 있기에 완전히 무제한적으로 육상설을 모든 사법, 일체 연기법을 관하는 수행법으로 자리매김하기 위해서는 또 다른 변용이 필요함을 의미한다. 그럼에도 혜원이 사법 제외 무력화의 물꼬를 텄다는 점은 부정할 수 없을 것이다. 다만 염두에 두어야 할 점은 혜원의 무력화는 직접적이라고 하기보다는 우회적인 접근 방법으로서 상당히 제한적이라는 점이다. 직접적, 무제한적인 사법 제외의 폐지는 뒤에서 살펴보듯이 의상과 법장에 이르러서야 완성된다.

(2) 초기 화엄교학의 육상설: 지엄

화엄교학의 기틀을 마련한 지엄은 예로부터 법장이 지은 『화엄경전기(華嚴經傳記)』의 「지엄전」이 소개하는 일화[77] 등을 토대로 육상설을 중시했다고 전해져왔다. 그러나 현존하는 지엄의 저술을 살펴보면 정작 육상설에 대한 자세한 논의는 보이지 않는다. 지엄이 전통적인 평가처럼 만약 육상설을 자신의 교리 체계의 주요한 축으로 삼았다면, 예를 들어 의상이 『일승법계도』에서, 또는 법장이 『화엄일승교의분제장』에서 육상설을 매우 비중 있게 다루는 것처럼, 그 또한 독립된 장 또는 상당한 부분을 할애하여 논의할 법하지만 지엄의 저술에는 육상설에 대한 별도의 장이 시설되어 있지 않다.[78]

지엄의 현존 저술에 비록 육상설에 관한 별도의 독립된 장이 없다고 하더라도 지엄의 저술 여기저기에 흩어져 있는 육상설에 대한 논의를 모으면 지엄의 육상설에 대한 입장을 부분적으로나마 파악할 수 있다. 아래에서는 이를 통해서 지엄의 육상설을 간략히 살펴본다.[79]

③

㉠ 만약 일승에 의거하면, 총별이 열하나의 법과 상응하면 불경계이다. 첫 번째 불경계는 허공과 가지런히 같다. 이것이 총상이다. 두 번째 [불경계]는 일승의 원인에 의거하여 무량한 겁 동안 수행한다. … 열한 번째 [불경계]는 일승의 경계가 넓고 광대함을 알고자 중생심이 온 10세에 여래심으로서 한 찰나에 일체에 두루 함을 알아서 [일승] 경계의 광대함을 다 분명하게 통달한다. 만약 이러한 법과 [상응한다면] 일승의 불경계이다.[80]

㉡ 제9지 11조림의 뜻에 관한 장

11조림은 [다음과 같다.] 첫 번째는 중생심행(衆生心行)의 조림(稠林)이다. … 열한 번째는 삼취 차별행(三聚差別行)의 조림이다. 첫 1구가 총상이고 나머지 10구가 별상이다. 그래서 첫 구는 [중생]심행이니 심은 갖가지의 뜻이다. 나머지 10구는 곧 심의 갖가지의 뜻의 모습이니 다시 차별이 없다. 무슨 까닭인가? [이 11구가] 육상의 뜻을 갖추었기 때문이다.[81]

인용문 ③의 ㉠과 ㉡을 보면 지엄은 『화엄경』에 설해지는 11구(불경계와 조림심)를 주석하면서 제1구를 총상에, 나머지 구를 별상에 배대한다. 이는 앞서 살펴본 세친이 『십지경론』에서 제1구인 근본입을 총상에, 나머지 9입을 별상에 배대한 것과 동일하다. 그러나 위 인용문 ③보다 이른 시기에 지어진 지엄의 저술에는 총별의 관계에 대한 다른 입장이 보인다.

④

앞의 경문에 나아가 첫 무외신(無畏身)은 총이기도 하고 별이기도 하니 10구를 통섭하여 무외신으로 삼는다. 그러므로 총별에 통한다. 그중에서 분별하면 처음 1구는 [총상이면서] 색신의 수승함을 나타내어 이런 까닭에 별상이라고 이름 붙이고 나머지 9구는 오로지 별상이다.[82]

인용문 ④는 시방의 부처님이 금강장보살에게 무외신을 비롯한 열 가지 변재(辯才)를 부여하는 『화엄경』의 경문을 지엄이 『수현기』에서 육상의 총별로써 풀이하는 구절이다. 앞의 용례대로라면 여기에서도 제1구인 무외신이 총상으로, 나머지 9구가 별상으로 규정되어야 하지만 여기에서는 제1구가 총상이면서 별상이기도 하다는 그 이전에는 보지 못한 해석을 내놓는다. 하지만 이는 예를 들어 제2구가 총상이고 제1구를 포함한 나머지 9구가 별상이라는 것이 아니다. 여기에서는 총상은 오직 제1구뿐이지만 그 제1구가 총상이면서 동시에 별상이라는 것이다.

경문에 설해진 10구 중 제1구가 총상이면서 동시에 별상이라는 설은 지엄 이전의 육상설에는 보이지 않는 독창적인 해석이다. 지엄 이전에도 10구 가운데 제1구가 총상이면 나머지 9구가 별상, 제3구가 총상이면 나머지 9구가 별상이라는 식의 총별이 호환 가능함을 설하는 경우는 있었지만 이처럼 제1구만 총별이 동시라는 설은 지엄이 유일한 것으로 보인다. 이에 대해 별다른 설명이 없어서 지엄의 의도가 무엇인지 정확하게 알 수는 없다. 다만 현상적으로 한 가지 분명한 점은 『십지경론』 이래 육상설에서 제1구가 가지는 총상으로서의 확고한 의미가 『십지경론』과는 달리 지엄에게는 확고하지만은 않다는 것이다.

총별의 관계에 덧붙여 지엄의 육상설에서 사법의 제외와 관련된 논의를 살펴보자. 왜냐하면 지엄 이후 화엄종의 육상설에서 사법의 제외와 총별은 밀접한 관계를 맺으며 변화하기 때문이다. 세친의 『십지경론』에서는 육상설을 논하면서 그 적용 대상에서 음·계·입의 사법은 제외한다고 밝힌다. 세친의 육상설은 본래 경전에 설해지는 10구의 해석 방법으로서 고안된 것이다. 따라서 현상의 사법은 육상설의 원래 목적에서는 고려되지 않았던 것이므로 배제된다고 해도 전혀 이상하지 않다. 그러나 육상설이 동아시아에 전래된 이후에는 여기에도 변화의 움직임이 일어나며 이는 앞서 살펴본 지론종, 특히 혜원이 대표적이다.

⑤

【문】 만약 그렇다면 [인(因)의] 육의(六義)는 총별과 서로 이루지 못해야 할 것이다.

【답】 [인의] 육의와 육상이 함께 이루어진다는 것은 [다음과 같다.] 육상에는 두 가지 뜻이 있다. 첫째는 이법에 수순하는 것이고 둘째는 사법에 수순하는 것이다. 이 두 가지 뜻 중에서 [육상은] 이법에 수순하는 뜻이 현저하고 사법에 수순하는 뜻이 미약하다. 그 4연(四緣: 인연, 등무간연(等無間緣) 등)의 사법에서 두 가지 뜻은 위의 [육상과] 같지만 [사연은] 다만 사법에 수순하는 뜻이 더하고 이법에 수순하는 뜻이 약하다. 그러므로 알라. 인연으로 생겨난 과법은 미혹을 일으키는 뜻이 현저하여 이로 인해 논주(=세친)가 별도로 육상으로 비추어 이법에 들어가게 하는 것이기 때문에 4연은 사법에 수순함이 더함을 안다. 그러므로 알라. 총별이 이법에 수순하는 뜻이 더하다는 것은 육상이 마음을 보아 이법에 들어가게 함을 변별하는 것이다.

【문】 총별의 육의가 단지 이법에 수순함이 더하고 사법을 취하지 않음을 어떻게 아는가?

【답】 논주(論主)가 [육상에서] 사법을 가려내어 [사법이] 육상을 갖추지 못하고 [육상을] 오직 뜻을 기준으로 하여 변별한 것 때문에 안다.[83]

육상설의 적용 대상 범위와 관련하여 인용문 ⑤는 흥미로운 내용을 담고 있다. 이 인용문에서 주목할 점은 육상이 사법보다 이법에 수순함이 더하다는 지엄의 서술이다. 물론 육상에 사법에 수순하는 뜻이 있음을 완전히 부정하는 것은 아니지만 "이법에 수순함이 더하고 사법을 취하지 않는다"고 할 정도로 육상에서 사법을 제외하려는 경향이 지엄에게 강하게 나타남을 볼 수 있다.

앞서 소개한 바와 같이 지론종의 정영사 혜원은 체의에 의거하여 『십지경론』의 설을 뛰어넘어 육상의 적용 범주를 사법으로까지 확장시켰다. 그러나 혜원 또한 사법 제외를 무차별적으로 폐기한 것이 아니라 어디까지나 '체의에 따르면[從體義]'이라는 단서를 붙인 조건부 타협이었다. 이는 위 인용문에도 보이듯이 지엄의 경우에도 마찬가지이다. 지엄은 사법 제외의 폐기 가능성을 혜원을 따라 인정한 것으로 보이지만 이것 또한 어디까지나 '이법에 수순함'과 '사법에 수순함'이라는 육상의 두 가지 뜻에서 극히 미약한 '사법에 수순함'이라는 뜻을 따를 때에 한정된다. 즉 지엄에게 육상의 자연스러운, 본래의 의미는 사법에 적용되는 것이 아니라 이법에 적용되는 것이다. 세친이 제한해놓은 육상설의 사법 적용 제외 조항이 지론종의 혜원에게서 조건부 폐기에 이르렀지만 지엄에 이르러서도 여전히 육상설의 주요 적용 대상은 이법이며 사법에 육상설을 적용하는 것은 어디까지나 극히 예외적인 경우임을 알 수 있다. 그렇다면 육상에서 사법 제외의 무조건적인 폐기, 이법과 사법을 아우르는 자유로운 육상의 적용은 어디에서 시작되는가? 이는 현존 기록상 의상과 법장의 육상설을 기다려야 한다.

(3) 초기 화엄교학의 육상설: 의상

지엄의 제자로서 초기 화엄교학 형성을 논하는 데 빼놓을 수 없는 인물인 의상은 본래 많은 저술을 남기지도 않았으며 그나마 대부분 현존하지 않는다. 그럼에도 그의 대표 저술인 『일승법계도』에는 육상에 대한 상당한 분량의 설명이 수록되어 있다. 여기에서는 그 가운데 육상설의 구조와 적용 대상의 범위를 중심으로 그의 육상설을 소개한다.

⑥

㉠ 이제 우선 도인의 모습에 근거하여 육상을 밝혀서 일승과 삼승이 주(主)와 반(伴)을 서로 이루어 법을 드러내는 분제를 보인다. 이른바 육상이란 총상·별상·동상·이상·성상·괴상이다. 총상이란 근본인(根本印)이다. 별상이란 나머지 굴곡들이니 별이 도인을 의지하되 그 도인을 만족시키기 때문이다. 동상이란 도인이기 때문이니, 이른바 굴곡은 다르지만 같이 도인이기 때문이다. 이상이란 늘어나는 모습이기 때문이니, 이른바 첫 번째, 두 번째 등 굴곡들이 달라서 수가 늘어나기 때문이다. 성상이란 간략히 설하기 때문이니, 이른바 도인을 이루기 때문이다. 괴상이란 널리 설하기 때문이니, 이른바 번다하게 도는 굴곡들이 각각 스스로 달라서 본래 짓지 아니하기 때문이다.

㉡ 모든 연으로 생겨난 법이 육상으로 이루어지지 않음이 없다.[84]

㉢ 넷째, '시간[世時]을 기준으로 하여'라는 것은, 이른바 구세(九世)는 과거의 과거·과거의 현재·과거의 미래·현재의 과거·현재의 현재·현재의 미래·미래의 과거·미래의 현재·미래의 미래세이다. 삼세가 상즉하고 더불어 상입하여 그 일념을 이루니, 총과 별을 합하여 이름 붙인 까닭에 십세가 된다. 일념은 현상으로서의 순간[事念]을 기준으로 하여 설한 것이다.[85]

인용문 ⑥은 의상의 주저인 『일승법계도』의 일부이다. 이 부분은 이른바 「반시」의 글자 모습을 설명한 후에 원인과 결과가 같지 않지만 그 두 자리가 법성가 내의 진실한 덕용이며 성(性)이 중도에 있음을 나타낸다는 것을 육상을 통해 설명하는 구절이다.

우선 ㉠의 총별 관련 논의를 보자. 의상은 도인이 총상이고 그 도인을 이루는 굴곡이 별상이라고 한다. 이러한 총별 규정은 이제까지 살펴온 여러 총별 규정과는 근본적으로 구조가 다르다. 이전의 총별 규정은 대부분 『십지경론』의 총별 규정을 구조적으로는 거의 답습했다고 볼 수 있다. 즉 경전에 설해진 10구에서 그중의 제1구를 총상으로 나머지 9구를 별상으로 규정하는 방식이다. 따라서 십입, 십불 등등의 10구라는 전체 집합이 있고 그 집합은 총상인 제1구와 별상인 9구로 이루어진 구조이다. 하지만 의상은 육상을 적용하려는 대상 전체, 즉 도인을 총상으로, 그 총상을 구성하는 조건을 별상으로 규정한다. 이전의 방식으로 말하면 십입, 십불 등의 10구 자체를 총상으로 규정하는 것이다. 별상은 이에 따라서 그 이전과는 달리 전체 집합을 이루는 모든 별연(別緣)을 의미하게 된다. 이전 방식의 설명대로라면 총상이었을 제1입, 제1불 등을 포함하여 제10입, 제10불 등까지 모두 별상의 자리에 놓이는 것이다.

의상의 이러한 총별 규정은 그의 스승인 지엄의 것과도 매우 다른 구조를 갖고 있다. 그러나 의상의 동문 사제라고 할 수 있는 법장은 의상의 총별 규정을 그대로 이어받아 널리 알려진 집의 비유를 통해서 더욱 적극적으로 활용하여 육상원융설을 확립한다. 그리고 이 육상원융설이 화엄종을 대표하는 육상설이 되기에 이른다.

그러나 ㉡을 보면 의상은 과거·미래·현재의 과거·미래·현재로 이루어진 구세(九世)를 별상으로, 그 구세가 상즉상입하여 이루어지는 일념을 총상으로 규정하고 이 둘을 합해서 십세를 구성한다고 설한다. 이러한 구조는 앞서 본 의상의 독창적인 총별 구조와는 달리 이전의 일반적인 총별 규정과 유사하다. 법장을 비롯하여 의상 이후에도 십세를 논하는 경우에는 이러한 전통적인 총별 규정이 적용된다. 즉 의상과 법장에게 두 종류의 총별 구조가 존재함을 알 수 있다.

의상은 왜 『십지경론』 이래 자신의 스승인 지엄에 이르기까지 별다른 변화 없이 유지되어온 총별의 구조를 변화시켰을까? 의상 자신의 해명이 없으므로 단정할 수는 없지만 의상이 총별의 구조를 변화시킨 것은 육상을 이법과 사법을 구분하지 않고 모든 연기법에 적용하고자 했던 의도, 즉 사법 제외의 완전한 폐기를 향한 의도가 핵심 원인으로 작용했을 것이라고 추정한다.

『십지경론』 이래 의상 이전까지는 육상의 적용 대상이 경전에 설해진 10구 또는 이법, 교법, 행법이었으며 사법 제외를 넘어선 혜원조차도 여기에 '체의'라는 한정을 두었으며 이후 지엄과 원효도 육상설의 적용은 기본적으로 경전에 설해진 10구 내지는 이법이 중심이었다. 그러나 의상은 어떠한 조건도 달지 않고 모든 연생법(緣生法)에 육상을 적용시키고자 한다. 정영사 혜원과 지엄의 육상설을 누구보다 잘 알고 있었을 의상은 육상을 설하면서 혜원의 '체에 의하면' 또는 지엄의 '이법에 수순함'과 '사법에 수순함' 가운데 '사법에 수순하는 경우'와 같은 제한을 전혀 언급하지 않고 육상설의 전면적인 사법 적용, 더욱 정확하게는 이를 통해서 이법과 사법을 아우르는 모든 연생법에 육상을 적용할 것을 주창한다.

이러한 의상의 의도는 ㉡의 "모든 연으로 생겨난 법이 육상으로 이루어지지 않음이 없다"는 문구에서 단적으로 드러난다. 또 ㉢에서 십세를 아무런 소선과 세한을 두지 않고 육상으로 풀이하면서 의상은 이때의 일념을 사법이라고 규정함으로써 의상이 육상을 적용하고 있는 대상인 시간 개념이 바로 사법임을 드러낸다.

그렇다면 사법 제외의 폐기와 총별 구조의 변화가 무슨 관계가 있는가? 예를 들어 경전에 나오는 십불의 문구를 육상으로 풀이한다고 가정해보자. 이 경우에는 경전에 나열되어 있는 열 가지 불 가운데 제1불을 총상으로, 나머지 불을 별상으로 규정하는 것이 가능하며 이것이 『십지경론』의 본래 의도이다. 그러나 사법인 집을 대상으로 육상을 적용하려면 이러한 규정 방식은 곤란한 점이 많다. 앞서의 방식대로라면 집을 구성하는 항목 중에서 어느 하나를 근본 인연으로 골라 이것을 총상으로 규정해야 한다. 그러나 집을 구성하는 것 중에 어느 특정한 하나를 총상으로, 나머지를 별상으로 설정하는 것이 원융무애한 법계연기의 세계를 설명하는 화엄교의 육상원융설에 적합할까? 예를 들어 서까래를 총상으로, 기와와 창문 등을 별상으로 규정한다면 집과의 관계와 다른 인연과의 관계를 고려할 때 적절하지 않다.[86] 따라서 사법에 육상을 적용시킬 때 일단 총상을 10구 전체에 상응하는, 예를 들어 집으로 규정하고 별상을 개별 10구에 해당하는 서까래, 기와 등으로 설명하는 편이 더욱 자연스럽다. 이러한 점에서 의상은 의도적으로 총별의 구조를 그 이전과 달리 변화시켰던 것으로 추정해볼 수 있다.

그렇다면 의상은 왜 육상설을 이법, 사법 가릴 것 없이 모든 연생법에 적용하고자 했을까? 이것은 의상의 육상설에 대한 태도에서 기인하는 것으로 보인다. 육상설을 통해서 연기다라니법(緣起陀羅尼法)의 무분별한 도리를 나타내고자 했던[87] 의상의 입장에서 이법과 사법 사이에 어떠한 근본적인 차이를 인정할 수는 없다. 만약에 그러한 차이를 인정한다면 그의 화엄교학 체계에서 이사무애는 물론, 사사무애, 이이무애의 모든 무장애법계가 무너져 내리고 말 것이기 때문이다. 이법과 사법 사이에 어떠한 근원적인 차이를 인정하지 않는다면 무엇 때문에 육상설을 이법에만 적용하고 사법에는 적용하지 말아야 하는가? 따라서 의상에게 육상설이란 일승연기법(一乘緣起法)을 해명하는 주요한 수단이고, 따라서 일승연기법은 하나의 법이 법계의 일체 연기법을 융섭하고 있는 다라니법이며, 이를 나타내고 또 관찰하는 수단이 육상설이다. 이런 맥락에서 이법에만 육상설이 적용 가능하고 사법에는 적용 불가능한 육상설을 의상은 받아들일 수 없었으며 사법 전체에 무차별하게 적용 가능한 육상설을 고안해냈고 이때 10구의 첫 구를 총상으로 하는 것보다 하나의 사법 전체를 총상으로 하는 구조가 일승연기다라니법의 무장무애를 설명하기에 더욱 자연스럽기에 총별 구조를 변화시킨 것으로 추정해볼 수 있다.

(4) 초기 화엄교학의 육상설: 법장

법장은 초기 대표 저술인 『화엄일승교의분제장』 중 「의리분제장」에서 일승의 의리를 나타내는 네 가지 교설 가운데 하나로 육상원융의를 설정할 정도로 육상설을 중시하였으며[88] 이러한 태도가 그의 후기 저술인 『화엄경탐현기』 등에도 계속 유지된다. 법장의 육상실은 이처럼 그의 사상 전반에 걸쳐서 중요시되었기 때문에 그의 육상설[별상]은 그의 화엄 저술 전체를 시야에 두고서 그의 사상[총상]과의 관계 속에서 이해되어야 할 것이다. 다만 이 책은 균여의 육상설을 파악하기 위해서 그 이전의 육상설을 살펴보는 것인 만큼 육상설의 구조, 특히 총별의 구조와 대상과 목적을 중심으로 법장 육상설의 전체적인 특징을 소개하는 데 중점을 두고자 한다.

먼저 법장의 화엄 저술 가운데 육상설의 구조를 파악할 수 있는 대표적인 구절을 인용하면 아래와 같다.

⑦

㉠ 총상은 하나가 많은 덕을 포함하기 때문이다. 별상은 많은 덕이 하나가 아니기 때문이다. 별상이 총[상]에 의지하여 저 총[상]을 만족시키는 까닭이다. 동상은 많은 뜻이 서로 어긋나지 않아 같이 하나의 총[상]을 이루기 때문이다. 이상은 많은 뜻이 서로 바라보니 각각 다르기 때문이다. 성상은 이 여러 뜻을 말미암아 연기가 이루어지기 때문이다. 괴상은 여러 뜻이 각각 자신의 법에 머물러 이동하지 않기 때문이다.[89]

㉡ 다섯 번째, 육상을 밝힌다는 것은 [다음과 같다.] 지금 [하나의] 티끌이 이사(理事)·해행(解行)·교의(敎義) [등]으로써 연기를 이루니 이것이 총[상]이다. 티끌을 말미암아 총[상]의 뜻이 현전하여야만 티끌의 처소에서 체용(體用)·해행·교의 [등]을 변별하여 각각 차별되니 이것이 별[상]이다. 이

하나의 티끌의 처소에서 모든 뜻을 변별하지만 각각 [자]성이 없어서 서로 어긋나지 않으니 이것이 동[상]이다. 이 하나의 티끌의 처소에서 모든 뜻, [예를 들어] 체용·성상(性相) [등]이 각각 차별되니 이것이 이[상]이다. 이 하나의 티끌의 처소에서 모든 뜻이 현전해야 티끌의 법이 비로소 성립하니 이것이 성[상]이다. 이 하나의 티끌의 처소에서 모든 뜻이 각각 자신의 성상 등을 나타내어 끝내 서로 이루어 서로 짓지 않으니 이것이 괴[상]이다.[90]

ⓒ 이상의 열 가지 뜻은 장애 없이 상즉한다. 말하자면 하나의 [사자]좌는 총상이다. [이 사자좌가 갖춘] 열 가지 뜻은 별상이다. [열 가지 뜻이] 가지런히 [사자]좌의 뜻인 것은 동상이다. 열 가지 뜻이 섞이지 않는 것은 이상이다. 이 열 가지 뜻을 말미암아 [사자]좌의 법이 일어나게 하는 것은 성상이다. [열 가지 뜻이] 각각 자신의 법에 머무는 것은 괴상이다.[91]

인용문 ⑦ 가운데 ㉠은 『화엄일승교의분제장』의 「의리분제장」 중 '육상원융의' 가운데 육상 각 항목을 정의하는 약석(略釋) 부분이다. ㉡은 법장 만년의 저술로 생각되는 『화엄경의해백문(華嚴經義海百門)』 중 육상을 설명하는 구절이다. ㉢은 또 다른 만년의 저술인 『화엄경탐현기』 중 육상 관련 일부분이다.

인용문에 보이는 육상의 내부 구조를 확인해보자. 먼저 총상과 별상. 여기에서 총상은 논의 대상 전체를 가리키고 별상은 그 전체에 속하는 개별 항목을 의미한다. 즉 ㉠에서는 전체로서의 하나[一]가 총상이고 그 하나에 포함되어 있는 개별 항목인 많은 덕 또는 뜻[多德, 多義]이 별상이다. ㉠과 마찬가지로 ㉡의 경우에도 전체로서의 한 티끌이 총상이고 그 티끌에 포섭되는 개별 항목인 모든 뜻[諸義]이 별상이다. ㉢은 사자좌가 총상이고 그 사자좌가 갖춘 열 가지 뜻[十義]이 별상이다. 이것을 이전 육상설의 설명 대상인 경전 10구로 다시 풀이한다면 십불이든, 십입이든 제1불 또는 제1입이 아니라 그 전체가 총상이고 제1불, 제2불, 제10불 또는 제1입, 제

3입, 제9입은 모두 별상이 된다.

이러한 규정은 법장의 사형인 의상의 총별 구조와 정확하게 동일하다. 의상의 총별 구조가 그의 스승인 지엄의 총별 구조를 포함하여 그 이전의 어떤 육상설에도 보이지 않는 독특한 구조이며, 의상의 총별 구조가 의상이 당 유학 시기에 저술한 『일승법계도』에 이미 나타나므로 법장이 의상이 새롭게 해석한 총별 구조를 당연히 알고 있었을 것임을 고려할 때, 앞서 살펴본 법장의 총별 구조는 의상의 영향을 받아 성립된 것으로 추정할 수 있다.[92]

이외에도 법장은 『화엄일승교의분제장』에서 그 유명한 집[舍]의 예시를 통해 집(=총상)과 집을 이루는 연(緣)들, 예를 들면 서까래[椽](=별상)로 총별을 해석하고 있는데 이는 의상의 독창적인 총별 구조와 동일한 구조를 가지고 있다.

한편 법장의 총별에 대한 논의 가운데는 위와 다른 형태를 보여주는 구절도 있다.

⑧

㉠ 십세라고 말하는 것은 [다음과 같다.] 과거와 미래와 현재의 삼세에 각각 과거와 미래와 현재가 있어서 곧 구세가 된다. 그런데 이 구세가 번갈아 상즉 상입하기 때문에 하나의 총[상]구를 이룬다. 총별을 십세를 합하여 이룬다. 이 십세는 개별적으로 다름을 구족해서 동시에 현현하여 연기를 이루기 때문에 [상]즉 [상]입을 얻는다.[93]

㉡ [십불 가운데] 제1[불]의 '세간에 안주한다'는 것은 열반에 집착이 없음을 보여주는 것이다. '정각을 이룬다'는 것은 세간에 집착이 없음을 보여주는 것이다. 따라서 '무착불'이라고 이름한다. … 이것이 총[상]구이고 아래의 아홉 [불]은 별[상]을 나타낸다. … 여기에서 십불은 육상의 총별 등으로 이에 준거하라.[94]

인용문 ⑧의 ㉠은 십세를, ㉡은 십불을 총별로써 설명하는 부분이다. 두 인용문을 보면 『십지경론』 이래 전통적인 총별 구조와 동일함을 알 수 있다. 구조를 보면 십불 중에서 제1불인 무착불을 총상으로, 나머지 구불을 별상으로 삼고 십세에서는 구세를 별상으로, 그 구세가 상즉상입하여 이루는 일념을 총상으로 삼는다. 만약 앞에서 살펴본 의상-법장 특유의 총별 구조라면 십불과 십세가 총상이 되고 그에 포섭되는 제1불부터 제10불, 구세와 1념이 모두 별상이 되어야 하지만 여기에서는 세친 이래의 전통적인 총별 구조를 따르고 있다.

이상으로 법장의 총별 구조를 정리하면 다음과 같다. 법장은 『십지경론』 이래의 전통적인 총별 구조를 일부 유지하는 한편 의상에 의해서 새롭게 고안된 총별 구조 또한 적극 수용한다. 두 종류의 총별 구조 중에서 법장의 문헌 전체적으로 본다면 횟수나 비중의 측면에서 의상이 개변한 총별 구조를 더욱 중시한 것으로 보인다. 이는 법장이 자신의 육상설을 처음으로 집대성하여 본격적으로 천명한 『화엄일승교의분제장』의 육상원융의에서 의상의 총별 구조를 집에 적용하여 자신의 육상설을 전개하는 것을 통해서도 알 수 있다. 총별 구조에 대한 법장의 이러한 태도, 즉 세친 이래의 전통적인 총별 구조와 함께 의상에 의해 새롭게 고안된 총별 구조를 함께 활용하는 태도는 앞서 언급한 것처럼 의상의 태도와 완전히 동일하다. 의상 또한 자신 고유의 총별 구조와 함께 특히 십세의 경우에는 전통적인 총별 구조를 공존시키고 있다. 결국 총별 구조에 한해서는 의상과 법장은 동일한 입장을 가지고 있는 것이다.

한편 법장의 육상설 가운데 동이성괴의 경우, 간단히 결론만 소개하면, 동이는 별상의 각 항목에 대한 동이이고 성괴는 총별에 대한 설명으로서 이는 지론종에 의해 변용된 이래 의상에게도 보이는 일반적인 형태이다.

전체적으로 법장의 육상설은 구조적인 측면에서 의상 육상설의 구조와 동일하다고 볼 수 있다. 즉 육상설의 구조적인 측면에서 법장은 그의 스승 지엄보다는 사형인 의상의 설을 따르고 있는 것이다. 이 가운데 특히 총별의 구조에 대해서는 눈여겨볼 필요가 있다. 법장은 왜 육상설의 시초인 세친부터 그의 스승인 지엄에 이르기까지 별다른 변화가 없었던 전통적인 총별의 구조를 따르지 않고 의상이 처음 도입한 총별의 구조를 따른 것일까? 물론 법장 자신이 밝히지 않았으므로 확언할 수는 없지만 법장이 새로운 총별의 구조를 받아들인 것은 의상과 마찬가지로[95] 육상설을 조건 없이, 이법과 시법의 구분 없이 상즉상입으로 대표되는 일승의 연기를 설명하는 방편으로 삼고자 했기 때문이라고 생각된다. 이에 대해서 살펴보기 위해서는 육상설의 목적과 적용 대상에 대한 법장의 입장을 알아보아야 한다.

법장은 육상설의 목적에 대해서 여러 곳에서 분명하게 언급한다.

⑨

㉠ 두 번째, [육상의] 가르침이 일어난 뜻은 [다음과 같다.] 이 가르침은 일승원교의 법계연기가 다함없이 원융하여 자재롭게 상즉하며 장애 없이 용융하고 내지 인다라[망의 경계]이며 끝없는 이사 등임을 드러내기 위함이다.[96]

㉡ 첫 번째, [육상의] 가르침이 일어난 뜻은 [다음과 같다.] 말하자면 고정적으로 집착하는 견해를 부너뜨려서 연기원융의 법을 드러내는 것이다.[97]

인용문 ⑨는 법장이 『화엄일승교의분제장』 「의리분제장」에서 '육상원융의'를 세 가지로 나누어 설명하는 가운데 두 번째 육상의 가르침이 일어난 목적을 직접 밝히는 부분이다. 이 문장은 하나의 긴 복합어로서 분석 및 번역과 이해가 쉽지 않지만 다만 법장에게 육상설의 목적은 경전 해석을 위한 것일 뿐만 아니라, 아니 그것을 포함하여 더욱 근본적인 목적은 일승원교의 법계연기의 실상, 즉 무진원융을 밝히기 위한 것이라는 점은 분명해 보인다. 이는 『화엄경탐현기』에서 육상의를 밝히는 구절의 일부분인 ㉡을 보면 더욱 확실히 알 수 있다.

법장에게 육상설이 일승원교의 법계연기가 무진원융함을 밝히기 위한 것이라면 이러한 육상설은 어디에 적용되어야 할 것인가? 다음의 인용문을 보자.

⑩

㉠ 세 번째, [육상의를] 문답으로 해석한다는 것은 [다음과 같다.] [육상의는] 연기법 일체의 경우에 통한다. 지금은 우선 연으로 이루어진 집을 간략히 대상으로 하여[略就緣成舍] [육상의를 문답으로] 변별한다.[98]

㉡ 일체 제법은 모두 이 육상을 갖추어야 연기가 비로소 이루어진다. 만약 이와 같이 [연기가 이루어지지] 않으면 곧 육[상]의 뜻을 잃는다.[99]

인용문 ⑩의 내용을 보면 육상설이 일체 연기법에 적용된다는 주장이다. 즉 이법과 사법을 가리지 않고 '일체 제법'이 육상을 갖추어야만 연기가 비로소 이루어진다는 것이다.

여기에서 두 가지가 주목된다. 첫 번째는 인용문 ⑩의 ㉠에서 집을 거론하는 방식이다. 후대의 화엄교가와 근현대의 연구자들 중 대다수가 이 문답에서 육상설을 적용하는 대상인 집을 '비유'로서 이해하지만 이 문구는 정확하게 '비유'가 아니라 '실례' 또는 '사례'로 보아야 한다. 원문의 '취(就)' 또는 다른 본에 의하면 '거(據)'는 통상 예를 거론할 때 사용하는 것이지 비유를 들 때 쓰는 표현이 아니다.[100] 따라서 법장의 집을 통한 육상설 문답은 실제 사례에 대한 문답으로서 비유를 든 것이 아니다. 따라서 법장이 육상설을 설명하며 거론한 집은 예시로서 이를 통해서도 법장이 육상설을 사법인 연기법에 적용하고 있음을 알 수 있다.

두 번째는 법장은 육상설이 일체 연기법에 적용된다는 주장을 통해서 세친의 사법 적용 제외를 폐지하였는데 그 방식이 혜원과 같이 우회적, 제한적이 아니라 직접적, 무제한적이라는 점이다. 법장은 인용문에서 보듯이 육상설을 사법에 적용함에 있어서 사법의 체의에 따른다는 등의 우회적, 제한적 조건 없이 그냥 사법 그 자체에 바로 육상설을 적용한다. 즉 우리가 일상 생활하는 집도 연성(緣成)이므로 법장에 의하면 당연히 육상설을 직접 적용할 수 있다. 물론 이를 위해서 집과 서까래의 체의를 빌려서 육상설을 적용할 필요는 없다.

이러한 내용을 앞서 언급한 육상설의 목적과 함께 고려하면 법장이 사법 제외를 왜 폐지했는지 추정할 수 있다. 즉 육상설이 연기법의 무진원융함을 밝히기 위한 것이라면 당연히 육상설은 연기법에 적용되어야만 한다. 따라서 이러한 목적에서라면 육상설의 적용 대상은 연기법 전체일 수밖에 없으며 이것이 바로 혜원처럼 육상설을 사법의 체의에 적용하는 우회적인 방법이 아니라 직접적으로 무조건적으로 사법 그 자체에 적용하는 방향으로 나갈 수밖에 없었던 이유라고 생각된다.

법장의 육상설이 일승연기의 무진원융을 밝히려는 목적과 그에 따라서 일체 연기법을 대상으로 하는 범주를 특징으로 한다면 이는 앞서 언급한 총별 구조의 변화와도 밀접한 관계가 있다. 세친 이래의 전통적인 총별 구조는 본래 경전에 설해지는 10구를 해석, 이해하기 위한 방편으로서 고안된 것이다. 따라서 10구 중 제1구를 총으로 하고 나머지 9구를 별로 하여 그 관계를 동이성괴로 다시 분석하는 것이다.

그러나 법장과 같이 육상설을 연기법의 원융의를 밝히려는 목적에서 사법을 포함한 일체 연기법에 적용하고자 한다면 종래의 총별 구조는 잘 들어맞지 않는다. 예를 들어 집을 육상설로 설명할 경우 종래의 구조라면 총상을 집이 아닌 집을 이루는 구성 요소 중 가장 근본이 된다고 생각하는 요소로 규정해야 한다. 하지만 만약 예를 들어 서까래를 총상으로 하고 나머지를 별상으로 한다면 법장이 의도하는 연기의 원융의에 오히려 위배되고 말 것이다. 집을 육상설로 논하기 위해서는 기존의 총별 구조를 변화시켜서 집 자체를 총상으로, 집을 이루는 구성 요소를 별상으로 규정하고 이를 통해서 원융의를 밝히는 것이 사법을 다루는 데는 더욱 적절하다고 생각된다. 이러한 총별 구조의 변화는 의상에 의해서 비롯되었음은 앞서 밝힌 바와 같다.

그렇다면 연기법의 무진원융의를 밝히려는 목적과 그 목적을 위해서 사법 제외를 폐지한 법장의 육상설은 누구의 영향을 받은 것인가, 아니면 법장 독자의 것인가? 이와 관련하여 의상의 육상설이 주목된다. 다음의 구절을 보자.

> ⑪
>
> ㉠ 【문】 육상은 무슨 뜻을 나타내기 위한 것인가?
>
> 【답】 연기의 무분별한 도리를 바로 나타내기 위한 까닭이다.[101]
>
> ㉡ 이제 우선 도인의 모습에 근거하여 육상을 밝혀서 일승과 삼승이 주(主)와 반(伴)을 서로 이루어 법을 드러내는 분제를 보인다. … 모든 연으로 생겨난 법이 육상으로 이루어지지 않음이 없다.[102]

인용문 ⑪은 의상의 『일승법계도』 중 일부분이다. ㉠에서 의상은 아주 단순명료하게 주장한다. 자신의 육상설은 연기법의 이치를 밝히기 위한 것이라고. 이는 세친 이래의 육상설의 목적과는 그 궤를 달리하며 법장의 목적과 기본적으로 같다. 또 ㉡을 보면 의상의 육상설은 모든 연기법을 적용 대상으로 한다. 이 점에서도 세친 이래의 전통에서 벗어났으며 동시에 정영사 혜원의 방향, 즉 육상설의 제한적인 사법 적용과도 같지 않다. 이러한 의상의 육상설 적용 범주는 앞서 살펴본 것처럼 법장의 육상설 적용 범주와 동일함을 알 수 있다. 이상을 종합하면 법장의 육상설 중에서 육상설을 통해서 연기설을 규명하려는 목적과 이에 따라서 사법 적용 제외를 아무런 조건 없이 폐지하고 일체 연기법을 대상으로 하는 적용 대상은 육상설의 총별 구조의 경우와 마찬가지로 의상의 육상설로부터 영향을 받은 것으로 보인다.

그러나 법장 육상설에 대한 의상의 영향을 단정하기 전에 한 가지 더 고려해야 할 사항은 지엄이다. 의상과 법장 둘 다 지엄의 문하에 있었으므로 이 둘의 육상설이 모두 지엄의 영향으로부터 비롯되었을 가능성을 배제할 수 없기 때문이다. 실제로 많은 선행 연구는 일승연기의 무진원융의를 밝히려는 목적과 이를 위해 사법 세외를 폐지하는 논의를 중심으로 구축된 법장의 육상설이 지엄에게서 이미 상당 부분 이루어졌다고 한다.[103] 그러나 지엄의 현존 저술에서 육상 관련 논의를 검토해보면, 지엄이 법장 육상설에 직접적으로 영향을 미친 증거를 찾을 수 없다. 의상과 법장의 육상설에서 보이는, 기존의 육상설과 다른 특징은 앞서 계속 언급했던 것처럼 일승연기의 해명이라는 목적과 이에 따른 육상설의 전면적 사법 적용이다. 따라서 지엄이 의상과 법장의 육상설에 영향을 미쳤다고 하려면 의상과 법장의 육상설에 보이는 목적과 적용 범주의 두 가지 특징이 지엄의 저술에 보여야 할 것이다.

지엄의 육상설을 살펴보면 이러한 특징은 명확하지 않다. 첫째, 지엄의 육상설에 관한 선행 연구[104]와 앞에서 다룬 지론의 육상설 소개에서 알 수 있듯이 지엄의 현존 저술에는 육상설의 목적과 관련하여 명확한 언급이 보이지 않으므로 이에 대해서는 부정도 긍정도 현재로서는 힘들다. 둘째, 적용 범주에 대해서 지엄의 현존 저술에는 육상설을 연기법, 예를 들어 의상의 도인이나 법장의 집과 같이 구체적인 사법에 적용하는 예를 찾아볼 수 없다. 오히려 지엄은 인(因)의 육의(六義)와 육상을 같이 논하면서 인의 육의는 사법에 수순하는 뜻이 더하고 육상은 이법에 수순하는 뜻이 더하다고 하여 육상설을 사법으로부터 더욱 배제하려는 경향을 보인다.[105] 셋째, 앞서 살펴본 것처럼 육상설을 전면적으로 사법에 적용하기 위해서는 총별의 구조를 종래의 것에서 의상과 법장의 구조처럼 변화시키는 것이 여러 면에서 수월하다. 그러나 지엄에게는 이러한 총별 구조가 보이지 않고 전통적인 총별의 구조만 보인다.[106]

이상을 종합하면 일승연기의 무진원융의를 밝히려는 목적과 이에 따른 사법 적용 제외의 폐지를 특징으로 하는 법장의 '육상원융의'는 지엄보다는 의상의 육상설로부터 더 큰 영향을 받았음을 알 수 있다.

그렇다면 법장의 육상원융의는 의상의 육상설을 단지 답습한 것일 뿐인가? 결론부터 말하자면 법장의 육상설은 의상 육상설의 모조품이 아니라 의상 육상설을 모델로 하여 그 성능을 극대화하기 위해 새로 개발된 신상품이라고 보아야 할 것이다.

의상의 육상설은 목적, 적용 범주, 그리고 그에 따른 총별 구조의 측면에서 이전의 육상설에게 안녕을 고하고 일승의 대연기다라니법(大緣起陁羅尼法)[107]으로 나아가는 방편으로 환골탈태한 것이며 법장의 육상설도 이로부터 큰 영향을 받았다는 것이 앞에서 소개한 바이다. 동시에 법장의 육상설은 의상의 육상설과는 다른, 어쩌면 더욱 진화된 측면이 있으니 그것은 바로 육상설에서 '원융'의 뜻을 강조했다는 점이다.

법장은 『화엄일승교의분제장』「의리분제장」의 '육상원융의' 제3 문답 해석[108]에서 육상의 원융의를 집중적으로 밝힌다. 여기에서 법장은 총별, 동이, 성괴 사이의 원융을 주장한다. 여기에서 법장은 연성의 집을 실례로 들어서 총이면 곧 별이고, 별이어야만 곧 총이며, 나아가 별이 곧 총이라는 원융의를 설한다. 즉 별상인 서까래가 곧 총상인 집이라는 것이다. 의상도 총상(일승)과 별상(삼승)의 주반상성(主伴相成)을 얘기하지만[109] 법장이 문답에서 펼치는 원융의와 같이 서까래가 곧 집이라고 하는 더욱 적극적이고 정치한 교리로까지 발전시키지는 않았다고 생각한다.

이러한 논의는 동상과 이상, 성상과 괴상의 원융의에도 계속된다. 즉 의상에게서는 아직 동상과 이상의 관계, 즉 원융의에 대해서 인식이 아예 없었던 것은 아니겠지만 현존하는 저술에는 이와 관련된 자세한 언급이 보이지 않는다. 하지만 법장이 이 쌍의 원융의에 대해서 동상이어야만 이상이고 이상이어야만 동상이라는 방식의 원융의를 집을 예로 든 문답을 통해서 자세히 설하고 있다는 점에서 의상의 육상의를 한 단계 발전시켰다고 평가해야 할 것이다. 즉 의상이 육상설의 씨앗에서 육상연기의 싹을 틔웠다고 한다면 법장은 그 싹에서 육상원융의 화려한 꽃을 피웠다고 할 수 있을 것이다.

2) 균여의 육상설

이처럼 『십지경』을 근원으로 하여 세친으로부터 시작된 육상설은 동아시아에 전래되어 매 단계마다 거의 모든 부문에서 다양한 변화를 겪으며 전개되었다. 특히 의상과 법장에 이르러 육상설은 현상(사법)에 무제한적으로 적용이 되면서 일승연기법의 실상인 무진원융을 밝히는 주요한 수단으로 자리 잡게 된다. 이에 대해서 균여는 육상설을 어떻게 이해하였을까?

현존하는 균여의 저술 중에서 육상설에 대한 균여의 설명은 『일승법계도원통기』와 『석화엄교분기원통초』에 가장 자세하다. 여기서는 이 둘을 중심으로 균여의 육상설을 소개하고자 한다.

(1) 균여 육상설의 기본 경향

균여의 육상설은 현존 자료 중에는 의상의 『일승법계도』와 법장의 『화엄일승교의분제장』에 대한 주석서인 『일승법계도원통기』와 『석화엄교분기원통초』에 집중되어 있다. 이처럼 균여의 저술이 기본적으로 의상과 법장 등의 화엄교가의 저술에 대한 강의를 기록한 것이기 때문인지는 모르지만 균여의 육상설은 균여 독자의 육상설을 제시하기보다는 의상과 법장의 육상설의 의미가 무엇인지 풀이하는 경향이 우세하다. 따라서 앞서 육상설을 논의할 때 주요 항목으로 삼았던 육상설의 내적 구조와 목적, 적용 대상과 관련하여 균여는 자신의 설을 입론하는 것보다는 의상과 법장의 설에 동의하는 기반 위에 의상과 법장의 육상설이 어떤 의미인지를 설명하는 것에 주력한다. 이의 일환으로 의상과 법장의 육상설이 상반되는 것처럼 보이는 부분이 있을지라도 실제로는 둘의 육상설이 근본적으로 동일하다는 것을 강조한다.

앞서 균여 이전의 육상설을 개관하면서 의상과 법장에 이르러서야 비로소 현재 일반적으로 화엄교학의 육상설이라고 할 때의 육상설이 확립된다고 소개하였다. 즉 내적 구조로는 총별의 구조가 근본적으로 바뀌고 적용대상에서는 사법 적용의 제한이 완전히 없어지며 육상설의 목적 또한 일승 연기법의 무진원융을 밝히는 것으로 변모한다. 의상과 법장의 육상설이 그 둘의 스승인 지엄의 육상설과 구조와 목적, 적용 대상의 측면에서 매우 다르다는 점은 앞서 설명한 바와 같다. 이와 관련하여 균여가 의상과 법장의 육상설과 지엄의 육상설이 서로 다르다는 주장을 펼치는 부분은 의미심장하다. 균여 또한 다른 화엄교학의 교설에 있어서는 스승인 지엄의 설을 상당 부분 수용하는 의상과 법장이 육상설에 대해서는 입장을 달리했다는 점을 인지하고 있었다는 것을 보여주기 때문이다.

⑫

【문】 총체적으로 해석하여 근본을 나타내는 부문의 총 6구는 모두가 총상인가, 오직 "지혜의 지위에 들어가게 한다"는 두 구만 총상인가?

【답】 혜원 스님과 지엄 스님은 뒤와 같고, 법장 스님과 도주(圖主, 의상)는 앞과 같다.[110]

인용문 ⑫는 『일승법계도원통기』에서 육상설을 해석하는 부분 중 일부이다. 여기에서 논의되는 맥락은 다음과 같다. 세친의 『십지경론』에서 이른바 '십입(十入)'을 육상설로 설명하는 부분 가운데 "경에 '또 일체 보살이 불가사의한 모든 부처님 법의 광명을 설하여 지혜의 지위에 들어가게 한다'고 하기 때문이다"[111]를 법장은 『화엄경탐현기』에서 '총체적으로 해석하여 근본을 나타내는 부문[總釋現本門]'으로 명명하고 이어서 이 부문에 해당하는 『십지경론』 문장을 다시 여섯 부분으로 나누어 근본입을 설명한다. 여섯 부분은 ① '일체 보살(一切菩薩)', ② '불가사의한 모든 부처님 법[不可思議諸佛法]', ③ '광명[明]', ④ '설하여[說]', ⑤ '들어가게[入]', ⑥ '지혜의 지위[智慧地]'이다.[112]

이에 대해서 균여는 근본입은 총상이므로 근본입을 구성하는 여섯 부분 중에서 모두가 총상인가, 아니면 마지막 두 부분인 "지혜의 지위에 들어가게 한다"만 총상인가를 묻는 것이다. 이러한 물음을 균여가 묻는 이유는 여섯 부분 전체가 총상인가 아니면 마지막 두 부분만 총상인가에 따라서 여기의 육상설이 삼승설인가, 일승설인가가 구분되기 때문에 균여로서는 중요하다고 판단했기 때문이다.

그에 대한 답으로 균여는 혜원과 지엄은 마지막 두 부분만을 총상으로 인정했으며 이와 달리 의상과 법장은 여섯 부분 모두를 총상으로 보았다고 한다. 이와 관련해서는 간략히 소개하자면 혜원과 지엄처럼 마지막 두 부분만을 총상으로 보면 삼승설이 되고 여섯 부분 모두를 총상으로 보아야 일승의 육상설이라는 균여의 해석이 깔려 있다.[113]

여기에서 드러나는 균여의 의도 또는 입장은 육상설에 관하여 혜원과 지엄 대 의상과 법장의 구도를 분명히 하는 것이다. 이러한 구도를 명확히 하는 동시에 이 구도에 가치 평가를 하여 혜원과 지엄의 육상설은 삼승설로, 의상과 법장의 육상설은 일승설로서 그 사이를 갈라 달리 평가하고 있다. 이는 균여가 육상설을 포함한 자신의 교학적 기반을 의상과 법장에 두고 있음을 분명히 하는 동시에 이를 혜원과 지엄의 교학과는 어느 정도 거리를 두려고 했음을 상정하게 한다. 물론 이는 어디까지나 일부 문구를 가지고 추정한 것으로 이를 좀더 일반화하려면 육상설뿐만 아니라 다른 교설에 대해서 지엄과 의상·법장의 관계를 균여가 어떻게 평가하였는지에 대해서 폭넓은 고찰이 필요할 것이다. 이것은 어디까지나 가능성의 제기일 뿐 확정적인 판단은 아니다.

이와 더불어 또 하나 언급할 사항은 균여가 이러한 논의 마지막에 그렇다면 지엄의 육상설에 삼승설만 있는지, 달리 말해서 앞의 여섯 부분 중 마지막 두 부분만이 아니라 여섯 부분 모두가 총상이라는 주장은 없는지에 대해서 다시 문답하며 지엄에게도 그러한 견해가 있다고 하면서 그 근거로서 지엄의 『십현장』 1권을 거론한다. 그러나 『십현장』은 즉 『화엄일승십현문』으로서 지엄 찬술로 전해지지만 내용상 후대에 지엄에 가탁된 저술일 가능성이 높은 문헌임은 앞서 살펴본 바와 같다. 균여는 당시에 『화엄일승십현문』이 지엄의 진찬이라고 생각하고 있었으므로 『화엄일승십현문』에 보이는 내용이 지엄의 『수현기』와 달리 여섯 부분을 모두 총상으로 보는 입장이라고 판단하여 지엄에게도 의상·법장과 같은 견해가 있었다고 한 것이다. 그러나 선행 연구에 의하면 『화엄일승십현문』은 법장 당시 또는 법장 이후에 법장과 유사한 사상적 경향을 지닌 인물에 의해서 지엄 찬술로 가탁된 것이므로 당연히 『화엄일승십현문』은 법장과 유사한 입장을 지니고 있다. 이로 인해서 균여가 지엄의 『수현기』와 『화엄일승십현문』의 사상적 입장이 다름에도 불구하고 이 둘 모두를 지엄의 입장으로 간주하게 된 것이다.

(2) 육상설은 오직 일승설인가, 아니면 삼승설에도 통하는가

의상과 법장에게 육상설은 일승연기법의 실상을 관찰하는 방편 내지는 관법으로 자리매김할 수 있다. 이 육상설을 교판과 연결한 논의, 예를 들어 육상설이 일승설인지, 삼승설인지에 대한 논의가 의상과 법장에게는 보이지 않는다. 물론 의상과 법장의 육상설 관련 논의를 바탕으로, 즉 일체 연기법의 실상을 관찰하는 데 육상설을 주요하게 거론하는 그들의 입장을 고려한다면 의상과 법장 모두 육상설이 일승 교의의 주요한 방편임을 강조하고 있으므로 그들에게도 육상설이 일승설이라고 추정할 수 있지만 어찌 되었든 그들의 현존 문헌에 이에 대한 명확한 논의가 없는 것 또한 사실이다.

이와 관련하여 균여는 그의 현존 저술에서 육상설이 일승설인가, 삼승설인가에 대해서 구체적으로 논의하고 자신의 입장을 분명히 밝힌다.

⑬

㉠ 【문】 "일체 연생법은 육상으로 이루어지지 않음이 없다"[114]면 육상이 삼승에도 통하는가?

【답】 어떤 이는 그렇다고 한다. 어떤 이는 오직 이 경에만 국한된다고 한다.

㉡ 처음 뜻은 이미 "일체 연생법은 육상으로 이루어지지 않음이 없다"고 하였기 때문이고 「육의장(六義章)」[115]에서 삼승의 육의를 기준으로 육상을 사용하기 때문이다.

【문】 [「육의장」의] 글에 육의와 육상의 분제는 무엇인가? 답하기를, "육의는 연기 자체에 의거하고 육상은 연기의 의문(義門)에 의거한다. 법 자체(육의)로써 의문(육상)에 들어가면 차별을 이루게 된다. 만약 육의로써 사구(四句)에 들어가면 부정[去非]을 따르기 때문에 곧 삼승에 수순하고 육상에 들어가면 [연기법] 자체의 덕을 나타내기 때문에 곧 일승에 수순한다"[116] 이상 라고 한다. 비록 삼승의 육의이지만 만약 육상을 필요로 하면 일승이기 때문에 육상은 오직 이 경에 국한되는데 어째서 삼승에 통한다고 하는가?

【답】 "일승에 수순한다"란 삼승 종교의 육의를 기준으로 육상에 적용하면 원교 일승에 수순하는 것이고 사구에 들어가면 삼승 초교에 수순하는 것이다. 이런즉 다만 일승에 수순한다고 말한 것일 뿐 곧 일승이라고

말하지 않았다. 수순하는 주체와 대상이 다르기 때문에 그렇다. …

㉢ 지금 풀이한다. 이 경이 삼승과 다른 까닭은 오직 육상과 상즉상입[中卽] 때문에 그렇다. 이런 까닭에 [육상은] 오직 일승에 있다.

【문】 무슨 까닭에 [「육의장」에서는] 삼승의 육의를 기준으로 육상에 적용하는가?

【답】 육의는 삼승이지만 만약 육상에 들어가면 별교의 육의이다. … 비로소 보현의 원만한 원인에서야 주와 반을 구족하여 육의의 법에 육상을 적용할 수 있게 된다. 이런 까닭에 너의 비난은 펼칠 바가 없다. 그런 까닭에 "육상에 들어가면 [연기법] 자체의 덕을 나타내기 때문에 곧 일승에 수순한다"고 한 것이다.

【문】 수순하는 주체와 대상이 다른데 어떻게 일승을 수순하기 때문에 오직 이 경에 국한된다고 할 수 있는가?

【답】 일승이기 때문에 일승에 수순한다고 하고 삼승이기 때문에 삼승에 수순한다고 하는 것으로 [수순하는] 주체와 대상이 다르지 않다. 마치 이 경의 140원이 일승에 수순하고 『[화엄]영락경(瓔珞經)』의 서원이 삼승에 수순하는 것처럼 이 또한 그러하다.[117]

인용문 ⑬은 균여가 『일승법계도원통기』에서 의상의 육상설을 풀이하는 부분 중 일부이다. 의상·법장과 마찬가지로 균여에게 육상설은 일체 연생법이 육상으로 이루어지지 않음이 없는 일승 연기법을 드러내는 주요한 수단으로서 일승설이다. 이에 대해서 ㉠은 삼승법에도 육상설이 통하는가라는 질문에 대해서 논하는 부분이다.

이 질문에 대해서 ㉡은 육상설이 삼승에도 통한다는 주장과 이에 대한 반론, 그리고 재반론을 소개하고 있다. 육상설이 삼승에도 통한다는 주장의 근거는 두 가지이다. 첫째는 앞서 인용한 문구, 즉 일체 연생법이 육상으로 이루어져 있으므로 일체 연생법에 당연히 포함되는 삼승에도 당연히 육상설이 통한다는 것이다. 둘째는 법장의 『화엄일승교의분제장』 중 '연기인문육의법(緣起因門六義法)'을 논하는 곳에서 육의를 설명하면서 육상을 사용하였으므로 육상설이 삼승설이기도 하다는 것이다.

이에 대한 반론은 법장의 같은 글에서 육의로써 육상에 들어가면, 즉 육의를 육상에 적용하면 이는 곧 일승에 수순하는 것이라는 문구를 인용하여 삼승의 육의라도 이를 육상에 적용하면 육상이 일승이므로 육상에 적용된 육의도 일승이이며 따라서 육의를 육상에 적용했다고 해서 육상이 삼승이 되는 것은 아니라 오직 일승일 뿐이라는 것이다. 육상설이 삼승에도 통한다는 입장의 재반론은 법장의 해당 문구에서 "일승에 수순한다"고 하는 것이 "일승이다"라고 한 것이 아니므로 수순하는 주체인 삼승과 수순하는 대상인 일승이 다르기 때문에 육의가 적용된 육상이 일승에 수순한다고 할 때 육의가 적용된 육상은 수순하는 주체로서 삼승이며 일승이 아니라고 한다.

이처럼 육상이 삼승에도 통한다는 주장에 대한 반론과 재반론을 소개한 후 균여는 인용문 ㉢에서 육상설이 오직 일승설일 뿐이라는 자신의 견해를 밝힌다. 어찌 보면 균여의 이러한 입장은 그의 사상 전반에 비추어봤을 때 당연하다고 할 수 있다. 균여가 밝히고 있듯이 이 경, 즉 일승이 삼승과 다른 주요한 이유는 육상과 상즉상입이기 때문에 만약 육상설이 삼승에도 통한다면 일승과 삼승의 차별성이 없어지는 결과를 낳게 된다. 그렇다면 균여가 자신의 저술 전체에서 논하는 가장 중요한 주제라고도 할 수 있는 일승과 삼승의 구별이 물거품이 되고 말기에 균여로서는 육상설이 삼승설이기도 하다는 주장을 받아들일 수 없었을 것이다.

이에 대한 반론, 즉 법장이 연기인문육의법을 육상설에 적용하여 설명한 부분을 근거로 하여 육상설이 삼승설에도 통한다는 것에 대해서 균여는 육상을 기준으로, 일승설을 기준으로 모든 교판을 재편성, 재구성하는 방법을 통해서 재반론한다. 연기인문육의는 본래 삼승설이라고 할 수 있다. 왜냐하면 삼승의 근기를 대상으로 설해진 교설이기 때문이다. 그러나 이를 육상설에 적용하게 되면, 즉 연기인문육의법을 육상설로서 재해석, 재편성, 재구성하게 되면 연기인문육의는 더 이상 삼승설이 아니라 일승설이라는 주장이다. 그래서 법장이 연기인문육의법을 육상설에 적용하는 항목의 이름이 다름 아닌 '융섭(融攝)'인 것이라고도 볼 수 있다. 균여의 입장에서 일승의 근기인 보현의 원만한 원인의 입장에서라면 어떠한 교설이든 육상설을 적용할 수 있으며 그러한 교설은 전부 일승설이다. 따라서 성문(聲聞)과 연각(緣覺)의 이승설과 연기인문육의, 사구백비(四句百非), 아뢰야식(阿賴耶識), 여래장 등의 모든 삼승설이 보현의 입장에서는 모두 육상이 자재한 일승설이라는 것이다.

또한 근거로 든 법장의 문구에서 일승에 수순한다고 한 것이 일승이라고 한 것은 아니다라는 수순의 주체와 대상을 구분하는 반론에 대해서 균여는 수순의 주체와 대상의 구분을 부정한다. 균여는 일승이기 때문에 일승에 수순하며 삼승이기 때문에 삼승에 수순한다는 것이다. 삼승과 일승 사이의 연결 내지는 유사성을 가급적 인정하고 싶어 하지 않는 균여의 화엄 절대주의적 경향을 고려할 때 충분히 그럴 법한 주장이다. 이러한 논의에서 이전의 화엄교가들과 달리 동교(同教)를 일승이 아닌 삼승에 해당시키는 균여의 의도를 엿볼 수 있다.

균여의 교판설과 육상설의 관계와 관련하여 또한 눈여겨볼 점은 육상설이 오직 일승설이라면 일승설 중에서 무엇인가라는 것이다. 균여의 교판 중 점돈원(漸頓圓) 삼교판에서 일승설은 실제돈(實際頓)과 궁실원(窮實圓)이며 이 둘이 『화엄경』에 해당한다. 따라서 균여가 육상설을 일승설이라고 판단했으면 이어지는 물음은 일승설 중에, 즉 실제돈과 궁실원 중에 무엇이냐는 것이다.

⑭

㉠ 【문】 육상은 어떻게 헤아리는가?

【답】 정확히는 실제돈이면서 원만한 과보를 장애하지 않는 가운데 변별한다.[118]

㉡ 【문】 육상이 정확히 실제돈이면, 만약 십불을 기준으로 무착불을 총상으로 삼고 나머지 불(佛)을 별상으로 삼아서 이와 같이 논할 때에도 또한 [육상은] 실제돈인가?

【답】 그렇다. 말하자면 논해지는 대상인 법이 비록 깊고 수승하다고 해도 만약 육상을 필요로 하면 도리어 실제돈이다. 만약 논해지는 대상인 법을 따라서 높고 낮음이 있다면 변계소집을 기준으로 『금사자장(金師子章)』 등에서 육상을 논할 때 육상이 또한 마땅히 변계소집인 것인가? 이런 까닭에 논해지는 대상인 법에 비록 높고 낮음이 있더라도 그 육상을 필요로 하는 주체인 마음이 실제돈인 까닭에 그렇다.

【문】 육상으로 뒤의 삼관에 들어가면 총상과 별상은 성기관(性起觀)이고 성기관은 궁실원인데 어째서 육상이 오직 실제돈일 뿐인가?

【답】 뒤의 삼관은 모두 실제돈 중에서 보는 것이기 때문에 그렇다. 마치 노사나불을 기준으로 육상을 논할 때 노사나불이 총상이 되고 [노사나불이] 거친 모든 연이 별상이 되며, 모든 연이 노사나불의 힘을 갖춤이 가지런한 뜻이 동상인 것과 같이 이것들처럼 비록 노사나불을 기준으로 논하더라도 육상을 논하는 주체인 마음이 오히려 실제돈이기 때문에 육상은 오직 실제돈일 뿐이다.[119]

인용문 ⑭는 『석화엄교분기원통초』의 일부이다. 이 인용문을 보면 균여는 분명히 육상설을 실제돈과 궁실원 중에서 실제돈에 속하는 것으로 판단하고 있음을 알 수 있다. 육상으로 십불을 설하는 경우 십불은 『화엄경』의 주불(主佛)이므로 이는 일승 중에서 실제돈이 아니라 궁실원에 해당하며 따라서 이를 설하는 육상설 또한 궁실원이 되어야 하는 것 아닌가라는 질문에 대해서 균여는 육상설이 실제돈인지 아니면 궁실원인지 판별하는 기준은 육상설이 적용되는 대상에 있는 것이 아니라 육상설을 적용하는 주체인 마음에 있다고 주장한다. 따라서 육상설이 삼승설인 변계소집에 적용되든, 아니면 『화엄경』의 주불인 십불이나 비로자나불에 적용되든 그 대상에 관계없이 육상을 필요로 하는 마음이 실제돈의 마음이기 때문에 육상설은 실제돈이라는 것이다.

이러한 논의를 통해서 균여가 육상설을 일승설로서 보고 있으면서도 그 가운데 궁실원이 아닌 실제돈으로 육상설을 파악하며 이는 어떤 사태에 육상설을 적용하려는 마음이 있다는 것이 궁실원이 아니라 실제돈의 마음이라는 논리에 기반하고 있음을 알 수 있다.

(3) 총별의 확장

세친의 육상설은 경전에 설해지는 10구를 해석하는 것이므로 경전 10구를 대상으로 한다. 이때 제1구가 총상이고 나머지 9구가 별상이 된다. 이러한 총별 구조에서 당연히 드는 의문은 총상은 제1구만 가능하고 나머지 9구는 불가능한가이다. 또는 제1구는 총상일 뿐 별상은 불가능한가이다. 이에 대해서 동아시아의 지론종에서는 그 가능성을 엿볼 수 있는 구절이 보이기도 하지만 총별의 호환과 관련하여 명확한 언급은, 현존 자료에 의하는 한, 없다. 의상과 법장에게도 육상설에 관한 전체적인 맥락을 고려하면 총별의 호환은 충분히 추정 가능하지만 이를 분명하게 언급하는 곳은 보이지 않는다.

균여는 이와 관련하여 육상설이 가능한 실상, 즉 해인삼매의 실상에 의거한다면 총별의 호환이 당연히 가능하다고 설한다.

⑮

지금 여기에서는 [해인]삼매 내의 일승과 [해인]삼매 밖의 삼승을 통틀어 기준으로 하여 머무름 없는 일승과 머무름 없는 삼승을 나타내는 까닭에 "하나로서 분별이 없으며 오직 중도에 있기 때문이다." 이와 같이 만약 일승과 삼승이 머무름 없는 일승과 삼승임을 깨달을 때 혹은 일심과 진여문과 생멸문의 두 문을 기준으로 일심을 총상으로 두 문을 별상으로 삼는 것도 가능하고 혹은 초교의 본식인 아뢰야식을 기준으로 아뢰야식을 총상으로 아뢰야식상의 갖가지 종자를 별상으로 삼는 것 등 또한 가능하다. 무엇인가? 일체 차별 있고 상대하는 법은 육상의 도리에 해당되지 않음이 없기 때문에 그렇다.

【문】 만약 이 뜻을 깨달으면 삼승을 총상으로 다른 것을 별상으로 하거나 혹은 소승을 총상으로 다른 것을 별상으로 삼는 것도 가능한가?

【답】 그렇다. 우선 총상과 별상이 나타나는 경우를 기준으로 하여 원교가 총상이고 삼승이 별상이라고 한 것이지 실상을 기준으로 설하면 소승과 삼승 등에서 거론하는 것에 따라서 설한다. 십지를 총상으로 삼고 십지 중의 갖가지 법을 별상으로 삼는 것 또한 삼승에서 아는 바인 모습을 나타내는 경우를 기준으로 설한 것이다. 만약 즉하지도 않고 여의지도 않는 머무름 없는 연기를 깨달은 때라면 무엇을 따라서도 육상을 논한다. 이런 까닭에 "십지에서 비록 십지가 같지 않지만 오직 초지에 있으며" "초지에서도 비록 많은 부분이 같지 않지만 오직 일념에 있다. 무슨 까닭인가? 삼세와 구세가 곧 일념인 까닭이기 때문이다." 등등. 낱낱의 법을 따라서 일체를 다 섭수하여 이런 까닭에 머무름 없는 연기의 마음에는 무엇을 따라서도 육상이 필요하다.[120]

인용문 ⑮를 보면 균여는 세친 이래 육상설에서 제1구를 총상으로, 나머지 9구를 별상으로 또는 원교를 총상으로 나머지를 별상으로, 또는 일심을 총상으로 진여문과 생멸문을 별상으로 하는 이러한 모든 논의는 모습에 의거하여 나타낸 것으로 머무름 없는 연기를 깨달은 입장에서, 즉 법계의 실상인 해인삼매의 자리에서 육상설을 나타낸다면 그 어떤 것을 총상으로 삼아도 가능하다고 한다. 즉 총상과 별상의 호환, 나아가 확장이 법계 본래의 참모습이라는 것이다.

균여는 이처럼 해인삼매의 실상 자리에서 삼승이 총상이고 일승이 별상인 것도 가능하고 삼세와 구세가 총상이고 일념이 별상인 것도 가능하며 중생이 총상이고 부처가 별상인 것 또한 물론 여실하다. 이것이 머무름 없는 연기의 참모습이라고 균여는 주장하기 때문이다.

또한 균여는 어찌 보면 당연한 이야기이지만, 법계의 실상인 해인삼매에서 일체 연기법에는 모두 육상이 적용된다고 설한다. 즉 육상설의 적용대상이 이법뿐만 아니라 사법 전체라는 것으로 의상과 법장에게서 이미 확립된 주장을 다시금 분명히 하고 있다.

(4) 육상 항목의 분화

육상설이 세친 이래 거의 모든 단계에서 목적, 적용 대상, 구조 등 거의 모든 분야에 걸쳐 큰 폭의 변화를 거쳤다는 것은 앞에서 소개한 바와 같다. 그러나 이러한 변화의 폭류 속에서도 육상의 항목 그 자체는 변화를 거부하며 자신의 모습을 지켜왔다. 즉 육상설에서 그 목적이 무엇이든, 사법에 적용할 수 있든 없든, 총상과 별상의 관계가 어떠하든 육상설이 총상, 별상, 동상, 이상, 성상, 괴상의 여섯 항목으로 구성된다는 점은 변함이 없다. 이와 더불어 총상은 총상이고 별상 등은 별상으로서 총상을 다시 하위의 세부 항목으로 구분하는 것은 세친 이래 의상·법장의 육상설에 이르기까지는 보이지 않는다. 이처럼 육상설 중에서 거의 유일하게 유지되어온 육상설 각 항목의 단일성이 균여의 저술에서는 분화된 형태로 나타난다.

이러한 육상 항목의 분화는 세친 이후 지론종을 거쳐서 의상·법장에 이르러 일체 연기법의 참모습인 원융무애를 나타내는 수단으로 자리 잡은 후 이러한 육상설에 대한 논의가 점차 고도화됨에 따라서 육상 각 항목의 분화에까지 이른 것으로 생각된다. 현존 균여 문헌에서 육상 항목 중에서 분화가 설해지는 항목은 총상과 동상에 대해서이다. 다음에서는 균여의 현존 저술에 보이는 육상 항목의 분화를 총상과 동상을 대상으로 소개한다.

⑯

㉠ 【문】 무엇이 총상인가?

【답】 집이다.

【문】 이 집과 "서까래가 곧 집이다"의 집은 어떻게 다른가?

【답】 어떤 이는 "처음 집은 총상의 관법이고 뒤의 집은 동상의 관법이다"라고 한다. 말하자면 처음 집은 [서까래 등의] 연(緣)을 거치지 않고 곧장 집이라고 하기 때문이고 뒤의 집은 이미 서까래 등의 여러 연을 말해서 이 집은 이 여러 연이 [집을] 이루는 힘의 뜻이 가지런하기 때문이다. 어떤 이는 "처음 집은 별상을 여읜 총상이고 뒤의 집은 별상을 상대하는 총상이다. 혹은 '별상을 시닌 [총상]'이라고 하지만 곧 잘못 전해진 것일 뿐이다"라고 한다. 그러나 이 뜻은 좋지 않다. 말하자면 어떤 총상이 있어서 별상을 상대하지 않겠는가? 이런 까닭에 애초에 총상은 별상을 상대하지 않는 때가 없기 때문에 이 말은 의지하기 어렵다.

【문】 만약 그렇다면 두 집이 어떻게 다른가?

【답】 어떤 이는 "처음 집은 내증이고 뒤의 집은 외화이다"라고 한다. 어떤 이는 "처음 집은 머무름 없음의 총상이고 뒤의 집은 이름을 기다려서 없애는 [총상]이다"라고 한다.

㉡ 지금 풀이한다. 처음 [집]은 별상을 여읜 총상이고 뒤의 [집]은 별상을 지닌 총상이다. 무엇인가? 처음 총상은 들판 바깥의 사람이 집을 가리키는 것과 같고 뒤의 집은 성 안의 사람이 집을 가리키는 것과 같다. 말하자면 들판 바깥에서 노숙하는 사람은 집을 모르기 때문에 집을 보고 이것이 무슨 물건이냐고 묻자 어떤 이가 집이라고 답한다. 이와 같이 답할 때 곧 집인 줄 알지만 [서까래 등의] 여러 연의 차별이 있음은 보지 못한다. 따라서 별상을 여읜 총상이라고 한다. 성 안의 집에서 사는 사람은 집을 보고 이것이 무슨 물건이냐고 묻자 집이라고 답한다. 그 사람이 "이것은 단지 서까래 등 여러 연일 뿐이기 때문에 집이 아니다. 무엇이 집인가?"라고 묻자 서까래가 곧 집이라고 답한다. 이와 같이 답할 때 서까래 등의 여러 연을 구족해야 비로소 집의 뜻임을 곧 알기 때문에 별상을 지닌 총상이라고 한다.

㉢ **【문】** 무슨 까닭에 총상 중에 이러한 두 가지 구별이 있는가?

【답】 "총상은 하나가 많은 덕을 포함하기 때문이다."이상 처음 총상이 의거하는 설이다. 별상 중에 "별상이 총상을 의지하여 그 총상을 만족시키기 때문이다."이상 뒤의 총상은 이 설에 의거한다. 비록 두 가지 뜻이 있지만 그러나 두 가지 총상이 복수[重]가 있는 것은 아니다.

【문】 하나가 많은 덕을 포함하는 총상과 별상이 만족시키는 총상이기 때문에 복수가 될 수 있는가?

【답】 하나의 총상 중에 처음은 총상의 체를 기준으로 설한 것이고 뒤는 별상이 만족시키는 뜻을 기준으로 설한 것이기 때문에 두 가지 뜻이 있을 뿐. 그러나 복수가 있는 것은 아니다. 만약 [두 총상이 복수여서] 뒤의 총상이 처음의 총상에 미치지 못한다면 별이 총상을 만족시킬 때 또한 만족시킴에 이르지 못해야 하는가? 그러나 근본 총상을 만족시킴에 이르기 때문에 복수가 있지 않음을 안다.[121]

인용문 ⑯은 법장의 『화엄일승교의분제장』「의리분제장」 가운데 육상원융의에 대해서 균여가 『석화엄교분기원통초』에서 주석하는 부분 중 일부이다. ㉠을 보면 균여 이전에 이미 총상을 여러 가지로 나누어 보는 견해가 있었음을 알 수 있다.

균여는 이러한 견해들을 몇 가지 소개한 후에 ㉡에서 자신의 견해로 총상을 별상을 여읜 총상[離別之總]과 별상을 지닌 총상[帶別之總]으로 나누어 보는 입장을 택한다. 이 둘의 차이는 무엇일까? 이후 이어지는 비유를 통한 설명을 보면 총상을 인식할 때 별상의 인식을 함께하는가의 여부에 따라서 별상을 지닌 총상과 별상을 여읜 총상으로 구분하고 있다. 즉 집[총상]을 볼 때 서까래 등의 연을 인식하지 않으면 별상을 여읜 총상이고, 서까래 등의 연을 인식하고 이러한 연 등이 함께 집을 이루므로 서까래가 곧 집이라고 아는 것이 별상을 지닌 총상이 된다.

그렇다면 이러한 구분의 근거는 무엇인가? 앞서 비유를 통해서 이러한 구분의 의미를 밝혔다면 이러한 구분이 가능한 교증(教證)으로서 균여는 법장이 『화엄일승교의분제장』에서 총상을 설명하는 구절을 가져온다.

⑰

㉠ 총상은 하나가 많은 덕을 포함하기 때문이다. 별상은 많은 덕이 하나가 아니기 때문이다. 별상이 총상을 의지하여 그 총상을 만족시키기 때문이다.[122]

㉡ 총상은 근본인이다. 별상은 나머지 굴곡이다. 별상이 근본인을 의지하여 그 근본인을 만족시키기 때문이다.[123]

㉢ 총상은 근본입이다. 별상은 나머지 아홉 입(入)이다. 별상이 근본을 의지하여 그 근본을 만족시키기 때문이다.[124]

인용문 ⑰은 균여가 ⑮에서 두 가지 총상의 교증으로 들고 있는 법장의 문구(㉠)와 이와 거의 동일한 의상의 문구(㉡), 그리고 이 둘의 원류인 세친의 문구(ⓒ)이다. 균여는 이와 비슷하게 두 가지 총상을 설명하는 『일승법계도원통기』에서는 별상을 지닌 총상과 여읜 총상의 교증으로서 ㉠과 유사한 의상의 『일승법계도』의 총상과 별상의 정의 부분을 거론한다.[125] 이와 같은 의상과 법장의 총별 정의는 사실 세친의 『십지경론』의 총별 정의 부분을 각각 변용한 것이므로 의상·법장의 총별 정의의 원류인 세친의 『십지경론』에 보이는 총별 정의 또한 균여의 입장에서 두 가지 총상의 교증이 될 수 있을 것이다.

균여는 ㉠을 근거로 하여 두 가지 총상을 시설한다. 즉 "총상은 하나가 많은 덕을 포함"할 때의 총상이 별상을 여읜 총상이고 "별상이 총상을 의지하여 그 총상을 만족"시킬 때의 총상이 별상을 지닌 총상이다. 마찬가지로 의상과 세친의 문구에서는 "총상은 근본인"과 "총상은 근본입"이 별상을 여읜 총상의 교증이고 "별상이 근본인을 의지하여 그 근본인을 만족시키기 때문"과 "별상이 근본을 의지하여 그 근본을 만족시키기 때문"이 별상을 지닌 총상의 교증이 된다.

여기 교증에는 한 가지 생각해보아야 할 문제가 있다. 별상을 여읜 총상이란 앞서 소개한 바와 같이 정의상 별상을 보지 않는 총상이다. 이것은 의상과 세친의 문구에는 잘 부합한다. 왜냐하면 둘 모두 총상의 정의에서 별상을 언급하지 않고 바로 "총상은 근본인", "총상은 근본입"이라고 설하기 때문이다. 그러나 법장의 경우에는 "총상은 하나가 많은 덕을 포함"한다고 한다. 이 경우에는 '많은 덕'이라고 하는 별상이 이미 총상 내에 들어와 있다. 따라서 이것을 별상을 여읜 총상의 교증으로 삼기에는 의상·세친과 달리 부적절하다고 생각한다. 이와 달리 "무엇이 총상인가? 집이다"라고 하는 것은 별상을 여읜 총상의 교증이 될 수 있을 것이다. 여기에는 서까래와 같은 별상연(別相緣)을 보지 않고 집만을 보기 때문이다.

어찌 되었든 균여는 이러한 교증을 바탕으로 총상에 두 가지 구별이 있음을 주장한다. 그러나 이어서 이러한 두 가지 구별이 총상이 복수인 것을 의미하는 것은 아니라고 설한다. 여기에서 "복수가 있는 것은 아니다"라고 번역한 원문은 '무중(無重)'이다. 이것의 의미가 불명확하지만 이어지는 설명에서 별상을 여읜 총상은 총상의 체를 기준으로 한 것이고 별상을 지닌 총상은 별상이 총상을 만족시키는 뜻[義]을 기준으로 한 것으로서 하나의 총상에 대한 관점에 따른 구별일 뿐이라는 것이 균여의 입장이다.

이러한 총상의 구별, 분화에 대한 균여의 입장은 인용문에서도 알 수 있듯이 균여 이전에 이미 의상계 화엄에서 논해지고 있던 것으로 생각된다. 현존 문헌 가운데에는 총상의 분화에 대한 유사한 논의가 『법계도기총수록』의 3대기에도 보인다.

⑱

『대기』에 이른다. "총상이란 근본인이다. 별상이란 나머지 굴곡들이다. 별상이 근본인을 의지하되 그 근본인을 만족시키기 때문이다"라는 것은, '근본인'은 별상을 여읜 총상이고, "그 근본인을 만족시킨다"는 별상을 거느린 총상이다. 그러나 비록 두 가지 뜻이 있으나 두 가지 총은 없다. 이른바 총상이란 상대할 별상이 없기 때문에 "별상을 여읜다"라고 한 것이다. 그러나 이 별상을 여읜 총상이 이미 별상을 가지고 이루어지기 때문에 "별상을 거느린다"라고 한 것이다. 총상을 의거하여 별상을 여는 것에 부분적으로 여는 것[分開]과 완전히 여는 것[滿開]이 있기 때문에, 완전히 여는 뜻을 기준으로 하여 "그 근본인을 만족시킨다"라고 한 것이다.[126]

인용문 ⑱은 『법계도기총수록』의 3대기 중 『대기』에서 육상설을 설명하는 부분이다. 이 인용문을 보면 대략 9세기 중엽 이후 신라 하대에 의상계 화엄학승에 의해서 저술된 것으로 추정되는 『대기』에 이미 총상의 구별에 대해서 논의가 이루어졌고 균여는 이를 거의 그대로 계승하고 있다.[127] 이를 통해서 의상 이후 의상계 화엄에서는 육상설 중 나중에 다룰 동상의 구별과 함께 총상의 구별을 매우 이른 시기부터 논의해왔음을 알 수 있다. 이러한 총상 그리고 동상의 구별이 예를 들어 중국과 일본의 화엄교학에서 보이지 않는다는 점을 고려할 때 이러한 총상·동상의 구별을 대표로 하는 육상설 논의의 고도화는 신라 이래 고려 시대 균여에게서도 확인되는 한국 화엄의 특징 중 하나라고 할 수 있을 것이다.

총상에 보이는 이러한 구별은 동상에서도 찾을 수 있다. 균여는 동상에 대한 논의 중 다음과 같이 동상의 구별에 대해서 옛 논의를 인용하며 설명한다.

⑲

동상 가운데, 옛 글에 분동(分同)이 있고 만동(滿同)이 있다고 한다. 이 또한 두 가지 뜻이다. 말하자면 한 척(尺)의 기둥머리[留頭]가 한 척의 힘을 내어 이십 보(步)의 집과 같으면 분동이다. 한 척의 기둥머리가 이십 보의 힘을 내어 이십 보의 집과 같으면 만동이다. 또 한 척의 기둥머리가 집과 같을 때 서까래 등의 여러 연이 또한 일시에 같으면 만동이고 서까래 등의 여러 연이 각각 같으면 분동이다.

【문】 일승과 삼승은 어떻게 되는가?

【답】 처음의 뜻에서는 분동이 일승이고 만동이 삼승이다. 말하자면 한 척의 기둥머리가 한 척의 힘을 내어 이십 보의 집과 같으면 곧 [한 척 기둥머리의] 한 자리가 완전히 온전히 일체와 같은 뜻이기 때문에 일승이다. 한 척의 기둥머리가 반드시 이십 보의 힘을 낸 연후에야 비로소 [집과] 같다면 자재의 뜻이 아니기 때문에 삼승이다.

나중의 뜻에서는 만동이 일승이고 분동이 삼승이다. 말하자면 한 척의 기둥머리가 [집과] 같을 때 여러 연이 또한 같다면 한 법을 듦에 따라서 일체를 모두 포섭하는 뜻이기 때문에 일승이다. 여러 연이 각각 같다면 차

별의 뜻이기 때문에 삼승이다.[128]

우선 인용문 ⑲에서 확실히 알 수 있는 것은 균여 이전의 의상계 화엄에서 동상을 또한 여러 가지로 구별하여 논의를 이어왔다는 것이다. 즉 균여가 인용하고 있는 옛 글에 의하면 동상에 분동과 만동의 구별이 있었으며 이러한 구별은 다시 두 가지 종류로 나눌 수 있다. 이를 정리하면 다음과 같다.

1 분동: 한 척의 기둥머리가 한 척의 힘을 내어 이십 보의 집과 같음
만동: 한 척의 기둥머리가 이십 보의 힘을 내어 이십 보의 집과 같음
2 분동: 한 척의 기둥머리가 집과 같을 때 다른 여러 연이 각각 같음
만동: 한 척의 기둥머리가 집과 같을 때 다른 여러 연이 일시에 같음

이것의 의미, 차별이 무엇인지는 정확히 파악하기 힘들지만 분명한 것은 균여 이전부터 이처럼 동상을 여러 가지로 나누는 논의가 행해졌다는 것이다.

이처럼 동상을 구별하는 논의는, 비록 완전히 똑같지는 않지만 『법계도기총수록』의 3대기에도 보인다. 다만 여기에서는 분동과 만동의 구별이 균여가 소개하는 것과 다른 부분도 있으며 또한 분동과 만동 이외에도 상동(上同)과 하동(下同), 그리고 내향동(內向同)과 외향동(外向同) 등의 또 다른 구별도 행해지고 있다.

이러한 동상과 총상의 구별에 관한 논의가 대략 신라 하대에는 성립되었을 것으로 추정되는 『법계도기총수록』의 3대기로부터 균여에게 이르기까지 계속되었다는 것은 의상계 화엄 내에서 육상설에 대한 논의가 중국과 일본 등의 다른 화엄교가들에게서는 찾아볼 수 없을 정도로 고도화되었다는 방증의 하나가 될 수 있을 것이다.

5
균여 수행론의 특징

균여의 수행론은 그의 사상적 배경인 화엄학과 밀접하게 연관되어 있으며, 특히 일승연기론을 바탕으로 삼고 있다. 이러한 균여 수행론의 가장 큰 특징 중 하나는 수십전법과 십현문과 육상설을 통한 연기의 실상 탐구에 있다. 여기서는 이와 같은 균여 수행론의 다양한 특징을 간략히 정리한다.

1) 연기의 실상: 수십전법을 통한 나의 참모습 탐구

균여 수행론의 첫 번째 핵심은 연기의 실상을 파악하는 것이다. 이 연기의 실상은 불교 교리의 핵심으로서, 모든 존재와 사건은 상호 의존적인 관계에 있으며 고정된 실체가 없음을 의미한다. 균여는 이를 수십전법을 통해 수행의 주요 방법으로 삼는다.

수십전법은 열 개의 동전을 세는 법으로 설명되며, 이를 통해 일즉다, 다즉일의 원리를 구체적인 물체인 열 개의 동전을 가지고 나타낸다. 즉, 하나는 곧 많음을 포함하고, 많음은 곧 하나임을 바로 눈앞에 보이고 손으로 만질 수 있는 열 개의 동전을 통해서 깨닫게 되는 것이다. 이는 모든 현상이 상호 의존적으로 얽혀 있음을 시각적, 즉물적으로 나타낸 것으로, 균여는 이 방식을 통해 '나'의 참모습을 바르게 이해하고자 한다. 나아가 이를 통해 법계의 실상이 다라니법임을 밝히고 있다.

수십법을 처음 창안한 것은 지엄이지만 이를 동전을 통해서 구체화한 수십전법의 기원은 의상에게서 찾을 수 있다. 의상은 지엄의 초기 저술을 바탕으로 수십전법을 체계화하였고, 이는 화엄학의 연기론과 밀접한 관련이 있다. 균여는 이를 계승하며, 수십전법이 연기의 법을 관찰하는 가장 훌륭한 방법이라고 강조한다. 그는 수십전법을 통해 '나'의 참모습을 바로 보고자 하였으며, 이 참모습은 곧 다라니법의 실상과 일치한다고 설명한다. 여기서 다라니법이란 모든 것을 포섭하고 지닌다는 의미로, 연기의 본질을 나타낸다.

2) 수십전법의 구조와 철학적 의미

수십전법은 열 개의 동전을 하나에서 열까지 세어나가는 단순한 방법처럼 보이지만, 그 내포된 의미는 매우 깊다. 균여는 이를 통해 일승연기의 참모습을 설명하고자 했다. 수십전법에서 하나[一]는 곧 전체를 의미하고, 열[十]은 개별을 상징한다. 여기서 핵심은 하나와 열이 서로 분리된 것이 아니라, 상호 의존하고 상즉상입하여 존재한다는 것이다.

수십전법은 연기의 실상, 즉 모든 현상이 서로 연기하고 있음을 체험적으로 이해하게 만든다. 이때 "하나가 곧 열이고, 열이 곧 하나"라는 원리는 일승연기의 핵심을 설명하는 철학적 개념으로 작용한다. 균여는 이를 통해 상즉상입의 원리를 구체적으로 설명하였으며, 이를 통해 모든 존재가 고정된 실체가 없고, 상호 의존적인 관계 속에 있음을 명확히 했다.

특히, 균여는 수십전법을 통해 연기의 실상을 관하는 구체적인 수행 방법으로 삼았으며, 이 방법이야말로 진정한 깨달음으로 나아가는 길이라고 강조했다. 그는 수십전법이 단순한 지식이나 이론에 머무르지 않고, 실제 수행을 통해 경험할 수 있는 방법론임을 중요하게 생각했다. 수십전법을 통해 수행자는 연기의 본질을 체험하게 되고, 이를 통해 '나'의 참모습을 올바르게 보게 된다는 것이다.

3) 수십전법의 이익: 생사에서 벗어나 열반에 이르는 길

수십전법을 통한 수행의 목적은 궁극적으로 생사의 고통에서 벗어나 열반의 경지에 이르는 것이다. 균여는 이 수행법이 생사에 집착하는 병을 다스리는 가장 뛰어난 방편이라고 설명한다. 생사란 불교에서 말하는 삶과 죽음의 고통을 의미하며, 이 고통에서 벗어나는 것이 수행의 궁극적인 목표 중 하나이다.

수십전법은 생사에서 벗어나는 방법으로 제시되며, 이를 통해 열반에 이르는 장애 없는 공덕을 이루게 된다. 균여는 수십전법을 통해 연기의 법칙을 바르게 이해하게 되고, 나의 몸과 마음이 곧 부처와 더불어 조금도 다르지 않음을 깨닫게 된다고 강조했다. 이러한 깨달음을 통해 수행자는 더 이상 생사에 집착하지 않으며, 나아가 법계가 곧 나의 참모습임을 인식하게 된다.

수십전법의 수행을 통해 얻을 수 있는 이익은 크게 두 가지로 요약할 수 있다. 첫째는 생사에 대한 집착을 다스리는 것이고, 둘째는 열반의 장애 없는 공덕을 이루는 것이다. 이는 곧 수행자가 자신의 몸과 마음이 본래 부처와 동일하다는 깨달음을 얻게 하는 것이며, 이러한 깨달음을 통해 생사의 고통에서 벗어나 열반에 이르게 되는 것이다. 따라서 균여는 수십전법을 연기의 실상을 관찰하고, 그 실상을 깨달아 열반의 경지에 이르는 길로서 매우 중요하게 여겼다.

4) 방향의 상징성: 위와 아래, 오고 감

수십전법에서 방향성의 문제는 매우 중요한 주제 중 하나이다. 균여는 의상의 해석을 더욱 발전시켜 '위로 향하고 아래로 향함[向上向下]'과 '옴과 감[來去]'의 의미를 더욱 심화하여 설명한다. 이러한 방향성은 연기의 법칙에 따라 현상들이 움직이는 방식을 상징하며, 이는 곧 존재와 사건이 상호 의존적으로 발생하고 소멸하는 연기의 원리를 담고 있다.

의상은 이 네 가지 방향성을 연기적으로 설명했으나, 균여는 여기에서 한 걸음 더 나아가 이를 세는 주체인 마음과 세어지는 대상인 법(동전)이라는 두 가지 기준으로 나누어 해석한다. 위로 향함[向上]과 아래로 향함[向下]은 세는 주체인 마음을 기준으로 하여 설명되며, 옴[來]과 감[去]은 세어지는 대상인 법을 기준으로 해석된다.

예를 들어, 첫 번째 동전에서 열 번째 동전으로 배열할 때 위로 향하게 되고, 열 번째 동전에서 첫 번째 동전으로 배열할 때 아래로 향하게 된다. 이러한 해석은 세어지는 대상과 세는 주체를 구분함으로써 연기의 작용을 더욱 명확하게 이해할 수 있게 만든다. 이는 수십전법의 수행에서 중요한 요소로 작용하며, 수행자가 연기의 원리를 시각적으로 이해하고 체험할 수 있게 해준다.

5) 십현문과 법계연기의 본질

균여 수행론에서 또 다른 중요한 축은 십현문이다. 십현문은 법계의 모는 현상이 서로 상호작용하며 연기적으로 얽혀 있음을 설명하는 열 가지 방법론이다. 이 십현문은 지엄이 처음 체계화하였으며, 의상이 이를 계승하고 균여가 다시 이를 해석하면서 더욱 발전시켰다.

십현문은 법계연기의 본질을 탐구하는 데 있어서 매우 중요한 역할을 한다. 균여는 이를 통해 일승원교의 가르침을 강조하며, 법계의 모든 현상들이 서로 상즉상입하는 관계를 맺고 있음을 설명하고자 했다. 십현문은 단순히 이론적 교설에 그치지 않고, 실제 수행을 통해 체험할 수 있는 연기의 본질을 드러내는 중요한 방편이다.

특히, 십현문은 법계의 참모습을 체험적으로 드러내기 위한 열 가지 방법론으로 사용되며, 이를 통해 수행자는 법계의 본질을 깊이 이해하게 된다. 법계연기의 본질은 모든 현상이 상호 의존적이며, 그 어떤 것도 독립된 실체가 아니라는 점을 강조한다. 이는 수십전법과 함께 균여 수행론의 중심 개념으로 자리 잡고 있다.

6) 육상설과 수행의 종합적 이해

균여 수행론에서 육상설은 또 다른 중요한 수행법으로 등장한다. 육상설은 화엄학의 연기론을 기반으로 한 사상으로, 현상 세계의 다양한 특성을 여섯 가지 상으로 설명한다. 이는 주로 의상과 법장의 이론을 바탕으로 균여가 더욱 발전시킨 내용이다.

육상설은 일승연기의 특성을 설명하는 데 있어서 중요한 역할을 하며, 균여는 이를 통해 모든 존재와 사건이 연기한다는 점을 강조한다. 육상설은 일승연기를 구체적으로 설명하는 또 다른 방법으로, 십현문과 수십전법과 함께 균여 수행론의 중요한 부분을 이룬다.

특히, 균여는 육상설을 통해 연기의 다양한 양상을 설명하며, 수행자가 이를 통해 법계의 본질을 체험할 수 있도록 유도한다. 이는 법계의 상호의존적 특성을 이해하는 데 있어서 매우 중요한 역할을 하며, 수행자가 법계의 본질을 체험적으로 이해할 수 있게 만든다.

균여의 수행론은 연기의 본질을 체험적으로 이해하고, 이를 통해 '나' 자신이 본래 부처와 조금도 다르지 않음을 깨닫는 과정을 강조한다. 수십전법과 십현문은 그 수행 방법론의 중심에 있으며, 이를 통해 수행자는 법계의 참모습을 직관하게 된다. 특히 수십전법을 통해 일즉다, 다즉일의 연기적 원리를 이해하게 되고, 이를 바탕으로 연기의 참모습, '나'의 참모습을 깨달을 수 있다고 균여는 설명한다.

나아가 십현문과 육상설을 통해 법계연기의 다양한 양상을 체험적으로 탐구하고, 이를 통해 연기의 실상을 더욱 깊이 이해할 수 있게 만든다. 이러한 수행론은 화엄학의 연기론을 바탕으로 균여가 체계적으로 발전시킨 것이며, 불교 수행의 궁극적 목표인 열반의 경지에 이르는 길을 제시한다.

6장

증(證)_
'나'를 바로 봄이란 무엇인가?

1

초발심에 예로부터 문득 깨달은 '나'

1) 초기 화엄교학의 구래성불(舊來成佛)과 초발심시변성정각(初發心時便成正覺)

불교 내 다양한 그룹 중에서 마음이 본래 깨끗함을 강조하는 쪽, 예를 들어 여래장 사상과 화엄교학은 마음의 청정함을 강조하는 그 교리의 특성상 번뇌를 끊음, 즉 단혹(斷惑)이라는 주제에 대해서 다른 불교와는 다른 입장을 가질 수밖에 없을 것이다. 다음의 두 문장을 보자.

① 번뇌를 끊어 성불(成佛)한다.

② 한 물건도 부처님의 몸 아님이 없다.[1]

①은 별도의 출처를 밝힐 필요도 없을 불교의 근본 목표라고 할 수 있으며, ②는 의상의 설로서, 대승불교 가운데 여래장 사상과 더불어 마음의 깨끗함을 주장하는 대표적 그룹인 화엄교학이 이 세상을 바라보는 입장을 단적으로 나타낸다. 이 두 문구는 서로 모순되는 것처럼 보인다. 우리가 일반적으로 생각하는 것처럼 번뇌를 끊어 성불한다면 그 말은 부처 아닌 자가 있어서 그자가 성불하기 위하여 번뇌를 끊는 수행을 한다는 것인데 그렇다면 어떻게 한 물건도 부처가 아님이 없겠는가? 다시 말해 법계의 모든 존재가 부처일 수 있겠는가? 반대로 법계의 모든 존재가 부처 아

님이 없다면 번뇌를 끊어 부처를 이루려는 자는 있을 수 없게 된다.

화엄교가들은 ②와 같이 '여래출현' 또는 '여래성기'라는 말로 대표되는 화엄교학 특유의 교리를 세상에 펼치기 위해서, 자신들의 교리를 합리화하기 위해서 이와 같이 불교의 근본 목표(①)와 모순되어 보이는 상황을 어떻게든 해소해야 했다. 왜냐하면 단혹(①)은 불교라면 당연히 인정해야 할 일종의 공리(公理)와도 같은 것이어서 무시할 수 없는 기반이기 때문이다. 이에 화엄교가들은 단혹의 의미를 이전과는 다르게 환골탈태시켜서 철저하게 화엄화하여 도리어 화엄교학을 한층 공고히 하는 화엄교학의 독특한 기반으로 탈바꿈시킨다. 여기에서는 단혹과 성불에 대한 이와 같은 화엄교학의 창조적 재해석을 의상과 의상계 화엄의 설을 중심으로 살펴봄으로써 균여의 단혹론과 성불론 이해의 바탕을 마련하고자 한다.

단혹에 대한 의상의 설은 무엇일까? 의상의 저술이나 다른 문헌에 남아있는 의상의 설을 보면 한쪽에서는 '번뇌를 끊음[斷惑]'[2]을 얘기하고 다른 곳에서는 번뇌에 "체가 없다[無體]"[3]고 하며 또 어느 곳에서는 번뇌가 "예로부터 끊어졌다[舊來斷]"[4]고 하면서도 동시에 "번뇌를 끊지 않으면 부처를 이루었다고 하지 않는다"[5]고도 한다. 이에 따라서 의상계 화엄으로부터 현대의 화엄 연구자들을 통틀어 의상 이후의 단혹에 대한 연구는 매우 다양한 해석의 스펙트럼을 보이며 때로는 서로 모순되기까지 할 정도이다. 이러한 상황은 어느 한쪽이 의상의 본뜻이라면 다른 쪽은 잘못된 것으로 보아야 하는가라는 물음을 일으킨다. 하나가 옳으면 다른 하나는 그르다는 접근이 과연 굴곡지고 낱낱이 끊어지는 54각 210자 전부가 한 길로 이어지는 원만한 도인(圖印)을 이룬다는 의상의 취지와 어우러지는 것일까?

구체적으로 의상이 『일승법계도』에서 단혹과 성불에 대해 설하는 가장 대표적인 부분, 이른바 구래성불(舊來成佛)과 구래단(舊來斷) 부분을 중심으로 이와 관련된 의상의 설과 후대의 해석을 함께 살펴봄으로써 의상계 화엄의 단혹론과 성불론의 의미를 소개한다.

우선 구래단 부분은 내용에 따라서 다시 몇 가지 부분으로 나눌 수 있다. 아래에서는 그 가운데 일부분의 구문을 확인하고 그러한 구문이 어떻게 다양하게 해석될 수 있으며 또는 어떻게 상충되는 것처럼 보이는지, 그리고 각각의 의미는 무엇인지 살펴보도록 한다.

(1) 구래성불과 구래단

『일승법계도』는 「법성게」 제30구에서 '예로부터 움직이지 않음[舊來不動]'이 곧 '예로부터 부처를 이룸', 즉 '구래성불'이며 십불(十佛)을 뜻한다고 밝힌다. 이어서 이에 대한 문답을 통해 구래성불의 의미를 더욱 자세히 풀이한다.

③

【문】 얽매여 있는 중생이 아직 번뇌를 끊지 못했고 아직 복덕과 지혜를 이루지 못했는데 무슨 뜻으로 예로부터 부처님을 이루었다고 하는가?

【답】 번뇌를 아직 끊지 못했으면 부처님을 이루었다고 이름하지 않는다. 번뇌를 다 끊고 복덕과 지혜를 이루어 마쳐야, 이로부터 이후로 "예로부터 부처님을 이루었다"라고 이름 붙인다.[6]

④

이와 같이 끊으므로 아직 끊기 이전을 "끊었다"라고 이름하지 않고, 이미 끊은 이후를 "예로부터 끊었다"라고 이름한다.[7]

'구래성불' 가운데 '구래'의 용례와 관련하여 '구래'가 의상의 스승인 지엄의 저술에서 이미 사용된다는 것은 지적된 바 있다.[8] 또한 '구래성불'이란 용어 자체를 지엄이 사용하지는 않지만 '성취[成]'라는 맥락의 이용은 의상이 지엄의 용법을 이어받은 것으로 볼 수 있다.[9]

그러나 '구래'와 달리 '구래단'의 경우는 지엄이 사용하지 않은 의상의 독특한 용법이다. 오히려 지엄은 "넷째, 실제[實]를 기준으로 하면 곧 본래 끊음을 필요로 하지 않는다. 자체가 깨끗하다"[10]고 하여 '구래단'이라기보다 오히려 '본래(本來)' 끊음이 필요하지 않음을 강조하고 있다. 이처럼 지엄이 '구래'를 '성(成)'의 측면을 중심으로 사용한 것에 비해 의상은 '구래'를 '성(成)'과 '단(斷)'의 두 부분 모두로 범위를 넓혀 사용했다는 점은 주목할 만하다. 그 결과 복덕과 지혜[福智]의 '성(成)'과 번뇌의 '단(斷)'을 모두 '구래'를 통해서 이해함으로써 번뇌의 끊음과 복덕과 지혜의 이룸의 관계에 대해 후대에 다양한 해석이 행해지는 계기를 마련하였다.

인용문 ③과 ④의 핵심은 (1) 번뇌를 다 끊고 복덕과 지혜를 다 이루어야 (2) 비로소 예로부터 부처이며, 예로부터 [번뇌를] 끊었다라고 한다는 것이다. 일반적인, 상식적(?)인 관점에서 (1)은 선행되어야 할 원인인 수행의 측면이고 (2)는 인행(因行)을 통해 나중에 성취되는 과보(果報)이다. 그런데 여기에서는 과보가 예로부터 그렇다는 것으로 세속적인 시간관념이나 인과 개념과 모순되는 듯 보인다. 번뇌를 끊고 복덕과 지혜를 이루어야 부처가 된다는 것은 쉽게 이해할 수 있다. 그런데 그 부처가 예로부터 부처라는 것은 무슨 의미인가? 이를 이해하기 위해서는 해석의 틀이 요구되며 해석하는 이들의 사상적 입장에서 따라서 서로 다른 해석이 생겨나게 되었다.

(2) 종교적 해석: 시각이 본각

해석의 틀 가운데 하나로서 먼저 『대승기신론』으로 대표되는 여래장적/종교적(終教的) 해석을 살펴보자. 이 해석은 여래장 사상에 기반하여 위의 구래성불을 이해하려고 한다. 즉 본래 깨달음[본각(本覺)]인 여래장자성청정심(如來藏自性淸淨心)이 본래 깨끗하여 지혜와 복덕을 갖추었지만 무명의 연을 따라서 망념(妄念)을 일으킨다. 그러나 본각의 영향력[훈습(熏習)]

으로 인해서 비로소 깨달음, 즉 시각(始覺)을 이루게 되며, 이때 시각과 본각은 전혀 다름이 없다는 것이다. 이러한 입장의 한 예로서 『대승기신론』에 대해서 의상의 사제인 법장이 지은 주석서인 『대승기신론의기(大乘起信論義記)』의 다음 구절을 보자.

⑤

시각의 뜻이란 [다음과 같다.] "본각에 의지하기 때문에 불각(不覺)이 있고 불각에 의지하기 때문에 시각이 있다." … "본각에 의지하여 불각이 있다"는 것은 시각이 일어나는 이유를 밝힌 것으로 말하자면 곧 이 마음의 체가 무명의 연을 따라서 망념을 움직이나 본각의 안으로 훈습하는 힘으로써 미세한 깨달음과 [고통을] 싫어하여 [해탈을] 추구함이 점차 있게 되어 내지 구경에는 본각과 같아진다.[11]

종교적 해석틀, 즉 시각이 본각과 같다는 해석의 틀은 여러 면에서 논의할 점들이 많지만 지금 주목하고자 하는 것은 본각임에도 불구하고 무명의 연을 인정한다는 것이다. 물론 본각의 영향력, 즉 훈습에 의해서 비로소 깨달음, 즉 시각이 생겨나고 그 시각은 본각과 조금도 다를 바가 없다고 하지만 어찌 되었든 왜 그런 일이 발생했는지는 불가사의하지만 비롯됨 없는 무명의 작용에 의해서 본각이 발현하지 못하는 불각이 있으며 그것이 우리네 인생의 실제 상황이라는 것이다. 이를 거울로 비유하자면 거울은 본래 깨끗함과 사물을 비춤이 자신의 고유한 특성이지만 현재는 언제, 어디서 비롯된 것인지 모르는 먼지[객진번뇌(客塵煩惱)]가 거울을 뒤덮어 거울의 본래 모습이 드러나지 않아 사물을 비추는 거울의 작용 또한 불가능하다. 이 먼지를 완전히 떼어내어 깨끗한 거울이 되면[시각] 이는 본래 깨끗한 거울[본각]과 조금도 다를 바 없다는 것이다. 이러한 해석틀은 동아시아 불교에 큰 영향을 미쳤으며 화엄교학 또한 예외는 아니다. 이러한 종교적 해석틀은 화엄교학에서 자신들의 입장과 다른 종교(終敎)로서 경계 대상이 되기도 하지만 자신들의 입장인 원교(圓敎)로 이끌기 위한 방편으로도 자주 애용된다.

이처럼 시각이 본각과 같다는 해석의 틀로 구래성불을 이해한다면 다음과 같다. 본래 비롯됨도 없고 끝남도 없는[無始無終] 본각이지만 비롯됨은 없지만 끝남은 있는[無始有終] 무명의 먼지로 인하여 미혹된 범부 중생이 번뇌를 다 끊고 복덕과 지혜를 이루어 마쳐서 비롯됨은 있지만 끝남은 없는[有始無終] 시각을 성취하여 본각과 다름이 없는 이후부터 구래성불이라고 한다. 즉 시각 이후에 본각이기 때문에 그 본래성에 주목하여 구래성불이라고 하는 것이다.

화엄교학 내에는 이러한 여래장적 시각=본각 해석에 긍정하는 입장과 비판하는 입장이 모두 존재한다. 이 가운데 의상계 화엄은 이러한 시각=본각의 해석틀을 방편으로 인정하기보다는 주로 경계하며 삼승설로서 폄하하는 편에 가깝다. 아래의 인용문을 보자.

⑥

만약 삼승이라면 존중해야 할 정해진 근본이 있기 때문에 오직 시각이 곧 본각과 같은 뜻을 취하여 논한다. 일승은 그렇지 않다. 존중해야 할 정해진 근본이 없어서 근본과 지말이 정해져 있지 않은 까닭에 필요로 함을 따라서 모두 하나를 얻는다.[12]

위 인용문은 『법계도기총수록』의 3대기 중 하나인 『진수기(眞秀記)』에서 '구래성불'을 주석하는 구절의 일부분이다. 여기에서는 시각이 본각과 같다는 입장을 삼승의 설로서 비판한다. 비판이라는 것은 의상계 화엄의 입장에서 이러한 이해는 '나'와 법계에 대한, 단혹과 성불에 대한 올바른 이해가 아니라는 의미이다. 이처럼 의상계 화엄에 『대승기신론』으로 대표되는 여래장적 사상을 배척하는 경향이 있다는 것은 이미 연구된 바 있다.[13] 의상계 화엄에서는 이러한 입장을 삼승설로서 비판하며 구래성불을 시각=본각의 틀로써 이해하려고 하지 않는다. 그러나 이러한 이해 방식이 의상계 화엄에 이용되지는 않지만 그럼에도 불구하고 후대 연구, 특히 근·현대 연구의 일부는 의상계 화엄의 구래성불 이해를 시각=본각 틀에 준거하여 해석하려 하였다. 이의 근원 또는 이유를 따지자면 시각=본각 틀을 주축으로 하는 여래장 사상이 화엄교학 내에 성행한 데에서 찾을 수 있으며 더 근본적으로는 여래장 사상과 이를 삼승설로서 배척하고 일승설을 확립하려고 한 여래출현 사상의 구분이 애매하기 때문이라고 할 수 있다.

(3) 초발심에 구래불임을 앎

의상계 화엄이 앞에서 소개한 시각=본각의 틀로서 구래성불을 이해하는 것을 삼승설로서 비판한다면 그들은 구래성불을 어떻게 이해했을까? 의상계 화엄의 구래성불에 대한 이해 방식에 대해서 현대의 많은 연구는 "첫 발심[初發心]에 구래불임을 앎"이라고 파악한다.[14]

⑦

중생의 업과가 곧 부처님이라면 예로부터 곧 부처님인데 어째서 처음 발심할 때 비로소 부처님을 이룬다고 말하는가?

예로부터 부처님이나 발심할 때에야 비로소 부처님임을 알기 때문이다. 꿈에서 달림에 자기의 꿈은 곧 적정하나 깨어난 아침이라야 비로소 달린 것이 곧 누워 있던 것뿐임을 아는 것과 같다.[15]

⑧

닦음이 닦지 않음과 다른데 어떻게 부처님으로써 말하면 모두 깨달았다고 함을 얻는가?

부처님께서 한량없는 겁 동안 닦으신 뜻은 예전에 없다가 새로 얻는다는 것이 아니고 또한 끊을 바 번뇌가 있기 때문에 끊으려는 것도 아니다. 번뇌가 본래 끊을 바가 없는 것임을 아는 것을 끊음이라고 이름할 뿐이다.[16]

인용문 ⑦은 의상의 강의를 제자 도신이 기록한 것으로 전해지는 『도신장』의 일부이다. 이 설명에 의하면 범부라고 불리는 존재, 예를 들어 글쓴이 또는 읽는 이는 예로부터 부처이지만 초발심할 때에 번뇌를 다 끊고 복덕과 지혜를 이루어 마쳐야 비로소 나 자신이 부처임을 안다는 것이다. 여기에서 두 가지가 주목된다. 첫째는 초발심할 때가 번뇌를 다 끊고 복덕과 지혜를 이루어 마쳐서 완전하고 위없는 깨달음을 이루는 때라는 점이고, 둘째는 번뇌를 다 끊고 복덕과 지혜를 이루는 것이 종교의 입장과 같이 자성청정심의 빛을 가리고 있는 무명의 때를 걷어내는 그러한 작용이 아니라 단지 자신이 부처임을 아는 것뿐이라는 점이다. 이 점은 『도신장』의 구절인 ⑧에서 더욱 분명하다. 번뇌의 존재를 적극적으로 부정하고 단지 번뇌가 본래 끊을 바가 없다는 것을 아는 것이 [번뇌를] 끊음이라고 설한다.

이 해석에 의하면 지금 여기의 '나'는 본래 깨달은 존재, 부처이다. 번뇌로 뒤덮여 육도윤회(六道輪廻)하는 범부 중생이 아니다. 지금 이 자리에서 '나'가 해야 할 것은 때를 닦고 먼지를 털어서 나갈 채비를 하는 것이 아니라 본래 모든 준비가 다 갖추어졌음을 알고 그냥 행(行)하는 것뿐이다. 따라서 의상의 이러한 입장에서 번뇌를 끊고 복덕과 지혜를 갖추는 것은 목욕하고 이 닦고 옷 입고 치장하는 것이 아니라 이미 행할 준비가 다 되어 있음을 알아차리고 바로 행하는 것이다. 그러므로 이는 『여래장경』과 『보성론』 등의 여래장계 경론에서 설하는 것처럼 시든 연꽃을 열어서 그 안에 계신 부처님을 내보이는 것이나 오물 속에 있는 금을 꺼내 닦는 것[17]과 다르며, 『법화경』의 가난한 이가 비록 대부호의 아들일지라도 아직 그 부(富)를 갖추지 못했다[18]고 하는 점과는 차이가 난다.

이러한 해석 방식은 여러 부문에서 구래불을 강조하는 의상계 화엄의 특성을 잘 나타내는 것으로 생각되지만 몇 가지 유의해야 할 점이 있다. 첫째는, '나' 자신이 부처인 줄 모르다가 비로소 발심하여 자신이 본래 부처라는 것을 알아차리는 것이 번뇌에 쌓여 있는 여래장에서 번뇌를 털어내는 것과 어떤 본질적인, 또는 수행상의 차이가 있는가라는 점이다. 즉 지금 여기의 '나'가 수행하는 측면에서 볼 때 이러한 의상계 화엄의 단혹이 시든 연꽃 속에서 부처가 출현하고 오물 속에서 금덩이를 꺼내 닦는 것과 어떻게 다른가? 또 기억상실에 걸려 자신이 갑부인 줄 모르는 갑부가 어느 순간 자신이 갑부인 줄 알게 되는 것과 자신이 갑부의 아들인 줄도 모르고 아직 상속도 받지 못한 아들이 단박에 갑부의 아들인 줄 알게 되면서 막대한 부를 상속받는 것이 근본적으로 무엇이 다른가?

이처럼 여래장 사상과 이를 비판하는 의상계 화엄의 여래출현의 입장 사이 경계의 애매모호함에 대한 비판에 대해서 의상계 화엄의 대응 논리는 "번뇌는 오직 작용[用]일 뿐이고 체가 없으나, 지혜는 체와 작용을 갖춘다"[19]이고 이에 따른 실천법은 '망정(妄情)을 돌리는 것[反情]'[20] 또는 '분별을 반대로 되돌리는 것[背反分別]'[21]이다.[22] 즉 의상계 화엄에서 번뇌는 어두운 길에서 밧줄을 착각하여 본 뱀이 체가 없는데도 사람을 놀라게 하여 뒤로 엉덩방아를 찧게 하거나 경우에 따라 심장마비로 사람을 죽게 하는 작용이 있는 것과 같다. 따라서 이 뱀은 끊어 없앨 것이 아니라 망정을 돌리고 허망분별을 반대로 되돌리기만 하면 넓은 길을 본래대로 잘 행(行)하게 될 것이며 그것이 바로 발심이다.

둘째는, 초발심에 자기가 예로부터 부처임을 깨닫는다고 한다면 초발심 이전의 중생은 어떤 상태인가라는 물음이다. 초발심에 구래불임을 깨닫는다고 하여 의상의 구래성불·구래단 구절을 초발심 이후의 사태로 한정지어 이해할 경우, 초발심 이전의 범부 중생은 의상계 화엄에서 어떠한 상태에 놓이게 되는가라는 물음이다. 이와 관련하여 초발심 이후로 구래성불이고 구래단이라는 해석에 근거하여 현대의 일부 연구는 "범부에게 구래성불은 의미가 없다"고 한다.[23] 왜냐하면 발심을 하지 못한 중생이 곧 범부이므로 구래불이 초발심 이후의 사태라면 논리적으로 발심하지 못한 범부중생은 구래불과 전혀 관계가 없다는 결론에 이르게 되기 때문이다.

그런데 이러한 주장은 예를 들어 "일승에 의하면 일체 중생이 이미 성불해 마쳤다"[24]라는 지엄의 설과 "또는 성불은 일체 중생과 더불어 이전의 이전에 이미 이루었고 [일체 중생과 더불어] 이후의 이후에 또한 이룬다"[25]는 의상의 입장과 상충하는 것으로 보인다. 혹시 지엄과 의상이 설하는 '일체 중생'에 초발심 이전의 범부는 포함되지 않는다는 것인가? 만약 그렇다면 논리적으로는 이 두 주장이 서로 위배되지는 않을 것이다. 그러나 '일체 중생'이라는 의미상 이러한 해석은 불가할 것이다.

일체 중생이 초발심에 '초발심 이전'에 '예로부터' 부처임을 깨닫는다는 의상의 설을 이해할 때, '초발심 이전'과 '예로부터'를 어떻게 이해하느냐에 따라서 위와 같은, 초발심 이전의 범부 중생은 구래불과 관계가 없다는 주장이 충분히 가능하다. 즉 이러한 논의를 이해하기 위해서는 의상계 화엄이 뜻하는 '예로부터'와 '초발심'에 대해서 좀 더 살펴볼 필요가 있다.

⑨

㉠ 이미 '예로부터[自古]'라고 말했다면 곧 지금 연기한 까닭에 그러한 것임을 알 것이다. 만약 고정적으로 예전에 머물러 있고 또 고정적으로 지금에 머무른다면 연기한 것이 아니다.[26]

㉡ 어째서 번뇌에 묶인 유정(有情)이 예로부터 성불하였는가?
만약 그 아직 닦음의 연을 일으키지 않은 때라면 "예로부터 성불하였다"고 이름 붙일 수 없다. 무슨 까닭인가? 오늘 발심하는 연 가운데 법계의 모든 법이 비로소 단박에 일어나기 때문이다. 지혜의 연을 필요로 하는 가운데 번뇌와 선법(善法)[27]도 또한 지혜를 이루는 연이 되어 일어나고, 번뇌

의 연을 필요로 하는 가운데에서도 또한 이와 같다. 그러므로 요컨대 오늘 발심하는 연을 기다려서 곁이 없이 일어나는 때에 비로소 예로부터 이루어진 것일 뿐이다. 연 이전에는 한 법도 없기 때문에 '예로부터'라고 말하지 않는다.[28]

인용문 ⑨의 ㉠은 의상의 강의를 제자 도신이 기록한 『도신장』의 한 구절로서 '예로부터[自古]'는 '예로부터'라는 고정된 자성(自性)을 지녀서 이 때문에 예로부터인 것이 아니라 이 또한 연기법으로서 연기했기 때문에 예로부터라는 의상의 설이다. 불교의 입장에서 일체 모든 현상[法]이 연기한 것이라는 점을 고려한다면 어찌 보면 당연한 주장일 것이다. 왜냐하면 '예로부터'라는 생각 또한 지금 읽는 이가 손으로 들고 있는 눈앞의 이 책과 이 책을 읽고 있는 읽는 이와 마찬가지로 연기법의 하나이기 때문이다. 따라서 이러한 연기법의 도리를 온전히 따른다면 '예로부터'는 언제나 '예로부터'가 아니다. 그럼 어떻게, 언제 비로소 '예로부터'인가?

이와 관련하여 『법계도기총수록』 중 『진수기』가 구래성불에 대해서 풀이하는 구절인 ㉡을 살펴보자. 이에 따르면 '예로부터'가 의미를 지니려면 발심의 연이 있어야 한다. 왜냐하면 발심하는 가운데 법계의 모든 법이 단박에 일어나기 때문이다. 따라서 법계의 법 가운데 하나인 '예로부터'라는 개념 또한 발심의 연에 의해 비로소 예로부터이게 된다. 이는 법계의 다른 모든 법도 마찬가지이다. 예를 들어 '지금 이 책을 읽고 있는 읽는 이'와 '지금 이 책을 쓰고 있는 필자'와 '지금 이 책에 인용된 균여' 모두 발심의 연에 단박 앞뒤 없이 일어난다.

이러한 발심이라면 발심의 연 없이 발심 '이전'이란 말은 입 밖에 낼 수도 머릿속에 생각할 수도 없다. 발심의 연에 '이전'이란 법이 다른 일체법과 함께 생겨나는데, 어떻게 생겨나지도 않은 법인 '이전'으로써 생겨나지도 않은 법을 가리킬 수 있는가? 발심의 연에 올라타지 않고서 거북이 등의 털을 뽑아 토끼의 뿔을 간지럽힐 수는 없다. 똑같은 이치로 발심 이후에는 발심 '이전'이라는 선교 방편을 부릴 수 있으며 거북이 등의 털로써 토끼의 뿔을 장엄할 수 있다. 이 발심의 자리에서 '범부'도 '정각'도 '부처'도 모두 이름과 작용과 체를 얻는다. 발심의 연에 즉하여 부처의 연을 필요로 하는 가운데 범부와 부처의 법이 단박에 일어나고 또한 범부의 연을 필요로 하여 부처와 범부의 법이 몰록 생겨난다. 그러므로 발심[總相]의 개별 모습인 범부와 구래성불[別相]은 같은 연[同相]이면서 다르게 일어나며[異相] 또한 발심을 이루지만[成相] 그렇다고 범부와 구래성불이 발심이 되는 것도 아니고 범부와 구래성불은 서로 알지도 못한다[壞相]. 이런 입장이라면 발심의 연에서야 몰록 구래성불이고 비로소 범부이기 때문에 위에서 제기한 물음, "발심 이전의 범부중생의 상황은 어떠한가?"는 거북이 등의 털은 어떤 색깔인가, 토끼 뿔은 어떤 모습인가와 같은 물음이다.

(4) 일체 중생이 그대로 구래불

의상의 구래성불 구절을 이해하는 또 다른 방식은 일체 중생이 그대로 구래불, 예로부터 부처라는 것이다. 즉 물론 번뇌를 끊지 못했고 복덕과 지혜를 이루어 마치지 않았으면 구래성불이라고 하지 않는다. 그런데 일체 중생은 이미 번뇌를 끊었고 복덕과 지혜를 이루어 마쳤기 때문에 구래성불이라고 한다는 것이다. 이러한 경우 초발심에 비로소 예로부터 부처임을 깨닫는다는 앞의 입장과 다르다. 구래성불은 어떠한 계기가 필요한 계기적 사건이 아니라 본래적 사태, 즉 중생이 본래 예로부터 부처님이라는 입장이다. 이러한 입장은 앞서 인용한 "또는 성불은 일체 중생과 더불어 이전의 이전에 이미 이루었고 [일체 중생과 더불어] 이후의 이후에 또한 이룬다"라는 의상의 설을 통해서 그 단초를 엿볼 수 있다. 그러나 이 인용문만으로는 일체 중생이 초발심이라는 계기와 관계없이 본래 구래불이라는 주장에 대한 필요충분한 근거가 되지 못한다. 만약 초발심을 앞에 소개한 입장에서 이해하더라도 발심의 연에 비로소 일체 중생과 더불어 이전의 이전에 이미 부처를 이루었다는 것 또한 충분히 가능하기 때문이다. 따라서 이러한 입장, 일체 중생이 그대로 예로부터 부처라는 것에는 추가적인 논의가 필요하다.

⑩

"처음 발심할 때가 문득 정각이다"란 [다음과 같다.] 동교(同教)를 기준으로 하여 이르면, 삼현(三賢)과 십지(十地) 가운데 십해(十解)의 초발심주(初發心住)에서 부처님을 원만히 이루고 다시 치지주(治地住) 등에서 부처님을 원만히 이룬다. 이것은 밝음과 어두움의 차이는 없으나 [지위에] 의거해서 나타낸 것이다. 만약 우리 별교에서라면 곧 나의 몸과 마음을 바른 깨달음이라고 이름할 뿐으로 십해의 지위에 의거함이 없다.[29]

⑪

일승 가운데 "예로부터 부처님을 이루었다"에 두 가지 뜻이 있다. 첫째는 수행하지 않는 중생이 이미 [예로부터] 부처님을 이루었다는 뜻이고, 둘째는 이미 [예로부터] 이룬 모든 부처님이 본래 수행하지 않는다는 뜻이다.[30]

인용문 ⑩은 『진수기』에서 '초발심시변정각'을 해설하는 구절의 일부이다. 여기에서는 초발심에 원만히 부처를 이루고 즉 위없는 올바른 깨달음[無上正等正覺]을 이루고 다시 초발심의 지위 이후에 모든 지위에서 원만히 부처를 이루는 것은 다만 지위에 의거하여 깨달음과 부처를 이야기한 것으로 이것은 동교의 설이라고 한다. 만약 별교일승, 즉 화엄교학에서라면 내 몸과 마음이 어떠한 계기도, 매개도 없이 그대로 바른 깨달음이기에 다시 십주초(十住初)의 초발심에 기대어 바른 깨달음을 이루는 것은 아니라고 단언한다. 또 『법계도기총수록』에 전해지는 '고기(古記)'의 일부 구절인 인용문 ⑪은 일승의 구래성불 의미를 두 가지로 설명하면서 수행하지 않는 중생, 즉 초발심 등의 수행을 하지 않는 중생이 이미 [예로부터] 부처를 이루었다고 한다. 이는 예로부터 부처를 이룸, 즉 구래성불을 초발심을 포함한 수행의 인행(因行)에 의한 과보(果報)로 파악하는 입장에 반대하는 것으로 따라서 초발심이라는 계기를 통해서 구래성불을 이해하는 입장과는 다른 해석임을 알 수 있다.

이러한 입상에서는 구래성불과 초발심시변정각에 대한 앞의 해석[(2) 종교적 해석: 시각의 본각, (3) 초발심에 구래불임을 앎]은 모두 동교의 설이다. 왜냐하면 두 입장 모두 구래성불을 초발심의 연이라는 계기에 의해서 이해하기 때문이다. 한 가지 첨언하자면 초발심에 기대지 않고 구래성불을 이해하는 지금의 입장도 또한 초발심시변정각을 이야기할 수 있다. 왜냐하면 모든 시기, 모든 연에 구래성불이기 때문이다. 만약 별교의 입장이라면 초발심의 연을 기다리지 않고 나의 몸과 마음이 그대로 원만한 부처이다. 이것은 앞의 발심의 연에 일체 제법이 몰록 곁이 없이 일어난다는 것과도 다른 해석이다. 왜냐하면 이 입장은 분명히 초발심에 기대지 않는다고 하기 때문이다.

이것은 무슨 뜻이고 이전의 틀과 무슨 차이가 있는가? (3)의 해석은 종교적 입장처럼 실적인 변화가 일어나는 사건을 통해서 구래단을 이해하는 것은 아니지만 여하튼 발심의 연을 필요로 한다는 점에서는 계기적이라고 할 수 있다. 그러나 지금의 이 이해 방식은 그러한 계기를 용납하지 않는다. 단혹과 성불에 대해 말 그대로의 '예로부터'를 설하며 완전한 무계기성을 주창하고 있는 것이다. 이런 경우라면 번뇌를 끊는 일은 물론이고 끊을 번뇌가 없다는 것을 아는 것조차 필요하지 않다. 따라서 부처님이 되는 일도 없으며 부처님임을 깨닫는 발심도 기다릴 필요가 없다. 다만 지금 여기에서 곧바로 부처님으로서 마음을 쓰기만 하면 된다는 결론에 이른다. 다음의 인용문을 보자.

⑫

표훈과 진정 등 십여 대덕이 (의상) 화상이 계신 곳에서 이 도인을 배울 때, "움직이지 아니하는 나의 몸이 곧 법신 자체인 뜻을 어떻게 볼 수 있습니까?"라고 여쭈었다. 이에 화상이 곧 사구게로써 답하여 이르셨다. … 이어 이르기를, "그대들은 마땅히 마음을 잘 써야 할 뿐이다"라고 하셨다.[31]

인용문 ⑫를 보면 의상의 제자들이 의상에게 이 몸이 바로 법신임을 어떻게 볼 수 있는지에 대해서 묻는다. 이는 곧 의상이 제자들에게 이 몸이 바로 법신이라고 설했기 때문에 생겨난 물음인 것이다. 의상은 이에 대해서 "마음을 잘 써야 할 뿐이다"라고 답한다. 즉 이 몸이 바로 법신이므로 법신으로서의 이 마음을 잘 쓰기만 하면 될 뿐이라는 것이다. 여기에는 성불이나 단혹이나 발심이 말을 붙이지 못한다. 즉 이러한 해석에 따르는 한 지금 여기의 이 존재에 대해 어떠한 질적인 바뀜이나 계기적인 변화도 부정된다. 그저 '나'의 마음을 잘 써서 행할 뿐으로 거기에는 범부도, 부처도, 깨달음도, 미혹도 아무런 의미를 가지지 못한다.

그러나 이러한 입장은 자신이 범부라고 굳게 믿는 범부들에게는 어쩔 수 없이 현실의 내가 어떻게 그대로 원만한 부처님인가라는 의구심을 불러일으키게 된다. 즉 예로부터 부처님이야 그렇지 않겠지만 번뇌를 끊지 못하고 복덕과 지혜를 이루어 마치지 못한 범부들은 "자신이 본래 부처님이어서 끊을 만한 번뇌가 없다는 것을 아는 것이 끊음인 것을 알게 되는 발심조차 필요 없다"는 것을 믿지 못한다. 그러므로 이것을 믿기 위해서는 다시 발심이 필요할지도 모른다는 순환논리의 윤회에 빠져들게 된다.

이처럼 의상의 구래성불·구래단 구절은 종교적 이해는 빼놓더라도 의상계 화엄 내에서도 (2)의 해석, 즉 초발심의 연(緣)에 예로부터 깨달음을 이룬다는 입장과 (3)의 예로부터 깨달음은 중생 본연의 모습으로 어떠한 계기적 사태도 필요하지 않다는 입장으로 나뉘어진다. 예로부터 의상계 화엄 내에서도 성불론과 해탈론에 대해서 단일한 입장이 아니라 최소한 둘 이상의 입장이 병행되었음을 알 수 있다. 이러한 구래성불과 초발심시변정각으로 대표되는 성불론과 단혹론에 대해서 균여는 어떠한 입장이었는지 이어서 살펴본다.

2) 균여의 초발심시변성정각

의상계 화엄의 성불론과 단혹론을 대표하는 구래성불·구래단과 초발심시변정각에 대해서 균여는 어떠한 입장을 가지고 있었을까? 이에 대한 균여의 입장은 현존 저술 중 여러 군데에서 보이지만 이 책은 의상의 구래성불·구래단과 초발심시변정각 관련 구절에 직접 주석을 한 『일승법계도원통기』를 중심으로 살펴보고자 한다.

먼저 초발심시변정각에 관련된 균여의 입장은 무엇일까? 구래성불과 구래단 모두 초발심할 때 바른 깨달음을 이룬다는 초발심시변정각과 깊은 관련을 맺고 있기 때문에 이와 관련된 논의를 시작하기 위해서는 우선 초발심시변정각에 대한 균여의 이해를 확인할 필요가 있다.

⑬

【문】 초발심 때에 문득 바른 깨달음을 이룬다는 것은 구경의 과보인가?

【답】 그렇다. 도주(圖主, 의상) 등은 옛사람이 원인에서 결과를 설하고 이치를 기준으로 하면 평등하다고 이해하고 부처의 경계와 같다고 풀이하는 것을 삼승이라고 배제하였다. 일승을 기준으로 하면 연기법의 부문은 처음과 끝이 모두 갖추어져 처음을 얻으면 곧 끝을 얻으며 끝을 마쳐야 비로소 원래의 시작이다. 따라서 [초발심 때에 문득 바른 깨달음을 이룬다는 것은] 구경의 과보이다.[32]

인용문 ⑬은 의상의 「법성게」 중 15번째 게송인 “초발심 때에 문득 바른 깨달음을 [이룬다]”에 대한 균여의 주석이다. 이 게송은 널리 알려진 바와 같이 의상이 지은 것이 아니라 『화엄경』 「범행품(梵行品)」의 구절[33]을 약간 수정하여 인용한 것이다. 균여는 이 게송에 대한 해석 중에서 도주, 즉 의상 등이 일승의 설, 즉 화엄교학의 입장에서 올바르지 않다고 배제한 세 가지 이해를 소개한다. 첫째는 원인으로부터 결과가 발생하기 때문에 초발심이라는 원인에서 바른 깨달음이라는 결과를 수사적으로 설한 것일 뿐이라는 이해이다. 마치 커다란 목재를 볼 때 바로 불상(佛像)을 이룬다고 설하는 것과 같아서 단지 수사적인 표현일 뿐 실제로 그렇다는 것은 아니라는 입장이다. 둘째는 초발심과 바른 깨달음이 이치로는 평등하기 때문에 이렇게 표현했다고 이해하는 입장이다. 이 말, 즉 이치로는 평등하다는 것은 실제로는 평등하지 않다는 것을 내포하고 있다. 따라서 이 입장은 초발심과 바른 깨달음이 예를 들어 모두 공성(空性)이라는, 또는 진여라는 이치의 측면에서는 평등하지만 그것을 구현하는 현상의 측면에서는 다르다는 전제가 포함되어 있다. 셋째는 수행자의 경계가 부처의 경계와 같다는 입장이다. 이 입장은 정확히 어떤 의미인지는 위 인용문만으로는 불분명하다. 어찌 되었든 이러한 세 입장을 균여는 의상 등이 삼승설로서 배제했다고 소개하고 있다.

초발심 때에 문득 바른 깨달음을 이룬다에 대한 일승의 입장은 무엇인가? 이를 이해하기 위해서는 일승의 연기법에 대한 이해가 필요하다. 일승의 연기법은 처음과 끝이 모두 갖추어져야 이루어지는 것으로 처음을 얻으면 곧 끝을 얻고 끝을 마쳐야 비로소 원래의 시작이다. 태어나는 ‘나’와 죽어가는 ‘나’의 관계에서 태어나는 ‘나’가 먼저 생겨서 이후 점차 커지고 늙어서 죽어가는 ‘나’가 되는 것은 일승의 연기법이 아니다. 일승의 연기법에서는 태어나는 ‘나’와 죽어가는 ‘나’가 동시연기이다. 물론 여기에서 ‘동시(同時)’는 순서화된 시간 개념상에서의 동시가 아니다. 무계기적인 사태를 말하기 위해 어쩔 수 없이 시간 개념을 빌려온 것일 뿐이다. 더 나아가면 태어나는 '나'는 밥을 먹는 '너'와 잠을 자는 '그'와 그때의 '시간'과 그곳의 '장소'와 별도의 연기법이 아니라 하나의 큰 연기, 일대연기(一大緣起)로서 하나의 동일한 사태이다. 이것이 앞서 소개한 일승에서 바라보는 발심의 연에 법계의 모든 법이 몰록 일어난다는 생각이다.

이러한 입장에서라면 초발심할 때 바로 문득 깨달음이고 나아가 무수한 보살행이다. 따라서 초발심할 때 바로 이루는 깨달음은 이치상 같은 것도 아니고 수사적인 표현도 아니며, 말 그대로 올바른 깨달음인 구경의 과보라는 것이 균여가 파악하는 올바른 이해, 일승의 이해이다.

3) 균여의 구래성불

다음은 초발심시변정각을 염두에 두고 구래성불·구래단에 대한 균여의 이해를 살펴보자. 먼저 이에 대한 의상의 설을 다시 인용하면 다음과 같다.

⑭

㉠ 【문】 얽매어 있는 중생이 아직 번뇌를 끊지 못했고 아직 복덕과 지혜를 이루지 못했는데 무슨 뜻으로 예로부터 부처님을 이루었다고 하는가?

【답】 번뇌를 아직 끊지 못했으면 부처님을 이루었다고 이름하지 않는다. 번뇌를 다 끊고 복덕과 지혜를 이루어 마쳐야, 이로부터 이후로 "예로부터 부처님을 이루었다"라고 이름 붙인다.

㉡ 이와 같이 끊으므로 아직 끊기 이전을 "끊었다"라고 이름하지 않고, 이미 끊은 이후를 "예로부터 끊었다"라고 이름한다.

이에 대해서 먼저 균여는 부처를 이룸[成佛]을 세 가지 덕을 갖추는 것으로 풀이한다. 번뇌를 끊는 것은 단덕(斷德)이고 복덕을 갖추는 것은 은덕(恩德)이며 지혜를 갖추는 것은 지덕(智德)이다. 이때 성불이라는 것은 번뇌를 끊어서 이루는 것이므로 수생(修生), 즉 수행을 통해서 생겨나는 부처라는 입장에 대해서 균여는 이때의 성불은 단덕과 은덕과 지덕을 나눌 수 없으며 수행을 통해서 생겨난다는 수생과 본래 있음이라는 본유(本有)의 뜻을 모두 갖추고 있다고 주장한다. 여기에서 균여가 성불, 즉 부처 이룸을 바라보는 두 가지 관점이 드러난다. 예로부터 부처라는 입장은 본유를 강조하는 입장이지만 이와 동시에 그것을 초발심에 확연히 안다는 것은 수생의 측면을 나타내는 것으로 볼 수 있다. 즉 균여는 초발심에 예로부터 부처를 이루었다는 의상의 설에 대해서 초발심의 연에 몰록 예로부터 부처임을 깨닫는 수생과 본유의 융합으로서 의상의 설을 이해하고 있는 것처럼 보인다. 이에 대해서 균여의 논의를 좀 더 지켜보자.

이와 관련하여 균여는 다음과 같이 문답을 진행한다.

⑮

【문】 번뇌가 끊어져 다해야 비로소 부처를 이룰 수 있는데 어떻게 예로부터 부처를 이루었다고 말하는가?

【답】 번뇌가 끊어져 다해야 비로소 예로부터 부처를 이룰 뿐이다. 『도신장』에 이른다.

제자: 【문】 이미 예로부터 깨달았다면 무엇 때문에 스스로 깨달았음을 알지 못합니까?

의상: 【답】 어리석기 때문이다.

제자: 【문】 어리석다면 어떻게 예로부터 깨달았습니까?

의상: 【답】 반대로 묻겠다. 꿈속에서 본 호랑이는 다만 마음의 호랑이인가?

제자: 【문】 그것은 마음의 호랑이일 뿐입니다.

의상: 【답】 꿈을 꿀 때는 마음의 호랑이인 줄 모르기 때문에 두렵고 꿈을 깼을 때는 마음의 호랑이인 줄 알기 때문에 두렵지 않은가?

제자: 【문】 그렇습니다.

의상: 【답】 다만 꿈을 깬 후에 비로소 마음의 호랑이인가, 꿈을 꿀 때부터 마음의 호랑이인가?

제자: 【문】 실제를 말하면 꿈을 꿀 때부터 마음의 호랑이입니다.

의상: 【답】 꿈을 꿀 때 마음의 호랑이인 줄 알지 못하는데 어떻게 꿈을 꿀 때부터 마음의 호랑이인가?

제자: 【문】 [꿈을 꾸는] 그가 비록 알지 못하더라도 실제를 말하면 꿈을 꿀 때부터 마음의 호랑이일 뿐입니다.

의상: 【답】 그대가 이미 잘 말하였다. [비유의 대상인] 법에서도 또한 그러하다. 어리석은 자는 비록 미혹되어 있더라도 실제를 말하면 예로부터 깨달았으나 다만 알지 못할 뿐이다. 이상

예로부터 깨달았으나 미혹되어 있기 때문에 알지 못한다. 번뇌가 길이 다하면 비로소 예로부터 깨달았음을 안다. 이런 까닭에 번뇌가 끊어졌기 때문에 비로소 예로부터 부처를 이룬다고 한 것이다.[34]

다름 아닌 바로 그 문제다. 번뇌를 완전히 끊어야 비로소 부처인데 어째서 예로부터 부처라고 하는가에 대한 문답이다. 의상의 원 글이 워낙 함축적이라서 이에 대한 논의가 의상계 화엄에서 계속 이어졌고 (1) 종교적 이해로부터 (2) 초발심에 구래불임을 앎, (3) 초발심의 연에 기대지 않고 일체 중생이 그대로 구래불이라는 몇 가지 이해가 생겨났음은 앞서 소개한 바와 같다.

균여는 이에 대해서 의상의 강의를 제자 도신이 기록한 『도신장』의 일부를 인용하면서 풀이한다. 이를 보면 꿈에서 본 호랑이 이야기를 통해서

번뇌를 끊었을 때 예로부터 부처라는 일견 모순되는 상황이 전혀 모순되지 않음을 설명한다. 비유[能喩]와 비유되는 대상[所喩]을 함께 정리하면 다음과 같다.

꿈을 꾸든, 꿈을 깨든 마음의 호랑이
꿈을 깨야 마음의 호랑이임을 앎

번뇌에 덮이든, 번뇌를 끊든 예로부터 부처
번뇌를 끊어야 예로부터 부처임을 앎

꿈을 깨기 이전부터 호랑이는 마음의 호랑이이지만 꿈을 깨야 호랑이가 마음의 호랑이인 것을 아는 것처럼 번뇌를 끊기 이전부터, 즉 예로부터 '나'는 부처이지만 번뇌를 끊어야 '나'가 예로부터 부처인 것을 안다. 이것이 균여가 인용하는 『도신장』의 내용이고 균여는 이 주장에 동의하는 것으로 보인다.

이것을 앞서 균여가 초발심시변정각을 이해한 내용과 함께 합하여 생각해보자. 균여는 초발심시변정각에 대해서 초발심할 때에 완전한 깨달음, 구경각, 무상정등정각(無上正等正覺)을 이룬다고 풀이하였다. 그것은 원인 속의 결과를 수사적으로 표현한 것도 아니고 이치상 같음을 이야기한 것도 아니라 말 그대로 초발심할 때 완전한 깨달음을 이룬다는 것이다.

그러므로 균여에게 번뇌를 끊어 예로부터 부처임을 아는 계기는 바로 초발심할 때라는 것을 알 수 있다. 정리하면 균여는 초발심할 때 번뇌를 완전히 끊어 예로부터 부처임을 안다는 것으로 초발심시변정각과 구래성불·구래단을 이해하고 있는 것으로 보인다.

이와 같은 균여의 설명에도 불구하고 아직 해소되지 않은 문제가 있다. 앞의 인용문에도 나오듯이 예로부터 부처임에도 불구하고 어리석기 때문에 '나'가 예로부터 부처임을 알지 못하여 이 모양 이 꼴로 산다는 것이다. 이러한 입장이 인도의 여래장 사상을 종합했다고 평가되는 『보성론』의 수행론을 다루는 부분에서 소개한 내용, 즉 자신이 본래적으로 부처와 동일하다는 것을 믿는 것만으로 부처를 이룬다는 내용과 어떠한 차이가 있는가에 대한 문제이다. 차이가 없다면 화엄교학이 종교(終教)라고 하여 자신들의 가르침과 다른 것으로 평가한 여래장 사상과 화엄교학, 특히 앞에서 다룬 규여의 화엄사상과 차이가 없다는 것이 된다. 다르다고 한다면 무엇이 다른가? 시각-본각의 입장과 근본적으로 다른 것이 무엇인가?

논의를 다시 정리하여 보자. 여래장 사상과 화엄교학의 깨달음을 비교할 때 깨달음의 시점에 관한 논의는 화엄교학이 강조하는 초발심시변정각에서 차이가 드러난다. 화엄교학에서는 초발심할 때 올바른 깨달음을 바로 성취한다고 한다. 이때의 초발심은 위없는 올바른 깨달음을 향한 마음을 일으키는 것이고 올바른 깨달음은 말 그대로의 올바른 깨달음이다. 그러나 『보성론』의 앞선 논의에서도 보이듯이 여래장 사상은 일반적으로 초발심 후에 완전한 깨달음을 성취하기까지 보살의 수행 기간, 가령 3아승지겁(三阿僧祇劫)을 설정한다. 즉 초발심과 올바른 깨달음이 계기적 사건인가, 동시적-비계기적 사태인가에 대해서 여래장 사상과 화엄교학은 차이가 있는 것으로 보인다. 물론 여기에도 더 생각해보아야 할 부분이 있다. 예를 들어서 화엄교학에서 말하는 '초발심'이라는 것은 무엇을 의미하는가? 어떤 이가 지금, 여기, 책을 쓰고 있다가 "나도 한번 깨달아볼까?"라는 정도의 마음을 내는 것만으로도 '발심'이라고 할 수 있는가라고 물을 수 있을 것이다. 화엄교학이 말하는 '초발심'에는 어떤 질적 기준이 있는가? 이에 대해서도 상당히 복잡한 논의가 필요하지만 여기서는 물음만을 제기하고자 한다.

그러나 초발심이든, 3아승지겁의 수행을 거치고 난 후이든, 깨달음의 내용에 관해서는 그 차이가 조금 모호한 편이라는 느낌을 지울 수 없다. 여래장 사상은 '나'가 불성을 지니고 있어서 본래적으로 조금도 부처와 다를 바 없다는 것을 온전히 믿는 것이 깨달음의 내용이다. 균여의 화엄교학은 '나'가 예로부터 부처임을 아는 것이다. 이 둘 사이에 어떠한 차이가 있을까? 이것이 균여를 포함한 화엄교학이 주장하는 깨달음의 내용일까? 그 실상은 무엇일까? 이에 대해서는 좀 더 균여의 논의를 살펴보도록 하자.

2
단혹은 처음도 아니고 중간도 나중도 아니다

1) 의상의 단혹설

의상은 앞에서 다룬 구래성불의 논의를 단혹설과 연결시켜서 심화시키고 균여는 이에 대해서 주석하면서 자신의 의견을 드러낸다. 먼저 의상 『일승법계도』의 단혹 관련 구절은 다음과 같다.

①

【문】 번뇌를 끊는다는 것은 무엇인가?

【답】 ㉠ 『십지경론』에서 설한 것과 같이, 처음도 아니고 중간도 나중도 아니니, 앞과 가운데와 뒤에서 취하기 때문이다. 어떻게 끊는가? 허공과 같다. 이와 같이 끊으므로 아직 끊기 이전을 '끊었다'라고 이름하지 않고, 이미 끊은 이후를 '예로부터 끊었다[舊來斷]'라고 이름한다. 꿈을 깸[覺]과 꿈을 꿈[夢], 잠을 잠[睡]과 잠을 깸[悟]이 같지 않은 것과 마찬가지이기 때문에 이룸[成]과 이루지 않음, 끊음과 끊지 않음 등을 세운다.

㉡ 그 참된 도리는 모든 법의 참모습[實相]이 늘지도 않고 줄지도 않으며 본래 움직이지 않는 것이다. 그러므로 경에서 이르기를, "번뇌법 가운데 한 법도 줄어드는 것을 보지 못하며, 청정법 가운데 한 법도 늘어나는 것을 보지 못한다"라고 한 것이 그 일이다.

㉢ 어떤 사람은 말하기를, 이와 같은 등의 경문은 이법[理]에 즉함을

기준으로 하여 설한 것이고 현상[事]에 즉하여 설한 것이 아니라고 한다. [그러나] 만약 삼승의 방편 가르침의 문을 기준으로 하면 합당히 이 뜻이 있으나, 일승의 참다운 가르침의 문을 의거하면 그 이치를 다하지 못한다. 이법과 현상이 그윽하여 하나로서 분별이 없으며 체(體)와 작용[用]이 원융하여 항상 중도에 있으니, 자기의 현상 이외에 어디에서 이법을 얻겠는가?[35]

인용문 ①은 의상의 『일승법계도』에서 구래성불에 이어서 단혹의 뜻을 논하는 부분이다. 우선 ㉠을 보면 단혹을 두 가지 주제를 통해서 설한다. 하나는 "처음도 아니고 중간도 나중도 아니니, 앞과 가운데와 뒤에서 취하기 때문[非初非中後, 前中後取故]"(이하 "비초비중후 전중후취고")과 다른 하나는 '예로부터 끊음[舊來斷]'이다.

의상 논의의 흐름을 정리하면 다음과 같다.

[법성게 제30게] 예로부터 움직이지 아니함을 부처라 이름한다.

[법계도 해석]

(1) '예로부터 움직이지 아니함'은 예로부터 부처를 이루었다는 뜻이다.

(2) 번뇌를 끊지 않고 복덕과 지혜를 이루지 않았는데 어떻게 예로부터 부처를 이루었는가?

(3) 번뇌를 끊지 않고 복덕과 지혜를 이루지 않으면 예로부터 부처라 하지 않는다. 번뇌를 끊고 복덕과 지혜를 이루어야 예로부터 부처이다.

이와 관련된 논의 중에서 앞에서는 주로 예로부터 부처를 이룸에 관하여 균여의 해석을 살펴보았다. 이 다음에 이어지는 논의가 바로 위 인용문이다. 주된 내용은 번뇌를 끊고 복덕과 지혜를 이루어야 비로소 예로부터 부처라고 한다는 것과 관련하여 예로부터 부처라는 사태에 대해 균여는 앞에서 살펴본 것처럼 초발심에 예로부터 부처임을 온전히 믿는/보는/아는 것으로 이해한다. 그렇다면 다음에 이어지는 물음은 당연히 번뇌를 끊는 것과 복덕과 지혜를 이룬다는 것은 무엇인가이고 이에 관한 문답이 여기에서 이루어지는 것이다.

먼저 의상의 문답을 보면 세친의 『십지경론』으로부터 단혹과 관련된 게송을 인용하여 논의를 진행한다. 의상의 이 게송 인용은 『십지경』으로부터 직접 인용한 것이 아니라 지엄의 저술인 『수현기』로부터 간집 인용한 것이다.[36] 이는 『십지경론』에는 비슷한 내용은 있지만 문장 그대로는 보이지 않는 "어떻게 끊는가? 허공과 같다"라는 지엄의 『수현기』에만 등장하는 구절이 의상의 『일승법계도』에 그대로 인용되고 있는 것으로부터 알 수 있다. 지엄은 여기에서 『십지경론』이 "어떻게 끊는가?" 즉 단혹의 방법에 관한 물음을 던지고 이에 대해 등불의 비유를 통해서 대답하고 있는 부분[37]을 잘라내고 그 대신 일체의 번뇌 장애가 없는 해탈에 대한 비유인 허공을 통해서 단혹을 설명하는 창조적 편집을 단행한다.

『일승법계도』를 지을 때 『십지경론』에 의거했다[38]고 밝히는 구절 등을 고려할 때 의상이 『십지경론』을 숙지하고 있었음은 분명하다. 그럼에도 불구하고 『십지경론』의 문구를 굳이 지엄의 저술로부터 간접 인용하고 있는 것은 지엄이 『십지경론』을 변용하여 주창하고자 했던 부분을 의상이 계승하고자 했음을 알려준다.

의상이 이처럼 지엄의 단혹론을 계승하면서도 동시에 그대로 계승하지는 않은 것으로 보인다. 의상은 『십지경론』을 지엄의 『수현기』를 통해서 간접 인용하면서 의도적으로 일부 구절을 누락시키고 동시에 자신만의 구절을 새로 추가한다. 지엄은 일승의 단혹론을 설하면서 마지막에 "이것은 삼승이 함께 배우는 뜻이다[此是三乘共學義也]"라고 덧붙인다. 즉 『십지경론』의 해석을 변용한 이 단혹론을 일승과 삼승에 함께 적용시키고 있는 것이다. 그런데 의상은 지엄의 이 구절 중에서 다른 부분은 그대로 인용하면서 "이것은 삼승이 함께 배우는 뜻이다"는 빼놓고 인용한다. 그리고 바로 이어서 "이와 같이 끊으므로 아직 끊기 이전을 '끊었다'라고 이름하지 않고, 이미 끊은 이후를 '예로부터 끊었다[舊來斷]'라고 이름한다"라는, 지엄의 『수현기』에는 없는 문장을 만들어 추가한다. 특히 의상은 여기에서 이러한 끊음을 삼승과 함께한다고 하는 지엄과 달리 '예로부터 끊음[舊來斷]'으로 표현한다. 의상의 저술에서 '구래(舊來)'로 표현되는 용어는 "구래부동(舊來不動)", "구래성불(舊來成佛)"(또는 "구래불(舊來佛)"), "구래단(舊來斷)" 등이며 이 용어는 의상의 이른바 '자종(自宗)', 즉 원교를 가리킬 때 사용된다. 일례로 앞의 인용문에서 '예로부터 움직이지 않음[舊來不動]'이 '예로부터 부처를 이룸[舊來成佛]'의 뜻이고 이는 곧 열 부처님[十佛]이라고 하며 의상에게 열 부처님은 『화엄경』의 주불(主佛)로서 원교의 부처님이므로 이 문맥에서 '구래'는 원교를 지칭하는 데 특화된 용어라고 할 수 있다. 물론 '구래'라는 용어는 지엄이 이미 사용하고 있지만 이 용어를 자신의 화엄 교의를 논하는 데 적극적으로 활용한 것은 의상에 의해서이다.

의상은 "비초비중후(非初非中後)" 관련 구절을 원 출처인 『십지경론』이 아니라 지엄의 문헌에서 재인용하면서도 굳이 삼승에도 통한다는 문구는 누락시키고 곧바로 "비초비중후" 등으로 표현된 단혹을 자신이 원교를 표현하기 위해서 애용하는 용어인 '구래'를 붙여 '구래단'으로 나타낸다. 글쓴이는 이것을 의상이 "비초비중후" 등으로 표현된 단혹을 지엄과 달리 삼승은 제외하고 원교의 설에만 한정시키기 위한 의도적인 작업이라고 생각한다. 이는 혹시 상대적으로 지엄이 의상이나 특히 법장보다는 일승과 삼승을 분리하려는 경향이 덜했던 것을 알려주는 하나의 사례일지도 모른다. 어찌 되었든 의상은 지엄의 "비초비중후" 관련 논의를 계승하면서도 단혹과 관련된 이 구절에서 지엄과 입장을 달리하였음을 알 수 있다.[39]

이상은 앞의 인용문 ㉠에 대한 이야기이다. ㉠에서 "비초비중후 전중후취고"와 "구래단"을 통해서 번뇌를 끊음의 뜻에 대해서 설한 것이다. 그런데 이어지는 인용문 ㉡은 앞과 사뭇 다른 맥락에서 번뇌를 끊음에 대해서 이야기한다. 즉 “그 참된 도리는”으로 시작하는 부분을 보면 맥락상 그렇다면 이 앞의 논의, “비초비중후 전중후취고”와 “구래단”의 논의는 참된 도리가 아니란 것인가라는 의문이 들게 된다. ㉡의 내용을 보면 참된 도리로 보면 법계의 참모습은 늘지도 줄지도 않는다고 한다. 즉 번뇌를 끊어서 줄지도 않으며 복덕과 지혜를 이루어서 늘지도 않는다. 이것이 참모습, 실상이다. 이에 따른다면 번뇌를 끊음도 없고 복덕과 지혜를 이룸도 없다. 그렇다면 단혹도 성불도 수행도 없는 것인가?

이처럼 짧은 구절 안에 단혹과 성불에 관한 복잡한 내용을 담고 있는 이 구절에 대해서 균여는 어떠한 입장을 가지고 있었을까?

2) 균여의 단혹설

(1) 비초비중후 전중후취고

균여는 앞의 인용문 ㉠에서 다루어지는 “비초비중후 전중후취고”에 대해서도 앞서 ‘구래성불’과 마찬가지로 수생(修生)과 본유(本有)의 융합을 통해서 이해하고 있다. 수생은 닦아서 생기게 하는 것으로서 즉 깨달음이란 본래 갖추어진 것이 아니라 인행(因行)을 통해서 새롭게 갖추는 측면을 이야기한다. 이에 반해서 본유는 본래 갖춘 것으로 새롭게 갖출 수 있는 것도 없어질 수도 없는 것이다. 균여는 앞서 성불을 번뇌를 끊음의 단덕(斷德), 복덕을 갖춤의 은덕(恩德), 지혜를 이룸의 지덕(智德)으로 나누고 번뇌를 끊음[단덕]을 수생으로 파악하는 이해를 부정하고 성불, 즉 초발심할 때의 구래성불을 수생과 본유가 함께하는 것이라고 주장하였다. 균여는 이어서 의상이 번뇌를 끊음의 구체적인 모습으로 설하는 “비초비중후” 등에 대해서도 수생과 본유를 나눌 수 없다는 입장에서 주장을 이어간다. 균여는 다음과 같이 문답한다.

②

【문】 "처음도 아니고 중간도 나중도 아니니, 앞과 가운데와 뒤에서 취하기 때문이다"는 오직 수생일 뿐인가, 또한 본유의 끊음의 뜻이기도 한가?

【답】 어떤 이는 수생의 끊음이라고 한다. 말하자면 "번뇌를 끊는다는 것은 무엇인가?"라고 묻고서 이 물음에 답하여 "처음도 아니고 중간도 나중도 아니니" 등이라고 했기 때문에 수생의 끊음이다. 지금 풀이하면 "처음도 아니고 중간도 나중도 아니니"는 끊지 않음의 뜻이고 "앞과 가운데와 뒤에서 취하기 때문이다"는 끊음의 뜻이다.

【문】 물음이 이미 번뇌를 끊음을 물은 것이니 답 또한 오직 수생의 끊음이 [아닌가]?

【답】 대승의 번뇌를 끊음은 연기의 성품과 같아서 끊음은 끊지 않음으로 끊음을 삼기 때문에 "처음도 아니고 중간도 나중도 아님"은 끊지 않음이고 "앞과 가운데와 뒤에서 취하기 때문이다"는 끊음이다. 이런 까닭에 이와 같이 묻고 답한 것이다. … 이런 까닭에 안다. "처음도 아니고 중간도 나중도 아님"은 이법[理]이고 "앞과 가운데와 뒤에서 취함"은 현상[事]이다.[40]

인용문 ②는 의상의 "비초비중후 전중후취고"는 "번뇌를 끊는다는 것은 무엇인가?"라는 물음에 대한 답변 중 일부이다. 따라서 여기서는 번뇌를 끊는 것이 무엇인가에 대한 답인 "비초비중후" 등이 수생인가 아니면 본유도 겸하는가를 묻는 것이다. 이에 대해서 어떤 이는 "비초비중후" 등이 번뇌를 끊는 것이 무엇인가에 대한 답변이고, 번뇌를 끊는 것은 수생에 해당하기 때문에 "비초비중후 전중후취고"는 수생에 해당한다는 것이다.

이에 대해서 균여는 대승, 여기서는 화엄교학을 가리키는 일승에서 번뇌를 끊음은 연기법이므로 끊음은 끊지 않음을 끊음으로 삼고 끊지 않음은 끊음을 끊지 않음으로 삼기 때문에 번뇌를 끊음이 바로 끊지 않음이고 끊지 않음이 곧 끊음이 된다고 설한다. 이에 따라서 번뇌의 끊음을 의미하는 "비초비중후 전중후취고"를 나누어 "비초비중후"는 번뇌를 끊지 않음이고 "전중후취고"는 번뇌를 끊음이어서 번뇌를 끊지 않음과 끊음이 합해져야 비로소 번뇌를 끊음이 이루어진다고 한다. 위 인용문에는 없지만 번뇌를 끊지 않음과 끊음이 합해져야 비로소 번뇌를 끊지 않음이 이루어지는 것도 마찬가지이다. 이를 앞의 물음과 연결하면 수생은 본유를 수생으로 삼고 본유는 수생을 본유로 삼기 때문에 "비초비중후 전중후취고"는 수생이므로 본유이고 본유이므로 수생이어서 즉 수생과 본유를 겸한다는 것이 균여의 입장임을 알 수 있다. 나아가 균여는 "비초비중후"는 이법[理]에 "전중후취고"는 현상[事]에 연결한다. 이를 또 앞의 일승연기법의 입장에서 생각하면 이법은 현상을 이법으로 삼고 현상은 이법을 현상으로 삼는 것이 균여의 관점인 것 또한 쉽게 짐작할 수 있을 것이다.

일승연기법의 입장에서 '번뇌를 끊음'이라고 이야기할 때는 '번뇌를 끊지 않음'을 포함한 법계의 모든 법이 일어나며 '번뇌를 끊지 않음'을 떠올릴 때도 마찬가지이다. 이를 균여는 수생과 본유, 이법과 현상의 대립쌍을 통해서 반복하여 설한 것이다. 이것이 번뇌를 끊음과 관련하여 어떤 의미를 가지는지는 좀 더 논의를 진행하면서 생각해보자.

(2) 실제의 도리: 끊음이 바로 끊지 않음

균여는 앞서 "비초비중후 전중후취고"를 풀이하여 "비초비중후"-번뇌를 끊지 않음-이법으로, "전중후취고"-번뇌를 끊음-현상으로 연결하여 일승연기법의 입장에서는 "비초비중후"가 바로 "전중후취고"로서 번뇌를 끊음이 바로 번뇌를 끊지 않음이라고 주장하였다.

그러면 해석에 따라서 이러한 입장과 맥락을 달리하는 것으로도 볼 수 있는 인용문 ①의 ㉡, 즉 "그 참된 도리는"으로 시작되는 부분을 균여는 어떻게 이해할까?

③

㉠ "번뇌법 가운데 한 법도 줄어드는 것을 보지 못하며"이기 때문에 실제 도리를 기준으로 하면 [번뇌를] 끊음도 끊지 않음도 없다. "청정법 가운데 한 법도 늘어나는 것을 보지 못한다"이기 때문에 실제 도리를 기준으로 하면 [복덕과 지혜를] 이룸도 이루지 않음도 없다.

㉡ 그러나 꿈속에서 보는 바가 자기 마음의 호랑이인데도 꿈의 연으로 인해서 두려움을 허망하게 내다가 깬 후에야 비로소 마음의 호랑이인 줄 알아서 두려워하지 않는다. 이와 같이 중생은 본래 부처이나 다만 번뇌 망상의 꿈을 말미암아 그래서 자신이 예로부터 부처임을 알지 못하다가 큰 꿈을 깬 후에야 비로소 자신이 부처임을 안다. 이런 까닭에 [『일승법계도』의] 글에 "꿈을 깸[覺]과 꿈을 꿈[夢], 잠을 잠[睡]과 잠을 깸[悟]이 같지 않은 것과 마찬가지이기 때문에 이룸[成]과 이루지 않음, 끊음과 끊지 않음 등을 세운다"라고 한다.[41]

인용문 ③을 보면 균여는 실제를 기준으로 하면 번뇌를 끊는다거나 끊지 않는다거나, 복덕과 지혜를 이룬다거나 이루지 않는다거나, 나아가 부처를 이룬다거나 이루지 않는다거나 등이 본래 없다고 이해한다. 그것이 균여가 이해하는 법계의 참모습이다. 이를 다른 말로 모든 존재가 예로부터 부처라고 한다. 그러나 문제는 범부 중생이 법계의 참모습을 모른다는 것이다. 법계의 참모습이 예로부터 부처라는 것을 예로부터 부처인 범부 중생이 모르기 때문에 범부 중생이라는 것이다. 여기까지는 여래장 사상과 구분하기 어려울 정도로 비슷하다. 그러나 균여는 여기서 한걸음 더 나아간다.

④

그 책(『도신장』)에 "만약 실제로 끊을 바가 없다고 한다면 무슨 까닭에 미혹된 사람이 [깨달음을] 얻지 못하며, 만약 끊을 바가 있다면 끊을 바는 무엇인가? [『십지경론』의] 글에 '처음도 아니고 중간도 나중도 아니니, 앞과 가운데와 뒤에서 취하기 때문이다'라고 한 것은 세 때 중에서 끊음의 모습을 얻을 수 없지만 깨달은 후에는 세 때에 장애가 없다"이상라고 한다. 즉 끊음은 끊을 바 없음과 떨어지지 않는다고 말하고 끊을 바 없음은 끊음과 떨어지지 않는다고 말하기 때문에 실제로는 동시이다. 말하자면 인연문 중에서 연 이전에 법이 없는 것이다.

이런 까닭에 지금 나의 수생의 지혜를 반드시 얻어야만 장애를 끊으려는 [한] 생각을 일으켜 과거의 비롯됨 없는 때를 되돌아보며 그 장애의 체를 찾아도 끊을 수 있는 장애가 없는 것이 곧 '끊을 바 없음'이다. 이와 같이 끊을 바가 없으며 본래 부처임을[42] 오늘 깨달은 것은 실로 한 생각의 수생의 지혜가 일어났기 때문에 이와 같이 된 것이 곧 '끊음'이다. 이런즉 끊음은 끊을 바 없음과 떨어지지 않고 끊을 바 없음은 끊음과 떨어지지 않으니 동시여서 앞뒤가 없다.[43]

인용문 ④를 보면 균여의 단혹론, 즉 성불론의 특징이 잘 드러난다. 균여에 의하면 끊음과 끊을 바 없음은 동시여서 앞뒤가 없으며 이 둘을 나눌 수 없다. 즉 끊음과 끊을 바 없음은 둘로 나누어 말은 하지만 실제로는 하나의 연기법이다. 따라서 끊음의 연 이전에는 끊을 바 없음의 법은 있을 수 없으며 또한 끊을 바 없음의 연 이전에는 끊음의 법도 있을 수 없다. 왜냐하면 번뇌를 끊음이란 끊을 바 번뇌가 없음이고 끊을 바 번뇌가 없음이 곧 번뇌를 끊음이기 때문이다.

앞서 발심의 연 이전이라는 것이 어불성설로서 발심의 연에 법계의 모든 법이 몰록 일어난다는 의상계 화엄의 설을 소개하였다. 이러한 맥락에서 균여 또한 발심의 연, 즉 수생의 지혜를 일으키는 그 한 생각의 연 이전은 어불성설이다. 번뇌를 끊는 수생의 지혜를 일으키는 그 한 생각에 끊을 바 번뇌가 없는 본유의 부처를 포함한 법계의 모든 법이 단박에 벌어진다. 따라서 정확하게 이야기하면 균여의 입장에서 수생과 본유를 한 생각에 겸하는 것이 아니라 수생과 본유는 본래 나눌 수 없는 하나의 연기법인 것이다.

이를 여래장 사상과 비교해보자. 동아시아 여래장 사상의 대표라 할 수 있는 『대승기신론』에서는 무시무명(無始無明)과 시각(始覺)과 본각(本覺)의 구조를 통해서 번뇌를 끊음과 깨달음을 이야기한다. 이에 따르면 무시유종(無始有終)인 무명을 끊어서 유시무종(有始無終)인 시각을 얻으면 비로소 무시무종(無始無終)인 본각과 같아진다고 한다. 여기에서 시각과 본각이 같아진다고 하지만 시각은 계기적인 현상이고 본각은 무계기적인 사태로서 둘 사이에 근본적 차이가 있다. 앞서의 용어를 빌리면 시각은 수생이고 본각은 본유이다. 여래장 사상에서는 시각을 통해서 본각과 같아지는 것으로 본각이라는 근원에 시각을 통해서 회귀한다는 개념이다. 결정적으로 여래장 사상에서 본각은 시각을 기다리지 않고 항상 본각이다. 시각을 얻지 못하더라도 본각은 본각이기 때문이다.

그러나 균여의 화엄교학에서는 앞서 살펴본 바와 같이 이러한 입장과 다른 단혹론, 성불론을 주장한다. 시각과 본각이 어디까지나 하나의 연기법으로서 시각을 통해서 본각이라고 한다면 본각을 통해서 시각이라고도 할 수 있다. 시각 또는 수생의 연에 비로소 법계의 모든 법이 몰록 일어나며 본각 또한 마찬가지이다. 시각의 연 이전에 본각이란 법은 말 그대로 어불성설이다. 이러한 점에서 균여 화엄교학의 단혹론, 성불론의 특징을 찾아볼 수 있다.

7장

교(敎)_ '불교'란 무엇인가?

오늘날 일반적으로 '불교(佛敎)'는 영어 'religion'의 번역어에 해당하는 '종교(宗敎)'의 하나로서 생각된다. '종교'라는 말도 마찬가지이지만 '불교'에 대한 이러한 인식은 근대에 이르러 비로소 형성된 것이다. 동아시아 전통에서 '불교'란 낱말이 처음 등장한 것은 인도 고전어인 산스크리트로 석가모니 부처의 말을 의미하는 'buddhavacana'와 부처의 가르침으로 풀이되는 'buddhaśāsana'의 두 가지 모두에 해당하는 번역어였다.[1] 이후 동아시아 불교에서는 '불교'를 능전(能詮), 즉 가르침을 설하는 교(敎)로 해석하여 가르침의 내용인 소전(所詮)의 종(宗)과 함께 경전 해석틀의 중요한 요소로서 자리매김하고 다양한 논의를 펼쳐나간다. 즉 인도 불교의 수입에 따른 번역어였던 '불교'를 독자적인 교리어로 변용하기에 이른 것이다. 불교가 동아시아 불교에서 독자적인 교리어로 변용되면서 불교의 본질은 무엇인가에 대한 다양한 이론이 등장하며, 이를 '교체설(敎體說)'이라고 한다.

이 책의 주제와 관련하여 초기 화엄교학 또한 교체설에 대해서 화엄교학의 핵심 교리인 법계연기, 나아가 여래출현 사상에 바탕하여 독자적으로 해석한다. 균여 또한 화엄교학의 독창적인 해석을 더욱 확장하여 자신의 독자적인 '불교' 이해를 펼쳐나간다.

다음에서는 균여의 '불교' 이해를 알아보기 위해서 동아시아 불교를 중심으로 불교의 '불교' 이해 과정을 간단히 살펴본 후 초기 화엄교학의 입장을 좀 더 자세히 살펴본다. 다만 균여의 화엄교학 이전의 방대한 '불교' 논의를 모두 다룰 수는 없으므로 균여의 '불교' 논의를 다루기 위한 최소한의 범위로 한정할 것이다. 따라서 인도 불교의 '불교' 논의에서 큰 비중을 차지하며 동아시아의 '불교' 논의에 있어서도 중대한 영향을 미친 인도 아비달마불교 중 설일체유부(說一切有部)와 지엄 이전의 중국 교체설을 대표하는 정영사 혜원의 '불교' 논의에 대해서만 간략히 살펴보고자 한다. 이를 통해 '불교' 논의의 사상사적 의미를 드러내어 균여가 주장하는 '불교'를 이해하기 위한 밑바탕을 제공하고자 한다.

1

인도와 중국 불교의 교체설

1) 인도 아비달마불교의 '불교'

현존 기록을 통해서 '불교'가 무엇인가, '불교'의 본질에 대한 논의가 인도에서 언제부터, 누구에 의해서 시작되었는지를 확정하기는 어렵다. 다만 현존 자료 중 비교적 이른 시기의 '불교'에 대한 논의를 설일체유부의 근본 논서 중 가전연자(迦旃延子, Kātyāyanīputra)가 지은 『아비담팔건도론(阿毘曇八犍度論)』에서 확인할 수 있다. 『아비담팔건도론』에서 '불교'에 관한 구절을 이역본 및 산스크리트문과 함께 소개하면 다음과 같다.

①

㉠ '불어(佛語)'는 무엇인가?

【답】 여래의 ① 어(語), ② 소설(所說), ③ 배가라(鞞訶羅), ④ 바사(婆沙), ⑤ 기라(耆羅), ⑥ 니류제(尼留諦), ⑦ 어구(語句), ⑧ 어성(語聲), ⑨ 구행(口行), ⑩ 구교(口教) [천축(天竺)에서 열 가지는 모두 어(語)이다.] 이것을 '불어'라고 한다. …

'불어'는 무슨 법을 이름하는가?

【답】 명신(名身)·구신(句身)·어신(語身)의 차례로 머무름이다.[2]

㉡ '불교(佛教)'는 무엇인가?

【답】 부처님의 어(語), 언(言), 평론(評論), 창(唱), 사(詞), 어로(語路), 어음(語音), 어업(語業), 어표(語表)이다. 이것을 '불교'라고 한다. …

'불교'는 무슨 법을 이름하는가?

【답】 명신(名身)·구신(句身)·문신(文身)의 차제 행렬과 차제 안립[安布]과 차제 연합이다.[3]

㉢ katamad Buddha-vacanaṃ. Tathāgatasya yā vāg vacanaṃ vyāhāro gīr niruktir vāk-patho vāg-ghoṣo vāk-karma vāg-vijṇaptiḥ...Buddha-vacanaṃ nāma ka eṣa dharmaḥ. nāma-kāya-pada-kāya-vyaṃjana-kāyānāṃ yā anupūrva-racanā anupūrva-sthāpanā anupūrva-samāyoga iti

인용문 ①의 ㉠은 승가제바(僧伽提婆)와 축불념(竺佛念, 365~384)이 383년에 함께 번역한 『아비담팔건도론』의 한 구절이다. ㉡은 『아비담팔건도론』의 이역본(異譯本)으로서 당(唐)의 현장(玄奘, 602~664)이 660년 번역한 『아비달마발지론(阿毘達磨發智論)』의 해당 부분이다. ㉢은 야쇼미트라(Yaśomitra)가 지은 『Abhidharmakośa』의 주석서, 『Sphuṭārthā Abhidharmakośavyākhyā』에 인용되어 있는 ㉠, ㉡에 상당하는 구절이다.[4]

비교적 이른 시기의 '불교' 논의를 보여주는 두 한문 이역본에서 사용하는 '불어(佛語)' 또는 '불교(佛敎)'에 상응하는 산스크리트 단어를 야쇼미트라의 해당 구절(㉢)에서 찾아보면 부처의 말을 의미하는 'buddhavacana'(붓다바짜나)이다. '불어' 또는 '불교'로 한역된 'buddhavacana'가 무슨 의미인가에 대해서 위 세 인용문은 상반된 주장을 함께 소개하고 있다. 한쪽은 '불어' 또는 '불교'를 언어로서 의미 있는 소리라고 설하며 다른 한쪽은 '불어' 또는 '불교'라고 이름하는 것은 부처의 음성 자체보다 그 음성이 의미가 있는 음성, 언어일 수 있도록 하는 명구문신(名句文身), 단어·문장·음소(또는 글자)라고 주장한다. 하지만 위 문헌에서는 두 가지 주장에 대해서 소개만 할 뿐 더 이상 자세한 설명을 밝히거나 이에 대한 시비를 가리지 않고 있기 때문에 이 문헌 저술 당시에 '불교'

의 정체를 둘러싸고 크게 두 가지의 상반된 입장이 있었다는 사실만을 알 수 있다.

한편 『아비담팔건도론』 또는 『아비달마발지론』의 주석서인 『아비달마대비바사론(阿毘達磨大毘婆沙論)』(이하 『대비바사론』)에서는 이에 대해 다음과 같이 풀이한다.

②

㉠ 【문】 이러한 '불교'는 무엇으로 체를 삼는가? 어업(語業)으로 삼는가, 명(名) 등으로 삼는가? …

【답】 마땅히 이렇게 설해야 한다. 어업으로 체를 삼는다.

【문】 만약 그렇다면 다음에 설한 것은 마땅히 어떻게 회통해야 하는가? 다음과 같이 설하였다. "'불교'는 무슨 법을 이름하는가? 답한다. 명신·구신" 내지 널리 설하였다.

【답】 뒤의 글은 '불교'의 작용을 나타내기 위함이지 '불교'의 자체를 열어 보이고자 한 것이 아니다. 말하자면 차제로 항렬, 안립, 연합된 명구문신(名句文身)은 '불교'의 작용이다.[5]

㉡ "'불교'는 무슨 법을 이름하는가" 내지 널리 설하였다.

【문】 무엇 때문에 다시 이 논의를 하는가?

【답】 앞에서 비록 '불교'의 자체를 나타내 보였지만 '불교'의 작용을 아직 나타내 보이지 않았다. 이제 나타내 보이기 위해서 이 논의를 한다.[6]

『대비바사론』은 『아비달마발지론』에 보이는 두 주장에 대해 buddhavacana를 나타내는 '불교' 또는 '불어'의 체(體)를 어업, 즉 의미 있는 소리라고 설하면서, '불교'가 명구문신이라는 주장에 대해서 이는 단지 '불교'의 작용을 나타낸 것일 뿐 '불교'의 본질인 체를 나타낸 것이 아니라고 풀이한다. 이로써 『대비바사론』을 통해 나타나는 설일체유부의 입장은 buddhavacana인 '불교'를 어업, 즉 의미 있는 소리로 보는 것임을 알 수 있다.

또 다른 아비달마불교 논서인 『잡아비담심론(雜阿毘曇心論)』[7]과 『아비달마구사론(阿毘達磨俱舍論)』[8]은 『아비달마발지론』과 같이 두 논의를 소개하기만 할 뿐 어느 쪽을 주장하지는 않는다. 다만 '불교'가 어업, 즉 소리를 체로 하는 경우는 곧 색법(色法)에 포섭되는 것이고, 명구문신을 체로 하면 심불상응행법(心不相應行法)에 소속된다고 하여 '불교'의 체에 관한 논의를 설일체유부의 법체계 내에서 해석하는 발전된 모습을 보인다.

한편 『아비달마구사론』을 비판하는 입장인 중현(衆賢)의 『아비달마순정리론(阿毘達磨順正理論)』은 앞의 두 가지 주장을 소개하는데, 이어서 나오는 부분의 해석에 있어서 약간의 이견이 존재한다.

③

㉠ 석가모니 설법의 온(蘊)은 수가 팔만이 있다.

그 체는 어(語) 또는 명(名)이니 이는 색(色), 행온(行蘊)에 포섭된다.[9]

논한다. 어떤 이는 설한다. '불교'는 어를 자체로 삼는다. 그 [석가모니] 설법의 온은 모두 색온(色蘊)에 포섭된다. 어는 음성으로써 자성을 삼기 때문이다. 어떤 이는 설한다. '불교'는 명을 자체로 삼는다. 그 [석가모니] 설법의 온은 모두 행온에 포섭된다. 명은 불상응행을 성(性)으로 삼기 때문이다.

㉡ 어는 교(敎)의 다른 이름이므로 교는 어를 받아들이지만 명과 교는 체를 달리하는데 교가 어떻게 명인가?

㉢ 그는 이렇게 해석을 한다. "반드시 명이 있음을 말미암아야 곧 설하여 교라고 한다. 이런 까닭에 '불교'의 체는 곧 명이다. 왜 그런가? 나타내는 뜻이 여실하기 때문에 이름하여 불교라고 한다. 명은 능전(能詮)의 뜻이니 따라서 교는 명이다. 이를 말미암아서 '불교'는 결정코 명을 체로 삼는다.

명을 들어 머리로 삼음으로써 구(句)와 문(文)을 포섭한다."[10]

중현은 인용문 ③의 ㉠에서 『잡아비담심론』이나 『아비달마구사론』과 같이 '불교'의 체(體)에 대한 두 가지 상반된 주장, 즉 불교의 체를 의미 있는 소리의 색법으로 보는 주장과 명구문신의 심불상응행법으로 파악하는 주장을 거론한다. 그리고 이어서 명(名)을 '불교'의 체로 삼는 주장에 대한 힐난(㉡)과 이에 대한 해석(㉢)을 소개한다. 이견은 바로 힐난(㉡)에 대한 해석, 즉 ㉢을 누구의 주장으로 볼 것인가에서 생겨난다. ㉢을 중현의 견해로 본다면 『대비바사론』은 '불교'의 체를 어업, 즉 소리로 보지만 ㉢은 명구문신의 심불상응행법이 '불교'의 체라는 주장이므로 중현은 그가 그의 저술 전반에 걸쳐서 중요하게 의거하고 있는 『대비바사론』의 주장과 다른 의견을 펼치는 것이 된다. 그것이 아니라 앞서 소개한 명(名)을 '불교'의 체로 보는 논사의 해석으로 판단한다면 중현은 다만 두 가지 주장을 소개만 하고 있는 것이다. 이와 관련하여 중현의 저술을 번역한 현장에게서 신역 불교를 받아들인 원측(圓測, 613~696)은 중현의 위 인용문을 인용한 후 다음과 같이 문답한다.

④

【문】 결정코 『[아비달마]순정리론』은 평가(評家=毘婆沙)의 뜻에 의거하지 않는가?

【답】 『순정리론』 사(師)의 뜻은 이치가 옳은 것[長]을 정(正)으로 삼는다. 따라서 별도로 이치를 내어서 명(名) 등을 정(正)으로 삼은 것이다. 또 풀이하면, 중현은 두 주장의 문답을 갖추어 펼치고는 스스로 판정하지 않았다. 이 때문에 평가의 바른 뜻에 위배되지 않는다.[11]

인용문 ④를 통해서 설일체유부의 정통을 이었다고 평가되는 중현의

'불교'의 체에 관한 해석에 대해서 원측 당시에도 이견이 있었음을 알 수 있다. 하나는 중현이 『대비바사론』과는 다른 견해, 즉 '불교'의 체를 명구문신의 심불상응행법으로 주장했다는 것이고, 다른 하나는 중현이 『대비바사론』과 다른 주장을 펼친 것이 아니라 두 주장을 단순히 병기한 것뿐이라는 입장이다. 지금도 어느 것이 중현의 뜻인지 정확하게 판정하기는 어렵다.[12] 다만 확실한 것은 설일체유부 내에서도 buddhavacana, 즉 '불어' 또는 '불교'의 체에 대해서 두 가지 견해가 존재했고 『대비바사론』에서 buddhavacana의 체를 어, 즉 말소리로 결정했음에도 불구하고 이에 대한 논란이 후대에도 쉽게 가라앉지 않았다는 점이다.

인도 불교에서 buddhaśāsana, 즉 부처의 가르침을 의미하는 '불교'의 체에 대한 논의는 그것이 무엇이든지 결국 소전의(所詮義), 다시 말해서 능전교(能詮敎)인 buddhavacana에 의해서 지시되는 의미에 대한 것이다. 그것은 사성제(四聖諦)가 될 수도 있고, 12연기(緣起), 중도(中道), 나아가 대승불교에서 보면 공(空), 삼성설(三性說) 등으로 대표될 수 있으며 인도 불교 전체를 통해서 끊임없이 논의되어왔다.

한편 부처님의 육성, 말소리를 뜻하는 buddhavacana, 즉 '불어' 또는 현장의 역어를 이용하면 '불교'의 체에 대한 논의는 기본적으로 능전에 대한 것이다. 사실 buddhavacana가 불교도들에게 의미를 가지는 것은 바로 부처의 가르침, 즉 buddhaśāsana를 나타내기[能詮] 때문이다. 따라서 buddhavacana의 체를 논함에 있어서 buddhaśāsana와의 관계가 중시될 수밖에 없다. 이는 앞서 중현이 buddhavacana의 체에 대해 말소리뿐만 아니라 여실한 뜻을 나타낼 수 있도록 하는 명구문 또한 중시하는 데서도 알 수 있다. 즉 '불교'가 '불교'일 수 있는 것은 물론 부처의 육성이기 때문이지만 동시에 그 여실한 뜻의 전달 기능에도 달려 있는 것이다.

이러한 buddhavacana, 즉 능전에 해당하는 '불교'에 대한 소리와 의미 표시 기능을 둘러싼 논란은 동아시아에 전래되어 또 다른 양상으로 전개되기에 이른다. 이에 관해서는 이후 지엄의 교체설을 다루는 부분에서 살펴보기로 하자.

2) 정영사 혜원의 '불교'

중국 불교의 교체설, 즉 '불교'의 체에 대한 논의는 인도와 약간 다른 배경에서 시작되었다. 중국에 불경이 성립 시기와 지역에 관계없이 무작위로 수입·번역되자 다양한 경전과 그것들이 전하고 있는 여러 가지 가르침[教]의 체(體), 종(宗), 리(理) 등 핵심을 찾으려는 과정에서 교체설이 일어나게 된다.[13] 이 흐름은 buddhavacana에 대한 탐구라기보다 경(經)의 체를 정하려는 노력이었다. 그러나 부처의 가르침을 담고 있는 경의 체를 파악하려는 시도는 결국 buddhavacana, '불교'의 체에 대한 논의에도 자연스럽게 연결된다.

현존 자료 중에서 경의 체에 대한 논의가 처음 보이는 것은 동진(東晋)의 지둔(支遁, 324~366)에서이다. 지둔은 『대소품대비요초서(大小品對比要抄序)』에서 경전의 핵심을 '경체(經體)', '현종(玄宗)' 등의 용어로서 표현한다.[14] 이를 통해서 중국에 경전이 번역되면서부터 경전의 핵심을 '경체'라는 개념을 통해 파악하려는 노력이 시작되었음을 알 수 있다. 이어 양대(梁代) 『대반열반경집해(大般涅槃經集解)』에 이르면 경전을 해석하는 여덟 가지 과문 중 두 번째가 '변체(辨體)'로서 '경체'에 대한 논의가 경전 해석틀의 한 부문으로서 자리 잡게 된다.[15] 더구나 이 경체를 논사에 따라 구체적인 항목은 틀리지만 반야(般若), 법신(法身), 해탈 등으로 대표되는 소전의(所詮義)로서 파악하고 있음을 알 수 있다.[16] 즉 이 당시의 경체 논의는 앞서의 용어를 사용하면 buddhavacana에 대한 것이 아니라 buddhaśāsana에 관한 것이 주요 관심사였던 것으로 보인다.

초기 화엄교학의 기초를 세운 지엄에게 많은 영향을 끼친 지론종의 정영사 혜원은 경체설을 다룸에 있어서 앞서의 논의와는 약간 다르게 접근한다. 경체에 대해서 논하면서도 이를 앞서 다룬 인도 아비달마불교의 buddhavacana에 대한 논의에 바탕하여 경체설을 전개해나간다는 점에서 앞의 설들과 계통을 달리한다.

그는 『대승의장(大乘義章)』 가운데 삼장(三藏), 즉 경장(經藏)·율장(律藏)·논장(論藏)의 의미를 다루는 「삼장의(三藏義)」와 불교 초기부터 전해져온 경전 구분법인 십이부경(十二部經)에 대한 논의를 담고 있는 「십이부경의(十二部經義)」에서 경의 체를 논한다. 즉 경체를 논하고 있다는 점에서는 혜원 이전의 흐름과 같다. 하지만 그는 『대반열반경집해』가 소전의로 경체를 파악하는 것과는 달리 능전교로서 경체를 파악한다.

⑤

㉠ 제2문 가운데 체성(體性)이라고 말한 것은, 삼장은 모두 교법(敎法)을 써서 체로 삼는다. 무엇이 교(敎)인가? 음성과 자구(字句)가 법과 상응하는 것이 그 교이다. [음]성은 성입(聲入)이고 삼취법(三聚法) 중 색법에 거두어진다. 명자구(名字句) 등은 여러 논이 같지 않다.[17]

㉡ 제2문 가운데 자세함과 간략함이 일정하지 않지만 체에 의거하면 오직 하나이니 모두 음성언교(音聲言敎)가 아님이 없다. 언교의 체는 삼장[의] 가운데 갖추어 널리 분별한 것과 같다.[18]

인용문 ⑤의 ㉠은 『대승의장』 가운데 「삼장의」에서 삼장의 체를 논하는 부분이고, ㉡은 「십이부경의」에서 십이부경의 체를 설하는 구절이다. 두 인용문이 체를 논하는 대상이 경(經)인가, 경·율·논 삼장인가에는 차이가 있지만 이들 모두의 체를 음성과 명자구로 구성된 음성언교로 보고 있는 것은 동일하다.[19] 따라서 혜원은 소전의를 중심으로 하는 앞선 논의와는 달리 능전언교를 경의 체로 보고 있음을 알 수 있다. 달리 말하면

buddhaśāsana에 관한 논의를 buddhavacana에 관한 논의를 통해서 진행함으로써 buddhaśāsana와 buddhavacana 논의가 융합되기에 이른다.

이와 같이 중국의 교체설은 기본적으로 중국에 역경된 여러 경전들의 체를 파악하려는 노력에서 시작된다. 이 점에서 볼 때 중국 불교 초기의 교체설은 곧 경체설이다. 이러한 경체설에 있어서도 인도 불교의 buddhaśāsana에 해당하는 소전의(所詮義)를 체로 보는 흐름[『열반경집해』 등과 같은 경우]과 인도 아비달마불교의 buddhavacana에 대한 논의를 받아들여서 능전어(能詮語)를 체로 보는 흐름[『대승의장』 등과 같은 경우]이 공존하고 있다. 사실 이처럼 소전의와 능전어의 두 가지를 경체로 보는 경향은 인도 불교에도 존재하며,[20] 따라서 이를 중국 불교 고유의 현상 내지는 변용이라고 볼 수는 없다. 그러나 이러한 흐름이 지엄에 이르게 되면 중국 고유의 변용이 일어나게 된다. 즉 중국 불교의 교체설이 인도 불교의 교체설을 단순히 받아들인 것뿐만 아니라 이를 변용함으로써 인도 불교의 교체설과 그 궤를 달리하는 단계에 도달하게 되는 것이다.

2
초기 화엄교학의 '불교'

1) 지엄의 '불교'

앞서 살펴보았듯이 지엄 이전 중국 불교에는 능전어, 즉 buddhavacana 또는 언어[聲·名句文]를 경체로 보는 부류와 소전의, 즉 buddhaśāsana 또는 뜻을 경체로 삼는 흐름이 있었다. 인도 불교에서도 이와 비슷한 상황이 있었음은 이미 언급한 바와 같다. 그러나 중국 불교에서는 교체와 경체가 명확한 구분 없이 사용되었기 때문에 두 개념 사이에 혼동이 있었다. 중국 불교에 있어서 경은 곧 부처님의 가르침이었으므로 경체는 곧 교체로 인식되었다.

지엄은 경을 해석함에 있어서 두 개념을 명확히 구분하여 사용함으로써 동아시아 불교의 경전 주석의 틀을 진일보시켰다. 즉 지엄은 경을 주석할 때 경체 개념을 직접 사용하여 풀이하는 것이 아니라 경전 주석 전체를 통해 드러나는 가장 상위 개념으로 설정하고, 경 전체를 풀이하기 위한 5개의 하위 항목을 시설한다. 하위 항목 가운데 지엄은 '능전교체(能詮教體)'와 '소전종취(所詮宗趣)'를 두어서 교체와 종취를 경전 해석의 틀로서 고정시켰으며 이러한 구조는 이후 경전 해석의 전형으로 자리 잡는다.

①

이제 글의 뜻을 나누어 판석(判釋)하는데 다섯 문으로 분별한다. … 셋째는 교 아래의 소전종취와 능전교체를 변별한다. 넷째는 경의 제목을 풀이한다.

다섯째는 글을 나누어 해석한다.[21]

인용문 ①은 지엄의 『수현기』에서 앞으로 『화엄경』을 주석하는 과목을 설명하는 부분이다. 이를 보면 지엄은 주석 대상인 『화엄경』의 주석을 다섯 부문으로 나누어 진행하며 이 가운데 교(敎)는 경이 설하는 의리인 소전종취와 그 의리를 설하는 능전교체로 나누어 주석한다.

이러한 경전 해석틀은 우선 형식적인 면에서 두 가지 의의를 지닌다. 첫째는 인도 불교 이래 경체를 논함에 있어서 중요시하게 다루어져왔던 능전교와 소전종을 경전 해석틀의 구성 요소로서 자리매김하여 경체를 밝히는 수단으로서 이용했다는 점이다. 둘째는 지엄 이전에 '경'과 '교'와 '종'과 '체'의 개념을 제각각 혼란스럽게 사용하던 것을 '능전교체'와 '소전종취'를 구분함으로써 이후에 교체는 곧 능전교체를 의미하게 되었으며 경체는 경전 전체의 체를 뜻하게 되었다는 점이다.

내용적인 측면을 살펴보면 지엄의 경전 해석틀은 인도 불교에서 전래된 교체설의 중국적 변용을 보다 극명하게 보여준다. 즉 지엄은 본래 buddhavacana의 맥락인 능전교체의 내용을 설명하면서 이 속에 인도 불교에서 수용한 성·명구문신을 체로 하는 buddhavacana는 물론이고 부파, 학파별 핵심 교리를 체로 하는 buddhaśāsana까지도 포섭함으로써 중국 교체설의 새 국면을 마련한다.

②

㉠ 다음 능전교체는 다섯 종류가 있다. 첫 번째 뜻은 실제의 음성·명미구(音聲名味句)이다. 두 번째 뜻은 비슷한[可似] 음성·명미구이다. 세 번째 뜻은 비슷하지 않은[不可似] 음성·명미구이다. 네 번째 뜻은 유식(唯識)인 음성·명미구이다. 다섯 번째 뜻은 진여(眞如)인 음성·명미구이다. 때문에 경에서 "일체법은 모두 [진]여"라고 한 것이다.[22]

㉡ 【문】 십이부경교(十二部經教)의 차별은 어떠한가?

【답】 이치를 펼치는 교(教)는 십이부를 기준으로 한다. 첫째는 수다라이니 이곳에서는 계경(契經)이라고 한다. … 이 교(教)의 체성은 이승(二乘)과 삼승(三乘)을 통합하여 모두 여섯 가지가 있다. 첫째는 실(實)이다. 둘째는 실이 곧 공(空)인 것이다. 셋째는 비슷함[可似]이다. 넷째는 비슷하지 않음[不可似]이다. 다섯째는 유식이다. 여섯째는 진여이다. 자세히는 경과 논과 같다.[23]

인용문 ②의 ㉠은 지엄의 『수현기』에서 경을 주석하는 다섯 항목 중 세 번째인 교를 소전종취와 능전교체로 나누어 풀이하는 가운데 능전교체 부분의 한 구절이다. 지엄은 여기에서 능전교체를 다섯 가지로 구분하고 있다. 이 5교체설은 모두 성·명미구를 공통으로 하고 있다는 점에서 우선 혜원의 음성언교 교체설과 유사하며 buddhavacana의 측면을 나타낸다. 그러나 동시에 이 성·명미구를 교리상의 해석에 의해서 5가지로 분류하였다는 점에서 인도 불교와 혜원이 buddhavacana, 즉 능전어의 체를 바라보는 관점과 상이함을 알 수 있다. 혜원도 첫 번째 실제의 음성·명구문과 두 번째 비슷한 음성·명구문을 교체로 보는 설까지는 언급하고 있으나 그 이후의 것은 지엄의 독특한 해석이다. 셋째 이후에서 지엄은 교리의 뜻에 입각하여 음성·명미구를 유식과 진여 등으로서 보고 있다. 즉 소리를 의리(義理) 또는 뜻으로 재해석하고 있는 것이다.

인용문 ①의 ㉡은 지엄의 비교적 후반기 저술인 『화엄오십요문답(華嚴五十要問答)』에서 십이부경교의 성격을 논하는 구절 일부이다. 여기의 내용도 대체로 ①의 ㉠과 유사하다. 다만 ㉠은 교체를 다섯으로 구분하고 ㉡은 여섯으로 나누는 점에서 다르다. 그러나 이것도 ㉠의 첫 번째인 실제 음성을 ㉡에서 실제 음성과 그 음성이 공한 것으로 나눈 것일 뿐 전체 구조상 차이는 없다.

이상을 종합하면 지엄은 buddhavacana의 체를 의미하는 음성·명미구를 buddhaśāsana의 체의 맥락에 해당하는 공(空), 유식, 진여 등의 의리로써 분류하고 있다. 이를 통해 지엄은 능전교체를 밝히면서 buddhavacana를 buddhaśāsana로써 구분하고 buddhaśāsana를 buddhavacana를 통해 설명함으로써 그 둘을 회통하고 있다. 물론 이전에도 지의(智顗, 538~597)와 같은 경우는 모든 경의 체를 실상(實相)으로 파악한 적은 있지만 지의는 다만 소전교체설의 입장에서 모든 경의 체를 통합하려고 했을 뿐이었다는 점에서 지엄과는 차이가 있다.

지엄은 이처럼 buddhavacana에 해당하는 능전교체를 설명하면서 buddhavacana, 즉 음성언교교체설과 buddhaśāsana, 곧 소전교체설을 통합하여 인도의 교체설이 동아시아적으로 변용된 새로운 교체설을 창안하기에 이른 것이다.

지엄의 교체설에 대해서 법장의 저술로 알려져왔으나 근래에 의상의 강의를 그의 제자 지통이 받아 적은 『지통문답』의 이본으로 밝혀진 『화엄경문답』[24]에서는 이를 교판(教判)과 연결하여 다음과 같이 풀이한다.

③

【문】『수현기』[疏]에서 이르는 오종교체(五種敎體)가 오교(五敎)와 어떻게 지금 해당합니까?

【답】첫째, 실제의 음성[實音聲] 등은 소승(小乘) 살바다(薩婆多) 등의 근본 가르침에 해당한다.

둘째, 비슷한 음성[可似音聲] 등은 처음 성실종(成實宗)으로부터 초교(初敎)의 시작까지이다. 성실이란 살바다의 인연이 실법(實法)[이라는 주장]을 파하고 가법(假法)을 세워 가르침으로 한 것이지만, 오히려 심(心)에 비슷한 음성[似音] 등이 현현하는 도리를 밝히지 못했기 때문에 소승교와 같다. 초교대승(初敎大乘)에서는 인연이 가유(假有)의 법으로 식(識)이 전변(轉變)하여 유사하게 현현한 것으로 식을 떠나지는 않으나 다만 생멸하는 망식(妄識)에서만 밝힌 것이기에 참된 유식은 아니다.

셋째, 음성과 비슷하지 않음[不可以似音聲] 등은 초교(初教)의 마지막인 공(空)에서부터 숙교(熟教)의 시작에 이르기까지에 해당한다. 말하자면 초교의 마지막은 일체법이 모두 공하기 때문이고, 숙교의 시작은 일체법이 모두 허망하여 [음성과] 비슷함이 없기 때문이다.

넷째, 유식인 음성[唯識音聲] 등은 멀리는 초교의 지위 등에도 있으나 바르게는 숙교의 마지막 이후이니, 일체법이 다만 하나의 여래장진식(如來藏眞識)이 지은 것이기 때문이다.

다섯째, 진여음성(眞如音聲)은 숙교의 마지막 이후 끝으로 원교(圓教)의 지위에 해당하니, 일체법이 모두 진여(眞如)이기 때문이다.[25]

현재 의상계의 문헌으로 추정되는 『화엄경문답』의 이 구절을 보면 능전교체를 설하는 오종교체와 법장에 의해서 확립된 오교판(五教判)을 연결시키고 있다. 지엄에 의해 부처님의 음성을 뜻하는 능전교가 부처님의 가르침을 의미하는 소전의와 통합되고 나아가 후대에는 부처님의 가르침을 통해 형성되는 교파를 구분하는 교판에까지 연결됨을 볼 수 있다.

지엄에 뒤이어 법상종의 원측과 규기(窺基)는 유식설의 입장에서 중국 고유의 교체설을 더욱 체계화시키고 전개함으로써 buddhaśāsana와 buddhavacana를 회통시키면서, 교체를 부처님의 식상(識上)에 생긴 문(文=聲·名句文)과 의(義=教義)의 상(相)으로 규정한다. 이는 '불교'를 부처님의 육성과 같은 외부의 대상으로 파악하는 것이 아니라 유식 사상에 입각하여 '불교'를 오직 식의 문제로 돌이켰다는 점에서 큰 의의가 있다.

그러나 이러한 원측과 규기의 교체설에도 아직 남아 있는 문제들이 있다. 즉 '불교'가 정등정각자(正等正覺者)이신 부처의 식상에 일어난 상(相)으로서 이것이 중생들의 식에 비슷하게 나타나는 것이라면 부처와 '불교'

와 중생은 같은가 다른가[不一不異]의 문제와 '불교' 외에 다른 법, 예를 들어 기세간의 법들은 '불교'와 어떤 관계를 맺고 있는가에 대한 문제들이 제기될 수 있다.

이러한 문제들은 의상과 법장에 이르러 화엄교학의 법계론, 나아가 여래출현 사상에 바탕하여 해명되는데, 이에 대해서는 아래에서 구체적으로 살펴보도록 하자. 다만 시대적으로 의상이 먼저이지만 성기 사상에 기초한 '불교'의 의미를 의상의 교학을 이용하여 마지막으로 정리하기 위해서, 또 현존 자료에 의하는 한 법장의 교체설이 의상의 그것보다 조직화되어 있기 때문에 법장을 먼저 소개하고 이어서 의상의 설을 소개하기로 한다.

2) 법장의 '불교'

법장은 저술을 지을 때 가장 앞서 시설하는 분과 중에 '능전교체'를 변별하는 부분을 거의 대부분의 저술에 포함시키고 있다. 그중에서도 이 책에서는 법장의 대표적인 저술 가운데 하나인 『화엄경탐현기』의 교체설을 통해 법장의 교체설을 살펴보도록 하자.

④

앞으로 이 경을 해석함에 간략히 열 문을 연다. 첫째는 교가 일어난 까닭을 밝힌다. 둘째는 장부(藏部)를 기준으로 포섭되는 바를 밝힌다. 셋째는 교를 세움의 차별을 나타낸다. 넷째는 교에 해당하는 근기를 간별한다. 다섯째는 능전교체를 변별한다. 여섯째는 소전종취를 밝힌다. 일곱째는 경의 제목을 갖추어 풀이한다. 여덟째는 화엄부경전이 전해져 번역됨을 밝힌다. 아홉째는 글의 뜻의 분제를 변별한다. 열째는 글에 따라서 해석한다.[26]

인용문 ④에 보이듯이 법장은 『화엄경』을 주석하는 부문을 나눌 때 지엄의 분과를 따라서 '능전교체'를 변별하는 분과와 '소전종취'를 밝히는 분과를 시설하고 있다. 이어서 법장은 '능전교체'를 변별하는데 다음과 같이 열 가지 문으로 나눈다.

⑤

다섯째, 능전교체는, 교체를 통틀어 논함에 얕은 것에서 깊은 것에 이르기까지 간략히 열 문이 있다. 첫째는 언전(言詮)에서 체를 변별하는 문이다. 둘째는 소전을 통틀어 섭수하는 문이다. 셋째는 모든 법을 두루 포괄하는 문이다. 넷째는 연기로서 유심인 문이다. 다섯째는 연(緣)을 모아 실(實)에 들어가는 문이다. 여섯째는 이사(理事)가 무애한 문이다. 일곱째는 사(事)가 원융하여 서로 섭수하는 문이다. 여덟째는 인다라망이 중중한 문이다. 아홉째는 해인[삼매]에 환히 나타나는 문이다. 열째는 주(主)와 반(伴)이 원만하게 갖추어진 문이다.[27]

이 인용문에 이어서 법장은 열 가지 각 문에 대해서 자세히 설명한다.

법장은 이 중 첫 번째 문에서 buddhavacana에 대한 이제까지의 다양한 논의를 설일체유부, 경량부, 대승의 여러 종파를 대상으로 펼친다. 이어서 제2, 3, 4문에서 유식법상종(唯識法相宗)의 교체설을 모두 포섭한다. 이 이후부터는 능전교체를 논하면서 능전교에 소전종취를 융합하는 논의를 보여준다. 즉 화엄교학이 '불교'를 바라보는 관점에서 능전교와 소전종을 구분할 수 없다는 입장에 의한 것이다. 이어서 제5, 6에서는 『대승기신론』과 같은 종교(終教)의 교체설을 설명한 뒤 제7부터는 원교의 교체설을 본격적으로 밝힌다. 물론 제2부터 제6까지는 원교의 입장이 아니라 원교 즉 화엄교학이 바라본 대승의 입장에서 능전교체를 설한 것이다.

제7문에서는 이후에 다룰 원교 교체설의 이론적 근거인 상즉[相是]과 상입[相在]을 통하여 교체설을 밝힌다. 먼저 상입에서는 하나의 교법이 일체의 교법 중에 있고 일체의 교법이 하나의 교법에 있음을 밝힌 뒤 이를 통틀어서 "일체를 항상 포함하는 이 하나가 곧 다시 항상 저 일체 중에 있다"[28]고 설명한다. 이를 통해 "일체법이 다 교체(教體)가 되니, 모두 서로 받아들여서 원융무애하여야 바야흐로 이 경교(經教)의 체성"[29]이라고 상입문을 끝맺는다. 상즉문에서는 "일구(一句)가 곧 일체구여서 무궁무진하고 일체 또한 그러하다"고 하며 이와 같이 자재하여야만 이 교(教)의 체라고 밝힌다. 이처럼 법장은 상즉상입문을 통해 일구가 바로 일체구이며 일체구가 바로 일구인 '불교'의 체가 일체법 그 자체임을 보여주고 있다.

제8문에서는 제7문 상즉상입문의 일구가 일체구이고 일체구가 일구이며 일구에 일체구가 있고 일구가 일체구에 있는 중중무진의 '불교'를 인다라망경계문을 통해서 더욱 강조하고 있다.

제9문에서는 제7, 8문의 경계를 통해서 화엄의 교체설을 법계의 교체설로 확장시킨다.

⑥

첫째, 과위(果位)를 기준으로 하면 앞과 같은 차별되어 다함없는 교법이 모두 여래의 해인삼매 중에 동시에 환히 원명(圓明)하게 나타난 것이다. 가령 교화의 대상이 되는 근기 또한 연기를 같이 하여 이 [삼매] 중에 나타남에 있다. 이런 까닭에 오직 이 삼매의 바다로써 그 교체를 삼는다. 아래 경문에서 "일체를 나타내 보여서 남김이 없으니 해인삼매의 세력 때문이다"[30]라고 한 것과 같다.[31]

인용문 ⑥을 보면 일체의 교법은 모두 여래의 해인삼매 가운데 동시에 나타난 것이며 교화의 대상인 중생 또한 다만 해인삼매 중에 있는 것이다. 이를 통해 알 수 있는 것은 일체 교법을 포함한 삼종 세간, 즉 법계는 모두 여래의 해인삼매에 나타난 것이다. 따라서 법상종의 교체설처럼 '불교'는 부처님의 식상에 나타난 상이고 부처님과 별도로 다른 중생의 식상에 비슷한 상이 나타나는 것이 아니다. 법장의 교체설은 '불교'를 비롯한 온 법계가 해인삼매에 의한 것이며 이를 위한 논리적 근거를 앞서 살펴본 것처럼 제7, 8의 문에서 풀이하고 있다.

제10문에서는 이와 같은 화엄교학의 교체가 홀로 일어나는 것이 아니라 주반원명구덕문과 동시구족상응문의 경계로서 수많은 동류(同類)와 이류(異類)의 권속경(眷屬經)을 반(伴)으로 하여 동시에 일어난다고 설하면서 교체설 전체를 마무리한다.

법장 교체설의 핵심은 화엄교학의 법계연기를 바탕으로 일체법 자체가 바로 교체라고 보는 것이다. 이때의 일체법은 물론 여래의 해인삼매에 나타난 일체법이다. 법장에게 있어서는 사법과 이법을 포함한 모든 법이 능전교의 체이다. 여기에서 능전교의 체는 곧 리(理)에 해당한다. 그렇다면 일체법에 포함되는 일체사법이 곧 이법이라는 것이다. 이를 내 앞의 컴퓨터에 대입해서 이해하면 지금 여기 내 눈앞에 놓여 있는 컴퓨터가 바로 능전교의 체이다. 이를 어떻게 이해할 수 있을까? 능전교의 체는 곧 리에 해당하며 내 컴퓨터는 사(事)이므로 능전교의 체가 내 컴퓨터라는 것은 곧 이사무애의 경지에 해당된다.

여기에서 중요한 것은 이 이사무애를 어떻게 풀이하는가이다. '불교'의 체가 내 컴퓨터라는 경지를 『대승기신론』 가운데 수파불리(水波不離)의 이치에 바탕하여 모든 현상[事]에 이법[理]이 변만하기 때문에 무애하다고 한다면 이는 별교일승원교의 이사무애가 아니라 종교(終教)의 이사무애가 되고 만다. 즉 이사무애라고 하여서 반드시 종교의 이사무애가 아니며 반대로 사사무애라고 하여서 저절로 법계연기의 구극을 나타내는 별교일승의 도리가 되는 것이 아니다. 같은 이사무애, 사사무애라고 하여도 ① 사사무애에 의한 ② 이사무애가 있으며 ③ 이사무애에 의한 ④ 사사무애가 있다. 여기에서 ①과 ④, ②와 ③을 같은 경계로 보아서는 안 된다. 이사무애와 사사무애가 무엇이고 왜 그런가에 대한 대답에서 그 경지가 구분되는 것이다.

그러므로 내 컴퓨터가 곧 '불교'의 체라는 것은 내 컴퓨터가 무상(無常)하고 공(空)하고 무아(無我)라는 것에 대한 수사가 아니다. 내 컴퓨터와 '불교' 자체가 모두 석가여래의 해인삼매에 일시병현(一時炳顯)한 것이라는 의미이다. 여기에는 현상[事]에 내재하여 근본 원리로 작동하는 이법을 따로 찾을 필요가 없으며 이법에 따라야만 서로 자재무애하는 현상도 없다. 그렇기에 내 컴퓨터가 곧 '불교'이며, '불교'인 부처의 말이 곧 내 컴퓨터인 것이다.

일체법이 곧 교체라는 법장의 설에 의하면 여래의 해인삼매에 일시병현한 온 법계, 특히 교법이 지금 여기에 존재하는 '나' 자신과는 어떤 관계인가? 물론 '나' 또한 여래의 해인삼매에 나타난 것이겠지만 그렇다면 해인삼매가 넓어서 모든 교법도 담고 있고 '나'는 또 나대로 떠다니며 온갖 법계의 법들이 돌아다니는 것인가? 즉 여래의 해인삼매에 일체법이 일시병현이라면 '나'와 '불교' 그 둘의 관계는 어떤 것인가? 이에 대해서는 의상의 사상을 바탕으로 하여 살펴보자.

3) 의상의 '불교'

법장보다 이전 시대의 사상가인 의상은 교체에 관한 상세한 기록을 남기지 않았다. 그러나 그의 주요 저술인 『일승법계도』와 그 해설서 『법계도기총수록』에는 그의 교체관을 엿볼 수 있는 부분들이 존재한다.

⑦

㉠ 【문】 어째서 도인에 의거하였는가?

【답】 석가여래의 교망(敎網)에 포섭되는 세 가지 세간[三種世間]이 해인삼

매로부터 번다하게 나타난 것임을 표현하려고 한 때문이다. 세 가지 세간이라는 것은 첫째는 기세간이고, 둘째는 중생세간이며, 셋째는 지정각세간이다. 지정각이란 부처와 보살이다. 세 가지 세간이 법을 다 포섭하기 때문에 다른 것은 논하지 않는다. 자세한 뜻은 『화엄경』에서 설하는 것과 같다.[32]

ⓛ "지불(持佛)이니 수순(隨順)하기 때문이다"란 [다음과 같다.] 법계(法界)의 삼라(森羅) 모든 법이 비록 다함없다고 하지만 만약 해인(海印)으로 도장 찍듯 정(定)한다면 곧 오직 하나의 해인삼매의 법일 뿐이다. 저것은 나를 지니고 나는 저것을 지니는 까닭에 '수순'한다고 한다. 그러므로 세계로써 부처님을 지니고 부처님으로 세계를 지니니 이를 이름하여 '지불'이라고 한다.[33]

인용문 ⑦의 ㉠은 『일승법계도』에서 도인(圖印)의 의미를 전체적으로 해석하는 부분이며, ⓛ은 십불(十佛)에 대한 설명 중 일부이다. 삼종세간(三種世間)으로 표현되는 법계가 해인삼매에서 일어난다는 점은 법장의 이론과 유사하다. 그러나 의상은 이 삼종세간이 모두 석가여래의 교망, 즉 가르침에 포함된다는 점을 특별히 강조한다. 법장의 관점에서는 여래의 해인삼매에서 교법이 다른 법들과 함께 나타나는 것으로 보았다. 따라서 교법은 해인삼매에 의해 드러난 많은 법들 중 하나에 불과하다. 반면 의상은 해인삼매에 나타난 삼종세간 모두가 석가여래의 교망에 포함된다고 본다. 이로 인해 법계 전체가 석가여래의 교법이 되는 것이다.

의상은 이러한 교체관을 더욱 발전시켜 교체와 법계를 개인과의 관계로 연결시킨다. 만약 의상의 주장대로 해인삼매에 나타난 모든 법계가 석가여래의 교법이라면, 이는 '나'와 어떤 관계를 갖는 것일까? 모든 법이 단지 해인삼매에 나타난 것이라는 주장은 어떤 의미를 지니는 것일까? 이러한 개념은 『화엄경』을 비롯한 중국 화엄교학에서도 자주 등장한다. 의상은 이를 더욱 적극적으로 해석하여, 해인삼매의 근거를 자신의 육체로 설정한다. 다음 인용문을 살펴보자.

> 심불(心佛)이니 편안히 머무르기 때문이다란 [다음과 같다.] … 이런 까닭에 마음이 편안히 머무르면 곧 법계의 모든 법이 내 오 척 되는 몸에 나타난다.[34]

의상의 해석에 따르면, 법계의 모든 법은 해인삼매에 나타나는 것이다. 더 나아가 의상은 해인삼매에 현현하는 모든 법이 자신의 육체에 나타난다고 주장한다. 즉, 일체법이 드러나는 해인삼매가 자신의 오 척 되는 몸에서 실현된다는 것이다.

의상은 이를 바탕으로 자신의 육체를 중도, 무분별, 무주의 법성으로 해석한다. 『법계도기총수록』에서는 「법성게」의 법성을 설명하며 "오늘 나의 오 척 되는 몸이 움직이지 않음을 무주라고 한다"는 의상의 주장을 인용한다. 또한 표훈, 진정 등 10여 명의 제자들이 의상으로부터 「법계도인」을 배울 때, "움직이지 않는 내 몸이 곧 법신 자체라는 뜻을 어떻게 볼 수 있습니까?"라고 질문한다. 이 질문은 움직이지 않는 자신의 몸이 곧 법신이라는 전제를 내포하고 있다. 이처럼 의상은 움직이지 않는 자신의 몸을 그대로 법신 자체이자 무주로서의 법성의 현현으로 이해한다. 따라서 해인삼매에 나타난 모든 법은 석가여래의 교망에 포함되며, 이는 곧 움직이지 않는 내 오 척 되는 몸이자 법신 자체임을 알 수 있다.

이러한 관점에서 의상에게 석가여래의 교법은 법계 전체이며, 그것은 바로 자기 자신이다. 따라서 다른 곳에서 교법의 본질을 찾을 필요가 없게 된다. 이러한 해석을 통해 화엄의 교체설은 교체를 법계로 확장하는 동시에 개인의 문제로 승화시킨다.

의상의 화엄교학에서 부처님의 가르침이 법계 자체이며, 그것이 곧 움직이지 않는 자신의 몸이라는 주장은 무엇을 의미하는 것일까? 이는 개인의 깨달음 가능성을 비유적으로 표현한 것일까? 만약 의상의 교체설을 이렇게 해석한다면, 그의 구래성불설과 모순되는 결과를 낳게 된다. 따라서 이는 단순히 성불의 가능성을 미화한 것이 아니다. 의상의 화엄교학에서는 말 그대로 움직이지 않는 자신의 몸이 곧 법계이자 부처님의 가르침인 것이다.

3
균여의 '불교'관과 교판 사상

1) 일대연기범으로서 능전이자 소전이고 의리인 '나'

균여는 '불교', '부처의 가르침'을 어떻게 이해할까? 이제까지 다룬 균여의 사상을 바탕으로 예상해본다면 균여의 사상 또한 기본적으로는 의상계 화엄이므로 의상의 '불교'관에 바탕하여 이를 균여 자신의 입장에서 변용했을 것으로 짐작할 수 있다. 균여의 '불교'관은 균여 저술 전체에 녹아 있지만 여기에서는 그 가운데 대표적으로 몇 부분에서 드러나는 균여의 '불교'관을 살펴보도록 하자.

①

【문】 능전과 소전 그리고 의리의 그 특징은 무엇인가?

【답】 명구문신(名句文身)과 음성 등이 능전의 가르침이고 이것이 나타내는 법이 소전의 뜻이며 이 능전과 소전 상의 공·무아와 즉입 등의 뜻이 의리이다.

【문】 즉입 등의 뜻은 의리로서 능전이 아닌데 무슨 까닭에 능전의 교체 중에 또한 즉입의 뜻을 변별하는가?

【답】 일승에서 능전의 가르침은 원융하고 자재하여 미세[상용안립문]·인다라[망경계문]과 상응하기 때문에 이 뜻을 나타내고자 [능전] 교체 중에서 즉입을 변별한 것이다. 그래서 즉입하여 자재한 명구문신이 능전이 되고 명구문신의 즉입하는 인다라[망경계문] 등의 뜻은 의리에 속하기 때문에 [서로] 참여하면서도 잡되지 아니하니 의심할 바가 없다.

【문】 열 쌍의 보법은 능전과 소전 그리고 의리 중에 어디에 속하는가?

【답】 열 보법에서 가르침은 능전이고 나머지는 모두 소전이다.

【문】 만약 그렇다면 무슨 까닭에 「의리분제장」에서 그 열 쌍의 20보법을 변별하는가?

【답】 의리는 정확하게는 해석하는 것[能釋]인 열 문이다. 그러나 먼저 해석되는 바[所釋]인 능전과 소전 등을 들어 열 쌍의 보법을 세우고 그중에서 비로소 해석하는 것인 열 문을 논한 것이다. 이런 까닭에 열 보법은 곧 능전과 소전에 속하고 열 문은 바야흐로 의리에 속한다.[35]

인용문 ①에서 균여는 능전의 가르침과 소전의 뜻, 그리고 그 둘이 나타내는 의리에 대해서 설명한다. 동아시아 불교에서는 어떤 행위의 주체 또는 행위를 가리킬 때 '능(能)'을, 그 행위의 대상을 지칭할 때 '소(所)'를 사용한다. 예를 들면 "얇은 사 하이얀 고깔은 고이 접어서 나빌레라"와 같이 비유가 사용된 경우에 비유하는 것인 '나비'는 '능유(能喩)'이고 비유되는 '고깔'은 '소유(所喩)'로 나타낼 수 있다. 따라서 일반적으로 '능전'은 가르치는 것, 즉 가르치는 말, 문자 등의 언어 쪽을 가리키고 '소전'은 그러한 말, 문자 등을 통해서 가르쳐지는 것을 나타낸다. 그런데 위 논의에서는 능전 및 소전과 더불어 의리라고 하는 제3의 항목이 추가로 나타난다. 따라서 기존의 능소와는 조금 다른 이해가 필요하다.

균여는 십현문을 통해서 능전과 소전과 의리를 설명한다. 균여의 설명에 의하면 열 보법 가운데 교(敎), 즉 가르침[의 언어]가 능전이다. 이는 일반적인 이해이다. 그리고 열 보법 중에 나머지, 즉 이치(理致), 사람과 법[人法], 수행과 지위[行位] 등이 소전이다. 즉 교에 의해서 설해지는 나머지 열 보법이 모두 소전이고 이렇게 능전과 소전을 합해서 열 보법이 된다. 앞서도 설명하였듯이 화엄교학에서 열 보법은 법계의 모든 현상을 아우르는 일종의 카테고리라고 할 수 있다. 이어서 이러한 열 보법의 참모습이 무엇인가, 다른 말로 하면 열 보법을 대표로 하여 나타낸 법계의 참모습이 무엇인가를 열 가지로 풀이한 것이 동시구족상응문을 필두로 한 열 문이고 균여는 이것을 능전과 소전의 의리라고 한다. 따라서 이 의리는 법계의 참모습의 다른 말이므로 좀 더 일반적인 불교 용어로 달리 말한다면 바로 공(空)이고 무아(無我)이며 화엄교학의 언어로 표현하면 상즉상입이다.

'불교' 즉 buddhavacana로서의 능전에 대해서 균여는 앞서 살펴본 두 가지 입장, 즉 음성을 '불교'의 체로 보는 입장과 명구문신을 체로 삼는 입장을 모두 거론한다. 균여는 여기에서 두 가지 중에 어느 것이 '불교'의 체인가에 대해서는 특별히 논의를 진행하지 않고 그 둘을 모두 체로 삼는 듯한 입장을 보인다. 그리고 음성과 명구문신을 체로 하는 능전, '불교'에 의해서 나타나는 바가 소전이며 구체적으로는 열 보법의 교(敎)를 제외한 나머지 아홉 보법이다. 그리고 이 능전과 소전, 즉 열 보법으로 나타낸 법계 모든 현상의 참모습이 공하며 무아이고 상즉상입하는 것이 의리이다.

균여는 일승에 의하면 능전과 인용문에서는 미세상용안립문과 인다라망경계문을 예로 든 의리가 상응한다고 설한다. 이것은 무슨 뜻인가? 가르침의 능전이 있고 그것이 즉입하는 것을 의리라고 하는 것인가? 인용문에서는 즉입하여 자재한 명구문신이 곧 능전이고 명구문신이 즉입함이 의리라고 설한다. 이는 자성을 갖춘 명구문신이 현상[事]으로서 있고 그것의 특성, 이치[理]로서 즉입하는 인다라망경계문이 있는 것이 아니다. 연기하여 자체가 공하므로 즉입하는 어떤 현상에서 현상의 측면에 집중하면 그것은 명구문신의 능전이 되고, 즉입하는 이치에 주목하면 그것이 바로 의리인 것이지 능전과 의리가 별도로 따로 존재하는 것은 아니다. 이러한 균여의 입장은 의상의 "자기의 현상 이외에 어디에서 이법을 얻겠는가?"라는 말과도 상통한다.

능전과 의리가 별도의 체를 갖는 것이 아닌 동일한 연기법의 서로 다른 측면이라고 한다면 왜 소전에 대해서는 별다른 언급이 없는가? 이는 십현문에서 이미 충분히 다루어졌기 때문이다. 십현문의 주된 내용이 법계의 모든 현상을 아우르는 열 보법의 참모습을 열 가지 문으로 밝히는 것이다. 그 열 가지 문이란 동시구족상응문, 미세상용안립문, 인다라망경계문, 제법상즉자재문 등이므로 열 보법이 동시에 구족하여 상응하며 미세상용안립문, 인다라망과 같이 상입하며 열 보법 모두가 상즉하여 자재하다. 그러므로 열 보법의 다른 표현인 능전과 소전이 동시에 구족하여 상응하고 상즉상입하여 자재한 뜻은 이미 십현문에서 충분히 밝혔기 때문에 다시 언급할 필요가 없을 것이다.

그러므로 이러한 이해에 비추어본다면 균여에게 '불교'인 능전과 그것이 가리키는 법계의 모든 현상인 소전, 그리고 능전과 소전의 참모습인 의리는 서로 따로 떨어져, 자성을 가지고 독립적으로 존재하는 것이 아니라 하나의 연기법, 일대연기법(一大緣起法)에 대한 서로 다른 측면을 표현한 것이다. 이러한 균여의 입장을 '나'에 적용시켜보면 어떻게 될까? '나'는 '불교'인 능전인가, 아니면 능전이 가리키는 소전인가, 아니면 능전과 소전의 참모습인 의리인가? 균여에 의한다면 '나'는 일대연기법으로서 능전이자 소전이며 동시에 의리일 것이다.

2) 중생과 국토 그리고 부처의 관계

법계의 모든 현상이 일대연기법으로서 능전이 소전이고 이것이 곧 의리라는 균여의 입장을 '불교' 즉 능전에 주목하여 좀 더 자세히 들여다보자.

②

㉠ 다섯 번째, 경(經)을 설하는 방식[說經儀] … 지금 전체[通]와 개별[別]에 나아가 각각 열 가지 예를 연다.

㉡ 전체로서 이 [경을 설하는 방식]을 논하면 [다음과 같다.] 혹은 음성으로, 혹

은 묘한 색(色)으로, 혹은 기이한 향으로, 혹은 뛰어난 맛으로, 혹은 묘한 감촉으로, 혹은 법의 경계로, 혹은 내부의 6근(六根)으로, 혹은 네 위의(威儀)로, 혹은 제자의 인물로, 혹은 일체 지은 바로 모두 중생을 섭수하니 자세히는 「부사의품」의 설과 같다.

㉢ 다음에 개별로 음성을 나타내면 또한 열 가지 예가 있다. 하나는 여래의 어업(語業)인 원음 자체가 설함이다. 둘은 여래의 털구멍이 소리를 내어 법을 설함이다. 셋은 여래의 광명이 음성을 펼쳐서 법을 연설함이다. … 넷은 보살의 구업이 법을 설함이다. … 다섯은 보살의 털구멍으로 하여금 또한 음성을 내어 법을 설하게 함이다. … 여섯은 보살의 광명으로 하여금 또한 음성이 있어서 법을 설하게 함이다. … 일곱은 모든 국토바다로 하여금 음성을 내어 법을 설하게 함이다. … 여덟은 일체 중생으로 하여금 모두 법을 설하게 함이다. … 아홉은 삼세의 음성으로써 법을 설함이다. 열은 일체법에서 모두 소리를 내어 법을 설함이다. …

㉣ 음성으로 법을 설함에 이 열 가지가 있는 것과 같이 나머지 색과 향 등도 모두 각각 열 가지를 갖춘다.[36]

인용문 ②는 법장의 『화엄경지귀』 중 다섯 번째 「경을 설하는 방식[說經儀]」의 일부이다. 여기에서 법장은 불교 경전이 어떠한 방식, 어떠한 수단으로 설해지는가에 대해서 설명한다. 구체적으로는 가장 일반적인 언설 설법을 비롯하여 색·향·미·촉·법의 6경(六境)과 6근, 그리고 부처가 가고 머물고 앉고 눕는 행주좌와(行住坐臥)의 4위의(四威儀), 부처의 제자, 나아가 부처의 일체 행위[所作]로서 법을 설한다고 한다. 즉 우리가 일상적으로 생각하는 것과는 달리 경전은 언설로만 설해지는 것이 아니라 6근과 6경과 부처의 4위의, 부처의 제자, 부처의 나머지 행위 모두를 통해서 설해진다는 것이 법장의 경설에 대한 입장임을 알 수 있다. 앞서 법장의 교체를 살펴보았지만 교체가 단지 음성 또는 명구문신뿐만 아니라 6근과 6경과 일체 행위로 이야기되고 있는 것이 주목할 만하다. 이에 대해서 균여는 상당히 자세한 주석을 펼치는데 그 가운데 일부만을 인용하면 다음과 같다.

③

【문】 중생과 국토는 무슨 까닭에 [가르침의] 분제와 원융을 열지 않는가?

【답】 실제로는 열었다. …

【문】 중생[세간]과 기[세간]은 부처님의 힘으로 가피해서 설하는가, 실제 스스로 설하는가?

【답】 삼승에서는 다만 부처님의 신력으로써 그들로 하여금 법을 설하게 한다고 말할 뿐이기 때문에 이것은 변화[의 설법]이다. 일승에서 세 종류의 세간은 한 몸이기 때문에 국토의 설법이 중생의 설법이고 곧 부처님의 설법이며 부처님의 설법이 곧 국토의 설법이고 중생의 설법이다. 또 일승에서 연기법은 법이 그러하여 이와 같아서 모두 [신구의] 3업을 갖추어 각자 스스로 법을 설하기 때문에 실제로 설한다. … 이런 까닭에 삼승에는 두 종류의 법을 설함이 있으니 말하자면 모양으로 법을 설함이고 음성으로 법을 설함이다. 모양으로 법을 설함이란 8척의 기둥을 보고 8척이라는 이해를 내며 1척의 기와를 보고 1척이라는 이해를 내는 등이다. 음성으로 법을 설함이란 [부처님의] 신력의 가피로 소리[37]를 내어 설하게 함이다. 일승에서는 일체 모든 법이 법계를 몸으로 삼기 때문에 스스로 광대한 3업을 갖추어 각각 법을 설한다. …

【문】 비정(非情)도 법을 설함을 어떻게 보는가?

【답】 옛사람이 "비정이 3업을 갖추어 법을 설함을 알고자 한다면 반드시 스스로 비정이 되어야만 그 후에야 볼 수 있다"고 하였다. 이 뜻은, 정(情)은 곧 분별이고 무정(無情)은 곧 무분별이기 때문에 무분별이면 비정과 같아서 비로소 비정의 법을 설함을 안다.

【문】 만약 비정이 설하는 주체라면 듣는 주체 중에도 또한 비정이 있는가?

【답】『도신장』에 이른다. "나무와 돌 등이 3업을 갖추었기 때문에 보리수가 능히 법을 설한다면 듣는 대중 가운데 왜 나무 등을 열거하지 않고 다만 유정 중생만을 열거하였는가? 양원 스님이 답하였다. 우선 모습에 의지하는 까닭에 대중 가운데 열거하지 않았으나 실제를 말하면 나무 등이 곧 부처님의 행덕이기 때문에 나무에게 법을 설한다. 묻는다. 부처님은 다만 중생[세간]만을 교화하는가, 아니면 기세간 또한 교화하는가? 답한다. 모습으로는 다만 중생세간만을 교화하지만 실제로는 또한 기세간 등을 교화한다."이상 준하여 생각하면 알 수 있다.38

인용문 ③은 앞서 인용한 법장의 『화엄경지귀』 중 「경을 설하는 방식[說經儀]」(인용문 ②)에 대한 균여의 주석 중 일부이다. ②의 내용을 요약하면 결국 부처의 언설을 포함한 모든 행위와 그 행위의 결과라고도 볼 수 있는 제자(의 행위)도 모두 법을 설함, 즉 '불교'라는 것이다. 따라서 법장의 '불교'는 부처의 행위에 초점이 맞추어져 있음을 알 수 있다. 이는 앞서 살펴본 법장의 '불교'가 여래의 해인삼매에 기반하고 있는 것과 일맥상통한다.

흥미로운 것은 이에 대한 균여의 주석이다. ②에서 법장이 부처의 행위를 중심으로 설법을 설명한 것은 화엄교학의 세계관인 삼세간 중에서 지정각세간, 즉 불보살에 주목한 주장이다. 앞서 화엄교학의 세계관, 불타관에서 수차례 소개되었듯이 융삼세간불을 중시하는 의상의 후손인 균여의 입장에서는 나머지 두 세간은 법을 설하는가에 대해서 논하지 않을 수 없을 것이다. 이러한 맥락에서 균여는 인용문 ③에 보이듯이 삼세간 중 중생세간과 기세간을 대표하는 중생과 국토는 법을 설하지 않는가에 대해서 문답한다.

균여는 지정각세간(부처와 그의 제자인 보살)뿐만 아니라 중생세간과 국토 등의 기세간도 법을 설한다고 주장한다. 이에 따르면 '불교'는 '불교'일 뿐만 아니라 곧 '중생교'이며 '국토교'이다. 왜냐하면 "일승에서 세 종류의 세간은 한 몸이기 때문에 국토의 설법이 중생의 설법이고 곧 부처님의 설법이며 부처님의 설법이 곧 국토의 설법이고 중생의 설법"이라는 것이다.

어떤 이는 삼승에서도 중생과 국토가 법을 설하는 일이 있기 때문에 이것이 반드시 일승만의 일이라고 할 수는 없다고 반론할 수 있다. 이에 대해서 균여는 삼승에서 중생과 국토가 법을 설하는 것은 일승과 다르다고 단언한다. 왜냐하면 삼승에서 중생과 국토 등이 법을 설하는 경우는 부처의 위신력, 가피에 의한 임시적인 변화의 설법으로서 중생과 국토 스스로 법을 설하는 것이 아니기 때문이다. 이와 달리 일승에서 중생과 국토가 법을 설하는 것은 중생과 국토가 부처와 한 몸이어서 부처가 법을 설하듯 중생과 국토도 스스로 법을 설하는 것이기 때문에 삼승과는 다르다는 것이다.

그렇다면 우리는 왜 '불교'만을 볼 뿐 '중생교'와 '국토교'는 평소에 보지 못하는가? 균여는 그것이 우리의 분별 때문이라고 말한다. '부처', '중생', '국토', '나', '너' 같은 온갖 분별에 사로잡혀 있기 때문에 법계 모든 현상이 법을 설하는 것을 보지 못한다. 따라서 예를 들어 국토인 비정물(非情物)이 법을 설하는 것을 보기 위해서는 스스로 비정(非情)이 되어야만 한다. 비정이란 곧 무분별을 가리키며 허망분별을 벗어나면 비로소 법계의 모든 현상, 달리 말하면 삼종 세간 모두가 법을 설함을 볼 수 있게 된다는 것이 균여의 주장이다.

여기에서 균여는 하나의 문답을 더 추가한다. 법계의 모든 현상이 법을 설한다면 법을 듣는 주체는 무엇인가에 대한 문답이다. 일반적으로 부처가 법을 설하고 중생이 법을 듣는다. 그러나 이러한 상식은 앞서 살펴본 균여의 입장에서는 두말할 나위 없이 부정할 것이다. 이 가운데 법을 설함 관련해서는 삼세간 모두가 한 몸으로서 법을 설한다고 논하였다. 그렇다면 무엇이 법을 듣는가? 중생만 법을 듣는가? 국토는 법을 설할 뿐 법을 듣지는 않는가? 혹은 다음과 같은 구도인가?

부처는 법을 설한다.

중생은 법을 설하고 법을 듣는다.

국토는 법을 설한다.

이에 대해서 인용문 ③을 보면 균여는 『도신장』을 인용하여 국토 또한 중생과 마찬가지로 법을 듣는다고 주장한다. 이에 따르면 중생과 국토는 법을 설하고 동시에 법을 듣는 것이 된다. 그렇다면 여기에서 남은 질문은 하나이다. 부처는 법을 설하기만 할 뿐 법을 듣지는 않는가? 달리 말하면 부처는 부처를 교화하는가? 이에 대해서 인용문 ③은 언급하지 않고 있기에 균여의 입장을 명확하게 알 수는 없다. 다만 이제까지 균여의 사상을 다루어온 맥락에서 삼세간이 한 몸이라는 융삼세간 사상을 강조해온 균여의 입장과, 자체의 부처를 경배한다는 '배자체불(拜自體佛)' 사상이 의상 이래 의상계 화엄의 전통임을 고려한다면, 삼세간이 모두 법을 설하고 또한 법을 들으며 삼세간이 모두 교화하고 삼세간이 모두 교화되는 것이 균여의 입장이 아닐까라고 추정해본다.

부처는 법을 설하고 법을 듣는다.

중생은 법을 설하고 법을 듣는다.

국토는 법을 설하고 법을 듣는다.

즉, 부처인 중생인 국토가 법을 설하고 법을 듣는다.

즉, 법을 설하고 법을 들음이 부처이고 중생이고 국토이다.

3) 교상판석의 목적과 균여 교판의 특징

'불교'의 체를 다루는 교체론은 '불교'의 핵심, 본질이 음성 또는 그 음성이 의미를 지닐 수 있게 하는 명구문신이라는 주장에서부터 초기 화엄 교학을 지나 균여에 이르게 되면 법계 그 자체인 '나'가 바로 '불교'의 체라는 관점에까지 이르게 된다.

이렇게 다양하게 파악된 '불교'가 중생에게, 우리에게 펼쳐질 때 어떤 모습으로 다가오는가? 이것을 동아시아 불교에서는 교의 모습·특징 등을 뜻하는 '교상(教相)'이라고 불렀고 이 교상에 대한 다양한 판단과 해석, 주장 등을 전통적으로 '교상판석(教相判釋)'이라고 하였다. 교상판석의 목적 또는 기능은 종래에 크게 두 가지로 나누어 이해하였다. 첫째는 다양한 '불교', 부처의 가르침, 구체적으로는 불경(佛經)의 체계화이다. 이것은 특히 동아시아 불교에서 더욱 중요한 목적으로 작용했다. 왜냐하면 동아시아에 불교가 전래될 당시에 초기 경전부터 아비달마 논서, 그리고 서로 성격이 전혀 다른 대승경전들까지 한꺼번에 수입되어 한역(漢譯)되자 이처럼 너무 다양한 '불교' 경론을 모두 '불교'로서 이해할 수 있는 해석 체계가 필요하였고 이에 대한 노력의 결과가 교상판석이라는 것이다. 같은 불경임에도 불구하고 내용상 같은 부처의 가르침이라고 볼 수 없는 불경들이 계속해서 수입·한역되자 이에 대한 해석 체계로서 교상판석이 일어나게 되었다는 설명이다. 다만 이는 동아시아 불교에서의 교상판석에 대한 설명으로는 유효하지만 이어서 소개할 교상판석의 두 번째 목적, 기능과 관련하여 이미 인도에서 교상판석에 해당하는 주장이 발생한 사실의 설명에는 적합하지 않다. 둘째는 다양한 '불교'의 우열 판단이다. 석가모니 부처의 가르침 이후 시간이 지남에 따라서 부처의 가르침은 점점 더 다양한 버전으로 전파·생성되었다. 이처럼 다양한 부처의 가르침을 체계화하려는 노력 가운데 어느 것이 부처의 본의에 더 부합하는가에 대한 논의 그리고 교상판석을 행하는 자가 속한 그룹이 소의(所依)로 삼는 부처의 가르침, 불경이 다른 가르침보다 본의에 더 부합하고, 그래서 더 수승하다는 논의가 바로 교상판석의 주요한 목적, 기능이었다.

화엄교학 또한 초기부터 교상판석, 즉 교판에 힘을 기울여왔으며 이는 균여에게도 마찬가지이다. 앞서 언급한 교판의 두 가지 측면 중에서 균여의 교판은 특히 둘째 측면에 무게중심이 있는 것으로 보인다. 즉 화엄교학의 우월성, 또는 화엄제일주의의 강화가 균여 교판의 특징이라고 이야기되어왔다. 이에 대해서는 여러 측면에서 그 이유와 의미에 대해서 논할 수 있을 것이다. 균여 당시 앞선 화엄교가들, 예를 들어 지엄, 의상, 법장과 그리고 징관 등에 의해서 화엄의 표준적인 교판이 이미 자리를 잡아 교판의 첫째 측면, '불교' 전체에 대한 체계화와 둘째 측면, 그 가운데 화엄교학의 우월화가 어느 정도 진행된 상태에서 균여는 체계화보다는 화엄교학의 우월화, 또는 화엄제일주의가 비교적 불완전했던 것으로 판단하고 이에 강조점을 두었던 것으로 보인다. 다음에서는 이처럼 우월화에 중점을 둔 균여의 교판 사상이 어떤 구조로, 어떤 의미를 지니는지 '여래일음(如來一音)'을 키워드로 하여 간단히 소개하기로 한다.

4) 균여의 교판 사상과 여래일음의 관계

의상은 『일승법계도』에서 「반시」의 도인(圖印)을 설명하는 가운데 왜 도인에 한 길만 있는가라고 묻고는 이에 대해서 여래의 일음을 표시하기 위해서이며 이 여래일음은 하나의 훌륭하고 교묘한 방편[善巧方便]이라고 답한다.[39] 균여는 『일승법계도』의 이 구절을 주석하면서 여래의 일음에 대한 보리류지(菩提留支, Bodhiruci, 6세기경)와 구마라집(鳩摩羅什, Kumārajīva, 344~413)의 두 가지 설을 소개하고 이어서 이 여래일음설에 대한 초기 화엄교학의 입장을 설명한 후 자신의 입장을 제시한다. 먼저 균여가 소개하는 보리류지와 구마라집의 여래일음설은 다음과 같다.

④

【문】보리류지 삼장과 구마라집 법사는 모두 일음교를 세웠다. 두 스님의 뜻이 어떻게 다른가?

【답】『청량소』에 이른다. 첫 번째로 일음교를 세운다. 말하자면 여래 일대의 가르침은 일음을 여의지 않는다. 그러나 [여래일음교에] 두 스님이 있으니 첫째는 후위(後魏)의 보리류지 스님으로 "여래의 일음은 동시에 모든 [근기]에 답하며 대승과 소승을 함께 설하신다"고 하였다. 둘째는 요진(姚秦)의 구마라집 법사로서 "부처님의 하나의 원음은 평등하여 둘이 없으며 사사로움 없이 두루 응하니 중생이 듣고 스스로 달리하는 것으로 원음 본래가 대승과 소승을 설한다고 하는 것은 아니다"고 하였다. 내지 "위의 두 스님에서 처음은 부처님의 원음이 다름을 갖추고 나중은 다름 자체가 중생에게 있다는 것으로 각각 원음의 한 가지 뜻을 얻었지만 모두 [부처님의] 가르침이 본래 나누어지지 않았다는 뜻일 뿐이다"고 하였다. 『청량소초』에는 "처음 스님은 목소리 좋은 천녀의 한 음성에 백천 가지의 악기가 함께 상응하는 것에 따르니 곧 부처님 자체의 원음 중에 많은 음성이 있는 것이다. 나중 스님은 마치 물이 한 맛이지만 그릇에 따라서 다르게 되는 것과 같음을 따르니 곧 여래는 본래 많은 음성이 없는 것이다. 따라서 '각각 [원음의] 한 가지 뜻을 얻었을 뿐이다'고 하였다."이상 이와 같이 [두 스님의 여래일음이] 다르다.[40]

보리류지와 구마라집 등이 설했다고 전해지는 여래일음설은 부처의 가르침, '불교'가 중생들에게 펼쳐질 때의 모습, 즉 교상을 논할 때 가장 먼저 등장하는 대표적인 이론이다. 기본 내용은 간단하다. 석가모니 부처 이래 시간이 흐를수록 수많은 교설이 석가모니 부처의 가르침, '불교'라고 주장하며 유통되었다. 그 내용을 살펴보면 도저히 같은 인물의 교설이라고 생각하기에는 어려울 정도로 내용의 스펙트럼이 넓었기에 어떻게라도 이에 대한 대처가 필요했다. 여러 가지 대처가 가능했겠지만 불교가 택한 방법 중 가장 대표적인 것이 여래일음설로서 그 다양한, 때로는 상반되기까지 하는 '불교'들을 모두 '불교'로 인정하는 것이다. 이것은 앞서 소개한 교상판석의 두 가지 목적 중 첫 번째에 해당할 것이다. 구체적으로는 매우 폭넓은 스펙트럼을 가지고 모두 '불교'라고 주장하는 교설들은 실제 모두 '불교'로서 여래의 일음, 하나의 음성에서 비롯된 것일 뿐이라는 해석이다.

그렇다면 남은 문제는 여래의 일음으로부터 이렇게 폭넓은 스펙트럼에 펼쳐진 다양한 '불교'가 생겨날 수 있는가에 대한 해명일 것이다. 즉 하나로부터 많음이 생겨나는 원리, 메커니즘에 대한 논의이다. 이에 대해서 인용문 ④는 두 가지 주장을 소개한다. 하나는 보리류지의 주장으로 여래의 일음에서 다양한 '불교'가 펼쳐진 것은 여래의 일음에 본래 다양한 '불교'를 갖추고 있기 때문에 가능하다는 것이다. 다른 하나는 구마라집의 설로서 여래의 일음은 본래 단일하지만 이를 접하는 중생들이 자신들의 근기에 따라서 대소승을 비롯하여 다양한 스펙트럼의 '불교'로 받아들인다는 것이다.

여기에서 주의할 점은 보리류지 설에서 여래의 일음이 언제 여러 '불교'들로 펼쳐지는가이다. 구마라집 설의 경우, 여래의 일음은 본래 단일하지만 중생의 이해에 따라서 달라지는 것이므로 여래의 일음은 중생에게 전해지기 전후로 단일성에 변화가 없다. 그러나 보리류지 설에서는 여래의 일음이 본래 다양성을 품고 있음에도 단일성을 유지하다가 중생에게 전해질 때 비로소 다양성이 펼쳐진다. 중생에게 전해지기 전에는 단일성이던 여래의 일음이 전해진 후에는 다양성으로 변화한다고 생각할 수 있다. 이런 까닭에 보리유지와 구마라집의 일음설을 전하고 있는 『청량소』, 즉 『대방광불화엄경소』의 저자 청량 징관도 두 가지 여래일음설이 “모두 [부처님의] 가르침이 본래 나누어지지 않았다는 뜻일 뿐”이라고 평하고 있다.

이에 대해서 징관은 천녀의 음성과 물그릇에 비유하고 있지만 필자는 빛 또한 좋은 비유가 될 수 있다고 생각한다. 이 경우 보리유지가 주장하는 여래의 일음은 햇빛에, 구마라집의 여래일음은 단일 파장의 단색광에 비유할 수 있다. 햇빛은 실제로는 다양한 파장, 색깔의 빛을 품고 있지만 단일한 백색광을 유지하다가 프리즘[중생]을 만나면 본래 포함되어 있던 빨주노초파남보의 색깔이 펼쳐진다. 이에 반하여 단색광, 예를 들어 앞에서 분광된 단색 파장의 빨강색은 다양한 종류의 형광 물질[중생]을 만나면 다른 색깔로 변하게 되지만 변화 전후로도 단일색일 뿐이다.

균여는 이와 같이 징관을 통해서 두 가지 종류의 여래일음설을 소개한 후 의상이 『일승법계도』에서 도인이 한 길만 있는 것으로 비유한 여래의 일음이 둘 중 어느 것에 해당하는가에 대해서 묻고는 법장의 「원음장(圓音章)」을 인용하여 답한다. 「원음장」에서는 여래의 일음에 관해서 앞의 두 주장과 제3의 주장, 즉 여래는 오직 하나의 적멸 해탈로서 구체적 모습의 언어 음성을 여읜 것을 일음이라고 하며 다만 여러 중생들이 근기에 따라서 스스로 여래의 갖가지 교설을 듣는, 또는 만들어내는 것일 뿐이라는 설을 소개한다. 여래 일음설에 대한 세 가지 설을 「원음장」을 통해서 소개한 균여는 이를 다음과 같이 본성상교(本性相教)와 영상교(影像教)로 구분하여 다시 설명한다.

⑤

【문】 「원음장」의 세 가지 설은 누구의 설인가?

【답】 처음은 보리류지이고 둘째는 구마라집이며 셋째의 모습은 드러나지 않았지만 다른 곳에 준하면 용군(龍軍)과 견혜(堅慧) 논사의 설이다. 말하자면 본[성상]교(本性相教)와 영[상]교(影像教)를 세우는 가운데 호법(護法)

과 월장(月藏)은 본[성상]교와 영[상]교를 [모두] 갖춘다[고 하였고] 금강군(金剛軍) 보살과 견혜 논사는 영상교[만] 세웠다.

즉 호법 등은 중생의 마음 바깥의 부처님에게 미묘한 색신과 음성 등의 법이 있어 듣는 이의 선근의 힘이 부처님의 이타(利他) 종자를 격발함을 원인으로 삼아 부처님의 지혜 상(相)에 [가르침의] 언어와 뜻의 상이 생겨나는 것이 본성상교이고, 부처님의 이 가르침의 증상연(增上緣)의 힘이 듣는 이의 번뇌가 있거나 없는 선근의 종자를 격발하여 듣는 이의 식(識) 상에 [가르침의] 언어와 뜻의 상이 생겨나는 것이 영상교라고 하였다. 견혜 등은 중생의 마음을 여읜 과보로서의 부처님에게 색신과 언어, 음성 등의 현상으로 나타나는 공덕이 없이 오직 진여와 진여에 대한 지혜만이 있지만 대비와 대원이 증상연이 되어 저 교화되는 바인 근기가 익은 중생의 마음에 부처님의 색신이 법을 설함을 나타내니 이런 까닭에 성인의 가르침은 오직 중생의 마음속 영상일 뿐이라고 하였다.이상 따라서 견혜의 설은 셋째와 일치한다.[41]

인용문 ⑤의 내용은 법장의 『화엄경탐현기』에서 다섯 번째, 능전교체를 설하는 중 넷째, 연기유심문(緣起唯心門), 즉 연기가 오직 마음일 뿐임을 밝히는 부문 중 일부[42]의 내용을 가져와서 「원음장」의 세 사시 설을 설명한 것이다. 이에 따르면 부처의 쪽에 현상으로 생겨나는 가르침을 본성상교라 하고 중생 쪽에 펼쳐지는 가르침을 영상교라고 하며 이 둘은 모두 오직 마음에서 벌어지는 일일 뿐이다. 이 둘을 간단히 설명하면 본성상교는 부처의 마음에 있는 본성의 가르침이고 영상교는 중생들이 이해한 영상과 같은 가르침이다. 이 둘 모두 '상교'이기에 구체적 특징, 모습으로 드러난 가르침을 의미한다.

이 둘의 조합 중 본성상교가 있고 이것에 의해서 영상교가 일어난다는 주장, 즉 본성상교와 영상교 모두를 인정하는 설은 호법과 월장이 세웠고

표 16 | 본성상교와 영상교에 대한 여러 논사의 입장

본성상교	영상교	주장한 사람
○	○	호법, 월장(보리류지, 구마라집)
×	○	견혜, 금강군(용군)

본성상교는 없으며 오직 영상교뿐이라는 입장은 금강군, 또는 용군과 견혜가 주장했다고 한다. 정리하면 여래의 일음을 주장하는 세 가지 설 중에서 여래에게 현상으로서의 가르침, 설법은 있지 않다는 세 번째 주장은 견혜의 설이라는 것이다. 그렇다면 여래, 부처에게 가르침이 있다는 호법과 월장의 설은 앞서의 세 가지 설 중에서 여래에게 일음이 있음을 인정하는 보리류지와 구마라집의 주장과 같은 입장이라고 볼 수 있다.

균여는 법장의 「원음장」을 인용하여 이와 같은 여래일음에 대한 세 가지 설 중 하나만을 취하여 원음으로 삼는다면 세 경우 모두 원음이 되지 않으며 이 세 가지 측면을 모두 합하여야 비로소 하나의 원음인 여래일음, 온전한 여래일음, 화엄교학의 여래일음이 이루어진다고 주장한다. 왜냐하면 첫째로 보리류지의 입장은 많은 소리의 뜻만 있고 하나의 소리의 뜻이 없으며, 둘째로 구마라집의 입장은 하나의 소리의 뜻만 있고 많은 소리의 뜻이 없고, 셋째로 견혜의 입장은 무성(無性)일 뿐 소리의 뜻이 없기 때문이다. 따라서 이 세 가지 측면이 장애 없이 원융하게 합해진 것이 바로 화엄교학의, 여실한 여래일음이라는 것이 「원음장」의 내용이다.

균여는 지엄과 의상과 법장, 즉 초기 화엄교가들이 모두 같은 뜻을 가지고 있었으므로 지금 여기에서 의상도 여래의 일음을 본성상교와 영상교 모두를 인정하는 두 가지 설(보리류지, 구마라집)과 본성상교는 인정하지 않고 영상교만 인정하는 한 가지 설(견혜)을 합하여 하나의 원음이라고 한 것이며 이처럼 세 가지 설을 합하여 하나로 한 하나의 원음, 여래의 일음이 제5 원교의 뜻에 해당한다고 풀이한다. 균여는 이어서 이처럼 세 가지 설을 합한 것이 여래의 일음이고 이것이 제5 원교임을 어떻게 알 수 있는가에 대해서 설명한다.

먼저 세 가지 설을 합한 것이 의상이 말하는 여래의 일음, 하나의 원음인 것은 『일승법계도』의 도인의 모습에 의거하여 알 수 있다고 한다. 첫째로 많은 소리의 뜻만 있고 하나의 소리의 뜻이 없어 하나의 원음을 이루지 못하는 보리류지의 설과 달리 도인은 꺾이고 굽혀짐이 곧 하나의 길이기 때문에 하나의 원만한 도인을 이루고, 둘째로 하나의 소리의 뜻만 있고 많은 소리의 뜻이 없어 하나의 원음을 이루지 못하는 구마라집의 설과 달리 도인은 하나의 길이 곧 꺾이고 굽혀짐이기 때문에 하나의 원만한 도인을 이루며, 셋째로 무성일 뿐 소리의 뜻이 없어 하나의 원음을 이루지 못하는 견혜의 설과 달리 도인은 하나의 도인이고 많은 꺾임과 굽혀짐이 그대로 모두 무성이기 때문에 원만한 도인을 이루기 때문에 원만한 도인이 나타내는 의상의 여래 일음은 이 세 가지 설이 원융무애하게 상즉[상입]하여 이룬 하나의 연기라고 주장한다.

이어서 이 세 가지 설이 원융무애한 여래일음이 원교인 것에 대해서 다음과 같이 문답한다.

⑥

【문】 세 가지 설을 합하여 하나로 삼은 것이 원교에 해당함을 어떻게 아는가?

【답】 [『화엄경탐현기』 중] 「료간(料簡)」의 [「화엄교가 일어난 까닭[教起所由]」에서] 근기의 다가옴[機感]의 문단에 "[여래가] 몸을 나타내어 법을 설하니 이에 세 가지 뜻이 있다. 첫째, 과보인 부처님의 색신과 음성의 청정한 공덕이 증상연이 되어 저 근기의 다가옴에 응하여 섭수하여 교화함을 이룬다. … 둘째, 과보인 부처님에게 색신과 음성의 거친 모습이 없으며 평등한 이치와 지혜와 증상연인 원력으로써 근기의 다가옴과 상응하여 형상과 말씀의 나타남이 있다. … 셋째, 앞의 두 뜻을 통틀어 있음과 없음에

장애가 없어서 법계에 들어맞으니… 바로 이 경이 설하는 분제이다"이상 라고 한다. 처음은 본성상교와 영상교를 [모두] 갖추므로 [대승]초교이고, 둘째는 오직 영상교뿐이고 본성상교가 없으므로 종교와 돈교이며, 셋째는 앞의 두 뜻을 통틀어 바로 이 경이기 때문에 그렇다.[43]

인용문 ⑥은 법장의 『화엄경탐현기』의 일부이다. 여기는 여래의 설법, 즉 부처의 가르침을 셋으로 나누는데, 그중 첫째는 본성상교와 영상교를 모두 인정하는 설로서 세 가지 설 중에서는 보리류지와 구마라집의 입장에 해당하며 둘째는 본성상교 없이 영상교만을 인정하는 설로서 견혜의 입장과 동일하다. 마지막 셋째는 첫째와 둘째를 통틀어 있음과 없음에 장애 없이 법계에 들어맞는 것으로 『화엄경』의 분제로서 곧 의상이 말하는 여래일음이다. 그런데 균여는 이 여래일음설과 관련된 분류에 법장의 5교판을 〈표 17〉과 같이 배대한다.

표 17 | 균여의 본성상교와 영상교의 5교판 배대

본성상교	영상교	5교판	주장한 사람
○	○	대승초교	호법, 월장(보리류지, 구마라집)
×	○	종교, 돈교	견혜, 금강군(용군)
이 둘의 원융무애		(제5) 원교	의상(초기 화엄교가)

이러한 교판 배대는 인용문 ⑤에서 언급한 법장의 『화엄경탐현기』의 다섯 번째, 능전교체를 설하는 중 넷째, 연기유심문에 나오는 내용을 활용한 것이다. 왜 '활용'이라고 하는가 하면 『화엄경탐현기』의 해당 부분과 실제 배대 내용이 다르기 때문이다. 해당 내용을 소개하면 〈표 18〉과 같다.

표 18 | 『화엄경탐현기』의 본성상교와 영상교의 5교판 배대

본성상교	영상교	5교판	주장한 사람
○	×	소승교	달마다라 등
○	○	대승시교(초교)	호법
×	○	대승종교	용군, 견혜
×	×	돈교	용수
이 넷의 원융무애		(제5) 원교	법장(초기 화엄교가)

이 둘을 비교하면 우선 균여는 본성상교만 인정하고 영상교를 인정하지 않는 소승교를 아예 언급하지 않고 있다. 경우의 수 중에서 또 균여가 들고 있지 않은 것이 본성상교와 영상교 모두 인정하지 않는 것인데 법장은 이를 돈교에 배대하는 반면에 균여는 돈교를 대승종교와 함께 영상교만 인정하는 경우에 배대하는 차이를 보이고 있다. 그러나 초기 화엄교학, 여기서는 의상의 여래일음을 본성상교와 영상교의 가능한 조합, 즉 법장은 4종류, 균여는 2종류의 원융무애한 관계로 보는 것은 동일하다. 여기까지는 균여가 의상의 여래일음을 이해하고 주석하는 데 법장의 설을 대부분 수용하고 있음을 알 수 있다. 그런데 균여는 여기에서 더 나아가 이 여래일음인 하나의 훌륭하고 교묘한 방편이 무엇인가를 문답하면서 교판에 대한 자신의 독자적인 관점을 드러낸다.

⑦

㉠ 【문】 '하나의 훌륭하고 교묘한[一善巧][방편]'이란 5교를 통틀은 것인가, 오직 원교일 뿐인가?

【답】 어떤 이는 앞과 같다고 하고, 어떤 이는 뒤와 같다고 하며, 어떤 이는 궁실(窮實)이라고 한다.

㉡ 첫째 뜻은 부처님의 일음을 나누어 5교를 이루는 것이다. 이런 까닭에 『오교장』에 "근본과 지말이 융융하여 오직 하나의 큰 훌륭하고 교묘한 법[善

巧法]일 뿐이다"라고 한다.

【문】 [『일승법계도』의] 글에 이 '훌륭하고 교묘한 [방편]'을 다시 거론하여 "훌륭하고 교묘한 [방편]은 [일정한] 방법이 없어서 법계에 응하여 들어맞고 십세에 상응하여 원융 만족하다"고 하니 그런즉 오직 원교일 뿐인 것이 옳지 않은가?

【답】 [『일승법계도』의] 글에 "중생의 근기와 욕망이 같지 않음을 따르기 때문이다"는 삼승이고, "법계에 응하여 들어맞고"는 일승이다. 이 일승과 삼승을 [모두] 갖춘 하나의 훌륭하고 교묘한 [방편]이기 때문에 그렇다.

㉢ 마지막 [셋째 사람의] 뜻은 [다음과 같다.] "중생의 [근기와 욕망이 같지 않음을] 따르기 [때문이다]" 등은 아래 삼승의 방편으로 모습을 닦음[方便修相]이다. "훌륭하고 교묘한 [방편]은 [일정한] 방법이 없어서 … [이] 뜻은 원교에 해당한다"는 실제돈(實際頓)이다. 점교와 돈교를 모두 갖추므로 궁실이기 때문에 그렇다. …

㉣ 지금 해석은 두 번째 뜻을 바른 것으로 한다. 이런 까닭에 앞의 '훌륭하고 교묘한 [방편]'을 다시 거론하여 "훌륭하고 교묘한 [방편]은 [일정한] 방법이 없어서 … 원교이다"라고 한 것이다.[44]

인용문 ⑦에서 균여는 하나의 훌륭하고 교묘한 방편이 5교를 통튼 것인가, 아니면 원교일 뿐인가, 아니면 궁실인가에 대해서 각각의 입장을 설명한 후, 오직 원교일 뿐인 것이 옳다고 주장한다. 여래일음인 하나의 훌륭하고 교묘한 방편이 원교라는 균여의 주장은 사실 앞에서 이미 살펴보았다. 따라서 어찌 보면 앞의 주장을 다시 한번 반복한 것이다. 균여는 다만 여기에서 원교를 논하는 가운데 이와 관련하여 삼승의 방편으로 모습을 닦음, 즉 수상점(修相漸)과 실제돈, 그리고 궁실원이라는 균여 독자의 교판 용어를 거론한다. 수상점은 점교이고 실제돈은 돈교, 궁실원은 원교라고 한다면 일단 점돈원의 3교판을 균여 독자적으로 명명한 것으로 보인다.

㉡은 훌륭하고 교묘한 방편[一善巧方便]이 5교 전체를 통튼 것이라는 주장이다. 5교는 법장의 5교판을 뜻하므로 즉 소승교, 대승시교(초교), 종교, 돈교, 원교이다. 따라서 다음과 같이 나타낼 수 있다.

一善巧方便 = 소승교+대승시교+종교+돈교+원교

㉢은 삼승의 수상점과 일승의 실제돈을 모두 갖춘 궁실원이 바로 하나의 훌륭하고 교묘한 방편이라고 주장한다. 다음과 같다.

一善巧方便 = 궁실원 = 수상점+실제돈

그러나 균여는 ㉣에서 하나의 훌륭하고 교묘한 방편은 오직 원교일 뿐이라고 주장한다.

一善巧方便 = 원교

이상의 세 가지 주장을 살펴보면 3교판과 5교판, 그리고 균여의 독자적 교판 명칭 사이에 동일/유사한 명칭이 중복 사용되면서 혼란을 일으키는 것으로 보인다. 즉 3교판의 원교와 5교판의 원교와 균여의 궁실원, 3교판의 돈교와 5교판의 돈교와 균여의 실제돈 등 사이의 관계가 불분명하다. 예를 들어 인용문 ⑥에서는 대승시교(초교)와 종교와 돈교가 원융무애한 것이 원교라고 하였다. 그렇다면 수상점과 실제돈을 모두 갖춘 궁실원과 원교가 같은 것이 아닌가? 궁실원과 원교가 같다면 두 번째와 세 번째는 같은 주장이 되지만 균여가 이를 구분한 것을 보면 이 둘은 같은 것이 될 수는 없다.

이러한 혼란은 균여가 지엄에 의해 확립된 3교판과 법장이 세운 5교판을 함께 활용하면서 이를 자신의 독자적인 교판 용어인 수상점·실제돈·궁실원으로 재해석하기 때문에 이 사이의 관계를 분명하게 파악하지 않아서 생긴 것으로 보인다.

8장

균여 사상의 의미

1) 정체성 탐구와 규정의 중요성

이 책에서 이제까지 균여의 삶과 사상을 다루면서 가장 핵심에 둔 문제의식은 "균여가 평생에 걸쳐서 하려고 한 것은 무엇인가?"이다. 이는 균여가 가졌던 여러 정체성 또는 역할 가운데 가장 근본되는 정체성 또는 역할이 무엇인가라는 물음으로 바꿔서 말할 수 있다. 균여는 정치가이면서 교육자였고 사상가였다. 때로는 신비한 능력을 갖춘 주술사의 모습도 보여준다. 우리는 균여의 근본 정체성을 무엇으로 파악해야 할 것인가?

이제까지의 균여에 관한 여러 연구를 살펴보면 균여의 특정 면모에 대해서는 조금이나마 연구가 진행되었지만 균여의 다양한 면모를 총괄하여 균여의 핵심, 근본 정체성을 밝히려는 노력은 아직 논의가 시작되지 않은 듯하다. 균여의 근본, 핵심 정체성에 대한 고민과 그 결과를 바탕으로 균여를 바라보는 입장을 확고히 한 후에야 비로소 균여의 삶과 사상과 행적을 온전히, 또는 일관되게 바라볼 수 있지 않을까?

어느 시대, 어느 공간에 활동했던 한 인물의 정체성과 그것을 드러내는 사상을 파악하는 것과 관련하여 그 시대, 공간의 정치·경제·사회적 영향은 반드시 고려해야 할 요소일 것이다. 하지만, 그 인물의 사상을 파악하는 데 이러한 외부적 요소들을 어디까지 받아들여야 하는지에 대한 판단은 사실 이러한 작업에서 매우 어려운 부분이다. 하지만, 어느 한 인물의 정체성에 대한 고민 없이, 특히 그 인물이 불교 출가 수행자인 경우에, 그 인물의 근본[本]과 지말[末]을 구분하지 못하고 본말이 뒤바뀐다면 그의 본모습을 올바로 파악하는 것은 불가능할 것이다. 실례로 기존의 일부 연구는 균여가 당시 광종과의 관계 속에서 정치 이데올로기를 제공하기 위하여 자신의 화엄사상을 구축했다는 주장을 선보이기도 하였지만 이러한 주장은 균여의 근본 정체성에 대한 고민 또는 고려가 결여된 결과일 가능성이 크다.

그렇다면 문제는 균여의 근본 정체성을 어떻게 파악하느냐일 것이다. 이를 위한 방법은 간단하다. 그러나 다만 행하기 쉽지 않은 간단한 길이다. 즉 균여에 관한 자료를 모두 검토한 후 이를 바탕으로 가능한 한 선입견을 배제한 상태에서 균여가 하고자 했던 것이 무엇인지 파악하는 것이다. 여기에는 두 가지 염두에 두어야 할 사항이 있다.

첫째는 균여에 관한 자료, 예를 들어 『균여전』과 균여의 저술을 검토할 때 지말적인 부분의 내용 파악에 함몰되지 말고 이러한 지말들이 균여의 근본 정체성과 어떤 관계를 맺고 있는지, 어떻게 균여의 근본 정체성을 형성하는지 항상 고민해야 한다. 즉 [지말 → 근본]의 방향성 추구이다.

둘째는 기존 연구의 입장을 참고하되 항상 비판적인 입장을 견지하고 자신의 입장을 구축하는 것이다. 어쩔 수 없이 각자는 각자의 균여를 바라보는 것이기 때문이다. 다만 이것이 최대한의 보편성을 확보하기 위해서는 아집에 빠져서 본말을 전도하고 개연성을 필연성으로 주장해서는 안 될 것이다.

이와 같이 너무나도 당연한 말을 마무리 글의 첫머리에 언급한 것은 균여 연구에서 이러한 입장을 견지하는 것이 그리 쉽지 않음을 이 책의 저술 과정에서 다시금 뼈저리게 느꼈기 때문이다. 균여를 누구로 보아야 하는가는 균여의 자료를 어떻게 보았는가에 바탕하여야 하지만, 이는 동시에 균여의 자료를 어떻게 보아야 하는가는 균여를 누구로 보는가에 따라서 전혀 달라지게 되어 서로 맞물리며 물고 물리는 영향 관계에 있다. 마치 이미 답을 알고 있지 않으면 애초에 물음조차 할 수 없으며, 만약 물음을 할 수 있다면 이는 답을 알고 있기 때문이다와 마찬가지인 상황이다. 이처럼 물고 물리는 관계를 맺고 있기에 닭에서 시작해야 할지 달걀에서 출발해야 할지 헤맬 수 있지만 그럼에도 불구하고 분명히 여기에도 인과는 존재하며 이 인과는 나선형의 모습을 가진다. 비록 온전하지는 않지만 앞서 언급한 사항을 염두에 두고 균여 자료의 검토를 시작한다면 이는 반드시 균여의 근본 정체성을 조금이나마 더 분명히 해주고 이렇게 조금이나마 더 분명히 된 균여의 근본 정체성에 대한 자각은 연구자가 좀 더 온전히 균여 자료를 검토할 수 있는 토대가 되어줄 것이다. 이처럼 점점 나선형의 인과가 모이고 모여 연구자 개인의 균여관이 성립될 것으로 생각한다.

그렇다면 이번 연구가 내놓는 균여관은 무엇인가? 균여의 근본 정체성은 석가모니 부처의 가르침을 따라서 모든 종류의 고통을 온전히 여의려는 불교 출가 수행자라는 것이다. 이러한 근본 목적을 달성하기 위하여 때로는 정치가적인, 때로는 다른 여러 모습을 보일 수는 있었겠지만 그 핵심은 어디까지나 불교 출가 수행자로서의 본분에 있다고 생각한다.

이 책에서는 이러한 균여관에 입각하여 균여의 삶과 사상을 살펴보았다. 먼저 균여의 삶은 그에 관한 유일한 전기인 『균여전』을 중심으로 다루었으며 균여의 사상을 검토하기 위한 기본 자료인 균여 저술의 기본 사항에 대해서도 소개하였다. 이어서 균여의 사상을 경(境)·행(行)·증(證)의 불교 전통 서술 방식을 원용하여 소개하고 그 앞에는 사상 이해의 기본적인 의미와 그 뒤에는 균여의 불교관에 대해서 서술하였다.

먼저 균여의 삶을 전하는 전기는 『균여전』이 유일하다. 『균여전』의 기록을 살필 때에는 이 『균여전』이 균여를 선양하기 위해서 쓰여진 성인전(聖人傳, hagiography)이지 역사서의 기록이 아님을 항상 의식해야 한다. 성인전으로서 『균여전』은 이러한 목적 달성을 위해서 균여의 여러 측면을 사실보다 과장하여, 때로는 축소하여 기록할 가능성이 농후하기 때문이다. 예를 들어 『균여전』에서 균여와 광종과의 관계가 그렇다. 균여가 귀법사의 초대 주지를 맡았다는 기록 등을 볼 때 균여가 광종과 어떤 관계가 있었음은 확실하다. 그러나 『균여전』에서 그려지는 균여와 광종의 관계가 대부분 신이한 행적에 의해서 뒷받침되고 있음은 주의해야 한다.

그럼에도 불구하고 『균여전』에 보이는 균여의 모습은 불교 출가 수행자의 모습을 기반으로 첫째, 신이한 행적을 통해서 고려 왕실, 즉 당시 절대

왕권을 추구하던 광종과의 관계를 맺어가는 정치가의 모습, 둘째, 이전까지의 화엄교학을 정리하고 여러 저술을 짓는 화엄교가의 모습, 셋째, 「보현십원가」를 짓고 유포하여 대중을 교화하는 포교가의 모습 등으로 구분할 수 있다. 이들 각각의 모습은 서로 단절된 것처럼 보일 수 있지만 불교 출가 수행자인 균여가 당시 상황에 따라서 다양한 모습으로 대처한 것으로 이해할 수도 있을 것이다.

2) 균여 사상과 화엄교학

균여의 사상은 불교 출가 수행자인 균여가 석가모니 부처의 가르침을 화엄교학의 입장에서 받아들이고 이를 균여 자신의 사상으로 발전시킨 것이다. 이러한 균여의 화엄사상을 사상사적 측면과 사상 그 자체의 측면으로 나누어 다음과 같이 특징지을 수 있을 것이다.

(1) 의상계 화엄의 계승과 발전의 마지막 인물

(2) 초기 화엄교학의 주요 문헌들을 거의 모두 주석한 인물

(3) 의상과 법장 화엄사상의 원융적 해석

(4) 화엄 교리·교판의 고노화

이 중에서 (1), (2)는 사상사적 측면의 특징이고 나머지는 균여 사상 자체의 특징이라고 할 수 있다. 다음에서는 앞서 거론한 균여 사상의 특징들에 대해서 간단히 설명하면서 이 책을 마무리하고자 한다.

(1) 의상계 화엄의 계승과 발전의 마지막 인물

균여는 신라 시기 의상이 구축하고 그의 법손들이 면면히 계승해온 이른바 의상계 화엄을 고려 전기에 유지하고 나아가 의상계 화엄의 고유한

사상적 기반 위에 자신의 독특한 사상을 쌓아올린 의상계 화엄의 마지막 인물이라고 할 수 있다. 물론 여기에는 많은 오해의 소지가 있다. 우선 이러한 주장에는 "현존 기록에 의거하는 한"이라는 제한이 붙어야만 한다. 그리고 '의상계 화엄'의 '계승'과 '발전'이 무엇을 의미하는지도 고찰할 필요가 있다.

여기에서 '의상계 화엄'이라고 할 때 이것은 무엇을 의미하는가? 단순히 지역적 구분에 따른 명칭일 뿐인가? 아니면 의상계 화엄은 예를 들어 중국의 화엄종, 더 구체적으로는 법장-혜원-징관-종밀 등으로 이어지는 중국의 화엄교학과는 사상 측면에서 구별되는 독자성을 지니는가? 필자는 의상계 화엄이 중국의 화엄교학과는 지역적 차이는 물론 사상적 차별성을 확고히 지닌다고 판단한다. 이를 밝히는 것은 물론 이 책의 주제는 아니지만 앞서 살펴본 균여의 화엄교학, 일례로 육상설 중 총상과 동상의 분화, 수십전법의 독자적 이해 등을 통해서도 충분히 유추가 가능하다.

이렇게 사상적 독자성을 지니는 의상계 화엄을 균여가 '계승'했다는 것은 무슨 의미인가? 균여의 현존 저술을 보면 의상 이래로부터 균여에 이르기까지 의상계 화엄에서 전래되어온 의상계 화엄 교유의 독특한 논의가 풍부히 담겨 있다. 그리고 균여 이전 의상계 화엄의 논의가 단순히 인용되어 있는 것에 그치는 것이 아니라 균여의 화엄사상 구축에 중요한 기반으로서 작용하고 있다는 점에서 균여가 의상계 화엄의 명실상부한 계승자라고 볼 수 있다.

이와 더불어 균여는 의상계 화엄사상을 계승한 것뿐만 아니라 이를 바탕으로 균여 독자의 사상을 구축해나간다. 이는 특히 균여 이전에는 볼 수 없는 균여 교판설과 수십전법의 구분, 그리고 십현문의 독자적 이해 등을 통해서 확인 가능하다.

이러한 의미에서 균여는 의상계 화엄을 계승하고 발전시켜나갔다고 말할 수 있다. 그렇다면 균여가 이러한 행적을 보인 마지막 인물인가? 현존 기록에 의하는 한 균여 이후에 의상계 화엄을 유지 보존하여 계승한 이는 있을지언정 계승과 더불어 의상계 화엄사상의 맥락에서 이를 변용하여 독자의 사상으로 전개한 사례는 확인할 수 없다. 따라서 균여를 의상계 화엄을 계승하고 발전시킨 마지막 인물이라고 평가할 수 있는 것이다.

(2) 초기 화엄교학의 주요 문헌들을 거의 모두 주석한 인물

앞서 균여의 저술을 소개할 때에도 언급했듯이 균여는 초기 화엄교학의 주요 인물, 즉 지엄, 의상, 법장의 주요 문헌들에 대해서 주석을 남긴 유일한 인물이다. 구체적으로는 지엄의 저술 4종과 의상의 저술 1종, 의상 제자의 저술 1종, 법장의 저술 4종, 도합 10종의 초기 화엄교학의 주요 저술에 대해서 자신의 화엄사상을 바탕으로 주석을 남긴다. 이는 동아시아 전체로 볼 때 유례가 없는 일로서 균여 사상의 폭넓음을 확인시켜주는 동시에 이를 가능하게 한 균여 사상의 깊이를 짐작하게 한다.

(3) 의상과 법장 화엄사상의 원융적 해석

이처럼 초기 화엄교학의 주요 저술에 대해서 폭넓은 주석을 남긴 균여의 주석 스타일을 보면 의상과 법장의 화엄사상을 원융적으로 해석하려는 경향을 보이는 데 그 특징이 있다. 여기에서 원융적 해석이라고 함은 의상과 법장의 화엄교설 중에서 서로 다르거나 또는 서로 반대되는 입장인 것처럼 보이는 경우에 대해서 대부분 이는 표면적인 차원의 이해에 따른 것일 뿐 그 근본 내지는 궁극의 차원에서는 의상과 법장의 교설이 동일하다는 입장을 가리킨다. 일례로 균여는 의상과 법장의 진부진(盡不盡)과 관련된 논의에서 의상의 하나의 이름으로 부름[一名口許]과 법장의 각자 자신의 이름으로 부름[自名口許]이 일견 달라 보일지라도 근본적으로는 같은 도리의 다른 설명일 뿐이라는 입장에서 의상과 법장의 교설을 융회하려고 한다.

(4) 화엄 교리·교판의 고도화

균여는 이와 같이 의상계 화엄사상의 기반 위에서 초기 화엄교학의 주요 저술을 섭렵함으로써 독자의 사상을 구축한다. 이러한 균여 독자의 사상은 우선 균여 이전에 이루어진 화엄교리와 화엄교판의 고도화(高度化)를 통해서 확인 가능하다.

앞서 살펴보았듯이 균여는 화엄교학이 기존에 구축해놓은 주요 교설들, 예를 들어 '융삼세간불', '법계연기설', '수십전법', '십현문', '육상설', '해인삼매' 등에 대해서 독자적인 이해에 근거하여 이를 다른 곳에서는 찾아볼 수 없을 정도로 고도화시킨다. 이런 고도화 작업이 모두 주석 과정에서 이루어지는 점을 감안하면 균여 자신은 물론 그의 이러한 고도화 작업이 주석 대상, 예를 들어 의상과 법장의 본래 뜻에 부합된다고 확신했을 것이다.

균여의 이러한 고도화 작업은 기존의 교설에 등장하는 요소, 항목들을 그의 독자적인 이해를 기반으로 더욱 세분하거나 또는 그들 각자에 별도의 의미를 부여하는 방법을 통해서 이루어진다. 이러한 방식은 불교 내 주석 전통에서는 독자적인 것이라고 볼 수는 없다. 다만 이러한 전통적인 방식으로 이루어진 그의 고도화된 주석 내용이 동시대의 화엄교가들과 비교할 때 매우 독창적이라는 점에서 그의 화엄사상의 특징을 찾아볼 수 있다.

미주

1장 균여는 누구이고 무엇을 하려 했는가

1 '보현십원가'라는 명칭이 「보현십원가」를 전하는 『균여전』에 보이는 것은 아니다. 이 책에서는 균여의 향가 11수를 편의상 통칭하기 위해서 일반적으로 널리 사용되는 '보현십원가'라는 명칭을 사용한다.

2 '통시성'과 '공시성'은 구조주의 언어학에서 사용하는 용어이지만 여기에서는 이 의미를 援用하여 역사적 맥락에서 어떤 인물을 이해하고자 할 때의 관점을 가리키는 용어로 사용하고자 한다.

3 이 책에서는 『균여전』의 저본으로 『한국불교전서(韓國佛敎全書)』 제4권의 『대화엄수좌원통양중대사균여전병서(大華嚴首座圓通兩重大師均如傳幷序)』을 이용한다. 이 본은 동국대학교 영인본 『고려대장경(高麗大藏經)』 제47권에 수록된 『석화엄교분기원통초(釋華嚴敎分記圓通鈔)』 제10권 끝에 첨부되어 있는 본을 저본으로 하였다. 이 책에서 '高麗大藏經', '고려대장경'은 13세기에 제작된 '高麗再雕大藏經' 그 자체를 의미하며 '『고려대장경』'은 동국대학교에서 영인한 『高麗大藏經』(東國大學校 編, 1957~1962, 1975~1976)을 가리킨다.

4 저자와 관련하여 이 책이 『균여전』의 저본으로 사용하는 『한국불교전서』 수록본에는 제목 다음에 저자를 밝히는 "赫連挺撰"이라는 문구가 있지만 이는 『한국불교전서』의 편찬자가 『균여전』의 後序 등에 보이는 내용을 바탕으로 보입한 것이다. 『한국불교전서』 수록본의 저본인 고려대장경 수록본에는 저자명이 없다. 물론 전서와 후서의 내용을 보면 『균여전』의 저자가 혁련정인 것은 분명하다.

5 근대에 『균여전』에 관한 연구가 시작된 이후에 『균여전』 저자의 이름에 대해서 논란이 있었다. 즉 저자를 '赫連挺'으로 보는 쪽과 '赦連'으로 보는 쪽의 주장이다. 그러나 선행 연구에 의하여 저자는 '赫連挺'임이 분명히 밝혀졌다. 참고로 '赦連'으로 주장하게 된 원인은 『균여전』의 유통과 관련하여 생각해볼 필요가 있다. 이에 대해서는 뒤의 유통을 다루는 부분에서 소개한다. 이와 관련한 더욱 자세한 내용은 다음 참조. 한영환, 「均如 연구의 현황과 문제점」, 『성신어문학』 1(돈암어문학회, 1988), 81-83쪽.

6 崔喆·安大會는 혁련정이 이 전기를 쓸 때가 "2, 30대의 젊은 시절"이라고 추측한다. 그 근거로 『고려사』에서 혁련정이 1075년에 『균여전』을 저술하고 약 30년 후인 1100년, 1105년에도 활동하고 있었다는 것을 들고 있지만, 이것만으로 혁련정이 이 전기를 쓸 때가 2, 30대라고 보는 것은 그 근거가 빈약하다고 생각한다. 崔喆·安大會 譯注, 『譯注 均如傳』(새문사, 1986), 7쪽.

7 『고려사』, 「世家」, 숙종 5년(1100) 11월 丙戌.

8 『고려사』, 「世家」, 예종 1년(1105) 11월 庚子.

9 金坵, 『지포집(止浦集)』 권3, 「上座主金相國謝衣鉢啓」.

10 혁련정, 『대화엄수좌원통량중대사균여전병서』(H4, 511a9-a18). 번역은 해주 역주, 『정선 화엄 I』(대한불교조계종 韓國傳統思想書 刊行委員會, 2010)에 수록된 『균여전』을 참고하여 일부 수정하였다. 이하 『균여전』 번역문은 동일.

11 창운에 관한 자세한 기록은 「弘護寺住持等觀僧統墓誌銘」 참조.

12 이 책에서 '화엄교'는 『대방광불화엄경(大方廣佛華嚴經)』과 이에 관한 동아시아의 다양한 해석 체계, 교리 등을 가리키는 총칭이고 '화엄교학'은 화엄교 가운데 동아시아의 해석 체계를 따로 가리키는 별칭이다. 따라서 여기의 '화엄교 승려'는 이러한 화엄교를 전문으로 하거나 능통한 승려를 일컫는다. 이와 관련하여 '화엄종'이라는 명칭도 많이 사용되지만 '화엄종'이라는 명칭의 여러 의미로 인한 모호함을 피하기 위해서 이 책은 '화엄교'라는 명칭을 택한다. 이 책이 주로 대상으로 삼는 시기인 신라 말 고려 초 가운데 신라 말에는 화엄종에 대응하는 역사적 실체를 증명하는 기록이 보이지 않고 고려 초 광종에 이르러 화엄종이라는 명칭에 상응한다고 할 수 있는 기록, 실제로는 '華嚴業'이 보인다. 참고로 『대방광불화엄경』은 중국 동진 佛馱跋陀羅(Buddhabhadra, 359~429)가 한역하여 50권 또는 60권으로 유통된 본과 大周 實叉難陀(Śikṣānanda, 652~710)가 80권본으로 한역한 본이 있다. 또한 당 般若(Prajña, 734~?)가 이 두 한역본의 마지막 품인 「入法界品」에 해당하는 경전을 40권으로 한역한 『대방광불화엄경입부사의해탈경계보현행원품(大方廣佛華嚴經入不思議解脫境界普賢行願品)』이 있다. 이 책에서는 이 3종류의 경을 '『화엄경』'으로 통칭하고 따로 가리킬 때는 각각 순서대로 '60권본 『화엄경』', '80권본 『화엄경』', '40권본 『화엄경』'을 사용한다.

13 탄문의 탑비는 「瑞山普願寺址法印國師塔碑」로서 보물 제106호이다.

14 강유현에 관해서 이곳 이외에는 관련 기록을 찾지 못하였다. 참고로 강유현의 관직인 殿中內給事는 殿中省에 속하는 종6품 벼슬이다. 전중성은 고려 전기 때 왕의 供上 및 친족의 譜牒에 관한 일을 관장하던 관청이다.

15 대부분의 『균여전』 관련 선행 연구는 강유현의 기록과 창운이 혁련정에게 준 실록 고본 1권을 서로 다른 것으로 판단한다. 다만 李永洙는 이 둘을 같은 것으로 추정한다(李永洙, 「均如大師傳の研究(上)」, 『東洋學研究』 通號7, Toyo University Asian studies, 1973, 21쪽). 그러나 서문에서 강유현의 기록을 혁련정이 보고서 애석하게 여겼다는 것은 혁련정이 이미 강유현의 기록을 가지고 있었다는 것이므로 이를 창운이 다시 줄 필요는 없었을 것이다. 따라서 강유현의 기록과 창운의 실록 고본은 균여에 관한 별도의 기록이었을 가능성이 높다고 생각한다. 또 김운학은 실록 고본을 균여의 가요집, 즉 향가집으로 추정하지만(김운학, 「均如의 華嚴思想과 文學的 位置」, 『韓國佛教思想史』, 崇山朴吉眞博士華甲紀念事業會, 1975, 446쪽) 이를 뒷받침하는 기록이 없고 또 노래를 모은 가요집을 '實錄'으로 부르기에는 어색한 점 등을 고려할 때

가능성은 낮아 보인다.

16 崔喆·安大會는 『譯注 均如傳』 해제에서 『균여전』의 구조를 "序와 本傳 그리고, 後序로 짜여져 있다"(崔喆·安大會 譯注, 『譯注 均如傳』, 새문사, 1986, 6쪽)고 하여 首題와 尾題는 『균여전』의 구성에서 제외시키고 있지만 그 이유는 밝히고 있지 않다. 『균여전』 구성에 제목을 포함시키는 여부는 이 수제와 미제를 누가 지었는가라는 논의와 연관되기에 임의로 결정할 수는 없다. 이 책에서는 제목과 『균여전』 관계의 중요성만을 문제 제기하고 일단 제목을 『균여전』에 포함시켜서 구조를 서술한다.

17 崔喆·安大會 譯注, 『譯注 均如傳』(새문사, 1986), 6쪽에 이러한 주장이 보인다. 이에 대해 김영태는 『균여전』이 『법장화상전』을 본뜬 것이라기보다는 당시 贊寧의 『宋高僧傳』을 비롯한 고승전류의 일반적인 구조를 따른 것이라고 반박한다(김영태, 「均如傳의 중요성과 그 문제점」, 『佛教學報』 31, 동국대학교 불교문화연구원, 1994, 8-11쪽). 다만 김영태도 인정하듯이 『송고승전』은 승려 개인의 전기를 열 부문으로 나눈 것이 아니라 고승전 전체를 열 부문으로 구성한 것이기에 『법장화상전』이나 『균여전』과는 차이가 있다.

18 崔致遠, 『唐大薦福寺故寺主翻經大德法藏和尙傳』(T50, 280c19-c20; 286b8)에는 수제가 "唐大薦福寺故寺主翻經大德法藏和尙傳"이고 미제가 "華嚴宗主賢首國師傳"으로서 동일하지 않다. 물론 이러한 수제와 미제의 불일치는 한문 불전에서 드문 사례는 아니다.

19 金承璨, 「均如傳에 關한 硏究」, 『코기토』 15(부산대학교 인문학연구소, 1976), 77-78쪽.

20 有賀啓太郎, 『四十七祠院』(朝鮮印刷株式會社, 1921).

21 오오야 도쿠조는 이 본의 저본을 고려대장경 수록본으로 추정하고 있다. 大屋徳城, 「朝鮮海印寺經板攷」, 『東洋學報』 15-3(東洋協會調查部, 1926), 291-292쪽.

22 大屋徳城, 「朝鮮海印寺經板攷」, 『東洋學報』 15-3(東洋協會調查部, 1926).

23 근대에 『균여전』이 소개되는 과정에 대한 자세한 내용은 다음 참조. 최연식, 『均如 華嚴思想研究』(서울대학교 박사학위논문, 1999), 5-6쪽.

24 이 역주는 완역이 아니라 향가와 관련된 (7) 노래를 펼쳐 세상을 교화함[歌行化世], (8) 노래를 번역하여 덕을 드러냄[譯歌現德] 부분은 역주가 누락되어 있다.

25 天祐는 唐 昭宗과 哀帝가 904년부터 907년까지 사용한 당의 마지막 연호로서 실제는 천우 4년으로 끝나지만 당이 멸망하고 시작된 오대십국의 시대에도 경우에 따라서 천우 연호가 사용되기도 하였다.

26 拾遺는 고려 전기 중서문하성의 종6품 관직으로 주 임무는 왕에 대한 간언이다.

27 敬天之寺에 대해서는 이 전기 이외에 현존 기록이 보이지 않는다. 참고로 황해도 송도에 자리했던, 십층석탑으로 유명한 敬天寺와는 다른 사찰이다.

28 혁련정, 『대화엄수좌원통량중대사균여전병서』(H4, 511b3-b17).

29 균여의 출생 연도에 대한 근현대 연구의 종합 정리를 겸하는 연구로 다음 참조. 金知

見, 『均如大師華嚴學全書』 上卷(大韓傳統佛教硏究院, 1977), 23-25쪽; 한영환, 「均如 연구의 현황과 문제점」, 『성신어문학』 1(돈암어문학회, 1988), 79-80쪽 등.

30 균여의 성씨인 '邊'과 관련하여 『세종실록』, 「지리지」 '黃海道/黃州牧'에는 "村落姓一邊", 『신증동국여지승람』 권41, '黃海道/黃州牧/姓氏/本州'에는 "邊村"이라고 기록되어 있다. 따라서 조선 초기까지도 황주 지역의 村落姓으로 '邊' 씨가 존재했던 것으로 보이며 이는 균여의 속가와 관련이 있을 것으로 추정된다. 최연식, 『均如 華嚴思想硏究』(서울대학교 박사학위논문, 1999), 42쪽.

31 赫連挺 編著, 李丙疇 譯, 『均如傳』(二友出版社, 1987), 2쪽.

32 金知見 編著, 『均如大師華嚴學全書』 上卷(大韓傳統佛教硏究院, 1977), 53쪽.

33 一然 著, 李載浩 譯, 『三國遺事』(솔, 1997), 부록 56쪽.

34 赫連挺 글짓고 崔喆·安大會 譯注, 『譯注 均如傳』(새문사, 1986), 31쪽.

35 金杜珍, 『均如華嚴思想硏究』(一潮閣, 1983), 12쪽.

36 金煐泰, 「均如傳의 중요성과 그 문제점」, 『佛教學報』 31(동국대학교 불교문화연구원, 1994), 21-25쪽

37 균여, 『석화엄교분기원통초』(K47, 259c13)의 "四立義定宗分" 중 '立'. 혁련정, 『대화엄수좌원통량중대사균여전병서』(H4, 511a22) 참고.

38 균여, 『석화엄교분기원통초』(K47, 260a14)의 "第四立義定宗分者" 중 '立'. 혁련정, 『대화엄수좌원통량중대사균여전병서』(H4, 512a1) 참고.

39 균여, 『석화엄교분기원통초』(K47, 231c8)의 "凡諸緣起亡雙二句已爲甚深況總亡四句" 중 '亡'(2회). 균여, 『석화엄교분기원통초』(H4, 440b10-b12) 참고.

40 혁련정, 『대화엄수좌원통량중대사균여전병서』(H4, 511b18-c7).

41 최연식은 復興寺를 앞서 소개한 『신증동국여지승람』에 나오는 개경 인근의 부흥사로 판단한다. 나아가 고려 초기의 주요 화엄교 사찰이었던 '福興寺'와 비슷한 위치와 발음을 근거로 이 부흥사가 화엄교 사찰인 복흥사와 같은 사찰일 것으로 추정한다. 최연식, 『均如 華嚴思想硏究』(서울대학교 박사학위논문, 1999), 58쪽 각주 77.

『신증동국여지승람』에 의하면 부흥사는 개경 인근 우봉현의 남쪽에 있다고 기록되어 있다. 우봉현의 남쪽에는 聖居山 즉 九龍山이 있고 이 구룡산에 복흥사가 있었으며 부흥사의 '復'가 그 당시 '복'으로 발음되었을 가능성이 높다. 따라서 균여가 출가한 부흥사는 개경 인근의 부흥사이며 이는 곧 당시 주요 화엄 사찰인 복흥사라는 주장이다. 한편 김두진은 균여가 출가한 부흥사를 대목황후의 황보씨와의 結緣 등의 이유로 황주 근처였을 것으로 추정한다(金杜珍, 『均如華嚴思想硏究』, 一潮閣, 1983, 14-15쪽). 하지만 앞서 거론한 이유로 필자는 부흥사의 위치로서 황주 인근보다는 개경 북동쪽의 금천군이 가능성이 높은 것으로 생각한다. 이영수 역시 부흥사를 금천군 소재의 부흥사로 추정한다(李永洙, 「均如大師傳の硏究(上)」, 『東洋學硏究』 通號 7, Toyo University Asian studies, 1973, 30쪽). 다만 이 논문에서는 의순이 거처했던 영통사를

개경 인근 오관산에 위치한 영통사로 추정하지만 이는 창건 연대를 볼 때 불가능하다.

42 『균여전』, '(6) 감통과 신이' 부분 참조.

43 『균여전』, '(4) 뜻을 세우고 근본을 정함' 부분 참조.

44 『伽倻山海印寺古籍』(海印寺 刊, 1662, 현종 3) 수록 「頌希朗大德」(張次 第15-16張).

45 이지관, 『伽倻山海印寺誌』(伽山文庫, 1992), 62쪽.

46 『伽倻山海印寺古籍』(海印寺刊, 1662, 현종 3) 수록 『伽倻山海印寺古籍』(張次 第1-5張), 第4-5張, 동국대학교 불교학술원 불교기록문화유산 아카이브.

47 『영월흥녕사지징효대사탑비』, 한국사데이터베이스 고려사 고려 시대 사료 DB.

48 남동신, 「羅末麗初 華嚴宗團의 대응과 《(華嚴)神衆經》의 성립」, 『외대사학』 5(한국외국어대학교 사학연구소, 1993), 167쪽; 정은우, 「陜川 海印寺 希朗大師像의 특징과 제작 의미」, 『미술자료』 98(국립중앙박물관, 2020), 57쪽.

49 이상의 기록 외에도 『陜川海印寺誌』에는 희랑에 대한 매우 자세한 기록이 전해진다(韓贊爽, 『陜川海印寺誌』, 創人社, 1949, 49-50쪽). 즉 희랑이 889년(신라 진성여왕 3)에 居昌郡 聖基에서 태어나 966년(광종 7)에 열반하였다고 한다. 그러나 이는 앞서 살펴본 ④의 기록과 상충하며 966년까지 생존해 있었다고 보기에는 그 당시 관련 기록이 너무 없는 점 등에서 신뢰하기 어렵다. 이와 관련하여 다음 참조. 文明大, 「海印寺木造希朗祖師眞影(肖像彫刻)像의 考察」, 『考古美術』(한국미술사학회, 1978), 21쪽.

50 남동신은 「보원사법인국사보승탑비(普願寺法印國師寶乘塔碑)」 중 清泰 초 즉 934년 즈음에 탄문이 왕건의 청에 의해 西伯山으로 찾아가는 神朗大德을 희랑으로 추정한다(남동신, 「羅末麗初 華嚴宗團의 대응과 《(華嚴)神衆經》의 성립」, 『외대사학』 5, 한국외국어대학교 사학연구소, 1993, 164-170쪽). 즉 "神朗은 神通力이 뛰어난 希朗에서 따온 이름"이라는 추측이다. 이 비문의 내용을 보면 태조가 서백산의 신랑이 화엄의 가르침에 뛰어나나 "죽을 때가 되어 신체가 허약하니" 탄문에게 신랑을 찾아가라고 한다. 만약 남동신의 추정을 받아들이면 희랑은 934년까지 생존해 있었지만 말년에 가까운 것으로 볼 수 있다.

51 『균여전』, '(6) 감통과 신이' 부분 참조.

52 남동신, 「羅末麗初 華嚴宗團의 대응과 《(華嚴)神衆經》의 성립」, 『외대사학』 5(한국외국어대학교 사학연구소, 1993), 170쪽.

53 '가족'에 해당하는 원문은 '親顔'이다. 많은 번역서들이 이를 '어머니' 또는 '부모님'으로 번역하였지만 앞서 밝혔듯이 균여는 어려서 고아가 되었으므로 부모보다는 친척 내지는 가족이 적절한 것으로 생각한다.

54 보리유지(菩提留支 또는 菩提流支, Bodhiruci, ?~508?)는 북인도 출신 역경승이다. 北魏 宣武帝 永平 원년(508)에 낙양에서 『십지경론(十地經論)』, 『묘법연화경우파제사(妙法蓮華經憂波提舍)』(『법화경론(法華經論)』), 『금강반야경(金剛般若經)』 등 39

부 127권을 한역하였다.

55 德雲(Meghaśrī) 비구는 80권본 『화엄경』, 「入法界品」에서 선재동자가 역참하는 선지식 중 첫 번째 선지식이다. 60권본 『화엄경』에는 '功德雲比丘', 40권본 『화엄경』에는 '吉祥雲比丘'로 되어 있다.

56 혁련정, 『대화엄수좌원통량중대사균여전병서』(H4, 511c8-c22).

57 920년에 수명이 태어나므로 첫 번째 항목 중의 어머니가 917년에 꾼 태몽은 암수 두 마리가 등장하는 내용을 볼 때 수명과 균여 둘의 태몽으로도 볼 수 있다. 한편 김두진은 수명을 僧尼, 즉 비구니라고 하지만(金杜珍, 『均如華嚴思想研究』, 一潮閣, 1983, 13쪽), 그 출처로 밝히고 있는 『균여전』에는 이를 뒷받침할 만한 기록이 없다.

58 이러한 난점에 대해서 李永洙는 이 덕운비구를 『화엄경』, 「입법계품」에 등장하는 선지식 덕운비구가 아니라 실재의 인물로서 『법화경』과 『대승기신론』에 밝았던 중국의 禪月大師 貫休(자 德隱)로 보는 편이 더욱 타당하다고 주장한다. 李永洙, 「均如大師傳の研究(上)」, 『東洋學研究』 通號7(Toyo University Asian studies, 1973), 31쪽, 하지만 혁련정이 굳이 중국의 선사, 그것도 당시 고려에 큰 영향을 끼친 것으로 보이지 않는 인물을 선택했을 개연성은 높아 보이지 않는다.

59 『신중경(神衆經)』에 관한 연구는 다음 참조. 남동신, 「羅末麗初 華嚴宗團의 대응과 《(華嚴)神衆經》의 성립」, 『외대사학』 5(한국외국어대학교 사학연구소, 1993).

60 고려 태조가 창건한 十刹 중의 하나로서 개경 송악산에 919년(태조 2)에 지어졌다. 이 절은 교종 승려들의 승과장으로 사용되었다.

61 혁련정, 『대화엄수좌원통량중대사균여전병서』(H4, 512a1-b4).

62 金福順, 『新羅華嚴宗研究』(民族社, 1990), 126-131쪽; 佐藤厚, 『新羅高麗華嚴教學の研究: 均如『一乗法界圖圓通記』を中心として』(東洋大學大學院 博士學位論文, 1998), 194쪽.

63 金福順, 『新羅華嚴宗研究』(民族社, 1990), 130쪽.

64 金杜珍, 「均如의 生涯와 著述」, 『역사학보』 75·76(역사학회, 1977), 특히 110-112쪽.

65 金杜珍, 「均如의 生涯와 著述」, 『역사학보』 75·76(역사학회, 1977), 119쪽.

66 金杜珍, 『均如華嚴思想研究』(一潮閣, 1983), 336쪽.

67 金相鉉, 『新羅華嚴思想史研究』(民族社, 1991), 260-261쪽.

68 崔炳憲, 「高麗時代 華嚴學의 變遷」, 『한국사연구』 30(한국사연구회, 1980), 65-67쪽.

69 金相鉉, 『新羅華嚴思想史研究』(民族社, 1991), 257쪽.

70 관혜가 남악관공이라는 주장에 대해서는 현재의 연구 상황에서 부정도 긍정도 불가능하다고 생각한다. 이에 대해서는 추후의 연구가 필요하다.

71 金相鉉, 「新羅 華嚴學僧의 系譜와 그 活動」, 『新羅文化』 1(동국대학교 신라문화연구소, 1984), 특히 'Ⅶ. 華嚴學僧 間의 갈등과 南·北岳의 分裂'.

72 한편 이 연구와 마찬가지로 남북악의 분열을 의상계와 법장계의 분파로 파악하면서도

김상현의 연구와는 반대로 김잉석은 북악을 법장계로, 남악을 의상계로 추정한다. 金芿石, 『華嚴學槪論』(法輪社, 1960), 33-35쪽. 이 연구는 북악의 법손인 균여가 주로 지엄과 법장의 저술을 주석하였고 의상에 대해서는 단지 『일승법계도』에 관한 주석만 있으므로 북악은 법장계에, 남악은 의상계에 해당한다고 한다. 다만 김상현의 연구는 이러한 주장이 "均如의 저술 성격이나 사상 경향에 대한 충분한 검토를 거치지 않았을 뿐만 아니라, 남악의 전통에 대한 이해를 소홀히 함으로써 생긴 잘못"이라고 비판한다.

73 金相鉉, 『新羅華嚴思想史硏究』(民族社, 1991), 259쪽.

74 海住, 「羅末 麗初 南·北岳의 華嚴 思想」, 『한국불교에 미친 해인사의 역할과 나아갈 방향』(법보종찰 해인사, 2002), 79-121쪽.

75 정병삼, 「9세기 신라 화엄의 추이」, 『불교학보』 69(동국대학교 불교문화연구원, 2014), 132-137쪽; 최연식, 「후백제 견훤과 불교계의 관계」, 『후백제 불교와 김제 금산사 학술대회』(김제시, 동국대학교 불교문화연구원 HK+사업단, 2023), 31-42쪽.

76 李永洙, 「均如大師傳の硏究(上)」, 『東洋學硏究』 通號7(Toyo University Asian studies, 1973), 24-26쪽, 57쪽에서는 "洎國家大啓選席於王輪寺, 擢取空門及第, 則以吾師義路爲正, 餘旁焉, 凡有才名之輩, 何莫由斯途也."의 구절을 균여가 이 왕륜사의 승과장에서 급제한 것으로 이해하여 뒤의 '(6) 감통과 신이' 항목에서 광종이 균여를 大德으로 삼는 것과 상충한다고 지적하고 왕륜사의 균여 급제가 오류라고 지적한다. 그러나 본문의 번역에서도 밝혔듯이 이 구절은 균여가 왕륜사 승과장에 응시하여 급제했다는 기록이 아니라 왕륜사 승과장에서 급제의 기준을 균여의 교의로 삼았다는 것이다. 따라서 953년에 광종이 균여를 대덕으로 봉하는 것과는 아무런 충돌이 일어나지 않는다. 참고로 광종이 승과제를 도입하는 것은 958년(광종 9)이므로 순서를 따져보면 '953년: 광종이 균여를 대덕으로 삼음 → 958년: 광종이 승과제도를 시작함 → 958년 이후: 왕륜사 교종 승과장이 균여의 교의를 기준으로 채택함'이 된다.

77 이를 주제로 한 최근 연구로 다음 참조. 감심흠, 『高麗均如華嚴學硏究 先公鈔三十餘義에 대한 均如의 解釋』(동국대학교 박사학위논문, 2020).

78 李永洙, 「均如大師傳の硏究(上)」, 『東洋學硏究』 通號7(Toyo University Asian studies, 1973), 75-82쪽.

79 『균여전』 본문에는 '斷障' 다음에 '微少'가 있지만 이 연구에서는 '微少'가 누락되어 있다.

80 金知見 編著, 『均如大師華嚴學全書』 상권(大韓傳統佛敎硏究院, 1977), 55쪽.

81 鎌田茂雄, 「釋華嚴敎分記円通鈔の注釋的硏究」, 『東洋文化硏究所紀要』 84(東京大學東洋文化硏究所, 1981), 3쪽.

82 高翊晋, 『韓國古代佛敎思想史』(동국대학교 출판부, 1989), 336-337쪽.

83 '百六'이 『균여전』 본문에는 '百十城'으로 되어 있다.

84 佐藤厚, 『新羅高麗華嚴教學の研究: 均如『一乘法界圖圓通記』を中心として』(日本東洋大學 博士學位論文, 1998), 171-186쪽.

85 최연식, 『均如 華嚴思想研究』(서울대학교 박사학위논문, 1999), 49쪽.

86 해주 역주, 『정선 화엄I』(대한불교조계종 韓國傳統思想書 刊行委員會, 2010), 386-387쪽.

87 감심흠, 『高麗均如華嚴學研究 先公鈔三十餘義에 대한 均如의 解釋』(동국대학교 박사학위논문, 2020), 15-32쪽.

88 『수현방궤기』는 智儼(602~668)이 60권본 『화엄경』을 주석한 『대방광불화엄경수현분제통지방궤(大方廣佛華嚴經搜玄分齊通智方軌)』(현존)를 균여가 주석한 것이다. 현존하지 않는다.

89 『공목장기』는 지엄이 60권본 『화엄경』의 순서에 따라서 주요 주제를 뽑아 풀이한 『화엄경내장문등잡공목(華嚴經內章門等雜孔目)』(현존)을 균여가 주석한 것이다. 현존하지 않는다.

90 『오십요문답기』는 지엄이 화엄교의 주요 주제를 50여 가지 문답으로 정리한 『화엄오십요문답(華嚴五十要問答)』(현존)을 균여가 주석한 것이다. 현존하지 않는다.

91 『탐현기석』은 법장이 60권본 『화엄경』을 풀이한 『화엄경탐현기(華嚴經探玄記)』(현존)를 균여가 주석한 것이다. 현존하지 않는다.

92 『교분기석』은 법장이 일승 화엄교의 주요 교의를 풀이한 『화엄일승교의분제장(華嚴一乘教義分齊章)』(현존)을 균여가 주석한 것이다. 현재 『석화엄교분기원통초(釋華嚴教分記圓通鈔)』라는 제목으로 동국대학교 영인본 『고려대장경』 권47에 실려 있다.

93 『지귀장기』는 법장이 60권본 『화엄경』의 취지를 열 가지로 나누어 풀이한 『화엄경지귀(華嚴經旨歸)』를 균여가 주석한 것이다. 현재 『석화엄지귀장원통초(釋華嚴旨歸章圓通鈔)』라는 제목으로 동국대학교 영인본 『고려대장경』 권47에 실려 있다.

94 『삼보장기』는 법장이 화엄교의 주요 교의 중 다섯 가지 주제에 대해서 풀이한 『화엄경명법품내립삼보장(華嚴經明法品內立三寶章)』을 균여가 주석한 것이다. 현재 『화엄경삼보장원통기(華嚴經三寶章圓通記)』라는 제목으로 동국대학교 영인본 『고려대장경』 권47에 실려 있다.

95 『법계도기』는 의상이 60권본 『화엄경』의 핵심 교의를 축약하여 드러낸 『일승법계도(一乘法界圖)』를 균여가 주석한 것이다. 원래는 전체 상중하 3권이었던 것으로 추정되나 현재 『일승법계도원통기(一乘法界圖圓通記)』라는 제목으로 상하 두 권만 동국대학교 소장의 필사본 등으로 현존한다.

96 『십구장기』는 지엄이 60권본 『화엄경』의 요체를 열 구절[十句]로 간추린 것을 의상의 법손 법융이 주석하여 『십구장』을 지었고 이 『십구장』을 균여가 주석한 것이다. 현재 『십구장원통기(十句章圓通記)』라는 제목으로 동국대학교 영인본 『고려대장경』 권47에 실려 있다.

97 『입법계품초기』는 지엄이 60권본 『화엄경』, 「입법계품」을 풀이한 『입법계품기』를 균여가 주석한 것으로 추정된다. 현존하지 않는다. 자세한 내용은 후술하는 본문 참조.

98 혁련정, 『대화엄수좌원통량중대사균여전병서』(H4, 512b5-b12).

99 균여가 인용하는 문헌의 종류와 성격에 대해서는 다음 참조. 최연식, 『均如 華嚴思想 研究』(서울대학교 박사학위논문, 1999), '二. 3.'.

100 균여 저술에 대한 더욱 자세한 내용은 '2장 균여의 저술' 참조.

101 의천, 『신편제종교장총록』(H4, 681c10), "入法界品鈔記一卷義想述."

102 오대십국 시대 후한의 隱帝가 948년부터 950년까지 사용한 연호이다.

103 고려의 제4대 왕 광종이다. 고려 태조 왕건과 그의 비인 신명순성왕태후 劉氏의 아들이다.

104 광종의 妃이다. 태조 왕건과 신정왕후의 딸이므로 광종과는 이복형제가 된다. 성과 본관은 동성혼을 피하기 위해 외가를 따라 黃州 皇甫氏를 칭하였다. 정식 시호는 安靜宣明懿正信敬恭平靜睿大穆王后이다.

105 遼 道宗이 1055년부터 1064년까지 사용한 연호이다.

106 오대십국 시대 後周의 태조가 951년부터 954년까지 사용한 연호이다.

107 40권본 『화엄경』에서 선재동자가 歷參하는 선지식 중 여섯 번째 선지식이다. 閻浮提畔의 遍無垢 나라에서 平等清淨普莊嚴三昧門의 해탈문을 성취하고 본인이 성취한 이 해탈 경계를 선재동자에게 설한다(T10, 688b18-693c3). 변무구는 60권본 『화엄경』(T10, 695a24-25)에서는 莊嚴閻浮提頂으로, 80권본 『화엄경』(T10, 340a22)에서는 摩利伽羅로 번역되어 있으며, 현존 범본에는 'milasphuraṇa'로 되어 있다.

108 국사 겸신은 광종에게 균여를 천거하는 중요한 인물이지만 이곳 이외에는 별다른 기록이 보이지 않는다.

109 연못과 마을을 언급하는 이 구절은 『춘추좌전(春秋左傳)』 襄公 21년조의 "깊은 산과 큰 연못은 실로 용과 이무기를 낸다[深山大澤, 實生龍蛇]"는 구절과 『논어』, 「公冶長」 편의 "열 가구의 마을에도 반드시 나(공자)처럼 충성되고 믿음직한 사람이 있을 것이나 나처럼 배우기를 좋아하는 사람은 없을 것이다[十室之邑必有忠信如丘者焉, 不如丘之好學也]"라는 구절을 연결하여 말한 것이다.

110 오대십국 시대 후주의 세종이 954년부터 959년까지 사용한 연호이다.

111 951년(광종 2)에 광종이 어머니 劉氏의 원당으로 개성 동쪽 보봉산에 창건하였다. 지금은 현존하지 않는다. 조선 시대의 『신증동국여지승람』에는 이 절이 현존하는 것으로 기록되어 있는 것을 볼 때 조선 중기 이후에 폐허화된 것으로 추정된다.

112 『논어』, 「衛靈公」에 공자가 "인에 있어서는 스승께도 양보하지 않는다[當仁不讓於師]"라고 하며 제자들에게 인에 철저할 것을 당부하는 구절과 유사하다.

113 고려 시대 및 조선 초기까지 대궐 안에 있던 법당을 가리킨다.

114 혁련정, 『대화엄수좌원통량중대사균여전병서』(H4, 512b13-513a6).

115 이에 관한 선행 연구들은 대목황후의 외가인 황보씨가 황주 지역의 대호족이며 균여가 황주 출신인 점에 주목하여 대목황후가 의도적으로 균여를 발탁하기 위한 것으로 이 사건을 이해하기도 한다. 물론 가능성이 없는 것은 아니지만 몇 가지 점에서 그와 같은 추론은 개연성이 낮아 보인다. 첫째로 균여가 황주의 호족 출신이 아니고, 둘째로 앞의 추정이 맞다면 균여는 황주 지역이 아닌 금천군의 부흥사에 출가했으며, 셋째로 대목황후와 직접 연결되는 것이 균여가 아니라 의순인 점을 고려한다면 대목황후가 균여를 위해서 이러한 일을 벌였다고 보기 어렵다는 점이다.

116 『고려사』, 「世家」, 광종 4년(953) 月 미상, 癸丑.

117 『한국불교전서』 수록 『균여전』에는 이 부분의 원문이 "雖意失言□"으로 되어 있으나 고려대장경 수록본에는 '□'이 '乖'로 되어 있다. 여기서는 고려대장경 수록본을 따랐다.

118 뒤에 이어지는 향가는 균여의 삶에 대해서 구체적인 사실을 알려주지는 않으므로 여기에서는 생략한다. 이 부분의 번역 등의 자세한 내용은 '2장 균여의 저술, 7절 「보현십원가」' 참조.

119 혁련정, 『대화엄수좌원통량중대사균여전병서』(H4, 513a7-a19).

120 赫連挺 글짓고 崔喆·安大會 譯註, 『譯注 均如傳』(새문사, 1986), 19쪽.

121 金承璨, 「均如傳에 關한 硏究」, 『코기토』 15(부산대학교 인문학연구소, 1976), 78쪽.

122 "夫如是則八九行之唐序, 義廣文豊, 十一首之鄕歌, 詞淸句麗. 其爲作也, 號稱詞腦, 可欺貞觀之詞, 精若賦頭, 堪比惠明之賦. 而唐人見處, 於序外以難詳." 이에 대해서는 이 책 73쪽 '8) 노래를 번역하여 덕을 드러냄' 참조.

123 赫連挺 글짓고 崔喆·安大會 譯註, 『譯注 均如傳』(새문사, 1986), 23쪽.

124 최철·안대회는 균여가 애초에 「보현십원가」를 글로 쓰지 않았다는 근거로 「보현십원가」가 일반 대중에게 노래로 유포되었다는 기록을 들지만 이는 근거가 되기에는 둘 사이에 필연관계가 부족해 보인다. 赫連挺 글짓고 崔喆·安大會 譯註, 『譯注 均如傳』(새문사, 1986), 19-23쪽.

125 「보현십원가」 저술 시기에 대한 선행 연구는 다음 참조. 金承璨, 「均如傳에 關한 硏究」, 『코기토』 15(부산대학교 인문학연구소, 1976), 77-78쪽.

126 이에 대해서는 이 책 73쪽 '8) 노래를 번역하여 덕을 드러냄' 참조.

127 赫連挺 글짓고 崔喆·安大會 譯註, 『譯注 均如傳』(새문사, 1986), 22쪽. 이 연구에서는 이러한 추정의 근거로 첫째, 혁련정이 『균여전』 완성 후에 창운을 비롯한 승려들에게 보였을 것이고 둘째, 그들, 즉 승려들에 의해 간행되었다는 점을 생각할 때 창운 또는 그 주변의 승려라고 추정한다. 그러나 『균여전』과 관련 기록 어디에도 『균여전』이 창운 또는 그 주변의 승려에 의해서 간행되었다는 기록은 없다.

128 『세종실록』, 「地理志」 '全羅道/順天都護府'; 『신증동국여지승람』 권40, '全羅道/順天都護府'.

129 신라 말 고려 초의 유명한 문신이자 문장가, 서예가인 崔彦撝(868~944)의 아들이다. 최언위는 최치원의 사촌 동생으로 최치원, 崔承祐와 함께 一代三崔라 불리었다. 최행귀에 대해서는 『고려사』, 「列傳」, 崔彦撝 附行歸에 다음과 같은 기록이 전한다. "오월국에 갔는데, 그곳의 왕이 비서랑에 제수하였다. 뒤에 본국으로 돌아와서 광종을 섬겨 총애받는 신하가 되었으나, 연좌되어 죽임을 당하였다."

130 '詩'란 여기에서 한문으로 된 시를 가리킨다.

131 팔수의 의미는 두 가지 가능성이 있다. 하나는 『대반열반경(大般涅槃經)』 권3, 「長壽品」(T12, 621b9-b12)에, 보이는 '八水' 또는 '八大河'로서 인도를 가리킨다. 구체적으로는 ① 恒河(Gaṅgā), ② 閻摩羅(Yamunā), ③ 薩羅(Sarabhu), ④ 阿夷羅跋提(Aciravatī), ⑥ 摩訶(Mahī), ⑦ 辛頭(Sindhu), ⑧ 博叉(Vaksu)이다. 다른 하나는 중국 唐代 수도 長安(지금의 시안)을 둘러싸고 있는 여덟 개의 하류로서 즉 關中 지역, 나아가 중국을 지칭한다. 구체적으로는 渭河, 涇河, 灃河, 澇河, 潏河, 滈河, 滻河, 灞河이다.

132 삼산을 '三神山'으로 본다면 중국 전설상의 산인 蓬萊山·方丈山·瀛州山을 가리킨다. 우리나라에서도 예로부터 이를 따라서 금강산을 봉래산, 지리산을 방장산, 한라산을 영주산이라 일컬었다. 따라서 앞의 팔수와 삼산을 함께 고려하면 모두 세 가지 경우가 있다. 첫째는 인도로부터 한반도까지, 둘째는 인도로부터 중국까지, 셋째는 중국으로부터 한반도까지이다. 뒤에 중국과 한반도의 인물을 열거하는 문맥을 보면 셋째가 가장 가능성이 높아 보인다.

133 『정원경』은 般若三藏이 貞元 12~14년(796~798) 사이에 長安에서 한역한 『대방광불화엄경입부사의해탈경계보현행원품(大方廣佛華嚴經入不思議解脫境界普賢行願品)』, 이른바 40권본 『화엄경』을 가리킨다. '『정원경』의 별본'은 『정원경』의 마지막 권인 제40권, 즉 보현보살의 十種大願이 설해지는 부분을 따로 유통시킨 본을 가리킨다.

134 '長男'의 의미와 관련하여 40권본 『화엄경』 권40(T10, 847c26), "一切如來有長子, 彼名號曰普賢尊."이라는 구절과 바로 이어지는 문구에서 선재동자가 대구를 이루는 문맥을 고려하면 '長男'은 보현보살을 가리키는 것으로 보인다.

135 '한 권[의 『별행소』]'는 징관이 『정원경』 별본에 대해서 1권으로 주석한 『대방광불화엄경보현행원품별행소(大方廣佛華嚴經普賢行願品別行疏)』를 가리킨다.

136 '현묘한 말씀'은 여기에서는 문맥상 균여가 지은 향가 11수를 가리키는 것으로 보인다.

137 '高情'은 존칭으로 고상한 마음을 지닌 이를 뜻하며 여기에서는 문맥상 균여를 가리키는 것으로 보인다.

138 『한국불교전서』 수록 『균여전』에는 이 부분의 원문이 '呂連吟'으로 되어 있으나 고려대장경 수록본에는 '口口連吟'으로 되어 있다. 번역에서는 '口口'를 따른다.

139 뒤에 이어지는 향가의 한문 번역 부분은 균여의 삶에 대해서 구체적인 사실을 알려주지는 않으므로 여기에서는 생략한다. 이에 관한 자세한 내용은 '2장 균여의 저술, 7절

「보현십원가」' 참조.

140 혁련정, 『대화엄수좌원통량중대사균여전병서』(H4, 514b8-516a19).

141 최연식, 『均如 華嚴思想研究』(서울대학교 박사학위논문, 1999), 51쪽.

142 김기종, 「최행귀의 〈普賢十願頌〉 연구」, 『한국시가문화연구』 33(동국대학교, 2014).

143 송 태조가 968년부터 976년까지 사용한 연호이다.

144 963년(광종 14)에 광종이 송악산 아래에 지은 國刹이다. 『균여전』의 후기에 의하면 균여가 이 절의 초대 주지를 맡았으며, 이 절에서 입적하였다. 이 절은 광종 이후 목종·선종·의종 등 여러 왕의 행차가 잦았으며 중요한 법회 의식이 거행되어 당시로서는 최대의 국찰이었으나 현존하지 않는다.

145 고려 시대 왕명의 출납을 관장하던 정3품 관직으로, 중추원에 소속되어 있었다. 중추원은 상하 이중으로 조직되어 상층부인 추밀은 재상으로서 군기 등을 담당하였고, 승선은 그 하층부를 이루는 관원으로서 왕명의 출납을 맡았다.

146 『한국불교전서』 수록 『균여전』에는 이 부분의 원문이 '辱午法王所由生也.'로 되어 있지만 고려대장경 수록본에는 '斥'의 이체자인 '[illegible]'로 되어 있다. 여기서는 고려대장경 수록본을 따랐다.

147 혁련정, 『대화엄수좌원통량중대사균여전병서』(H4, 516a20-b13).

148 최연식, 『均如 華嚴思想研究』(서울대학교 박사학위논문, 1999), 51-52쪽.

149 金杜珍, 『均如華嚴思想研究』(一潮閣, 1983), 325-326쪽; 최연식, 『均如 華嚴思想研究』(서울대학교 박사학위논문, 1999), 52-53쪽.

150 과거칠불 가운데 첫 번째 부처로, 勝觀佛·淨觀佛·勝見佛 등으로 의역한다. 과거 91겁 전에 출현하시는 부처로서 출현하시는 나라, 부모, 姓 등의 이름은 남전과 북전의 전승에 따라서 상이하다. 『불설장아함경(佛說長阿含經)』, 「大本經」(T1, 1b11-10c28) 등.

151 혁련정, 『대화엄수좌원통량중대사균여전병서』(H4, 516b14-b21).

152 '변역생사'는 아라한과 독각, 그리고 자재력을 갖춘 大力菩薩이 無明住地와 無漏의 업을 조건과 원인으로 意生身(마음으로 이루어진 몸)을 받아 윤회하는 것을 가리킨다. 대비에 기반한 서원의 힘으로 신체와 목숨을 제한 없이 자유자재로 바꿀 수 있으므로 변역이라고 한다. 깨닫지 못한 범부들의 생사를 뜻하는 '分段生死'와 함께 이종생사를 이룬다.

153 수명[報年]은 균여가 천우 20년(923)에 출생하였다는 내용과 연결하여 살펴보면 51세로 추정할 수 있다.

154 승납은 균여가 15세에 출가하였다는 내용과 연결하여 살펴보면 37세로 추정할 수 있다.

155 국가의 행정을 총괄하는 관청인 중서문하성에 속했던 정2품의 관직으로, 문하시랑이라고도 불렀다. 성종 때 三省六部의 관제가 확립되면서 처음 설치되었다.

156 고려 시대 중서문하성의 종4품 관직으로 왕에 대한 간쟁의 임무를 주로 수행하는 간관이었다.

157 중국 동진의 승려로서 자는 道林이고 속성은 閔이다. 일찍부터 산에 은거하며 『도행반야경(道行般若經)』을 공부하다 25세에 출가하였다. 노장사상에도 통달하여 당대의 명사들과 이에 대해 담론하며 두루 사귀었다. 362년 哀帝에게 초정되어 『도행반야경』을 강의하였고 塢山에서 입적하였다. 평생 반야경전의 연구에 몰두하여 그의 학설을 卽色義라고도 하였다. 저서로는 『즉심유현론(卽心遊玄論)』(일실), 『성불변지론(成佛辨知論)』(일실), 『대소품대비요초서(大小品對比要鈔序)』(현존) 등이 있다.

158 의상의 삶에 관한 자료로는 다음이 대표적이다. 「浮石本碑」, 『부석존자전(浮石尊者傳)』, 『송고승선(宋高僧傳)』의 「唐新羅義湘傳」, 『해동고승전(海東高僧傳)』의 「安含傳」, 『삼국유사(三國遺事)』, 『해동화엄초조기신원문(海東華嚴初祖忌晨願文)』, 『백화도장발원문약해(白花道場發願文略解)』 등. 「부석본비」는 가장 먼저 찬술된 의상의 전기 자료이지만 현존하지 않아 그 내용을 알 수 없다. 다만 그 내용의 일부가 『삼국유사』, 「前後所藏舍利」(H6, 327b) 등에 전한다. 『부석존자전』은 최치원이 저술한 것으로 『신편제종교장총록』(韓4, p.632c), 『삼국유사』, 「義湘傳敎」(H6, 348b), 『해동고승전』, 「安含傳」(H6, 99c), 『백화도장발원문약해』(H6, 570c) 등에 그 기록이 보이지만 현존하지 않는다. 중국의 贊寧(919~1002)이 지은 『송고승전』 가운데 「唐新羅義湘傳」(T50, 729a3-c3)은 다른 의상의 전기류와 상이한 부분이 가장 많다. 覺訓(?~1215~?)의 『해동고승전』에 「義相傳」은 없으나 「安含傳」(H6, 99c)에서 의상의 출생 연대 등을 알 수 있다. 일연의 『삼국유사』 중에는 「義湘傳敎」(H6, 348b20-349b22), 「前後所將舍利」(H6, 325c7-326a3), 「洛山二大聖觀音正趣調信」(H6, 330c6-331a3)에 의상 관련 기록이 보인다. 『해동화엄초조기신원문』은 최치원의 저술로서 의천(1055~1101)의 『원종문류(圓宗文類)』 권22(H4, 645-646)에 수록되어 현존한다. 『백화도장발원문약해』(H6, 570-577)는 體元(14세기경)이 의상의 저술로 전해지는 『백화도장발원문』을 풀이한 것으로 본문 앞에 최치원의 『부석존자전』을 바탕으로 의상의 전기를 소개하고 있다.

159 의상의 삶과 저술에 대한 선행의 연구는 일일이 거론할 수 없을 정도로 많지만 대표적인 자료로서 다음을 참조할 수 있다. 정병삼, 『의상』(한국학중앙연구원 출판부, 2023); 『義相-僧伽學資料集 法語篇 1』(中央僧伽大學校 僧伽學研究院, 2007); 全海住, 『義湘華嚴思想史研究』(民族社, 1994), 73-98쪽; 김지견, 「義相傳 再考」, 『亞細亞에 있어서 華嚴의 位相』(第10回 國際佛教學術會議 자료집, 大韓傳統佛教研究院 編, 1991), 369-382쪽; 김영태, 「說話를 통해 본 新羅 義湘」, 『新羅佛教研究』(민족문화사, 1986), 285-302쪽; 조명기, 「義湘의 傳記와 著書」, 『一光』 9(中央佛教專門學教校友會, 1939), 20쪽. 의상에 대한 근현대 연구 현황과 목록은 다음 참조. 최연식, 「義相 연구의 현황과 과제」, 『韓國思想史學』 19(한국사상사학회, 2002); 김천학, 「일

본의 의상연구 어디까지 왔나」, 『義相萬海研究』 1(의상만해연구원, 2002) 등.

160 『송고승전』, 「唐新羅國義湘傳」(T50, 729a4)은 의상의 姓을 '金'이 아닌 '朴'으로 밝히고 있다.

161 화엄십찰에 대해서는 두 가지 기록이 전하며 그 둘이 서로 같지 않다. 첫째, 최치원의 『당대천복사고사주번경대덕법장화상전(唐大薦福寺故寺主翻經大德法藏和尙傳)』(T50, 285a29-b2)에서는 ① 中岳公山의 美理寺, ② 남악 지리산의 화엄사, ③ 북악 부석사, ④ 康州 가야산 해인사 및 普光寺, ⑤ 熊州 迦耶峽 普願寺, ⑥ 계룡산 岬寺, ⑦ 良州 금정산 범어사, ⑧ 비슬산 옥천사, ⑨ 전주 毋山 國神寺, ⑩ 漢州 貧兒山 淸潭寺를 거론한다. 둘째, 일연의 『삼국유사』, 「의상전교」(H6, 349b2-4)는 원주 毘摩羅寺, 가야산 海印寺, 비슬산 玉泉寺, 금정산 梵魚寺, 남악 華嚴社 등을 소개한다.

162 의상의 10대 제자에 대해서는 '2) 의상의 법계 인물' 참조.

163 의상의 제자와 법손에 관한 선행 연구로는 다음 참조. 金相鉉, 「新羅 華嚴學僧의 系譜와 그 活動」, 『新羅文化』 1(동국대학교 신라문화연구소, 1984); 전해주, 『義湘華嚴思想史研究』(民族社, 1993). 아래는 이 둘을 참조하여 정리하였다.

164 균여, 『석화엄지귀장원통초』(H4, 139c17).

165 『법계도기총수록』(H6, 775b9-c6).

166 일연, 『삼국유사』(H6, 367a9-b23).

167 『법계도기총수록』(H6, 775b9-c6; 834b11-835a22; 818a15-a17).

168 일연, 『삼국유사』(H6, 363a19-364a17).

169 『법계도기총수록』(H6, 809a2-c16).

170 균여, 『석화엄지귀장원통초』(H4, 139c16-140a1).

171 의천, 『신편제종교장총록』(H4, 682a10).

172 『법계도기총수록』(H6, 809a2-c16; 777a1-a7).

173 균여, 『십구장원통기』(H4, 49a5-a18).

174 균여, 『석화엄교분기원통초』(H4, 389c13-140a1).

175 『법계도기총수록』(H6, 777a11-a22).

176 균여, 『십구장원통기』(H4, 81a15).

177 『법계도기총수록』(H6, 798c23) 등.

178 균여, 『석화엄지귀장원통초』(H4, 125c6-c17); 『법계도기총수록』(H6, 777a1-a7); 均如, 『십구장원통기』(H4, 40a12-14).

179 의천의 『대각국사문집』 권18의 목차(H4, 560b3)에 제목만 보이며 본문은 현존하지 않는다.

180 균여, 『십구장원통기』(H4, 49a5-a18).

181 균여, 『석화엄교분기원통초』(H4, 506a11-20).

182 균여, 『석화엄교분기원통초』(H4, 308b12-17).

183 『법계도기총수록』(H6, 778b1); 균여, 『십구장원통기』(61b2-c5) 등.

184 金相鉉, 『新羅華嚴思想史研究』(민족사, 1991), 43-44쪽; 정병삼, 「9세기 신라 화엄의 추이」, 『불교학보』 69(동국대학교 불교문화연구원, 2014), 126-127쪽에서는 大雲法師君을 『대기』의 저자로 추정한다. 『법계도기총수록』에 대운법사군이 신림에게 법을 듣고 질문하는 기록이 있다. 다만 이러한 추정은 『대기』의 이름 중 '대(大)'와 대운법사군의 '대'가 같음을 근거로 한 것으로 보이지만 『대기』의 이름이 저자의 이름을 반영한 것인지조차 불분명한 상태에서 이러한 추정은 받아들이기 어렵다.

185 '⋯›'은 상대적으로 시기가 떨어진 사승관계, '→'은 스승과 직제자의 사승관계를 나타낸다.

186 균여, 『십구장원통기』(H4, 81b2).

187 균여 저술의 전승에 관한 자세한 내용은 '2장 균여의 저술'에서 다룬다.

188 최연식, 『均如 華嚴思想研究』(서울대학교 박사학위논문, 1999), 65쪽.

2장 균여의 저술

1 崔南善, 『增補 三國遺事』(民衆書館, 1946), 附錄, 55쪽에는 "그中에敎分記釋十卷(傳에는七卷으로되얏다)ㅇ旨歸章記二卷ㅇ三寶章記二卷ㅇ法界圖記二卷ㅇ十句章記一卷ㅇ法性偈抄三卷等"이라고 하여 균여의 현존 저술로서 여기 열거한 5종 외에 『법성게초(法性偈抄)』 3권이 있다고 한다. 그러나 필자는 이 책을 확인하지 못하였으며 김두진도 이를 언급하지만 직접 확인은 못 하였다고 한다. 金杜珍, 『均如華嚴思想研究』(一潮閣, 1983), 22쪽; 최연식, 『均如 華嚴思想研究』(서울대학교 박사학위논문, 1999), 63쪽. 최연식은 『법성게초』 3권을 『일승법계도원통기』와 같은 책이라고 추정한다. 다만 최남선의 해당 구절에서 『법계도』 2권과 『법성게초』 3권을 함께 열거하고 있으므로 같은 책이라고 보기에도 어려움이 있다.

2 『균여전』 해당 원문은 이 책 '1장 균여는 누구이고 무엇을 하려 했는가, 2절 『균여전』을 통해 살펴본 균여의 삶' 참조.

3 균여, 『십구장원통기』(H4, 81a22-a26); 『일승법계도원통기』(H4, 38c24-39a4).

4 최연식, 『均如 華嚴思想研究』(서울대학교 박사학위논문, 1999), 66-67쪽.

5 『일승법계도』에 대해서는 이 책 '1장 균여는 누구이고 무엇을 하려 했는가, 3절 균여와 관련된 인물' 참조.

6 신축년은 균여가 『일승법계도』 강의를 한 958년 이후 천기가 입적한 1248년 이전까지 사이에 1001년, 1061년, 1121년, 1181년, 1241년이 있다. 이 가운데 균여가 강의한 시점과 가장 가까운 1001년이 여기의 신축년일 가능성이 높은 것으로 생각된다.

7 임인년은 만약 금생사 법진이 필사한 연도를 1001년으로 가정한다면 1062년, 1122년, 1182년, 1242년이 가능하다. 이 가운데 1062년은 법진이 필사한 바로 다음 해이므로

가능성이 낮아 보인다.

8 金晅用晦에서 金晅은 이름이고 用晦는 그의 字이다. 생몰년은 1234~1304년이다. 충렬왕 시기의 인물로 수선사 제6대 사주인 圓鑑國師 沖止(1226~1292)의 문집에도 여러 번 그의 이름이 등장하는 것으로 보아 당시 불교계와 깊은 관계에 있던 것으로 보인다.

9 균여, 『일승법계도원통기』(H4, 38c11-39a8).

10 균여, 『석화엄지귀장원통초』(H4, 159b21-b24), "本講自是常依而開演 及示寂第子等, 以江花京十七年戊申歲(1248), 於東泉社, 請諸德結安居, 削去方言, 以施學人, 則本講和尙之志也." 천기가 입적한 후에 1248년 동천사에 여러 대덕을 청하여 『석화엄지귀장원통초』의 원본이 되는 방언 필사본을 교정·편집하여 현존본을 만들어 학인들에게 베풀었다고 기록되어 있다. 따라서 천기는 최소한 1248년 이전에는 입적한 것을 알 수 있다.

11 최연식, 『均如 華嚴思想硏究』(서울대학교 박사학위논문, 1999), 68-70쪽; 균여, 최연식 역, 『일승법계도원통기』(동국대학교 출판부, 2010), 14-15쪽.

12 김두진은 "天其의 校訂本은 三卷이었으나 現存本은 二卷이므로, 이것이 天其 以後의 누구에 의해 다시 以卷으로 나누어졌음은 明白하다. 혹은 이것이 雕版되는 過程에서 二卷으로 나누어지게 되었는지 알 수 없다"고 하여 현존 필사본이 천기 등에 의한 간행본이 아니라 그 이후에 다시 2권으로 나뉘어진 것을 사토 타이순 등이 필사한 것으로 보고 있다. 金杜珍, 『均如華嚴思想硏究』(一潮閣, 1983), 40쪽. 그러나 현존 필사본의 내용에 중권이 결락된 것과 간행·필사 기록 등을 고려하면 3권이 2권으로 재편집된 것을 필사한 것이 아니라 3권본을 필사한 것으로 보인다. 현존 필사본의 현황과 현존본의 중권 빠짐에 대해서는 다음 참조. 김지견, 「法界圖圓通記의 텍스트 再考: 中卷 落帙을 중심으로」, 『동양학』 19(단국대학교 동양학연구원, 1989).

13 이외에도 동국대본을 김지견이 영인한 본도 많이 이용된다. 金知見 編著, 『均如大師華嚴學全書』 上卷(大韓傳統佛敎硏究院 出版委員會, 1977). 김지견은 이외에 '精文硏圖書館本'으로서 상권만 있는 본을 소개하고 있지만(김지견, 「法界圖圓通記의 텍스트 再考: 中卷 落帙을 중심으로」, 『동양학』 19, 단국대학교 동양학연구원, 1989, 302쪽), 필자는 아직 확인하지 못하였다. 참고로 이 책에서 균여 저술 이용 시 저본으로 삼고 있는 『한국불교전서』에 수록된 『일승법계도원통기』는 동국대본을 저본, 규장각본을 갑본, 김지견 영인본을 을본으로 삼고 있다.

14 김지견은 이 본을 필사본이고 "上卷은 鄭啓燮의 筆寫本(筆跡推定)이고 下卷은 筆寫人이 未詳이고, 筆寫年代는 昭和18年(1943)"이라고 한다. 김지견, 「法界圖圓通記의 텍스트 再考: 中卷 落帙을 중심으로」, 『동양학』 19(단국대학교 동양학연구원, 1989), 302쪽. 필자가 현재 국립중앙도서관의 소장본을 확인한 결과 국립중앙도서관 소장 『일승법계도원통기』는 1종으로서 이 본의 상하 양권 말미에는 모두 해인사 소장본에

의거한 1943년 등사본이라고 기록되어 있다. 김지견이 이 논문을 쓸 1989년에 국립중앙도서관에 현재 검색 가능한 본(등사본)과 다른 본이 있었는지는 모르겠지만 그렇지 않은 이상 등사본의 잘못으로 보인다. 또한 연대를 김지견은 '昭和18年(1943)'이라고 표현하여 원문에 '昭和18年'으로 되어 있는 것처럼 보이지만 필자가 확인한 본에는 원문에 '西紀一九四三年十二月'로 되어 있다. 이 또한 김지견이 확인한 본이 현재 국립중앙도서관 소장본과 다른 것인지 아니면 '1943년'으로 기록되어 있는 것을 김지견이 굳이 '昭和18年'으로 바꾼 것인지는 알 수 없다.

15 균여, 『일승법계도원통기』(규장각 소장본, 상권-47b), "依海印寺所藏之刊本筆寫 / 昭和十九年三月 / 校正者 佐藤泰舜 / 筆寫者 李轍和"
'/'은 줄바꿈을 나타내기 위해 필자 추가.

16 균여, 『일승법계도원통기』(규장각 소장본, 하권-67b), "依京城其[宋錫夏氏]氏所藏之刊本筆寫 / 昭和十九年三月 / 校正者 佐藤泰舜 / 筆寫者 鄭啓燮"
'/'은 줄바꿈을 나타내기 위해 필자 추가.

17 참고로 김지견 영인본에는 동국대학교 도서장인이 없다.

18 중권의 경우 현존하지 않아서 확인 불가능하지만 상하권과 비슷한 체제를 갖추었을 것으로 추정하고 이를 나타낸다.

19 의상, 『화엄일승법계도(華嚴一乘法界圖)』(H2, 8b10－b11).

20 현존 균여 저술의 성립 순서에 관해서는 '8절 현존 균여 저술의 편찬 순서' 참조.

21 이 책에서 균여 저술의 저본으로 삼고 있는 『한국불교전서』 수록 『십구장원통기』는 동국대학교 영인 『고려대장경』 제47권 수록본을 저본으로 한다.

22 균여, 『십구장원통기』(H4, 39b6-b7; 81a11-14).

23 김지견은 『약소』 또는 『소요의』가 지엄의 『십지경론소(十地經論疏)』를 가리킨다고 하며(金知見 編著, 『均如大師華嚴學全書』 上卷, 大韓傳統佛敎硏究院, 1977, 36쪽), 김두진은 『소요의』를 지엄의 『화엄경소』 즉 『수현기』로 보고 있다(金杜珍, 『均如華嚴思想硏究』, 一潮閣, 1983, 28쪽). 이에 대해서 고익진은 『약소』 또는 『소요의』가 지엄의 『수현기』라고 판정한다(高翊晋, 「十句章圓通記 本文考」, 『한국불교학』 6, 한국불교학회, 1981, Ⅲ. 略疏의 正體). 최연식은 고익진의 견해를 따르고 있다(최연식, 『均如 華嚴思想硏究』, 서울대학교 박사학위논문, 1999, 75쪽).

24 균여, 『십구장원통기』(H4, 40a10-a16).

25 균여, 『십구장원통기』(H4, 81a14-b5).

26 균여, 『십구장원통기』(H4, 67b20-b22).

27 高翊晋, 「十句章圓通記 本文考」, 『한국불교학』 6(한국불교학회, 1981), 55-56쪽.

28 高翊晋, 「十句章圓通記 本文考」, 『한국불교학』 6(한국불교학회, 1981), 'Ⅱ. 十句章의 著者'.

29 金相鉉, 「新羅 華嚴學僧의 系譜와 그 活動」, 『新羅文化』 1(동국대학교 신라문화연

구소, 1984), 'Ⅳ. 法融의 十句章 著述과 그 弟子들 1. 法融의 十句章'.

30 최연식, 『均如 華嚴思想研究』(서울대학교 박사학위논문, 1999), 75-80쪽.

31 균여, 『십구장원통기』(H4, 81a11-b7).

32 균여, 『십구장원통기』(H4, 39b7-b13).

33 최연식, 『均如 華嚴思想研究』(서울대학교 박사학위논문, 1999), 85-86쪽.

34 現德은 顯德으로 後周 世宗의 연호이다. 현덕 5년은 戊午로서 958년이고 己未는 현덕 6년으로 959년이다. 연호의 연도보다 간지가 오류가 적을 가능성이 높다는 점과 958년 여름에는 균여가 마하갑수에서 『일승법계도』를 강의했다는 사실을 함께 고려하면 여기의 연도는 959년일 것으로 추정한다.

35 균여, 『석화엄교분기원통초』(H4, 172b13-b33).

36 균여, 『석화엄교분기원통초』(H4, 206c6-c11).

37 균여, 『석화엄교분기원통초』(H4, 224b12).

38 이 책에서 균여 저술의 저본으로 삼고 있는 『한국불교전서』에 수록된 『지귀장원통초』는 동국대학교 영인 『고려대장경』 제47권 수록본을 저본으로 한다.

39 균여, 『석화엄지귀장원통초』(H4, 159b17-c1).

40 균여, 『석화엄지귀장원통초』(H4, 83c1-c3).

41 최연식, 『均如 華嚴思想研究』(서울대학교 박사학위논문, 1999), 97쪽.

42 법장, 『화엄경지귀』(T45, 596c22-c24).

43 이 책에서 균여 저술의 저본으로 삼고 있는 『한국불교전서』에 수록된 『삼보장원통기』는 동국대학교 영인 『고려대장경』 제47권 수록본을 저본으로 한다.

44 의천, 『신편제종교장총록』(H4, 681b11).

45 일본의 목록류에 이 이름이 보인다. 鎌田茂雄, 『華嚴學研究資料集成』(大藏出版, 1983), 4쪽, 25쪽.

46 이 책에서 '『삼보장』'은 일곱 문헌을 통틀어 가리키는 이름으로, '「삼보장」'은 『삼보장』의 일곱 문헌 가운데 하나로서 三寶에 대한 법장의 단일 문헌에 대한 이름으로 사용한다. 『삼보장』의 명칭과 텍스트 문제에 관해서는 다음 참조. 김천학, 「『華嚴十玄義私記』 所引の『三寶章』の意義: 稱名寺所蔵 「十玄章」の發見を契機に」, 『불교학연구』 53(불교학연구회, 2017).

47 균여, 『화엄경삼보장원통기』(H4, 239b1-b09), "均如聖師, 在光宗朝, 行化神異感通具如學士赫連延[1]所述行狀錄及海東僧史. 自聖師旣遠, 法界宗中廣大之義, 墜乎地則, 嗚呼, 大道之難行也. 本講和尚天其, 生於相去數百餘載之後, 生□[2]宿植, 一依義相門下□[3]專妙旨聖師遺記. 當此季末五濁之深, 揭獨力▩[4]圓宗古義. 然後, 海東學人, 知有華嚴義持一路矣. 弟子, 事本講□[5], 預聞一二大義. 今依如公三寶章古記, 刊削羅言離爲二卷, 以施學人. 非敢好事, 欲成就先和尚之本願耳." 이 원문과 일부 판독이 어려운 글자에 관해 필자와 『한국불교전서』 편집자 사이에 일부 이견이 있어 여

기에 밝혀둔다.

원문(숫자 표시)	『한국불교전서』 편집자	박보람(필자)
1 延	'挺'으로 생각된다.	-
2 □	규장각본에 '如'로 되어 있으나 '知'로 의심된다.	고려대장경 수록본에는 ''로 되어 있으며 '知'로 생각된다.
3 □	'所'와 글씨가 비슷하다.	고려대장경 수록본에는 ''로 되어 있으며 '所'로 생각된다.
4 ▩	'開'로 생각된다.	고려대장경 수록본에는 ''로 되어 있으나 판독하기 어렵다.
5 □	-	고려대장경 수록본에 ''로 되어 있으며 앞 글자의 중복 표시(々)로 생각된다.

48 최연식은 『삼보장원통기』의 "목판이 『교분기원통초』, 『십구장원통기』, 『지귀장원통초』 등의 목판과 판각 형태가 비슷하며 함께 大藏經板과 함께 海印寺에 보관되어 있는 것으로 보아 동일한 시기에 함께 판각되었을 가능성이 높다"고 판단하여 간행 연도를 1250년 전후로 추정한다. 최연식, 『均如 華嚴思想研究』(서울대학교 박사학위논문, 1999), 103쪽.

49 「보현십원가」의 창작과 유포 형태, 창작 시기 그리고 한역과의 관계 등에 대한 자세한 내용은 '1장 균여는 누구이고 무엇을 하려 했는가, 2절 『균여전』을 통해 살펴본 균여의 삶, 7) 노래를 펼쳐 세상을 교화함, 8) 노래를 번역하여 덕을 드러냄' 참조.

50 혁련정, 『대화엄수좌원통량중대사균여전병서』(H4, 513a20-514b2).

51 小倉進平, 『鄕歌及び吏讀の研究』(京城帝國大學, 1929), 35-148쪽.

52 양주동, 『朝鮮古歌研究』(博文書館, 1942), 673쪽.

53 김완진, 『鄕歌解讀法研究』(서울大學校出版部, 1980), 157-216쪽.

54 '界'는 '戒'의 잘못으로 보인다.

55 혁련정, 『대화엄수좌원통량중대사균여전병서』(H4, 515b3-516a10).

56 『한국불교전서』 편집자는 □이 갑본에 '言'으로 되어 있다고 했는데, 고려대장경 수록본에 ''로 되어 있으며 '言'으로 생각된다.

57 균여 저술의 간행 순서는 '2장 균여의 저술, 1절 균여 저술의 수집과 정리, 그리고 전승의 과정' 참조.

58 균여의 강의 순서와 관련된 논의는 최연식의 연구가 거의 유일하다. 이 책의 관련 논의 그의 연구를 바탕으로 정리한 것이다. 최연식, 『均如 華嚴思想研究』(서울대학교 박사학위논문, 1999), 106-116쪽. 강의 순서의 추정과 관련된 근거는 해당 부분을 참조하기 바란다.

3장 균여 사상 이해의 관점

1 『중아함경(中阿含經)』(T1, 776a26-b1).

2 '화엄교학'이라는 명칭에 관해 설명이 필요해 보인다. 이 책에서는 『화엄경』과 이에 대한 해석·수행 체계 전체를 가리켜 '화엄교'라고 한다. 그리고 이 화엄교 가운데 해석·수행 체계만을 가리킬 때에는 '화엄교학'이라고 부른다. 이에 덧붙여 '초기 화엄교학'이라고 할 때에는 화엄교학 가운데 지엄, 의상, 법장에 의해서 형성된 화엄교학의 초기 사상을 가리킨다.

3 金知見, 「校注『法界圖圓通記』」, 金知見·蔡印幻, 『新羅佛教硏究』(山喜房佛書林, 1973); 金知見, 『均如大師華嚴學全書』(大韓傳統佛教硏究所, 1977) 등. 여기에서 '최초의 유의미한 연구'는 『균여전』에 전하는 향가 11수, 즉 「보현십원가」에 대한 국문학계의 연구를 제외한 균여의 화엄 관련 저술에 보이는 화엄사상에 대한 연구를 가리킨다. 국문학계는 「보현십원가」의 중요성에 일찍 주목하여 이에 관한 연구를 이보다 먼저 진행하였다.

4 金杜珍, 「均如의 生涯와 著述」, 『역사학보』 75·76(역사학회, 1977); 李鍾益, 「韓國佛教思想史 위에서 본 均如法界圖記 考察」, 『불교학보』 17(동국대학교 불교문화연구원, 1980); 崔炳憲, 「高麗時代 華嚴學의 變遷」, 『한국사연구』 30(한국사연구회, 1980).

5 균여의 사상을 성상융회로 특징짓는 김두진의 주장은 「제5장 均如의 '性相融會' 사상」, 『均如華嚴思想硏究』(一潮閣, 1983)에 자세하다.

6 鎌田茂雄, 『中國華嚴思想史の硏究』(東京大學出版會, 1965), 134-144쪽, '第五節 法藏の華嚴思想の特質 ―性相融會を中心として―'.

7 鎌田茂雄, 『中國華嚴思想史の硏究』(東京大學出版會, 1965), 135쪽.

8 金杜珍, 『均如華嚴思想硏究』(一潮閣, 1983), 143쪽.

9 金杜珍, 『均如華嚴思想硏究』(一潮閣, 1983), 195쪽, 199쪽.

10 金杜珍, 「均如의 生涯와 著述」, 『역사학보』 75·76(역사학회, 1977), 119쪽.

11 金杜珍, 「均如의 生涯와 著述」, 『역사학보』 75·76(역사학회, 1977), 116-117쪽.

12 金杜珍, 『均如華嚴思想硏究』(一潮閣, 1983), 142쪽.

13 金杜珍, 『均如華嚴思想硏究』(一潮閣, 1983), 229쪽.

14 이 인용문에서 최병헌은 균여가 신수의 저서인 『묘리원성관』을 인용하고 이때의 신수는 북종선의 신수이기 때문에 김두진이 균여가 선교일치사상을 내세웠던 것으로 보았다고 주장한다. 이에 관해서 최병헌이 참고한 1977년의 연구에서 '神秀'와 '妙理圓成觀'이 거론되는 곳은 3곳(104, 106, 116쪽)이지만 여기에서 신수의 정체에 대해서는 별다른 이야기가 없기에 김두진의 이 연구에서 신수를 북종 신수로 파악했는지는 불분명하다. 그럼에도 불구하고 최병헌은 김두진의 이 연구에 등장하는 신수를 당연히 북종 신수로 규정하고 이 때문에 김두진이 교선일치를 주장했다고 파악한 것으로 보

인다. 그러나 김두진의 연구를 검토하면 김두진이 균여의 성상융회 사상에 교선일치적 경향이 있다고 주장하는 맥락은 균여의 성상융회를 이사무애로 파악하고 이를 사사무애, 이이무애, 나아가 의상의 구래불 사상으로 연결함으로써 이것이 지눌의 원돈성불 사상에 영향을 미쳤다고 이해하기 때문이다. 즉 김두진이 균여의 성상융회 사상에 선교일치적 경향을 주장하는 주된 근거는 의상의 구래불 사상에 대한 균여의 재해석인 구래중도설에 기반한 것이다. 다만 최병헌의 1980년 연구에 대한 일종의 반론적 내용을 담고 있는 김두진의 1983년 저술(『均如華嚴思想硏究』, 6-7쪽)에서 북종 신수의 『묘리원성관』을 균여가 인용했다고 김두진이 주장했다는 최병헌의 주장에 대해서 이른바 균여의 북종 신수 인용설을 반박하지 않는 것을 볼 때 김두진이 균여가 인용하는 『묘리원성관』의 저자를 북종 신수로 보았을 가능성도 있다. 이와 관련하여 균여가 인용하는 『묘리원성관』의 저자, 신수가 북종 신수가 아니라 법장의 법손인 法詵(718~778)의 제자 會稽神秀라는 주장에 대해서는 다음 참조. 金煐泰, 「均如書에 보인 妙理圓成觀의 저자: 北宗神秀가 아니다」, 『한국불교학』 11(한국불교학회, 1986).

15 崔炳憲, 「高麗時代 華嚴學의 變遷」, 『한국사연구』30(한국사연구회, 1980), 68쪽.

16 최연식은 균여의 화엄사상의 성격을 밝히는 작업으로 먼저 최병헌의 1980년도 연구가 행해지고 이에 영향을 받아서 김두진의 1983년 저술이 진행된 것으로 소개한다. 최연식, 『均如 華嚴思想硏究』(서울대학교 박사학위논문, 1999), 8-11쪽. 그러나 앞서 언급한 바와 같이 균여의 사상을 성상융회의 사상으로 파악한 것은 최병헌의 1980년 연구 이전에 김두진의 1977년 논문에서 먼저 진행된 것이다.

17 최연식, 『均如 華嚴思想硏究』(서울대학교 박사학위논문, 1999), 10-11쪽.

18 김천학, 『균여 화엄사상 연구』(은정불교문화진흥원, 2006), 8-9쪽.

19 김지견, 「均如傳 再考」, 녹원스님고희기념학술논총간행위원회, 『韓國佛敎의 座標: 綠園스님古稀紀念學術論叢』(佛敎時代社, 1997), 119쪽.

20 吉津宜英, 「性相融會について」, 『駒澤大學佛敎學部硏究紀要』 41(駒澤大學, 1983).

21 全海住, 『義湘華嚴思想史硏究』(民族社, 1993), 제Ⅳ장 義湘 華嚴性起思想의 展開, 2.《一乘法界圖圓通記》上의 性起觀.

22 다만 이 연구에서는 의상의 화엄사상이 주요 주제이기 때문에 균여 사상을 논의할 때에도 의상의 주저인 『일승법계도』에 대한 균여의 주석서인 『일승법계도원통기』에 대해서만 대상으로 삼고 있다.

4장 경(境)_'나'는 무엇인가?

1 시모다 마사히로 외, 김성철 역, 『여래장과 불성』(씨아이알, 2015); 견혜보살 지음, 안성두 역, 『보성론』(소명출판, 2011), 해제 등.

2 '敎相判釋'의 준말로서 인도의 불교 경론이 동시에 몰역사적으로 맥락 없이 수입·번역되자 경우에 따라 서로 모순되는 경론의 교설을 어떻게 이해하고 수용할 것인가에 대한 동아시아인들의 방법론 내지는 그 결과라고 할 수 있다. 화엄교학의 경우 법장의 五敎判이 대표적인데, 이 가운데 여래장 사상은 대승의 마지막에 자리하는 또는 충분히 성숙된 가르침이라는 의미의 大乘終敎 또는 熟敎로 규정하고 자신들의 사상은 그보다 뛰어나고 원만한 가르침이라는 뜻의 圓敎로 자리매김한다. 여기에서도 초기 화엄교학가들이 여래장 사상을 자신들의 사상과 구별하여 차별했음을 알 수 있다.

3 '성기'라는 말의 어원과 관련하여 다음 참조. 鍵主良敬, 「華嚴性起品の硏究」, 『大谷大學硏究年報』 25(大谷大學大谷學會, 1972), 72-153쪽; 高崎直道, 「華嚴敎學과 如來藏思想」, 中村 元 外, 釋元旭 譯, 『華嚴思想論』(文學生活社, 1988), 149-200쪽.

4 '법계연기'라는 용어와 개념이 지론종에서 창안되어 변화·발전되는 과정에 대한 연구는 다음 참조. 青木隆, 「中國地論宗における緣集說の展開」, 『PHILOSOPHIA』 75(早稲田大學哲學會, 1987); 青木隆, 「地論宗の融卽論と緣起說」, 荒牧典俊[編著], 『北朝隋唐中國佛敎思想史』(法藏館, 2000); 青木隆, 「敦煌寫本にみる地論敎學の形成」, 『地論思想の形成と變容』(國書刊行會, 2010); 이상민, 「지론학파의 법계연기(法界緣起): 돈황출토 지론문헌 S.4303을 중심으로」, 『선문화연구』 31(한국불교선리연구원, 2021).

5 지엄, 『대방광불화엄경수현분제통지방궤(大方廣佛華嚴經搜玄分齊通智方軌)』(T35, 62c25-63c10).

6 石井公成, 『華嚴思想の硏究』(春秋社, 1996), 101쪽; 박보람, 「초기 화엄교학의 법계연기설에 보이는 다양성: 여래장설에 대한 대응을 중심으로」, 『불교학연구』 52(불교학연구회, 2017), 144쪽.

7 지엄, 『화엄경내장문등잡공목(華嚴經內章門等雜孔目)』(T45, 580c4-c13).

8 '일승 법계연기의 궁극 또는 경계'라는 번역의 원문은 '一乘法界緣起之際'이다. 여기에서 '際'의 의미는 궁극과 경계의 두 가지가 가능하다. 만약 '궁극'의 의미를 취하여 성기가 '일승 법계연기의 궁극'을 가리키는 것으로 이 문장을 이해하면 지엄의 성기는 일승 법계연기의 가장 궁극으로서 지엄의 법계연기설 중에서 가장 수승한, 가장 올바른 연기의 이해가 된다. 반면에 '경계'의 의미로 이해하여 성기를 '일승 법계연기의 경계'라고 풀이하면 이때의 성기는 일승 법계연기와 동격이 되어 지엄이 주창하는 화엄교(=일승)의 법계연기가 곧 성기라는 의미가 된다. 이 가운데 무엇이 지엄의 의도에 부합하는지는 후속 연구가 필요하다. 일단 여기에서는 두 가지 선택지를 소개하는 데 그친다.

9 『법계도기총수록(法界圖記叢髓錄)』(H6, 834b17-b23).

10 『법계도기총수록』(H6, 775b9-b15).

11 종밀, 『주화엄법계관문(註華嚴法界觀門)』(T45, 684b24-c1).

12 馬鳴菩薩 造, 『대승기신론(大乘起信論)』(T32, 576c5-c19).

13 『화엄금사자장(華嚴金師子章)』은 법장의 저술로서 저술의 이름은 법장이 武則天(또는 측천무후)을 위하여 화엄의 교리를 강설할 때 당시 정원에 있던 금으로 된 사자 모양의 像을 비유로 든 데에서 유래한다. 법장이 화엄의 법계연기를 설명한 것으로 전해지지만 그 내용이 여래장 사상과 유사하다는 평가도 있다. 현재 법장이 지은 『화엄금사자장』 단독으로 된 本은 거의 유통되지 않고 대부분 『화엄금사자장』에 대한 송 承遷의 주석시인 가칭 『화엄경금사자장주(華嚴經金師子章註)』나 그의 제자인 淨源(1011~1088)의 주석서, 『금사자장운문류해(金師子章雲間類解)』에 수록되어 있는 『화엄금사자장』 원문을 주로 이용한다. 『화엄금사자장』에 대한 기초적인 연구는 다음 참조. (唐)法藏 著·方立天 校譯, 『華嚴金師子章校釋』(中華書局, 1933); 신규탁, 「『화엄금사자장』에 나타난 연기 사상」, 『불교문예연구』 1(동방문화대학원대학교 불교문예연구소, 2013) 등.

14 균여, 『석화엄교분기원통초』(H4, 443c21-444b10).

15 여기에서 한 가지 유념할 점이 있다. 법장과 균여가 십현연기문을 설명하기 위해 든 연꽃과 내 오 척 되는 몸은 모두 실례이지 비유가 아니라는 것이다. 법장과 균여의 화엄사상에서 십현연기문은 일체 연기법, 즉 조건지어져 생겨난 모든 현상에 적용되는 보편의 교설로서 연기법 중 일부, 예를 들어 오온 중 색법에만 해당되는 것이 아니라 연기법 전체에 적용된다. 따라서 연꽃과 내 몸은 연기법이므로 당연히 십현연기문이 적용된다. 그러므로 여기의 연꽃과 내 몸은 십현연기문이 온전히 적용되는 실례로서 법장과 균여가 거론한 것으로 이해해야 한다. 십현연기문의 설명을 위해 예로 든 연꽃과 내 몸의 경우와 같이 화엄사상에서의 실례와 비유의 차이 및 그 의미에 대한 논의는 다음 참조. 박보람, 「일본 교넨(凝然)의 육상설 연구」, 『불교학보』 90(동국대학교 불교문화연구원, 2020), 125-129쪽.

16 이 인용문의 수행론과 관련된 논의는 '5장 행(行)_'나'를 어떻게 볼 것인가?, 3절 십현문으로 보는 '나', 2)균여의 십현문' 참조.

17 여러 화엄교가들의 열 가지 보법을 비교·정리한 것으로는 다음 참조. 편자 미상, 해주 역, 『법계도기총수록』(동국대학교 출판부, 2014), 47쪽 각주 38.

18 균여, 『십구장원통기』(H4, 61a4-c8).

19 균여, 『십구장원통기』(H4, 58a12-c9).

20 다섯 바다는 다음과 같다. ① 일체 모든 세계 바다[一切諸世界海], ② 일체 중생 바다[一切衆生海], ③ 법계 업 바다[法界業海], ④ 일체 중생의 욕락과 모든 감각기관 바다[一切衆生欲樂諸根海], ⑤ 일체 삼세 모든 부처 바다[一切三世諸佛海]. 60권본

『화엄경』(T9, 409a3-a12).

21 일승을 '적심을 뛰어넘는 바다[濕過海]'로, 삼승을 '적심에 머무르는 바다[濕留海]'로 비유하는 것은 균여의 창작이 아니라 의상의 제4세 법손인 崇業의 저술, 『관석』에서 이미 사용된 표현이다. 편자 미상, 해주 역, 『법계도기총수록』(동국대학교 출판부, 2014), 119쪽.

22 균여, 『일승법계도원통기』(H4, 6b21-7b13).

23 『한국불교전서』 수록에는 '六'으로 되어 있지만, 고려대장경 수록본과 인용 원문인 『대방광불화엄경수소연의초』의 『大正新脩大藏經』 수록본에는 '大'로 되어 있다. 번역에서는 '大'를 따른다.

24 『대방광불화엄경수소연의초(大方廣佛華嚴經隨疏演義鈔)』(T36, 83a6-a10).

25 균여, 『화엄경삼보장원통기』(H4, 195c6-c12).

26 법장의 『화엄경지귀』 등에 유사한 문구가 보인다. 법장, 『화엄경지귀』(T45, 595b15-b17), "若唯約事相, 互相礙, 不可則入. 若唯約理性, 則唯一味, 不可則入."

27 『법계도기총수록』(H6, 829c15-c16).

28 법장, 『화엄일승교의분제장』(T45, 484b16-b23).

29 균여, 『일승법계도원통기』(H4, 23b4-24a20).

30 균여, 『석화엄교분기원통초』(H4, 488c10-489a18). 참고로 이와 거의 동일한 구절이 『석화엄지귀장원통초』(H4, 138a22-c5)에도 실려 있다.

5장 행(行)_'나'를 어떻게 볼 것인가?

1 두 입장에 대한 보다 자세한 논의는 다음 참조. 박보람, 「나를 바라보는 두 시각, 여래출현과 여래장」, 『불교학리뷰』 10(금강대학교 불교문화연구소, 2011).

2 RGV, 25-26, "tatra samalāṃ tathatām adhikṛtya yad uktaṃ sarvasattvās tathāgatagarbhā iti tat kenārthena/ buddhajñānāntargamāt sattvarāśes tannairmalyasyādvayatvāt prakṛtyā/ bauddhe gotre tatphalasyopacārād uktāḥ sarve dehino buddhagarbhāḥ//27//"
번역은 견혜보살 지음, 안성두 역, 『보성론』(소명출판, 2011), 274-275쪽을 이용하되 일부는 필자가 수정하였다. 그 가운데 'tathāgatagarbha'와 관련하여 안성두 역은 본래 "여래를 태장으로 가지고 있다", "붓다를 태장으로 갖고 있다"이지만 최근의 연구 성과를 고려하여 "여래·붓다의 본성을 가진다"고 수정하였다. 이때 '태장' 또는 '태아'와 '본성'의 사상적 차이에 대한 논의는 다음 참조. 시모다 마사히로 외, 김성철 역, 『시리즈 대승불교 8 여래장과 불성』(씨아이알, 2015), 24-27쪽. 두 번째, "중생의 聚에 佛智(buddha-jñāna)가 내재해 있기 때문에"의 안성두 역은 "중생의 聚가 佛智(buddha-jñāna) 속에 내재해 있기 때문에"이다. 필자가 다음을 참조하여 수정하였다. 티베트역과 시모다 마사히로 외, 김성철 역, 『시리즈 대승불교 8 여래장과 불성』(씨아이알,

2015), 28쪽; 高崎直道 譯, 『インド古典叢書 寶性論』(株式會社講談社, 1989), 44쪽. 참고로 해당 한역은 다음과 같다. 勒那摩提 譯, 『究竟一乘寶性論』, 「一切衆生有如來藏品」(T31, 813c23-28), "問曰. 云何得知一切衆生有如來藏. 答曰. 偈言. 一切衆生界 不離諸佛智 以彼淨無垢 性體不二故 依一切諸佛 平等法性身 知一切衆生 皆有如來藏."

3 시모다 마사히로 외, 김성철 역, 『시리즈 대승불교 8 여래장과 불성』(씨아이알, 2015), 28쪽.

4 견혜보살 저, 안성두 역, 『보성론』(소명출판, 2011), 268-269쪽.

5 RGV, 40, "aśuddho' śuddhaśuddho' tha suviśuddho yathākramam/ sattvadhātur iti prokto bodhisattvas tathāgataḥ//4//"
참고로 해당 한역은 다음과 같다. 勒那摩提 譯, 『究竟一乘寶性論』, 「一切衆生有如來藏品」(T31, 814a14-15), "有不淨雜*淨 及以善淨等 如是次第說 衆生菩薩佛."
'雜'은 고려대장경본에 의거, 【宋】【元】【明】【宮】본은 '有'.

6 RGV, 39. 견혜보살 저, 안성두 역, 『보성론』(소명출판, 2011), 295쪽.

7 시모다 마사히로 외, 김성철 역, 『시리즈 대승불교 8 여래장과 불성』(씨아이알, 2015), 31쪽.

8 시모다 마사히로 등은 여래장 사상이 수도론, 즉 수행론을 결여하고 있다고 주장한다. 왜냐하면 여래장 사상이 본래 중생 → 부처라는 방면의 접근이 아니라 부처 → 중생의 측면에서 조명한 여래론이기 때문이라는 것이다. 시모다 마사히로 외, 김성철 역, 『시리즈 대승불교 8 여래장과 불성』(씨아이알, 2015), 50-51쪽. 이에 반해 안성두는 『보성론』의 논의가 "修證論의 입장에서 이러한 법계에로 수행자의 인식을 인도"하기 위한 것이라고 주장하여 차이를 보인다. 견혜보살 저, 안성두 역, 『보성론』(소명출판, 2011), 15, 41쪽.

9 RGV, 40, "āśraye tatparāvṛttau tadguṇeṣv arthasādhane/ caturvidhe jinajñānaviṣaye' smin yathodite//7// dhīmān astitvaśaktatvaguṇavattvādhimuktitaḥ/ tathāgatapadaprāptibhavyatām āśu gacchati//8// asty asau viṣayo'cintyaḥ śakyaḥ prāptuṃ sa mādṛśaiḥ/ prāpta evaṃ guṇaś cāsav iti śraddhādhimuktitaḥ//9//"
번역은 견혜보살 저, 안성두 역, 『보성론』(소명출판, 2011), 414쪽. 참고로 해당 한역은 다음과 같다. 勒那摩提 譯, 『究竟一乘寶性論』, 「挍量信功德品」(T31, 847a16-23), "身及彼所轉 功德及成義 示此四種法 唯如來境界. 智者信爲有 及信畢竟得 以信諸功德 速證無上道. 究竟到彼岸 如來所住處 信有彼境界 彼非可思議. 我等可得彼 彼功德如是 唯深信勝智 欲精進念定."

10 견혜보살 저, 안성두 역, 『보성론』(소명출판, 2011), 412-413쪽.

11 『법계도기총수록』(H6, 791b6-b7).

12 『법계도기총수록』(H6, 768c6-c8).

13 『법계도기총수록』(H6, 790b14-791a8).

14 편자 미상, 해주 역, 『법계도기총수록』(동국대학교 출판부, 2014), 63쪽. '나'에 대한 이러한 이해는 지엄의 이종 십불설 중 解佛의 측면에 해당한다. 이어지는 구래불을 통한 '나'의 이해는 이종 십불설 중 行佛에 의한 설명이다.

15 '구래불'은 의상계 화엄에서 '나'의 올바른 모습과 그것을 보는 방법과 올바로 봄의 결과, 즉 실상[境]과 단혹[行]과 성불[證] 전부에 관련되어 있는 주요한 키워드이자 교설이다. 따라서 '구래불'은 이 셋의 어느 부분에서 소개해도 상관없다. 왜냐하면 화엄 교학의 입장이라면 본래 실상과 단혹과 성불로 억지로 구분했지만 본래 한 사태이기 때문이다. 이 책에서 '구래불'에 관한 더욱 자세한 설명은 성불의 의미를 다루는 6장에서 다루고자 한다.

16 『법계도기총수록』(H6, 768a).

17 『법계도기총수록』(H6, 829b10-b11).

18 『법계도기총수록』(H6, 837b13-b15).

19 이 문장의 원문은 "煩惱□□亦爲成智之緣而起"인데, '□□'은 '等法'으로 번역한다. 이에 대해서는 다음 참조. 편자 미상, 해주 역, 『법계도기총수록』(동국대학교 출판부, 2014), 203쪽.

20 『법계도기총수록』(H6, 789c21-790a9).

21 『법계도기총수록』(H6, 791a6-a8).

22 『법계도기총수록』(H6, 769b22-c2).

23 『법계도기총수록』(H6, 782a9-b6).

24 『법계도기총수록』(H6, 768a), "初發心時便正覺."

25 『대방광불화엄경(大方廣佛華嚴經)』(T9, 449c14).

26 『법계도기총수록』(H6, 831b1-b12).

27 균여의 수행론을 살피기 위한 기초로서 이제까지 살펴본 1. 수행의 의미, 2. 여래장 사상의 수행, 3. 여래출현 사상의 수행은 다음을 참조하여 정리한 것이다. 박보람, 「여래장과 여래출현을 통해 본 대행선의 수행관」, 『한마음연구』 7 (대행선연구원, 2021)의 관련 부분.

28 지엄, 『대방광불화엄경수현분제통지방궤』(T35, 27a27-b7).

29 지엄의 이 구절에 대해서 균여는 『일승법계도원통기』에서 자세한 설명을 하고 있다. 균여에 의하면 지엄이 '두 경문'이라고 한 것은 「광명각품」 중 첫 번째 그룹의 게송에 나오는 "一中解無量無量中解一"과 일곱 번째 그룹의 게송 중 "衆多法中無一相 於一法中亦無多"를 가리킨다. 첫 번째 그룹의 게송은 중문, 일곱 번째 그룹의 게송은 즉문이고, 여섯 번째 그룹의 게송 중 "一能爲無量 無量能爲一"은 중문과 즉문 둘 다에 통한다. 따라서 여섯 번째 그룹의 게송을 중문으로 보면 첫 번째 그룹의 게송과 같고 일곱 번째 그룹의 게송과 다르며, 여섯 번째 그룹의 게송을 즉문으로 보면 첫 번째 그룹

의 게송과 다르고 일곱 번째 그룹의 게송과 같다는 것이 균여가 해석한 지엄 주석의 의미이다.

30 『화엄일승십현문(華嚴一乘十玄門)』(T45, 514a23-a24), "大唐終南太一山至相寺釋智儼撰承杜順和尙說."

31 『화엄일승십현문』의 지엄 가탁설을 주장하는 연구로는 다음 참조. 고익진, 『韓國古代佛教思想史』(동국대학교 출판부, 1989), 292-296쪽; 海住, 「華嚴教學의 數十錢喩에 대한 考察」, 『明星 스님 古稀紀念佛教學論文集』(雲門僧伽大學出版部, 2000), 931-932쪽 등. 한편 『일승십현문』의 저자와 내용에 관한 종합적인 연구는 다음 참조. 石井公成, 『華嚴思想の研究』(春秋社, 1996), '第一部 華嚴思想史の研究 第二章 智儼の華嚴教學 第三節 『一乘十玄門』の諸問題'.

32 이에 대해서는 다음 참조. 全海住, 『義湘華嚴思想史研究』(民族社, 1993), 48-49쪽 각주 17.

33 균여, 『석화엄교분기원통초』(H4, 448c14-c20). 여기에 이어지는 부분을 보면 지엄이 수십전법을 처음으로 설한 것으로 균여가 확신했음을 알 수 있다.

34 균여, 『일승법계도원통기』(H4, 25a10-a18).

35 『법계도기총수록』(H6, 830a7-831b3).

36 『화엄일승십현문』(T45, 514b11-b12).

37 『법계도기총수록』(H6, 831a2-a3).

38 법장, 『화엄일승교의분제장(華嚴一乘教義分齊章)』(T45, 503a16-504c22).

39 법장, 『화엄일승교의분제장』(T45, 503a29-b1).

40 균여, 『일승법계도원통기』(H4, 25b3-b16).

41 『한국불교전서』 수록본에는 이 부분의 원문이 "則背吾能數心夫"로 되어 있으나 『한국불교전서』 수록본의 을본에는 '去'로 되어 있다. 여기 번역에서는 을본을 따른다.

42 한국불교전서』 수록본에는 이 부분 원문이 "謂一謂能具時"로 되어 있으나 『한국불교전서』 수록본의 을본에는 '爲'로 되어 있다. 여기 번역에서는 을본을 따른다.

43 균여, 『일승법계도원통기』(H4, 25c2-26b18).

44 『법계도기총수록』(H6, 831a1-a2), "自位不動而恒去來."

45 균여, 『일승법계도원통기』(H4, 26b3-b6).

46 인용문 ④의 ㉢에는 이 부분을 '向下去'라고 한다. 균여가 여기에서 설명한 기준에 따르면, 첫째 동전에서 열째 동전으로 배열하는 것이므로 '向上'이 맞다고 생각한다. 전래 과정에서의 오류인지, 아니면 필자의 오해인지 알 수 없다. 참고로 향상향하, 거래와 관련하여 균여의 다른 저술인 『석화엄교분기원통초』의 해당 부분 설명은 여기의 설명과 또 다르다. 균여의 수십전법의 향상향하, 거래에 관해서는 후속 연구가 필요하다.

47 『법계도기총수록』(H6, 830a12-14).

48 『일승법계도원통기』(H4, 26c22-27a3).

49 균여, 『석화엄교분기원통초』(H4, 460c23-461a3).

50 위전·체전·덕전에 대한 다른 해석은 다음 참조. 海住, 「華嚴教學의 數十錢喩에 대한 考察」, 『明星 스님 古稀紀念佛教學論文集』(雲門僧伽大學出版部, 2000), 939-940쪽.

51 징관은 『화엄법계현경(華嚴法界玄鏡)』에서 십현문이 지엄의 창안이 아니라 두순이 지은 『법계관문(法界觀門)』의 周邊含容觀에서 비롯된다고 하여 이것이 십현문에 대한 전통적인 설이 되어왔다. 그러나 『법계관문』에 대한 근래의 연구들은 대부분 그 찬자가 두순이라는 것에 의심을 거두지 못하고 있는 상황이다. 또한 두순과 지엄의 관계, 두순의 사상적 경향을 고려했을 때 십현문을 두순이 창안했다고 보기에는 어렵다고 생각한다. 징관, 『화엄법계현경』(T45, 682c19-683a12).

52 『大正新脩大藏經』 수록본에는 '門'이 '世'로 되어 있으나, 고려대장경 수록본에는 '門'으로 되어 있다. 智儼, 『대방광불화엄경수현분제통지방궤』(K47, 2b27). 번역에서는 '門'을 따른다.

53 지엄, 『대방광불화엄경수현분제통지방궤』(T35, 15a22-b23).

54 이에 관해서는 다음 참조. 편자 미상, 해주 역, 『법계도기총수록』(동국대학교 출판부, 2014), 47쪽 각주 38.

55 『법계도기총수록』(H6, 832a11-b9).

56 지엄, 『대방광불화엄경수현분제통지방궤』(T35, 14b24).

57 이러한 입장의 연구로 다음 참조. 吉津宜英, 『華嚴禅の思想史的研究』(大東出版社, 1985), 82쪽; 全海住, 『義湘華嚴思想史研究』(民族社, 1993), 126쪽.

58 『화엄일승십현문』(T45, 515b17-518c15).

59 법장, 『화엄일승교의분제장』(T45, 504c22-507b7).

60 앞서 소개한 바와 같이 지엄의 『수현기』 단계에서는 '수십법'이라고 부를 만한 수십법 교설이 확립된 단계가 아니라 數를 통해서 상즉상입을 밝히려는 아이디어 수준에 그친다.

61 『일승십현문』에 보이는 십현문의 이러한 변화는 『일승십현문』의 지엄 가탁설을 지지하는 하나의 방증이 될 것이다.

62 법장, 『화엄경탐현기』(T35, 123a27-124a8).

63 『한국불교전서』 수록본에 이 부분의 원문이 "應於五尺之▩▩然顯現爲用"으로 되어 있다. 첫 번째 '▩'에 대해서 『한국불교전서』 수록본 각주는 『고려대장경』 영인본에 '身'으로 되어 있다고 하고 고려대장경 수록본 확인 결과 '身'으로 되어 있다. 두 번째 '▩'에 대해서 『한국불교전서』 수록본 각주는 『고려대장경』 영인본에 '▩'이 '死'로 되어 있지만 『한국불교전서』 편집자는 '炳'으로 의심된다고 한다. 고려대장경 수록본 확인 결과 '[illegible]'으로 되어 있으며 '冥'으로 생각된다. 번역에서는 '冥'을 따른다.

64 균여, 『석화엄교분기원통초』(H4, 443c21-444b10).

65 균여, 『석화엄교분기원통초』(H4, 478a12-b4).

66 법장, 『화엄경문의강목』(T35, 501b17-c7). 이하 인용문 ⑥, ⑦의 『강목장』 출전 동일.

67 균여, 『일승법계도원통기』(H4, 36a22-b4).

68 균여, 『석화엄지귀장원통초』(H4, 129a05-a20).

69 균여, 『석화엄교분기원통초』(H4, 478b16-b21).

70 세친, 『십지경론(十地經論)』(T26, 124c29-125c6).

71 박보람, 「육상설은 어떻게 변해 왔는가?: 『십지경』부터 지론종까지를 대상으로」, 『불교학연구』 47(불교학연구회, 2016), ‘Ⅲ. 1~3’.

72 지엄, 『대방광불화엄경수현분제통지방궤』(T35, 66b9-18) 및 ‘(2) 십현문과 4구 상즉’의 인용문 ④ 참조.

73 권오민 역, 『아비말마구사론 1』(동국대학교 부설 동국역경원, 2002), 32쪽; 세친, 『아비달마구사론(阿毘達磨俱舍論)』(T29, 4b17).

74 『십지경론』에 대한 동아시아의 여러 주석서는 이상하리만치 이 문제에 그다지 주목하지 않은 것으로 보인다. 다만 『법계도기총수록』, 「법융기」는 이 구절에 대한 세 가지 풀이를 제시한다. 그 가운데 의상의 제3세손인 神琳(8세기경 활동)과 대승경공 간의 문답이 소개되는데 대승경공은 이러한 난점을 언급하면서 “내가 알 수 있는 바가 아니다”라고 답한다. 즉 이 구절의 난점에 대해서 당시의 신라 화엄계에서 인식은 있었던 것으로 보인다. 저자 미상, 해주 역, 『법계도기총수록』(동국대학교 출판부, 2014), 308-309쪽.

75 木村清孝, 『初期中國華嚴思想の研究』(春秋社, 1977), 312-313쪽; 전호련, 「華嚴 六相說 研究 Ⅰ」, 『불교학보』 31(동국대학교 불교문화연구원, 1994), Ⅰ.3. 六相의 範疇 등.

76 혜원, 『대승의장(大乘義章)』(T44, 524a6-a11).

77 법장, 『화엄경전기』(T51, 163c14-c18).

78 이에 대한 지적은 이미 고익진이 한 바 있다. 高翊晋, 『韓國古代佛敎思想史』(동국대학교 출판부, 1989), 298-299쪽.

79 지엄의 제자인 의상의 『一乘法界圖』 주석서를 집성한 『法界圖記叢髓錄』에 수록된 「古記」는 지엄이 의상에게 설했다는 십중의 총별설을 소개하고 있다. 그러나 그 내용을 볼 때 지엄의 설로 보기에는 어려운 점이 많아 이 책에서는 지엄의 육상설 논의를 위한 자료에서는 임시로 제외한다.

80 지엄, 『화엄경내장문등잡공목장(華嚴經內章門等雜孔目章)』(T45, 547c15-548a1).

81 지엄, 『화엄경내장문등잡공목장』(T45, 569b2-b9).

82 지엄, 『대방광불화엄경수현분제통지방궤』(T35, 51a4-a7), “就前文內, 初無畏身, 亦總亦別, 通攝十句爲無畏身. 所以通是總別. 於中別分, 初之一句, 顯色身勝, 是故名別, 餘之九句, 一向是別.”

이 문구가 주석하고 있는 경문의 출처는 다음 참조. 불타발타라 역, 『대방광불화엄경』(T9, 542c8-c13); 세친, 『십지경론』(T26, 125c9-c14).

83 지엄, 『대방광불화엄경수현분제통지방궤』(T35, 66b9-b18).

84 『법계도기총수록』(H6, 791c6-c16).

85 『법계도기총수록』(H6, 811a15-a20).

86 이와 관련된 이유로 인해서 법장은 실제로 서까래가 곧 총상인 집이라는 논의를 통해 총별'원융'의 뜻을 확립한다. 다음에 소개하는 법장의 육상설 부분 참조.

87 『법계도기총수록』(H6, 792c4-c5), "問. 六相者, 爲現何義? 答. 正現緣起無分別理故."

88 법장이 『화엄일승교의분제장』, 「의리분제장」에서 전체를 통틀어 육상설을 중시한 것에 대해서는 다음 참조. 石井公成, 『華嚴思想の研究』(春秋社, 1996), 301-302쪽.

89 법장, 『화엄일승교의분제장』(T45, 507c6-c10).

90 법장, 『화엄경의해백문』(T45, 632b20-b27).

91 법장, 『화엄경탐현기』(T35, 130a19-a22).

92 법장이 의상의 『일승법계도』로부터 영향을 받았음을 지적하는 연구로는 다음 참조. 金天鶴, 『平安期華嚴思想の研究: 東アジア華嚴思想の視座より』(山喜房佛書林, 2017), 212-213쪽 등.

93 법장, 『화엄일승교의분제장』(T45, 506c19-c22).

94 법장, 『화엄경탐현기』(T35, 436c11-437a3).

95 박보람, 「원효와 의상의 만남과 헤어짐: 육상설(六相說)을 중심으로」, 『불교철학』 5(동국대학교 세계불교학연구소, 2019), 'Ⅳ. 의상'.

96 법장, 『화엄일승교의분제장』(T45, 507c10-c12).

97 법장, 『화엄경탐현기』(T35, 282a21-22).

98 법장, 『화엄일승교의분제장』(T45, 507c19-c20).

99 법장, 『화엄경의해백문』(T45, 632b27-b28).

100 『大正新脩大藏經』 수록본의 '就緣'이 그 갑본에는 '據緣起'로, 을본과 병본에는 '據緣'으로 되어 있다.

101 『법계도기총수록』(H6, 792c4-c5).

102 『법계도기총수록』(H6, 791c6-c16).

103 石井公成, 『華嚴思想の研究』(春秋社, 1996), 224쪽, 302쪽; 오다 겐유(織田顯祐), 「『십지경론(十地經論)』의 육상설(六相說)과 지엄(智儼)의 연기사상: 지론(地論)에서 화엄(華嚴)으로」, 『지론사상의 형성과 변용』, 금강대학교 불교문화연구소 편(씨아이알, 2010), 488쪽. 이 두 연구에서는 지엄의 영향에 대한 구체적인 논의는 그다지 상세하게 언급되지 않는다.

104 박보람, 「원효와 의상의 만남과 헤어짐: 육상설(六相說)을 중심으로」, 『불교철학』 5(동국대학교 세계불교학연구소, 2019), 'Ⅱ.2. 지엄'.

105 지엄, 『대방광불화엄경수현분제통지방궤』(T35, 66b9-b18).

106 이와 관련하여 지엄이 육상의 뜻을 중히 여기라는 말을 듣고 이를 궁구하여 깨달음을

얻어 『수현기』를 지었다는 법장의 기록에 대해서 필자는 의구심을 갖고 있다. 지엄의 현존 저술에는 의상과 법장만큼 육상설을 중시하는 태도가 보이지 않으며 더구나 육상설을 통한 깨달음을 통해 저술되었다는 『수현기』에는 육상설의 정의와 같은 기본적인 논의조차 보이지 않는다. 하지만 아직 이를 단정할 수 있는 것은 아니며 이에 대해서는 추후의 연구를 기대한다.

107 『법계도기총수록』(H6, 830a24).

108 법장, 『화엄일승교의분제장』(T45, 507c19-508c22). 해당 구절이 너무 긴 관계로 본문과 해석은 생략한다.

109 『법계도기총수록』(H6, 791c16-792a2).

110 균여, 『일승법계도원통기』(H4, 19b3-b6).

111 세친, 『십지경론』(T26, 124c8-c10).

112 법장, 『화엄경탐현기』(T35, 281a4-b26).

113 이에 관한 논의는 다음 참조. 균여, 『일승법계도원통기』(H4, 19b3-20a22); 균여, 『석화엄교분기원통초』(H4, 497b14-498c13).

114 『일승법계도』 원문의 인용 부분이다. 『법계도기총수록』(H6, 791c15-c16).

115 '「육의장」'은 법장의 『화엄일승교의분제장』 중 「의리분제장(義理分齊章)」의 네 가지 주제 중 두 번째인 '緣起因門六義法'을 가리킨다. 여기에서 법장은 연기인문육의를 여섯 항목으로 나누어 설명하는 가운데 다섯 번째, 연기인문육의의 융섭을 논하는 부분을 육상설로써 설명한다. 법장, 『화엄일승교의분제장』(T45, 502c23-503a8).

116 법장, 『화엄일승교의분제장』(T45, 503a3-a7).

117 균여, 『일승법계도원통기』(H4, 16c15-17b3).

118 균여, 『석화엄교분기원통초』(H4, 503b5-b6).

119 균여, 『석화엄교분기원통초』(H4, 506c4-c19).

120 균여, 『일승법계도원통기』(H4, 18b5-c1).

121 균여, 『석화엄교분기원통초』(H4, 506a20-c4). 이와 유사한 내용이 균여, 『일승법계도원통기』(H4, 16b18-c5)에도 보인다.

122 법장, 『화엄일승교의분제장』(T45, 507c6-c7).

123 『법계도기총수록』(H6, 791c9-c11).

124 세친, 『십지경론』(T26, 125a2-a4).

125 균여, 『일승법계도원통기』(H4, 16b22-b24).

126 『법계도기총수록』(H6, 799a17-a24).

127 균여의 사상과 『법계도기총수록』 삼대기 중 『대기』의 친연성에 관한 지적은 다음 참조. 균여, 최연식 역, 『일승법계도원통기』(동국대학교 출판부, 2010)의 각주 45, 47, 72, 92 등.

128 균여, 『석화엄교분기원통초』(H4, 501c23-502a15). 이와 거의 유사한 분동과 만동에 대한 논의가 균여의 다른 저서인 『十句章圓通記』(H4, 57a9-c5)에도 보인다.

6장 증(證)_'나'를 바로 봄이란 무엇인가?

1 『법계도기총수록』(H6, 834c3).

2 『법계도기총수록』(H6, 829b22).

3 『법계도기총수록』(H6, 789b5).

4 『법계도기총수록』(H6, 829c3).

5 『법계도기총수록』(H6, 829b19-b20).

6 『법계도기총수록』(H6, 829b18-b21).

7 『법계도기총수록』(H6, 829c1-c3).

8 吉津宜英, 『華嚴禪の思想史的研究』(大東出版社, 1985), 82-84쪽; 전해주, 『義湘華嚴思想史 硏究』(민족사, 1993), 147쪽; 김천학, 「동아시아 화엄학에서의 성불론」, 『한국사상사학』 32(한국사상사학회, 2009), 92쪽 등.

9 김천학, 「동아시아 화엄학에서의 성불론」, 『한국사상사학』 32(한국사상사학회, 2009), 92쪽.

10 지엄, 『대방광불화엄경수현분제통지방궤』(T35, 27c21).

11 법장, 『대승기신론의기』(T44, 256c18-c23).

12 『법계도기총수록』(H6, 790a6-a9).

13 고익진, 「신라중대 화엄사상의 전개와 그 영향(Ⅱ)」, 『불교학보』 25(동국대학교 불교문화연구원, 1988), 174쪽 등.

14 전해주, 『義湘華嚴思想史 硏究』(민족사, 1993), 148쪽; 김천학, 「동아시아 화엄학에서의 성불론」, 『한국사상사학』 32(한국사상사학회, 2009), 90-93쪽; 大竹晋, 『唯識説を中心とした初期華嚴教學の研究』(大蔵出版, 2007), 411쪽 등.

15 『법계도기총수록』(H6, 784a17-a21), "問. 衆生業果卽是佛者, 從古卽佛, 何言初發心時方成佛耶? 答. 從古是佛而發心時, 方知是佛耳. 如夢走馳, 自夢卽寂而悟朝, 方知走卽臥耳."

16 『법계도기총수록』(H6, 789a10-a13), "問. 修與不修別, 何得以佛言皆覺乎? 答. 佛無量劫修意, 非爲古無新得, 亦非有所斷煩惱故欲斷. 知煩惱本無所斷, 名爲斷耳."

17 『대방등여래장경(大方等如來藏經)』(T16, 457a-460b). 또한 여래장 사상의 아홉 가지 비유에 대해서는 다음 참조. 견혜보살 저, 안성두 역, 『보성론』(소명출판, 2011), 324-345쪽.

18 『묘법연화경(妙法蓮華經)』, 「信解品」(T9, 16b7-19a11).

19 『법계도기총수록』(H6, 789b5-b6).

20 『법계도기총수록』(H6, 827b8-b20).

21 『법계도기총수록』(H6, 813a6).

22 김천학, 「의상 후기사상의 실천론」, 『선학』 35(한국선학회, 2013), 189쪽.

23 大竹晋, 『唯識説を中心とした初期華嚴教學の研究』(大蔵出版, 2007), 355-356쪽; 김

천학, 「동아시아 화엄학에서의 성불론」, 『한국사상사학』 32(한국사상사학회, 2009), 92-93쪽.

24 지엄, 『화엄경내장문등잡공목장』(T45, 576b13-b14).

25 『화엄경문답(華嚴經問答)』(T45, 600a23).

26 『법계도기총수록』(H6, 778a3-a4).

27 '善法'이 『한국불교전서』에는 '□□'으로 되어 있으나 고려대장경본을 참조하여 변경하였다.

28 『법계도기총수록』(H6, 789c22-790a6).

29 『법계도기총수록』(H6, 783b19-b23).

30 『법계도기총수록』(H6, 790a18-a20).

31 『법계도기총수록』(H6, 795b9-b15).

32 균여, 『일승법계도원통기』(H4, 9a11-a16).

33 『대방광불화엄경』(T9, 449c14), "初發心時便成正覺."

34 균여, 『일승법계도원통기』(H4, 20b18-c10).

35 『법계도기총수록』(H6, 829b24-c12).

36 지엄, 『대방광불화엄경수현분제통지방궤』(T35, 27c22-c24).

37 세친, 『십지경론』(T26, 133b1-b2).

38 『법계도기총수록』(H6, 832b11-b12).

39 이와 관련하여 이 책의 범위를 벗어나지만 흥미로운 점은 의상의 師弟인 법장의 입장이다. 법장은 『화엄일승교의분제장』 중 「斷惑分齊」를 논하는 부분에서 '非初非中後' 관련 논의를 삼승 終敎에 해당시키고 원교를 논하는 곳에서는 '一斷一切斷'만을 설명한다. 즉 [非初非中後] → [終敎], [一斷一切斷] → [圓敎]의 구도를 주장함으로써 지엄이 '非初非中後'를 종교와 원교 양쪽에, 의상이 원교에만 해당시키는 것과는 또 다른 양상을 보인다. 다만 법장의 후기 저술인 『화엄경탐현기』 중 '非初非中後'를 풀이하는 부분에서는 이 구절을 원교설로 설한 후에 삼승 종교설과 분리함으로써 『화엄일승교의분제장』과 다른 입장을 보인다.

40 균여, 『일승법계도원통기』(H4, 20c10-21a2).

41 균여, 『일승법계도원통기』(H6, 22a12-a21).

42 『한국불교전서』 수록본에는 이 부분의 원문이 "无來是佛者"로 되어 있다. 『한국불교전서』 수록본 각주에 의하면 '无'가 다른 본에는 '元'으로 되어 있다고 한다. 번역에서는 '元'을 따른다.

43 균여, 『일승법계도원통기』(H4, p.22b22-c9).

7장 교(敎)_'불교'란 무엇인가?

1 번역 용어로서의 '佛教' 및 buddhavacana와 buddhaśāsana에 대한 여러 번역어에 대해서는 다음 참조. 坂本幸男, 『華嚴教學の研究』(平樂寺書店, 昭和 31[1956]), 545쪽.

2 迦旃延子 造, 僧伽提婆·竺佛念 譯, 『아비담팔건도론(阿毘曇八犍度論)』(T26, 853b22-29).

3 迦多衍尼子 造, 玄奘 譯, 『아비달마발지론(阿毘達磨發智論)』(T26, 981a27-b5).

4 Yaśomitra, *Sphuṭārthā Abhidharmakośavyākhyā*, Unrai Wogihara ed.(Sankibo Buddhist Book Store, 1971), 52쪽.

5 『아비달마대비파사론』(T27, 659a23-b5).

6 『아비달마대비파사론』(T27, 659c4-c6).

7 법구, 『잡아비담심론(雜阿毘曇心論)』(T28, 872a23-a24).

8 아래 각주 참조.

9 『아비달마구사론』에 이에 상당하는 게송이 있다. Abhidharm-Koshabhāṣya of Vasubandhu, P. Pradhan ed.,(Patna: 1967), p.17, "dharmaskandhasahasrāṇi yāny aśītiṃ jagau muniḥ / tāni vāṅ nāma vety eṣāṃ rūpasaṃskārasaṃgrahaḥ //25//"
世親, 『阿毘達磨俱舍論』(T29, 6a29-b1), "牟尼說法蘊, 數有八十千. 彼體語或名, 此色行蘊攝."

10 중현, 『아비달마순정리론(阿毘達磨順正理論)』(T29, 346c9-c18).

11 원측, 『인왕경소(仁王經疏)』(T33, 359c21-c23).

12 사토 세이준은 중현의 입장을 확정할 수 있는 직접적인 증거가 없다고 밝히면서도 여러 방증을 들어 중현이 『대비바사론』과 다른 주장을 했다고 결론짓는다. 그러나 그가 제기한 여러 방증은 '불교'의 체가 명구문신이라는 주장에 대한 것이 아니므로 중현의 입장을 확정하기에는 여전히 부족한 것으로 생각된다. 佐藤成順, 『中國佛教思想史の研究』(山喜房佛書林, 1985), 193-195쪽.

13 이러한 경향은 중국 고유의 魏晋玄學으로부터 영향을 받은 것이라는 선행 연구가 진행된 바 있다. 佐藤成順, 『中國佛教思想史の研究』(山喜房佛書林, 1985), 205-206쪽.

14 승우, 『출삼장기집(出三藏記集)』(T55, 56b5-b6).

15 『대반열반경집해(大般涅槃經集解)』(T37, 377a12-a15).

16 『대반열반경집해』(T37, 380c1-381a6).

17 혜원, 『대승의장(大乘義章)』(T44, 468b9-b12).

18 혜원, 『대승의장』(T44, 470b9-b11).

19 오카모토 잇페이는 더 나아가 혜원이 음성언교의 체를 오직 音聲으로만 보고 명구문은 부정하는 성실론과 같은 입장을 취했다고 논한다. 岡本一平, 「淨影寺慧遠の聲入·色法教體說」, 『印度學佛教學研究』 108(日本印度學佛教學會, 2006), 590-592쪽.

20 『유가사지론(瑜伽師地論)』에서는 경체로서 능전어에 해당하는 文과 소전의에 해당

하는 義 두 가지를 들고 있다. 『瑜伽師地論』(T30, 750a1-a3), "云何爲體? 謂契經體, 略有二種. 一文, 二義. 文是所依, 義是能依. 如是二種總名一切所知境界."

21 지엄, 『대방광불화엄경수현분제통지방궤』(T35, 13c5-c7).

22 지엄, 『대방광불화엄경수현분제통지방궤』(T35, 14c8-c12).

23 지엄, 『화엄오십요문답』(T45, 535a14-a23).

24 『화엄경문답』의 저자와 관련된 근래의 논의에 대해서는 다음 참조. 금강대학교 불교문화연구소 편, 『화엄경문답을 둘러싼 제문제』(씨아이알, 2012).

25 법장, 『화엄경문답』(T45, 599b14-b26).

26 법장, 『화엄경탐현기』(T35, 107b22-b26).

27 법상, 『화엄경탐현기』(T35, 117c10-c14).

28 법장, 『화엄경탐현기』(T35, 119b16-b17).

29 법장, 『화엄경탐현기』(T35, 119b18-b20).

30 『대방광불화엄경』(T9, 434c6).

31 법장, 『화엄경탐현기』(T35, 119c11-c15).

32 『법계도기총수록』(H6, 791b5-b10).

33 『법계도기총수록』(H6, 834c10-c14).

34 『법계도기총수록』(H6, 835a3-a8).

35 균여, 『석화엄교분기원통초』(H4, 297c14-298a12).

36 법장, 『화엄경지귀』(T45, 592b29-c20).

37 『한국불교전서』 수록본에는 이 부분의 원문이 '聾'으로 되어 있으나, 고려대장경본에는 '聲'으로 되어 있다. 번역에서는 '聲'을 따른다.

38 균여, 『석화엄교분기원통초』(H4, 115b23-116a13).

39 『법계도기총수록』(H6, 791b13-b14).

40 균여, 『일승법계도원통기』(H4, 12b19-c10).

41 균여, 『일승법계도원통기』(H6, 13b7-b22).

42 법장, 『화엄경탐현기』(T35, 118b5-c4).

43 균여, 『일승법계도원통기』(H6, 13b22-c8).

44 균여, 『일승법계도원통기』(H4, 13c8-14a2).

참고문헌

1. 약호

K: 『고려대장경(高麗大藏經)』(동국대학교 편, 1957~1962, 1975~1976).

※ 이 책에서 '고려대장경'은 고려재조대장경(高麗再雕大藏經) 일반을 가리키고, 『고려대장경』은 동국대학교 영인본을 의미한다.

T: 『대정신수대장경(大正新脩大藏經)』(大正一切經刊行會, 1924~1932).

H: 『한국불교전서(韓國佛敎全書)』(동국대학교 한국불교전서편찬위원회, 1979~).

2. 불전

1) 경전

『화엄경(華嚴經)』 『대방광불화엄경(大方廣佛華嚴經)』의 총칭.

60권본 『화엄경』 佛馱跋陀羅 譯, 『대방광불화엄경』(T9).

80권본 『화엄경』 實叉難陀 譯, 『대방광불화엄경』(T10).

40권본 『화엄경』 般若 譯, 『대방광불화엄경』(T10).

『불설장아함경(佛說長阿含經)』, 「大本經」(T1).

『중아함경(中阿含經)』(T1).

『묘법연화경(妙法蓮華經)』(T9).

『대반열반경(大般涅槃經)』(南本, T12).

『대방등여래장경(大方等如來藏經)』(T16).

2) 논서-인도

RGV The *Ratnagotravibhāga Mahāyānanottaratantraśāstra* ed. by Johnston, E. H., Patna: The Bihar Research Society, 1950.

Abhidharm-Koshabhāṣya of Vasubandhu, P. Pradhan ed.,(Patna: 1967).

Yaśomitra, *Sphuṭārthā Abhidharmakośavyākhyā*, Unrai Wogihara ed.(Sankibo Buddhist Book Store, 1971).

迦旃延子 造, 僧伽提婆·竺佛念 譯, 『阿毘曇八犍度論』(T26).

迦多衍尼子 造, 玄奘 譯, 『阿毘達磨發智論』(T26).

五百大阿羅漢等 造, 玄奘 譯, 『阿毘達磨大毘婆沙論』(T27).

法救 造, 僧伽跋摩等 譯, 『雜阿毘曇心論』(T28).

世親 造, 玄奘 譯, 『阿毘達磨俱舍論』(T29).

衆賢 造, 玄奘 譯, 『阿毘達磨順正理論』(T29).

彌勒菩薩 說, 玄奘 譯, 『瑜伽師地論』(T30).

馬鳴菩薩 造, 眞諦 譯, 『大乘起信論』(T32).

勒那摩提 譯, 『究竟一乘寶性論』(T31).

3) 논서-동아시아

혜원, 『대승의장(大乘義章)』(T44).

『대반열반경집해(大般涅槃經集解)』(T37).

지엄, 『대방광불화엄경수현분제통지방궤(大方廣佛華嚴經搜玄分齊通智方軌)』(T35).

지엄, 『화엄경내장문등잡공목(華嚴經內章門等雜孔目)』(T45).

지엄, 『화엄오십요문답(華嚴五十要問答)』(T45).

지엄, 『화엄일승십현문(華嚴一乘十玄門)』(T45).

원측, 『인왕경소(仁王經疏)』(T33).

의상, 『화엄일승법계도(華嚴一乘法界圖)』(H2).

법장, 『화엄경탐현기(華嚴經探玄記)』(T35).

법장, 『화엄경문의강목(花嚴經文義綱目)』(T35).

법장, 『대승기신론의기(大乘起信論義記)』(T44).

법장, 『화엄일승교의분제장(華嚴一乘教義分齊章)』(T45).

법장, 『화엄경지귀(華嚴經旨歸)』(T45).

법장, 『화엄경문답(華嚴經問答)』(T45).

법장, 『화엄경의해백문(華嚴經義海百門)』(T45).

법장, 『화엄경전기(華嚴經傳記)』(T51).

징관, 『대방광불화엄경소(大方廣佛華嚴經疏)』(T35).

징관, 『대방광불화엄경수소연의초(大方廣佛華嚴經隨疏演義鈔)』(T36).

징관, 『화엄법계현경(華嚴法界玄鏡)』(T45).

종밀, 『주화엄법계관문(註華嚴法界觀門)』(T45).

승천, 『화엄경금사자장주(華嚴經金師子章註)』(T45).

정원, 『금사자장운간류해(金師子章雲間類解)』(T45).

편자 미상, 『법계도기총수록(法界圖記叢髓錄)』(H6).

체원, 『백화도장발원문약해(白花道場發願文略解)』(H6).

4) 승전(僧傳)·비문(碑文)·사지(寺誌)

각훈, 『해동고승전(海東高僧傳)』(H6).

이지관, 『가야산해인사지(伽倻山海印寺誌)』(伽山文庫, 1992).

찬녕, 『송고승전(宋高僧傳)』(T50).

최치원, 『당대천복사고사주번경대덕법장화상전(唐大薦福寺故寺主翻經大德法藏和尙傳)』(T50).

한찬석, 『합천해인사지(陜川海印寺誌)』(創人社, 1949).

혁련정, 『대화엄수좌원통양중대사균여전병서(大華嚴首座圓通兩重大師均如傳幷序)』(H4).

「보원사법인국사보승탑비(普願寺法印國師寶乘塔碑)」.

「서산보원사지법인국사탑비(瑞山普願寺址法印國師塔碑)」.

「홍호사주지등관승통묘지명(弘護寺住持等觀僧統墓誌銘)」.

『가야산해인사고적(伽倻山海印寺古籍)』(海印寺刊, 1662).

『영월흥녕사지징효대사탑비(寧越興寧寺址澄曉大師塔碑)』.

5) 사서(史書)

『삼국유사(三國遺事)』.

『고려사(高麗史)』.

『세종실록(世宗實錄)』『지리지(地理志)』.

6) 기타

김구, 『지포집(止浦集)』 卷3, 「상좌주김상국사의발계(上座主金相國謝衣鉢啓)」.

승우, 『출삼장기집(出三藏記集)』(T55).

의천, 『대각국사문집(大覺國師文集)』 (H4).

의천, 『신편제종교장총록(新編諸宗敎藏總錄)』(H4).

의천, 『원종문류(圓宗文類)』(H4).

최치원, 『해동화엄초조기신원문(海東華嚴初祖忌晨願文)』(H4).

『신증동국여지승람(新增東國輿地勝覽)』.

3. 균여 저술

균여, 『석화엄교분기원통초(釋華嚴敎分記圓通鈔)』(H4).

균여, 『십구장원통기(十句章圓通記)』(H4).

균여, 『일승법계도원통기(一乘法界圖圓通記)』(H4).
균여, 『석화엄지귀장원통초(釋華嚴旨歸章圓通鈔)』(H4).
균여, 『화엄경삼보장원통기(華嚴經三寶章圓通記)』(H4).

4. 균여 관련 역주

1) 『균여전』 역주(시대순)

李丙疇, 「均如傳 譯註」, 『東岳語文論集』 14(1981).
 - 동일 번역: 赫連挺 編著; 李丙疇 譯, 『均如傳』(二友出版社, 1987).
金知見 編著, 『均如大師華嚴學全書』 上卷(大韓傳統佛教研究院, 1977).
赫連挺 글짓고 崔喆·安大會 譯註, 『譯注 均如傳』(새문사, 1986).
한정섭 편저, 『왕오천축국전』(불교대학교재편찬위원회, 1996).
一然 著, 李載浩 譯, 『三國遺事』(솔, 1997).
해주 역주, 『정선 화엄I』(대한불교조계종 韓國傳統思想書 刊行委員會, 2010).

2) 균여 저술 역주

김두진 옮김, 『釋華嚴教分記圓通鈔』(東國大學校 譯經院, 1997).
김두진 옮김, 『釋華嚴教分記圓通鈔』(東國大學校 譯經院, 1999).
장순용 옮김, 『十句章圓通記 外』(東國大學校 譯經院, 1998).
최연식 옮김, 『일승법계도원통기』(동국대학교 출판부, 2010).
鎌田茂雄, 「釋華嚴教分記円通鈔の注釋的研究」, 『東洋文化研究所紀要』 84(東京大學東洋文化研究所, 1981).
鎌田茂雄, 「釋華嚴教分記円通鈔の注釋的研究(二)」, 『東洋文化研究所紀要』 89(東京大學東洋文化研究所, 1982).
鎌田茂雄, 「釋華嚴教分記円通鈔の注釋的研究(三)之一」, 『東洋文化研究所紀要』 94(東京大學東洋文化研究所, 1984).
鎌田茂雄, 「釋華嚴教分記円通鈔の注釋的研究(三)之二」, 『東洋文化研究所紀要』 95(東京大學東洋文化研究所, 1984).
鎌田茂雄, 「釋華嚴教分記円通鈔の注釋的研究(四)」, 『東洋文化研究所紀要』 102(東京大學東洋文化研究所, 1987).

鎌田茂雄, 「釋華嚴教分記円通鈔の注釋的研究(五)」, 『東洋文化研究所紀要』 104(東京大學東洋文化研究所, 1987).
吉津宜英, 「釋華嚴教分記円通鈔の注釋的研究(六)」, 『華嚴學研究』 2(華嚴學研究所, 1988).
吉津宜英, 「釋華嚴教分記円通鈔の注釋的研究(七)」, 『華嚴學研究』 3(華嚴學研究所, 1991).

5. 근현대 연구

1) 저역서

가. 한국어

감심흠, 『高麗均如華嚴學研究 先公鈔三十餘義에 대한 均如의 解釋』(동국대학교 박사학위논문, 2020).
견혜보살 저, 안성두 역, 『보성론』(소명출판, 2011).
高翊晋, 『韓國古代佛教思想史』(동국대학교 출판부, 1989).
금강대학교 불교문화연구소 편, 『화엄경문답을 둘러싼 제문제』(씨아이알, 2012).
金杜珍, 『均如華嚴思想研究』(一潮閣, 1983).
金福順, 『新羅華嚴宗研究』(民族社, 1990).
金相鉉, 『新羅華嚴思想史研究』(민족사, 1991).
김영태, 「說話를 통해 본 新羅 義湘」, 『新羅佛教研究』(민족문화사, 1986).
김완진, 『鄕歌解讀法研究』(서울大學校出版部, 1980).
金知見, 『均如大師華嚴學全書』 上卷(大韓傳統佛教研究院, 1977).
김천학, 『균여 화엄사상 연구』(은정불교문화진흥원, 2006).
僧伽學研究院 編, 『義相-僧伽學資料集 法語篇 1』(中央僧伽大學校出版部, 2007).
시모다 마사히로 외, 김성철 역, 『여래장과 불성』(씨아이알, 2015).
양주동, 『朝鮮古歌研究』(博文書館, 1942).
全海住, 『義湘華嚴思想史研究』(民族社, 1993)
정병삼, 『의상』(한국학중앙연구원 출판부, 2023).
崔南善, 『增補 三國遺事』(民衆書館, 1954).
최연식, 『均如 華嚴思想研究』(서울대학교 박사학위논문, 1999).
편자 미상 · 해주 역, 『법계도기총수록』(동국대학교 출판부, 2014).

나. 일본어

鎌田茂雄, 『中國華嚴思想史の研究』(東京大學出版會, 1965).

鎌田茂雄, 『華嚴學研究資料集成』(大藏出版, 1983).

高崎直道 譯, 『インド古典叢書 寶性論』(株式會社講談社, 1989).

吉津宜英, 『華嚴禪の思想史的研究』(大東出版社, 1985).

大竹晋, 『唯識說を中心とした初期華嚴教學の研究』(大蔵出版, 2007).

木村清孝, 『初期中國華嚴思想の研究』(春秋社, 1977)

石井公成, 『華嚴思想の研究』(春秋社, 1996).

小倉進平, 『鄕歌及び吏讀の研究』(京城帝國大學, 1929).

有賀啓太郎, 『四十七祠院』(朝鮮印刷株式會社, 1921).

佐藤成順, 『中佛教教思想史の研究』(山喜房佛書林, 1985).

佐藤厚, 『新羅高麗華嚴教學の研究: 均如『一乘法界圖圓通記』を中心として』, (日本)東洋大學 博士學位論文(1998).

坂本幸男, 『華嚴教學の研究』(平樂寺書店, 1956).

다. 중국어

(唐)法藏 著·方立天 校譯, 『華嚴金師子章校釋』(中華書局, 1933).

2) 논문

가. 한국어

고익진, 「十句章圓通記 本文考」, 『한국불교학』 6(한국불교학회, 1981).

고익진, 「신라중대 화엄사상의 전개와 그 영향(Ⅱ)」, 『불교학보』 25(동국대학교 불교문화연구원, 1988).

김기종, 「최행귀의 <普賢十願頌> 연구」, 『한국시가문화연구』 33(동국대학교, 2014).

金杜珍, 「均如의 生涯와 著述」, 『역사학보』 75·76(역사학회, 1977).

金相鉉, 「新羅 華嚴學僧의 系譜와 그 活動」, 『新羅文化』 1(동국대학교 신라문화연구소, 1984).

金承璨, 「均如傳에 關한 研究」, 『코기토』 15(부산대학교 인문학연구소, 1976).

김운학, 「均如의 華嚴思想과 文學的 位置」, 『韓國佛敎思想史』(崇山朴吉眞博士華甲紀念事業會, 1975).

金煐泰, 「均如書에 보인 妙理圓成觀 의 저자: 北宗神秀가 아니다」, 『한국불교학』 11(한국불교학회, 1986).

金煐泰,「均如傳의 중요성과 그 문제점」,『불교학보』 31(동국대학교 불교문화연구원, 1994).
金知見,「校注『法界圖圓通記』」, 金知見·蔡印幻,『新羅佛教研究』(山喜房佛書林, 1973).
金知見,「法界圖圓通記의 텍스트 再考: 中卷 落帙을 중심으로」,『동양학』 19(단국대학교 동양학연구원, 1989).
金知見,「義相傳 再考」,『亞細亞에 있어서 華嚴의 位相』(第10回 國際佛教學術會議 자료집, 大韓傳統佛教研究院 編, 1991).
金知見,「均如傳 再考」,『韓國佛教의 座標: 綠園스님古稀紀念學術論叢』(佛教時代社, 1997).
김천학,「일본의 의상연구 어디까지 왔나」,『義相萬海研究』 1(의상만해연구원, 2002).
김천학,「동아시아 화엄학에서의 성불론」,『한국사상사학』 32(한국사상사학회, 2009).
김천학,「의상 후기사상의 실천론」,『선학』 35(한국선학회, 2013).
김천학,「『華嚴十玄義私記』所引の『三寶章』の意義: 稱名寺所蔵「十玄章」の發見を契機に」,『불교학연구』 53(불교학연구회, 2017).
남동신,「羅末麗初 華嚴宗團의 대응과《(華嚴)神衆經》의 성립」,『외대사학』 5(한국외국어대학교 사학연구소, 1993).
文明大,「海印寺木造希朗祖師眞影(肖像彫刻)像의 考察」,『考古美術』(한국미술사학회, 1978).
박보람,「나를 바라보는 두 시각, 여래출현과 여래장」,『불교학리뷰』 10(금강대학교 불교문화연구소, 2011).
박보람,「'불교(佛教)'란 무엇인가?: 초기 화엄교학(華嚴教學)의교체설(教體說)을 중심으로」,『불교학리뷰』 9(금강대학교 불교문화연구소, 2011).
박보람,「……번뇌를 끊음이라는 번뇌를 끊음 없다는……: 의상화엄의 단혹설」,『한국불교학』 76 (한국불교학회, 2015).
박보람,「육상설은 어떻게 변해 왔는가?:『십지경』부터 지론종까지를 대상으로」,『불교학연구』 47(불교학연구회, 2016).
박보람,「초기 화엄교학의 법계연기설에 보이는 다양성: 여래장설에 대한 대응을 중심으로」,『불교학연구』 52(불교학연구회, 2017).
박보람,「초기 화엄교학의 여래장 이해와 대응」,『불교와 사회』 11 1(중앙승가대학교 불교학연구원, 2019).
박보람,「원효와 의상의 만남과 헤어짐: 육상설(六相說)을 중심으로」,『불교철학』 5(동국대학교 세계불교학연구소, 2019).
박보람,「일본 교넨(凝然)의 육상설 연구」,『불교학보』 90(동국대학교 불교문화연구원, 2020).
박보람,「여래장과 여래출현을 통해 본 대행선의 수행관」,『한마음연구』 7(대행선연구원, 2021).

신규탁, 「『화엄금사자장』에 나타난 연기 사상」, 『불교문예연구』 1(동방문화대학원대학교 불교문예연구소, 2013).

오다 겐유(織田顯祐), 「『십지경론(十地經論)』의 육상설(六相說)과 지엄(智儼)의 연기사상: 지론(地論)에서 화엄(華嚴)으로」, 『지론사상의 형성과 변용』, 금강대학교 불교문화연구소 편(씨아이알, 2010).

이상민, 「지론학파의 법계연기(法界緣起): 돈황출토 지론문헌 S.4303을 중심으로」, 『선문화연구』 31(한국불교선리연구원, 2021).

李鍾益, 「韓國佛敎思想史 위에서 본 均如法界圖記 考察」, 『불교학보』 17(동국대학교 불교문화연구원, 1980).

정병삼, 「9세기 신라 화엄의 추이」, 『불교학보』 69(동국대학교 불교문화연구원, 2014).

정은우, 「陜川 海印寺 希朗大師像의 특징과 제작 의미」, 『미술자료』 98(국립중앙박물관, 2020).

조명기, 「義湘의 傳記와 著書」, 『一光』 9(中央佛敎專門學敎校友會, 1939).

崔炳憲, 「高麗時代 華嚴學의 變遷」, 『한국사연구』 30(한국사연구회, 1980).

최연식, 「義相 연구의 현황과 과제」, 『韓國思想史學』 19(한국사상사학회, 2002).

최연식, 「후백제 견훤과 불교계의 관계」, 『후백제 불교와 김제 금산사 학술대회』(김제시, 동국대학교 불교문화연구원 HK+사업단, 2023).

한영환, 「均如 연구의 현황과 문제점」, 『성신어문학』 1(돈암어문학회, 1988).

海住(전호련), 「華嚴 六相說 硏究 Ⅰ」, 『불교학보』 31(동국대학교 불교문화연구원, 1994).

海住, 「華嚴敎學의 數十錢喩에 대한 考察」, 『明星 스님 古稀紀念佛敎學論文集』, 明星스님 古稀紀念論文集刊行委員會(雲門僧伽大學出版部, 2000).

海住, 「羅末 麗初 南·北岳의 華嚴 思想」, 『한국불교에 미친 해인사의 역할과 나아갈 방향』(법보종찰 해인사, 2002).

나. 일본어

李永洙, 「均如大師傳の研究(上)」, 『東洋學研究』 通號7(Toyo University Asian studies, 1973).

大屋德城, 「朝鮮海印寺經板攷」, 『東洋學報』 15-3(東洋協會調査部, 1926).

鍵主良敬, 「華嚴性起品の研究」, 『大谷大學研究年報』 25(大谷大學大谷 學會, 1972).

高崎直道, 「華嚴敎學과 如來藏思想」, 中村 元 外, 釋元旭 譯, 『華嚴思想論』(文學生活社, 1988).

鎌田茂雄, 「釋華嚴敎分記円通鈔の注釋的研究」, 『東洋文化研究所紀要』, 84(東京大學東洋文化研究所, 1981).

吉津宜英, 「性相融會について」, 『駒澤大學佛敎學部研究紀要』 41(駒澤大學, 1983).

青木隆, 「中國地論宗における緣集說の展開」, 『PHILOSOPHIA』 75(早稲田大學哲學會, 1987).

青木隆,「地論宗の融即論と緣起說」, 荒牧典俊[編著],『北朝隋唐中國佛教思想史』(法藏館, 2000).
青木隆,「敦煌寫本にみる地論教學の形成」,『地論思想の形成と變容』(國書刊行會, 2010).
岡本一平,「淨影寺慧遠の聲入 · 色法敎體說」,『印度學佛教學硏究』108(日本印度學佛教學會, 2006).

6. 기타

동국대학교 불교학술원 불교기록문화유산아카이브(kabc.dongguk.edu).
한국사데이터베이스 고려사 고려 시대 사료 DB (https://db.history.go.kr/id/gsko_001_0640#none).
CBETA Online(https://cbetaonline.dila.edu.tw).
- CBETA: 中華電子佛典協會(Chinese Buddhist Electronic Texts Association).
SAT(https://21dzk.l.u-tokyo.ac.jp/SAT).
- SAT: SAT大正新脩大藏經テキストデータベース(SAṃgaṇikīkṛtaṃ Taiśotripiṭakaṃ).

찾아보기

ㅇ

ㅈ

ㅊ

사유의
한국사는 한국 사상가의 발자취와
철학적 개념을 탐구하는 여정입니다.
이로써 우리 안에 있는 사유와 문화의 근원을 이해합니다.

지은이 | 박보람 朴보람

화엄학 전공, 충북대학교 철학과 부교수

동국대학교 불교학과를 졸업하고 같은 대학원에서 철학박사학위를 받았다.
인도 등지에서 저술·편찬된 화엄부 경론과 이를 바탕으로 동아시아에서 형성된 화엄교학을 주로 연구하고 있다.
주요 논저로 『인문학 독자를 위한 화엄경』(2023), 『대승불교개론』(2023), 『지론종 연구』(2017), 『화엄교의 일체지 연구』(2016), 「『대방광불화엄경』은 7처설인가?: 보광법당의 정체와 의미」(2024), 「의상(義相) 이이상즉설(理理相卽說) 논의의 비판적 고찰」(2022), 「『십지경』의 "非初非中後" 게송에 대한 지엄(智儼)의 논의 고찰」(2021), 「육상설은 어떻게 변해 왔는가?: 『십지경』부터 지론종까지를 대상으로」(2016) 등이 있다.

사유의 한국사

균여 均如

지은이 박보람 | **제1판 1쇄 발행일** 2025년 12월 30일
발행인 김낙년 | **발행처** 한국학중앙연구원 출판부
등록번호 제1979-000002호(1979년 3월 31일)
주소 경기도 성남시 분당구 하오개로 323 | **전화번호** 031-730-8773 | **팩스** 031-730-8775
이메일 akspress@aks.ac.kr | **홈페이지** www.aks.ac.kr

ISBN 979-11-5866-830-3 94150
979-11-5866-748-1 (세트)

• 이 책은 2021년 한국학중앙연구원 신집현전사업의 지원을 받아 집필·발간했습니다.